北京高校

马克思主义理论学科与思想政治理论课建设发展报告

（2022）

中共北京市委教育工作委员会 组编
艾四林 吴潜涛 主编

中国出版集团
研究出版社

图书在版编目（CIP）数据

北京高校马克思主义理论学科与思想政治理论课建设发展报告.2022 / 艾四林，吴潜涛主编. -- 北京：研究出版社，2024.6

ISBN 978-7-5199-1689-3

Ⅰ.①北… Ⅱ.①艾… ②吴… Ⅲ.①高等学校–马克思主义理论–教学研究–研究报告–北京–2022②高等学校–思想政治教育–教学研究–研究报告–北京–2022 Ⅳ.①A81②G641

中国国家版本馆CIP数据核字（2024）第107618号

出 品 人：陈建军
出版统筹：丁　波
责任编辑：寇颖丹

北京高校马克思主义理论学科与思想政治理论课建设发展报告（2022）

BEIJING GAOXIAO MAKESI ZHUYI LILUN XUEKE YU SIXIANG ZHENGZHI LILUN KE JIANSHE FAZHAN BAOGAO (2022)

艾四林　吴潜涛　主编

研究出版社 出版发行

（100006　北京市东城区灯市口大街100号华腾商务楼）

北京中科印刷有限公司印刷　新华书店经销
2024年6月第1版　2024年6月第1次印刷
开本：710毫米×1000毫米　1/16　印张：25.5
字数：422千字
ISBN 978-7-5199-1689-3　定价：98.00元
电话（010）64217619　64217652（发行部）

版权所有·侵权必究
凡购买本社图书，如有印制质量问题，我社负责调换

《北京高校马克思主义理论学科与思想政治理论课建设发展报告（2022）》编委会

主　任：李军锋

副主任：王达品　艾四林　吴潜涛

成　员：于　海　肖贵清　赵甲明　蔡乐苏　王宪明
　　　　舒　文　刘武根　姜　男

《北京高校马克思主义理论学科与思想政治理论课建设发展报告（2022）》课题组

组　　长： 艾四林　吴潜涛

副组长： 肖贵清　赵甲明　蔡乐苏　王宪明　舒　文

成　　员： 刘武根　李全喜　陈洪玲　杨增岽　李红霞
　　　　　　 胡　飒　李江静　张　晖　秦彪生　黄　刚
　　　　　　 周　阳　周思睿　马君俊

秘　　书： 吴　丹

序

  北京高校地处首都，是学习研究宣传马克思主义的排头兵。近年来，市委教育工委、市教委大力加强高校马克思主义理论学科和思想政治理论课建设，取得了明显成绩，主要表现为：学科力量雄厚，学科建设成就突出；教师队伍结构不断优化，整体素质明显提升；科学研究成绩斐然，高水平科研成果丰硕；人才培养成绩突出，研究生培养质量稳步提高；教学方法形式多样，现代教学手段普遍运用；实践教学有声有色，特色实践引人关注；教学质量管理备受重视，保障工作坚实有力；教学评价稳中有升，教学影响力明显提升。同时，也必须清醒地看到，北京高校马克思主义理论学科和思想政治理论课建设依然存在一些亟须解决的困难和问题：学科发展不平衡，部分学校学科建设还比较薄弱；名家大师较少，青年教师的素质能力有待加强；高水平科研成果较少，科研对教学的支撑作用有待加强；教学改革、实践教学等还需进一步推进；等等。

  提升北京高校马克思主义理论学科和思想政治理论课建设水平，必须坚持问题导向，对症施策。2015年初，市委教育工委委托清华大学马克思主义学院艾四林教授、吴潜涛教授牵头，抽调各高校思想政治理论课中青年骨干教师成立课题组，负责编写北京高校马克思主义理论学科与思想政治理论课建设年度发展报告（以下简称"发展报告"）。按年度定期编发发展报告，具有重要的指导价值与意义，主要体现在以下几个方面：

  第一，有助于把握现状。"发展报告"以年度为时间单位，围绕年度发展概况、教师队伍、科学研究发展、人才培养、教学方法改革、社会实践、教学保障建设、教学评价八个方面，以调研数据为基础，既从量的层面又从质的维度，既分析存量又比较增量，既总结成绩又剖析问题，全面分析、深入阐释了北京高校马克思主义理论学科和思想政治理论课建设发展状况，有利于主管部门和各高校全面把握北京高校马克思主义理论学科和思想政治理论课建设的基本情况。

第二，有助于决策参考。"发展报告"既有从宏观方面对北京高校马克思主义理论学科和思想政治理论课建设的概况分析，又有从中观方面按照学校类型（部属高校、市属本科、高职高专）和学科点类别（一级学科博士点、二级学科博士点、一级学科硕士点、二级学科硕士点）对北京高校马克思主义理论学科和思想政治理论课建设情况的详细阐释，也有从微观方面对北京高校马克思主义理论学科和思想政治理论课建设先进经验和典型案例的深入剖析，有助于为相关部门制订出台进一步加强马克思主义理论学科和思想政治理论课建设的相关政策提供不同层面的决策参考。

第三，有助于事业发展。编写和发布"发展报告"，既是对北京高校马克思主义理论学科和思想政治理论课年度建设进展状况的系统总结，也是对发展状况的把脉问诊，有助于相关部门和单位全面了解和准确把握工作状况和发展动态，出台相关政策，精准化推进工作。这些都将更好地助力并推动北京高校马克思主义理论学科和思想政治理论课建设实现新的跨越。

本书编委会

目 录

第一章 总论 / 001

一、调研概况 / 002
（一）调研说明 / 002
（二）参加调研高校的基本情况 / 003

二、加强北京高校马克思主义理论学科与思想政治理论课建设的重要举措 / 004
（一）倾力打造北京高校思政课新品牌 / 004
（二）深化学习习近平新时代中国特色社会主义思想与积极宣传党的二十大精神 / 005
（三）积极深化"大思政课"综合改革 / 007
（四）扎实推进大中小学思政课一体化建设 / 007
（五）评审并公布北京市第三批重点建设马克思主义学院名单 / 008

三、北京高校马克思主义理论学科与思想政治理论课建设新进展 / 008
（一）配齐建强教师队伍取得新成效 / 009
（二）大思政课建设成效显著 / 009
（三）科研成果迈上新台阶 / 010
（四）人才培养成效明显 / 010
（五）教学方法改革迈出新步伐 / 011
（六）教学保障持续加强 / 011

（七）教学评价更加科学 / 012

四、北京高校马克思主义理论学科与思想政治理论课建设存在的主要问题和对策建议 / 013

（一）推动思政课教师队伍高质量发展 / 013

（二）推动科学研究协同发展 / 015

（三）推动"大思政课"建设往深里走 / 015

（四）全面提升对外学术交流水平 / 017

第二章 教师队伍 / 019

一、数据展示与解读 / 020

（一）专职教师队伍情况 / 020

（二）兼职教师队伍情况 / 039

（三）新进教师队伍情况 / 043

（四）职称晋升情况 / 052

（五）相关规定与要求 / 053

二、主要成绩 / 071

（一）量质兼顾，推动教师队伍配齐建强 / 072

（二）综合发力，促进教师队伍结构持续改善 / 074

（三）精准施策，着力培育教师队伍的核心素养 / 081

三、主要问题与对策建议 / 086

（一）加大对思政课教师队伍建设的资源投入力度 / 086

（二）提升教师素质能力 / 087

（三）完善教研工作机制 / 088

第三章 科学研究发展 / 089

一、调研数据展示与分析 / 090

（一）著作出版 / 090

（二）论文发表 / 095

（三）课题项目 / 103

（四）科研获奖 / 113
　　（五）论文转载情况 / 113
　　（六）成果采纳情况 / 114
　　（七）学术交流活动 / 115
二、马克思主义理论学科研究进展 / 116
　　（一）马克思主义基本原理研究 / 117
　　（二）马克思主义发展史研究 / 127
　　（三）马克思主义中国化研究 / 134
　　（四）中国近现代史基本问题研究 / 155
　　（五）国外马克思主义研究 / 162
　　（六）思想政治教育研究 / 170
　　（七）党的建设研究 / 181
三、主要问题与对策建议 / 190
　　（一）强化顶层设计，持续健康发展 / 191
　　（二）夯实学科根基，增强学术创新 / 194
　　（三）加强问题意识，凸显实践特质 / 196
　　（四）壮大人才队伍，促进学术繁荣 / 199

第四章　人才培养 / 203

一、数据展示与解读 / 204
　　（一）实际招收的博士研究生基本情况 / 204
　　（二）实际招收的硕士研究生基本情况 / 208
　　（三）实际招收的本科生基本情况 / 211
　　（四）学制 / 212
　　（五）研究生导师 / 214
　　（六）科学研究 / 215
　　（七）毕业去向 / 217
二、主要成绩 / 218
　　（一）招生规模稳步增长 / 218

（二）将党的二十大精神及时全面地融入人才培养全过程 / 219
（三）开展丰富多彩的研究生学术交流活动 / 221
（四）继续评选研究生"双百奖学金" / 225
（五）进一步推动就业工作 / 225
（六）加强本科生人才培养体系建设 / 226

三、主要问题和对策建议 / 228
（一）进一步提高生源质量 / 228
（二）构建高质量教材体系 / 229
（三）建设专业性就业信息服务平台 / 229
（四）构建一体化的马克思主义理论学科本硕博人才培养体系 / 230

第五章 教学方法改革 / 231

一、数据展示与解读 / 232
（一）教学方法采用情况 / 232
（二）教学手段运用情况 / 236
（三）考核方式改革情况 / 240

二、主要成绩 / 243
（一）教学方法多样化程度提高，思政课品牌案例影响广泛 / 244
（二）"大思政课"全面推开，成为高校常用教学方法 / 244
（三）利用新媒体传播，创新思政课呈现方式 / 247
（四）依托"数字马院"联盟，推动数字思政建设 / 248

三、主要问题和对策 / 249
（一）增强教学参与互动性，激发学生主体性 / 249
（二）探索"大思政课"教学模式，
　　　打造"大思政课"特色品牌 / 249
（三）加快大中小幼思政课一体化建设，
　　　打造纵向协同共同体联盟 / 251

第六章　社会实践　/ **253**

一、数据展示与解读　/ **255**
（一）本科生实践　/ 255
（二）研究生实践　/ 260

二、主要进展与成就　/ **266**
（一）强化顶层设计，构筑全员全过程全方位育人格局　/ 267
（二）社会实践途径丰富，激励青年担当复兴使命　/ 268
（三）社会实践成果丰硕，实践育人成效显著　/ 272
（四）重视实践育人特色品牌建设，
　　　搭建"大思政课"大资源平台　/ 274

三、相应问题与对策　/ **276**
（一）落实基本要求，推动社会实践规范化发展　/ 276
（二）改进工作体系，加强资源统筹与部门协同　/ 277
（三）健全评价机制，重视过程考核与监督反馈　/ 278
（四）完善保障机制，提升思政课实践育人质量　/ 281

第七章　教学保障建设　/ **287**

一、数据展示与解读　/ **288**
（一）领导体制和工作机制　/ 288
（二）二级机构建设　/ 294
（三）专项经费落实　/ 305
（四）教学管理　/ 307

二、主要成绩　/ **340**
（一）高校领导发挥"领头雁"作用，
　　　为思政课建设提供领导保障　/ 340
（二）开门办思政，保障高校思政课提质增效　/ 341
（三）多所高校入选第三批重点建设马克思主义学院，
　　　深化思政课改革创新　/ 342
（四）北京高校思政课网络示范教学活动打造思政金课　/ 342

（五）多所高校入选首批教育部虚拟教研室建设名单，

助力北京高校思政课建设 / 343

（六）服务保障重大活动，讲好冬奥"大思政课" / 343

（七）北京大中小学思政课一体化建设持续发力 / 344

（八）北京高校马克思主义学院建设扎实，

为思政课建设提供有力保障 / 344

三、对策建议 / 346

（一）压实主体责任，为思政课建设提供综合保障 / 346

（二）数字化赋能思政课，提升思政课的实效性 / 346

（三）强化价值引领，增强思政课程的北京味道 / 347

第八章 教学评价 / 349

一、数据展示与解读 / 350

（一）思政课教学评价体系结构概况 / 350

（二）思政课评教的相关情况 / 357

（三）思政课教学相关获奖情况 / 367

（四）新闻媒介报道情况 / 369

二、主要成绩 / 374

（一）"教师评学"和"校领导评教"受到重视 / 374

（二）进一步健全了思政课教学评价课程的范围 / 375

（三）增强了"以学生为中心"的教学评价思路 / 377

（四）进一步强化了对思政课优质教学方法评价 / 378

三、主要问题与对策建议 / 379

（一）增强教学评价主体的协同性，提升教学评价主体合力 / 380

（二）增进教学评价标准的规范性，增强教学评价效果权威性 / 380

（三）增加对教学保障体系的评价，丰富思政课教学评价内容 / 381

（四）完善教学评价反馈体系，增进教学评价成果应用的及时性 / 382

附　录 / 384
后　记 / 397

第一章

总 论

为贯彻落实中央和北京市有关文件精神，推进北京高校马克思主义理论学科与思想政治理论课建设，北京市委教育工委决定开展2022年度北京高校马克思主义理论学科与思想政治理论课建设发展状况调研。我们经过半年多的调查研究，形成了《北京高校马克思主义理论学科与思想政治理论课建设发展报告（2022）》（以下简称《报告》）。《报告》通过对文献资料和调研数据进行系统的整理和分析，梳理了2022年度加强北京高校马克思主义理论学科与思想政治理论课建设的主要举措，总结了2022年度北京高校马克思主义理论学科与思想政治理论课建设的主要成绩，分析了北京高校马克思主义理论学科与思想政治理论课建设存在的主要问题，提出了进一步加强北京高校马克思主义理论学科与思想政治理论课建设的对策建议。

一、调研概况

（一）调研说明

2023年1月，"北京高校马克思主义理论学科与思想政治理论课建设发展报告2022"课题组正式成立。课题组由艾四林教授、吴潜涛教授任组长，下设教师队伍、科学研究、人才培养、教学方法、社会实践、教学保障和教学评价七个子课题，分别由艾四林教授、赵甲明教授、吴潜涛教授、蔡乐苏教授、王宪明教授、肖贵清教授、舒文副教授负责牵头。

课题组在认真听取各位专家意见和建议的基础上，对《北京高校马克思主义理论学科与思想政治理论课建设发展报告（2021）》调查问卷进行了修改、完善，经过反复修改论证后设计出"北京高校马克思主义理论学科与思想政治理论课建设发展报告（2022）"调查问卷。2023年4月初，调查问卷正式上线试运行。4月3日，北京市委教育工委发出《关于开展北京高校马克思主义理论学科与思想政治理论课2022年度建设发展状况调研的通知》（以下简称《通知》）。《通知》对调研内容、调研方式、调研时间、工作要求均做了明确规定，要求各高校党委要高度重视调研工作，本着严谨负责、实事求是的态度认真开展情况摸底，填写调查问卷。4月14日，问卷调查填写工作全部结束。

数据显示，全市共有57所党组织关系归口北京市委教育工委管理的高校在网上填写了相关信息。需要说明的是，《报告》全部信息和数据均采集自参加调研的北京高校，涉及2022年的信息和数据，采集的时间范围均为2022年1月1日至2022年12月31日。为了便于统计和分析，《报告》将北京高校分为一流大学建设高校、一流学科建设高校和非双一流建设高校三种类型。参加调研高校的马克思主义理论学科点按照一级学科博士点、二级学科博士点、一级学科硕士点、二级学科硕士点进行分类，各学科点之间不交叉。①

（二）参加调研高校的基本情况

1.参加调研高校类型分布

调查数据显示，全市参加调研高校共计57所，其中一流大学建设高校8所，占参加调研高校总数的14.03%；一流学科建设高校24所，占参加调研高校总数的42.11%；非双一流建设高校25所，占参加调研高校总数的43.86%。

2.参加调研高校的学科点分布

参加调研高校具有马克思主义理论学科点的共计37所。调查数据显示，参加调研高校拥有马克思主义理论学科一级学科博士点的共计16所，分别是北京大学、清华大学、中国人民大学、北京师范大学、中国农业大学、北京航空航天大学、北京理工大学、北京科技大学、北京交通大学、中央财经大学、中国政法大学、首都师范大学、中国石油大学（北京）、中国地质大学（北京）、中国矿业大学（北京）、中国科学院大学。拥有马克思主义理论学科一级学科硕士点的高校共计20所，分别是北京邮电大学、北京化工大学、中国传媒大学、北京体育大学、中央民族大学、北京林业大学、北京外国语大学、华北电力大学、对外经济贸易大学、北方工

---

① 为了统计和分析的需要，在《报告》中，将北京高校马克思主义理论学科点分为一级学科博士点、二级学科博士点、一级学科硕士点、二级学科硕士点四类，相互之间不交叉。如《报告》中的二级学科博士点不包含一级学科博士点中的二级学科博士点，二级学科硕士点不包含一级学科硕士点中的二级学科硕士点。需要说明的是，在调研时间范围内，具有马克思主义理论二级学科博士点的北京高校数为0。

业大学、北京工商大学、北京信息科技大学、北京工业大学、首都经济贸易大学、北京印刷学院、北京建筑大学、北京中医药大学、北京联合大学、北京语言大学、北京物资学院。拥有马克思主义理论学科二级学科硕士点的高校共计1所，即首都医科大学。

调查显示，参加调研高校中无马克思主义理论学科点的共计20所，分别是中国人民公安大学、国际关系学院、中央音乐学院、中央美术学院、中央戏剧学院、北京服装学院、北京石油化工学院、北京农学院、首都体育学院、北京第二外国语学院、中国音乐学院、北京电影学院、北京舞蹈学院、北京城市学院、中国戏曲学院、北京工业职业技术学院、北京电子科技职业学院、北京青年政治学院、北京财贸职业学院、北京经济管理职业学院。

二、加强北京高校马克思主义理论学科与思想政治理论课建设的重要举措

（一）倾力打造北京高校思政课新品牌

一是打造"金课开讲啦"北京高校思政课集体备课品牌。"金课开讲啦"——北京高校思想政治理论课网络示范教学活动，是北京市委教育工委联合全国高校思政课手拉手集体备课中心、北京高校思政课高精尖创新中心、北京高校思政课各教学研究会共同打造的集体备课品牌。活动紧紧围绕学习贯彻党的十九届六中全会精神、宣传贯彻党的二十大，聚焦2021版思政课教材中的重难点问题，组织教学名师分课程开展示范教学，为北京市思政课教师打造贯穿全年、覆盖全员的网络大课堂。"金课开讲啦"全年共举办9期，来自北京高校的37位青年思政课教师分别围绕"思想道德与法治""中国近现代史纲要""马克思主义基本原理""毛泽东思想与中国特色社会主义理论体系概论""形势与政策"等课程及研究生思政课的重难点进行示范教学，直播总浏览量超14万人次，覆盖全国31个省区市。

二是打造北京高校思政课导论课"你好，思政课！"。北京市委教育工委打造的北京高校思政课导论课"你好，思政课！"2022年在北京卫视开播。作为全体新生的"第一堂思政课"，该课程旨在引导新生群体深刻

认识思政课的重要意义，打牢学好思政课的共同思想基础，营造"老师用心教""学生用心悟"的良好氛围。"北京高校思政课导论课"作为2022年度北京高校"新生引航工程"的重要内容，是北京市深化新时代学生思政课改革创新的重要举措。"你好，思政课！"导论课共设计三个模块。在第一模块，来自史家小学、三帆中学、中央财经大学的师生代表，以小学、中学、大学等不同学段学生对"爱国"的理解为切入点，解答了为什么思政课教学要贯穿从小学到大学的全过程。在第二模块，中国工程院苏东林院士结合自身经历，特别是学习马克思主义经典著作对于科学研究、个人成长的重要意义，深刻阐明了以科学理论武装头脑的必要性，教育学生要把思政课作为关键课程学好、悟好。在第三模块，来自北京航空航天大学、中央财经大学的思政课教师进一步介绍了大学思政课的内容体系，引导青年学生要深入基层一线，在社会大课堂中上好"大思政课"，要投身火热实践，以实际行动践行青春担当、服务"国之大者"。

三是开设"习近平新时代中国特色社会主义思想在京华大地的生动实践"思政精品选修课。2022年7月22日，北京市委教育工委主办了北京高校思政课教师暑期备课会。此次备课会围绕"推动习近平新时代中国特色社会主义思想在京华大地的生动实践融入思政课教学"这一主题，设计专题报告、工作交流、事迹宣讲、分课程备课等多个环节。自2022年9月起，北京高校在北京市委教育工委的指导下，根据各自学校的实际，开设了"习近平新时代中国特色社会主义思想在京华大地的生动实践"思政精品选修课。

四是开设"冰雪上的思政课"。2022年北京冬奥会期间，首都高校有1.4万名师生作为赛会志愿者，为参加北京冬奥会、冬残奥会的各国运动员、教练员等提供保障服务。为丰富志愿者精神文化生活，北京市委教育工委主办了4场首都冬奥志愿者同上一堂"冰雪上的思政课"活动。

（二）深化学习习近平新时代中国特色社会主义思想与积极宣传党的二十大精神

一是主办北京高校学习宣传党的二十大精神师生宣讲团宣讲会。该活动旨在深入学习宣传党的二十大精神，坚决以中国化时代化的马克思主义武装头脑，不断增进捍卫"两个确立"的思想自觉和行动自觉。北京市委教育工委分管日常工作的副书记张革出席活动并为宣讲团成员颁发聘书，北京市委教育工委副书记沈千帆主持宣讲会。北京高校分管校领导、专兼职思政课教师、学生党员线上参加活动，累计收看近10万人次。北京市委教育工委要求各高校要原原本本学原文、悟原理，用好思政课主渠道，善用京华大地生动实践讲好"大思政课"，完整、准确、全面推动党的二十大精神融入思政课教学；要迅速开展宣传宣讲，加快成立校、院两级宣讲团，用好"两微一端"网络阵地，广泛开展线上"微宣讲"以及校内外"浸入式"宣讲；要以实际行动抓好贯彻落实，切实将党的二十大精神转化为学校改革发展的工作思路、具体举措和实际行动，推动党的二十大精神在高校落地生根，形成生动实践。北京市委教育工委按照全市党的二十大精神宣讲工作要求，精心组织宣讲活动，统筹党的二十大代表、思政课教师、优秀专家、学生骨干、离退休干部等资源，分类组建北京高校学习宣传党的二十大精神师生宣讲团、北京高校学习习近平新时代中国特色社会主义思想博士生宣讲团、北京教育系统老同志学习宣传党的二十大精神宣讲团等，深入开展对象化、互动化、分众化宣讲，深度解读党的二十大精神，形成学习宣传热潮。线上线下开展立体化、多样化的系列宣讲活动，推动线下宣讲+"云宣讲"融合发力。

二是举办"推动党的二十大精神融入思政课教学"第十二届北京高校思想政治理论课教学基本功比赛。2022年11月14日至12月18日，由北京市委教育工委主办的"推动党的二十大精神融入思政课教学"第十二届北京高校思想政治理论课教学基本功大赛在线上举办。相较往届比赛，本届比赛通过腾讯会议在线上举行，在全面考察思政课教师课堂教学能力的同时，也考察了新时代思政课教师线上教学的综合能力。比赛进一步改革教学评价标准，突出考察课堂教学的亲和力和感染力、针对性和实效性。比赛以"推动党的二十大精神融入思政课教学"为主题，分预赛、决赛两个环节，决赛分3组同时进行，重点考察思政课教师学深悟透党的二十大精神、推动党的二十大精神融入课堂教学的能力水平，特别是立足京华大地生动实践讲好"大思政课"的能力。最终，有65名优秀思政课教师脱颖而出，获得决赛奖项。

三是成立全国首家"习近平新时代中国特色社会主义思想概论"教学研究会。2022年12月29日，在北京市委教育工委的领导下，全国首家

"习近平新时代中国特色社会主义思想概论"教学研究会在北京成立。教育部社科司副司长宋凌云以线上方式出席活动并讲话，北京市委教育工委副书记沈千帆，北京市高教学会会长线联平，中国人民大学党委书记张东刚、党委副书记齐鹏飞为教学研究会揭牌。中国人民大学秦宣教授被聘为"习近平新时代中国特色社会主义思想概论"教学研究会首届会长。

（三）积极深化"大思政课"综合改革

北京市委教育工委、北京科技大学主办了以实践教学为主题的大思政课综合改革研讨会。北京市作为全国首批"大思政课"综合改革试验区，2022年起全面启动以实践教学为主题的"大思政课"综合改革。研讨会前，北京市委教育工委与首都博物馆、北京中轴线遗产保护中心、北京艺术博物馆、北京古代建筑博物馆等4家单位签署了协议，成立北京市学校"大思政课"实践教学基地。会上，宋凌云、陈名杰、沈千帆、杨仁树一道为四家"大思政课"实践基地授牌，首都博物馆党委副书记彭艺、北京中轴线遗产保护中心主任关战修、北京艺术博物馆副馆长张巍、北京古代建筑博物馆副馆长张璟接牌。北京市正在探索建设"1+1+N"的思政课实践教学体系，包括用好新时代首都发展"北京课堂"，在全市经济社会发展一线建设"沉浸式"实践教学基地；在首都"四个文化"的标志性场地建设一批文化体验类课堂，增进学生的文化自信；结合学校专业特色和学科背景，建设一批专业育人平台，把思政课教学与实践育人、专业育人结合起来，引导学生在融入新时代首都发展的伟大进程中锤炼意志品质。

（四）扎实推进大中小学思政课一体化建设

一是召开北京市大中小学思政课一体化建设研讨会。来自北京大学、中国人民大学、首都师范大学、北京城市学院等高校马克思主义学院负责思政课的领导和来自中国人民大学附属中学、北京师范大学附属实验中学、北京市广渠门中学、首都师范大学附属中学（通州分校）、北京市第二中学分校、北京市第五十四中学、北京市第一四二中学及北京市东城区史家胡同小学、北京市朝阳区芳草地国际学校远洋小学、北京市昌平第二实验小学等负责中小学思政课的领导参会，共15所学校参加了会议，共同交流探讨北京市大中小学思政课一体化建设情况。

二是公布"永远跟党走"大中小学思政课优秀教学课例征集展示活动结果。为深入学习贯彻习近平总书记在学校思想政治理论课教师座谈会上的重要讲话精神，落实中共中央办公厅、国务院办公厅《关于深化新时代学校思想政治理论课改革创新的若干意见》和中宣部、教育部《新时代学校思想政治理论课改革创新实施方案》，根据市委教育工作领导小组《北京市深化新时代学校思想政治理论课改革创新行动计划》部署，大力推进北京市大中小学思政课一体化建设，更好发挥思政课立德树人关键课程作用，2021年6月，北京市委教育工委、市教委开展了此次"永远跟党走"大中小学思政课优秀教学课例征集展示活动。2022年7月5日，经单位推荐、专家评审等环节，共评选出一等奖12项、二等奖48项、三等奖71项以及优秀组织奖6项。

（五）评审并公布北京市第三批重点建设马克思主义学院名单

建设北京市重点马克思主义学院，是北京市委贯彻落实习近平新时代中国特色社会主义思想特别是习近平总书记关于教育的重要论述、深化新时代思政课改革创新的战略举措，也是新时代深化拓展马克思主义理论研究和宣传教育的重要抓手。5月27日，北京市委教育工委公布了第三批"北京市重点建设马克思主义学院"名单。经过书面评审和实地考察，最终确定中央民族大学马克思主义学院、中国人民公安大学马克思主义学院、中国地质大学（北京）马克思主义学院、中国石油大学（北京）马克思主义学院、北京化工大学马克思主义学院、华北电力大学马克思主义学院、中国科学院大学马克思主义学院、北方工业大学马克思主义学院、北京工商大学马克思主义学院、北京建筑大学马克思主义学院10所高校马克思主义学院为第三批"北京市重点建设马克思主义学院"。截至2022年底，北京市重点建设马克思主义学院共有26家。

三、北京高校马克思主义理论学科与思想政治理论课建设新进展

2022年是党的二十大召开之年，是进入全面建设社会主义现代化国家新征程、向第二个百年奋斗目标进军的开局之年。2022年，在各有关方面的不懈努力下，北京高校马克思主义理论学科与思政课建设取得了新成

效，迈上了新台阶。

（一）配齐建强教师队伍取得新成效

一是规模继续扩大。调查显示，2022年在参与调研的57所北京高校中共有专职教师1943人，同比增加了83人，增幅为4.46%；兼职教师1145人，同比增加了95人，增幅为9.05%。专职教师平均人数为34.09人，同比增加了1.46人；兼职教师平均人数为20.09人，同比增加了1.67人。

二是结构持续优化。调查显示，2022年，在参与调研的57所北京高校中35岁以下的思政课专职教师的平均人数为9.49人，同比增加了1.05人。具有博士学位的专职教师人数为1558人，比2021年增加了115人，同比增加了7.97%；具有硕士学位的人数为338人，减少了28人，同比减少了7.65%；具有学士学位的人数为43人，减少了7人，同比减少了14%。思政课专职教师中中共党员的平均人数为32.47人，同比增加了1.79人。

三是培养培训提质增效。调查显示，2022年，北京市委教育工委围绕提高思政课教师的核心素养精准施策，守正创新强基础，杰出人才树榜样，集中培训提素质，特色活动强质量，依托"名师大家讲党史""周末大讲堂""同备一堂课""青椒论坛"等品牌活动举办了形式多样内容丰富的教师培训，不断提升教师队伍的素养与能力。

（二）大思政课建设成效显著

调查显示，2022年北京高校以"首善之区"的标准，认真落实教育部关于推进"大思政课"建设工作方案。在2021年积极探索的基础上，继续推动大思政课建设，将"大思政课"改革作为思想政治理论课改革的重要抓手和突破口，紧密结合社会现实，不断扩展教学主体，拓宽教学场域，大力开发"大思政课"实践教学基地。参加调研的57所北京高校有38所推动了"大思政课"教学改革，形成了一批具有一定影响的大思政课典型案例。如，北京大学"乡村振兴"主题实践思想政治理论课、清华大学"乡村振兴工作站"建设、中国政法大学"1502"新时代青年知行社思政实践活动、中国石油大学（北京）"风华传薪"多元立体网络"大思政课"平台、北京师范大学"电影下乡——新时代大学生美育支教行"活动、北京航空航天大学载人航天精神专题课程、北京理工大学思想政治理论课虚拟仿真体验教学、对外经济贸易大学"师说·青听"系列微课、华北电力大学"电力思政"系列大思政课等。

（三）科研成果迈上新台阶

一是出版著作数量稳步增长。调查显示，2022年参加调研的北京高校出版著作共计249部，比2021年增加了80部，同比增幅为47.34%。其中专著增加了35部，同比增幅为28.69%；编著增加了42部，同比增幅为100.00%；译著增加了3部，同比增幅为60.00%。

二是获批科研项目数量稳中有进。国家社科基金项目是哲学社会科学领域最高级别的项目，其获批数量能够较好地反映科研实力和水平。调查显示，2022年，参加调研的北京高校获批国家社科基金项目数量共计102项，比2021年增加了24项，同比增幅为30.77%。

三是被采纳科研成果数量大幅增加。调查显示，2022年，参加调研的北京高校被采纳的科研成果共计76项，比2021年增加了30项，同比增幅为65.22%。其中被中央、教育部及其他部委、北京市委市政府采纳批示的分别为24项、26项、26项，被中央采纳批示的同比增加了8项，被北京市委市政府采纳批示的同比增加了22项。

（四）人才培养成效明显

一是招生规模持续扩大。调查显示，2022年参加调研的北京高校招收马克思主义理论类本科生共计519人，比2021年增加了10.66%；招收马克思主义理论学科硕士研究生共计1255人，比2021年增加了14.09%；招收马克思主义理论学科博士研究生共计373人，比2021年增加了5.07%。

二是推动党的二十大精神全面融入人才培养。党的二十大是在全党全国各族人民迈上全面建设社会主义现代化国家新征程、向第二个百年奋斗目标进军的关键时刻召开的一次十分重要的大会，对新时代新征程以中国式现代化全面推进中华民族伟大复兴中的重大理论和现实问题作出了全面部署。党的二十大召开后，参与调研的北京高校坚决落实党中央和中共北京市委有关要求，全力抓好党的二十大精神的研究宣传阐释和教育教学工作，切实把思想和行动统一到党的二十大精神上来。

三是学术交流日益活跃。在多年持续探索的基础上，北京高校马克思主义理论学科专业学术交流平台和特色基本形成,"未名论坛暨全国马克思主义理论及相关学科博士研究生高级研讨班""'清北人师'四校马克思主义学院博士生学术论坛""首都五所高校马克思主义学院研究生学术论坛""全国马克思主义理论学科学生《资本论》论坛"继续举办相关学术活动,同时还举办了"京沪汉五校马克思主义学院研究生学术论坛""马克思主义经典读书会名师讲堂"等。

(五)教学方法改革迈出新步伐

一是思政课教学方法日益多样化。调查显示,在持续推进教学方法改革探索的基础上,参加调研的北京高校思政课教学方法多样化趋势明显。2022年,参加调研的北京高校采用6类以上教学方法开展思政课教学的占参加调研高校总数的43.86%,比2021年提高了10.00个百分点。现代化信息技术使北京高校思想政治理论课的教育教学呈现出新方式,通过新媒体创新思政课教学方法成为新潮流。这进一步提高了思政课的教学实效性,增强了思政课的影响力,提升了思政课的渗透力。

二是北京高校思政课数字化进程明显加快。调查显示,在北京市委教育工委的领导下,高校"数字马院"联盟和北京数字思政信息技术研究院为推动马院数字化建设和思政课信息化建设提供了广泛的交流互鉴平台。北京科技大学、北京邮电大学、北京理工大学等参加调研高校成为北京乃至全国数字思政课的改革先锋。

(六)教学保障持续加强

一是高度重视思政课条件保障建设。北京市委、市政府高度重视高校思政课建设,市委常委会每年专题研究高校思政工作,市委主要领导每年带头上讲台讲思政课。调查显示,2019年以来,参加调研的北京高校全部设立了思想政治理论课建设领导小组,参加调研的北京高校全部设立了独立的二级机构,90%以上参加调研的北京高校把思想政治理论课纳入了学校重点建设课程。领导干部听和讲思政课制度化、常态化,90%以上参加调研的北京高校党政领导听课次数在4次以上,近90%参加调研的北京高校党政领导每年讲授思政课达到4次及以上。

二是虚拟教研室建设稳步推进。加强基层教学组织建设,全面提高教师教书育人能力，是推动高等教育高质量发展的必然要求和重要支撑。虚拟教研室是信息化时代新型基层教学组织建设的重要探索。虚拟教研室充分运用信息技术，探索突破时空限制、高效便捷、形式多样、"线上+线下"结合的教师教研模式，形成基层教学组织建设管理的新思路、新方法、新范式。

调查显示，在北京市委教育工委的领导下，参加调研的北京高校积极推进新型基层教学组织建设，引导教师加强对专业建设、课程实施、教学内容、教学方法、教学手段、教学评价等方面的研究探索，提升教学研究意识，凝练和推广研究成果。中国人民大学马克思主义学院、北京大学马克思主义学院、北京理工大学马克思主义学院和北京化工大学马克思主义学院先后入选教育部虚拟教研室建设名单。

三是继续推进北京市大中小学思政课一体化条件保障建设。为深入贯彻落实北京市委教育工委和北京市教委联合印发的《北京市大中小幼一体化德育体系建设指导纲要》，中共北京市委教育工委等主管部门通过设立课题开展相关研究、设立大中小学思政课一体化建设教育基地、召开北京市大中小学思政课一体化建设研讨会等形式，扎实推动大中小学思政课一体化条件保障建设，北京市大中小幼一体化德育目标、内容、方法、队伍、评价体系得到完善，纵向衔接、横向协同的工作机制初步形成，德育要素融通一体、学段衔接一体、各方协同一体的德育工作新格局初步建立。

（七）教学评价更加科学

一是教学评价主体结构优化。调查显示，2022年参加调研的北京高校依然高度重视"学生评教"和"督导评教"在思政课教学评价主体构成中的重要地位，同时也开始重视"教师评学"和"校领导评教"在评教中的作用。选择"教师评学"的占比由2014年的48.33%提高到2022年的71.93%，提高了20.00个百分点；选择"校领导评教"的占比由2014年的33.33%提高到2022年的82.46%，提高了49.13个百分点。

二是完善思政课教学评价的范围。党的十八大以来，思政课课程体系在改革中不断调整和完善。2022年以前，参加调研的北京高校对思政课的教学评价主要是围绕思想道德与法治、中国近现代史纲要、马克思主义基本原理、毛泽东思想和中国特色社会主义理论体系概论、新时代中国特色社会主义理论与实践、自然辩证法概论、马克思主义与社会科学方法论、中国马克思主义与当代、马克思恩格斯列宁经典著作选读、习近平新时代中国特色社会主义思想概论等课程来展开。2022年，参加调研的北京高校增加了对党史、新中国史、改革开放史、社会主义发展史等课程的评教。

三是优化评教理念和内容。调查显示，2022年，北京高校思政课教学评价中以学生为中心的教学评价理念得到强化，这既体现在教学评价离不开学生的参与，又体现在教学评价是为了促进学生的发展，还体现在进一步强化了对思政课优质教学方法的评价。在对"影响思政课教学效果的最重要因素"的调查中，"教学方法"排在了影响思政课教学效果因素的第一位；在关于"提高思政课教学效果的最主要举措"的调查中，96.49%的参加调研的北京高校选择了"不断丰富教学方法"，排在了提高思政课教学效果举措的第一位。

四、北京高校马克思主义理论学科与思想政治理论课建设存在的主要问题和对策建议

北京高校地处首都，是学习研究宣传马克思主义的排头兵。新时代新征程推动高校马克思主义理论学科与思政课建设高质量发展，既要坚持本土视野、立足北京、面向全国，在队伍建设、科学研究、"大思政课"建设等方面形成新经验，又要树立世界眼光，为推进对外学术交流、推动中国化马克思主义"走出去"作出新贡献。

（一）推动思政课教师队伍高质量发展

一是继续推动配齐思政课教师队伍。党的十八大以来，北京市坚决贯彻习近平总书记关于加强思政课建设的重要论述与批示指示精神，大力推动北京高校思政课教师队伍建设，北京高校思政课教师队伍规模不断扩大。调查数据显示，参加调研的北京高校专职思政课教师队伍由2014年的1288人增加到2022年的1943人，增加了655人，增幅为50.85%，兼职思政课教师队伍由2014年的396人增加到2022年的1145人，增加了749人，增幅为189.14%。在看到这些成绩的同时，我们也要清醒地看到，一方面，57所参加调研的北京高校仍有10所未按照师生比不低于1∶350的要求配齐思

政课教师，占比为17.54%；另一方面，由于按照师生比不低于1∶350配齐思政课教师的参加调研北京高校把一定的兼职教师数折算成思政课教师，由此产生了兼职教师比例过高的问题。尤其是参加调研的北京一流学科建设高校，兼职教师占思政课教师总数的42.33%。要从百年变局、战略全局和完成立德树人根本任务的高度看待配齐思政课教师队伍的重要性，继续推动严格按照师生比1∶350的要求配齐思政课教师，适当控制思政课兼职教师数量。

二是全面提升思政课教师队伍素养。当前，要在配齐思政课教师的同时更加注重解决思政课教师"多而不优""多而不强"的问题，切实全面提升思政课教师队伍素养。思政课教学涉及马克思主义哲学、政治经济学、科学社会主义，涉及经济、政治、文化、社会、生态文明和党的建设，涉及改革发展稳定、内政外交国防，涉及治党治国治军，涉及党史、国史、改革开放史、社会主义发展史，涉及世界史、国际共产主义运动史，涉及世情、国情、党情、民情等。同时，如何看待快速发展变化的国内外形势及其在理论和实践上给我们带来的挑战，如何讲清讲透我们党团结带领人民在探索前进中历经的坎坷从而更加坚定对马克思主义的信仰、对中国共产党的信心、对中国特色社会主义的信念，这样的特殊性对思政课教师综合素养要求很高。要紧紧围绕政治要强、情怀要深、思维要新、视野要广、自律要严、人格要正的要求，坚持首善标准，抓紧出台系列全面提升北京高校思政课教师队伍素养的政策文件，形成全面提升思政课教师队伍素养的北京经验。

三是充分发挥高层次人才的引领示范作用。北京高校地处首都，在全国马克思主义理论学科和思想政治理论课建设中处于头雁地位。调查显示，参加调研的北京高校拥有的马克思主义理论一级学科博士点和一级学科硕士点的总数，全国重点马克思主义学院数量，马克思主义理论研究和建设工程首席专家、国家级教学名师、长江学者奖励计划特聘教授、万人计划哲学社会科学领军人才、全国宣传文化系统"四个一批"人才、长江学者奖励计划青年学者等高层次人才总量，在全国均是遥遥领先。同时，调查显示，这些优质资源在参加调研的北京高校之间分布并不平衡。要在广泛调研的基础上，加强顶层设计，多措并用，充分发挥北京高校高层次人才的资源优势，为切实全面提升北京高校思政课教师队伍素养提供丰厚的人才支撑。

（二）推动科学研究协同发展

从全国范围来看，北京高校既是马克思主义理论学科科学研究的重镇，也是马克思主义理论学科科学研究的领头羊和排头兵。在看到成绩的同时，我们要清醒地看到，参加调研的北京高校马克思主义理论学科科学研究的数量和质量在各学科点和各类型高校间分布不平衡。一级学科点高校科研成果明显多于二级学科点高校，部属高校普遍多于市属本科高校。同时，也要看到，由于种种原因，部分部属高校的科研成果数量质量与部属高校实力地位不匹配的现象也在一定程度和范围内存在。各级学科之间的科研成果也不平衡，马克思主义基本原理、思想政治教育、马克思主义中国化等二级学科的科研成果较多，而中国近现代史基本问题研究、马克思主义发展史、国外马克思主义等二级学科的科研成果相对较少。调查显示，2022年，参加调研的北京高校在著作出版、论文发表、课题项目、科研获奖、成果采纳等方面，无论从数量还是从质量来看差距仍然比较大，相关科研成果仍呈现向北京大学、清华大学、中国人民大学、北京师范大学等重点高校集中的趋势。这意味着很多参加调研的北京高校在马克思主义理论学科科学研究方面还有很大的提升和发展空间。为推动北京高校马克思主义理论学科科学研究高质量发展，需要进一步加强顶层设计，坚持系统思维，坚持协同发展理念，推动科研实力强的北京高校与科研实力弱的高校结对子，协同开展科学研究。要加大经费投入，采取有效措施，紧紧围绕习近平新时代中国特色社会主义思想在京华大地落地生根和思政课教学中的重大理论与现实问题，完善科研组织模式，切实推进协同攻关，在有效推进机构协同、人员协同、项目协同中切实全面整体提升北京高校马克思主义理论学科研究水平，为其他地区乃至全国提供科学研究服务地方经济社会发展和思政课建设的北京经验。

（三）推动"大思政课"建设往深里走

2021年3月6日，习近平总书记在看望参加全国政协会议的医药卫生界、教育界委员时指出："思政课不仅应该在课堂上讲，也应该在社会生活中来讲。这次总的背景是世界百年未有之大变局，'两个一百年'的历史交汇期,突如其来的疫情加剧了这两个方面给人们的影响。""'大思政课'我们要善用之,一定要跟现实结合起来。上思政课不能拿着文件宣读,没有生命、干巴巴的。"2022年7月25日,为贯彻落实习近平总书记关于"大思政课"的重要论述,教育部、中共中央宣传部、中共中央网络安全和信息化委员会办公室等十部门印发的《全面推进"大思政课"建设的工作方案》对全面推进"大思政课"建设进行了全面部署,为全国高校全面推进"大思政课"建设指明了前进方向。调查显示,2022年,参加调研的北京高校认真落实相关要求,有38所高校积极推进"大思政课"教学改革,积累了推进"大思政课"建设的宝贵经验。

大思政课理念既是习近平总书记关于办好思政课重要论述的核心要义,也是贯穿新时代学校思政课建设的逻辑主线。北京高校要坚持首善标准,积极推进"大思政课"建设往深里走,形成"大思政课"建设的北京经验。

一是要深刻理解和准确把握"大思政课"建设的总体要求。全面推进"大思政课"建设往深里走,必须坚持以习近平新时代中国特色社会主义思想为指导,紧紧围绕立德树人根本任务,推动用党的创新理论铸魂育人,不断增强针对性、提高有效性,实现入脑入心。要坚持开门办思政课,强化问题意识、突出实践导向,充分调动全社会力量和资源,建设"大课堂"、搭建"大平台"、建好"大师资",建设"大思政课"教研系统,设立一批"大思政课"实践教学基地,推出一批"大思政课"优质教学资源,做优一批"大思政课"品牌示范活动,建设"大思政课"综合改革试验区,推动思政小课堂与社会大课堂相结合,推动各类课程与思政课同向同行,教育引导学生坚定"四个自信",成为堪当民族复兴重任的时代新人。

二是构建立体化"大思政课"教学体系。大思政课,基础是大、关键是思、重点是政、载体是课、对象是人。推动北京高校"大思政课"建设往深里走、往实里走,需进一步改革教学方法,形成第一课堂与第二课堂、理论教学与实践教学、课堂教学与现场教学相互支撑,理念手段先进、方式方法多样、组织管理高效的"大思政课"教学体系。要用好北京雄厚的人才资源优势、深厚的历史和文化资源优势、先进的科学技术优势,充分调动各有关方面的积极性、主动性、创造性,建设教学案例库和教学素材库，打造教学重点难点问题库，开放在线示范课程库，根据教学需要进一步丰富和完善"大思政课"实践教学基地。

三是建强"大思政课"教师队伍。办好"大思政课"关键在教师，关键在发挥"大思政课"教师的积极性、主动性、创造性。建强"大思政课"教师队伍，既需全面提升思政课教师的信仰和情怀、思维和视野、学识和人格，切实全面提升"大思政课"教师综合素养，又需深化"大思政课"教学方法改革的理论与实践研究，加强"大思政课"集体备课并定期组织"大思政课"现场教学展示，切实提高思政课教师教学能力，还需建立"大思政课"特聘教师和兼职教师制度，特聘部分"人物"参与课堂教学，建立现场教学、实践教学兼职教师制度。

四是健全"大思政课"综合评价体系。建立健全评价标准，明确评价导向，优化评价机制，坚持评建结合，管理与服务并重，紧密结合"大思政课"教学和教师等实际，建立健全有利于激发各方面积极性、全面系统、科学规范、运行有效的立体化教师教学和学生学习的"大思政课"综合评价体系。坚持理论联系实际、知行合一原则，创新"大思政课"的考试评价办法，加大对学生学习"大思政课"的过程性评价，更加重视评价学生能否运用马克思主义立场观点方法分析现实问题，更加重视评价学生的世界观、人生观、价值观，更加重视评价学生对马克思主义的信仰和对社会主义的信念等。

（四）全面提升对外学术交流水平

经过长期努力，中国特色社会主义进入新时代，我国经济实力和综合国力稳步攀升，日益走近世界舞台中央。今天，我们比历史上任何时期都更接近、更有信心和能力实现中华民族伟大复兴的目标。在百年变局、世界发展呈现东升西降态势中，西方国家不希望也不愿意看到中国崛起，蓄意制造负面国际舆论，丑化中国形象，围堵打压我国发展。西方国家的"棒杀"和围堵给我国发展带来了不容忽视的负面影响。北京高校作为全国马克思主义理论学科的排头兵和研究重镇，应该充分发挥自身优势，义不容辞地承担起回应西方国家对我国发展的质疑与偏见的任务，消除一些国家对我国发展的误解，赢得国际社会对我国道路、理论、制度和文化的理解、尊重、支持。

一是要准确理解和高度重视对外学术交流在北京高校马克思主义理论学科建设中的地位作用。马克思恩格斯创立的马克思主义在西方学术界依然占有一席之地。国外不少学者依然在深入研究马克思主义，其研究马克思主义经典著作的视野和方法值得我们借鉴。从这个意义上看，对外学术交流是马克思主义理论学科发展的内在需要和必然要求。同时，对外学术交流也是民间外交的重要组成部分，有利于国（境）外学者和人民增进对中国发展的全面、客观、真实、准确的了解。面对西方国家戴着有色眼镜形成的对中国特色社会主义的质疑与偏见，北京高校要高度重视从马克思主义理论学科科学研究和学术交流的维度进行有效回应。

二是要加强对外学术交流话语体系建设。要运用马克思主义的立场观点方法把中国革命、建设、改革的历史放在世界现代化潮流中去分析，用中国理论阐释中国实践，用中国实践升华中国理论，构建具有理论阐释力、现实说服力、传播影响力的话语体系，夯实中国化马克思主义走向世界的理论根基。

三是要创新对外学术交流方式方法。北京高校要坚持国际视野，切实加强对外学术交流工作规划，紧扣时代发展脉搏，聚焦国内外关注热点，坚持"请进来"与"走出去"相结合，构建更全方位、更宽领域、更多层次、更加主动的对外学术交流合作格局。在"请进来"方面，要综合运用学术论坛、对外培训、智库对话等方式积极开展对外学术交流。在"走出去"方面，要鼓励、支持、引导北京高校教师积极参加国际学术会议，宣传中国道路、理论、制度、文化，支持和帮助有关机构在国（境）外创办或与国（境）外相关单位合办学术刊物，围绕国（境）外关注的相关热点难点重点问题开展合作研究。

第二章

教师队伍

2022年3月8日，教育部办公厅印发了《"青春献礼二十大，强国有我新征程"迎接学习宣传党的二十大主题宣传教育活动工作方案》；7月25日，教育部等10部门印发了《全面推进"大思政课"建设的工作方案》的通知。这些重要文件，为新时代高校马克思主义理论学科与思想政治理论课教师队伍规划了建设目标、指明了发展方向。北京市委教育工委紧跟教育部的相关规定，配套出台了系列举措。在教育部、北京市委教育工委的领导下，各北京高校在加强思政课教师队伍建设、提升思政课教师的整体水平等方面做了大量工作，取得了系列成绩。此次调研主要围绕教师队伍建设的基本情况、取得的主要成绩、存在的主要问题和对策建议三个维度展开，基本掌握了2022年度北京高校马克思主义理论学科和思政课教师队伍建设的状况。

一、数据展示与解读

截至2022年12月，参加本次问卷调查的北京高校共有57所。其中，一流大学建设高校8所，一流学科建设高校24所，非双一流建设高校25所；具有马克思主义理论学科点的高校37所，其中，马克思主义理论一级学科博士点高校16所，一级学科硕士点高校20所，二级学科硕士点高校1所，无学科点高校20所。共有马克思主义理论学科与思政课专职教师1943人，兼职教师1145人。教师队伍建设的数据展示与解读主要从各类型高校和各学科点两个层面进行，各类型高校包含一流大学建设高校、一流学科建设高校和非双一流建设高校三个维度，各学科点包含一级学科博士点、一级学科硕士点和二级学科硕士点三个维度。主要内容包括专职教师、兼职教师、新进教师、职称晋升、相关规定与要求五个方面。

（一）专职教师队伍情况

专职教师是开展马克思主义理论研究、教学和宣传以及培养马克思主义理论人才工作的主力军。在参加调研的北京各类高校中，马克思主义理论学科与思政课专职教师共计1943人。其中一流大学建设高校专职教师

457人，平均每所高校为57.13人；一流学科建设高校专职教师891人，平均每所高校为37.13人；非双一流建设高校专职教师595人，平均每所高校为23.80人。可见，一流学科建设高校专职教师的总数最多，非双一流建设高校次之，一流大学建设高校最少，如图2-1所示。一流大学建设高校专职教师的平均人数最多，一流学科建设高校次之，非双一流建设高校最少，呈递减趋势，如图2-2所示。

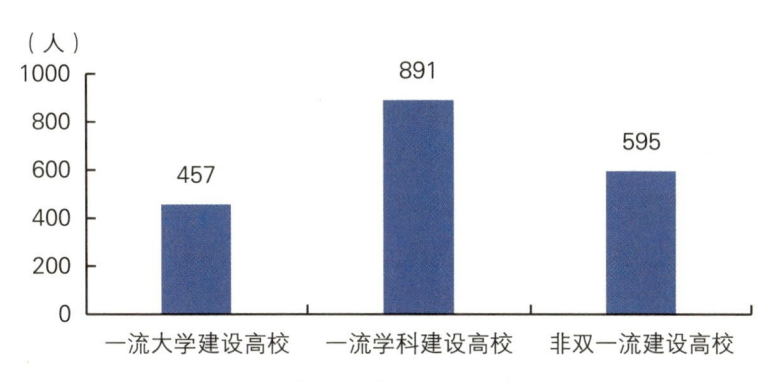

图2-1　各类型高校专职教师人数

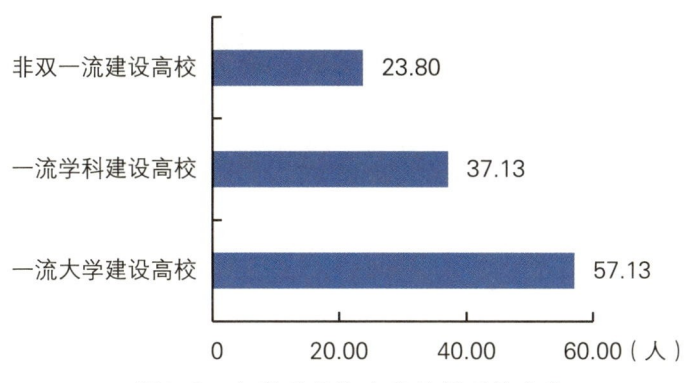

图2-2　各类型高校专职教师平均人数

在参加调研的北京各学科点中，马克思主义理论学科与思政课专职教师共计1625人。其中一级学科博士点专职教师813人，平均每所高校为50.81人；一级学科硕士点专职教师784人，平均每所高校为39.20人；二级学科硕士点专职教师26人，平均每所高校为26.00人。可见，一级学科博士点专职教师的总数最多，然后是一级学科硕士点，二级学科硕士点最少，如图2-3所示。一级学科博士点专职教师的平均人数最多，一级学科硕士点次之，二级学科硕士点最少，呈递减趋势，如图2-4所示。

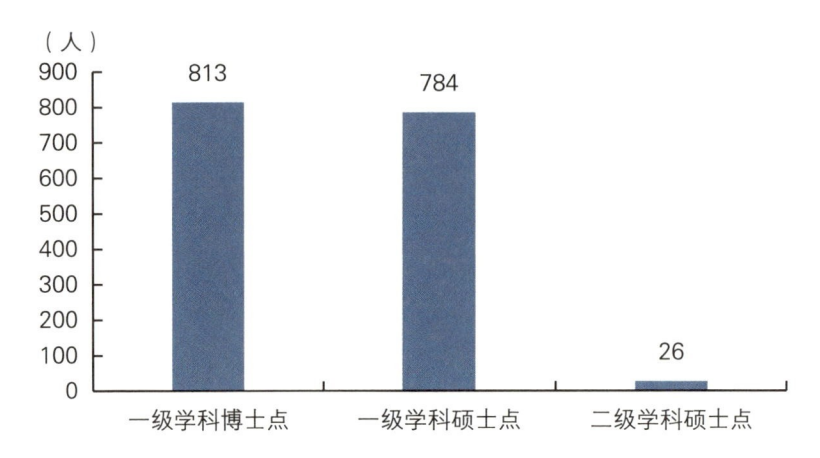

图2-3 各学科点专职教师人数

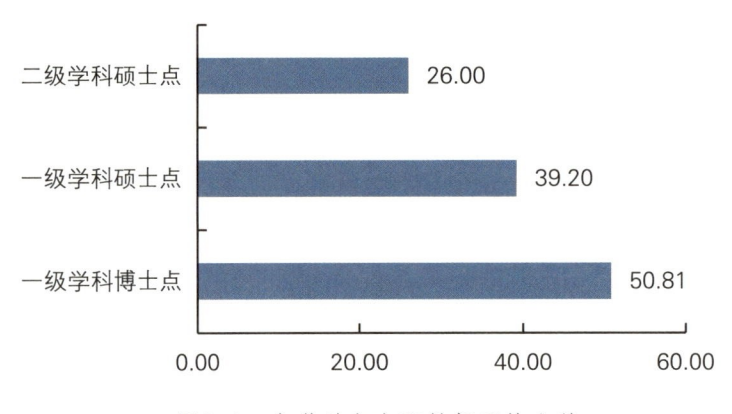

图2-4 各学科点专职教师平均人数

在专职教师年龄构成方面，35岁及以下专职教师有541人，占专职教师总人数的27.84%；36岁至45岁专职教师有627人，占专职教师总人数的32.27%；46岁至55岁专职教师有513人，占专职教师总人数的26.40%；56岁及以上专职教师有262人，占专职教师总人数的13.48%，如图2-5所示。平均每所高校35岁及以下专职教师有9.49人，36岁至45岁专职教师有11.00人，46岁至55岁专职教师有9.00人，56岁及以上专职教师有4.60人，如图2-6所示。

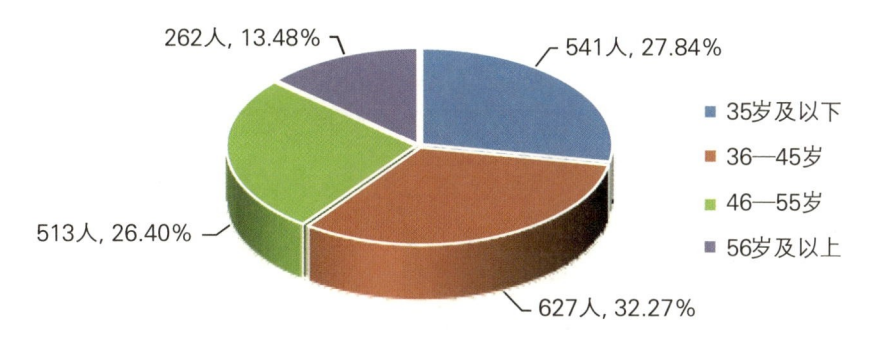

图2-5 专职教师各年龄结构与占比

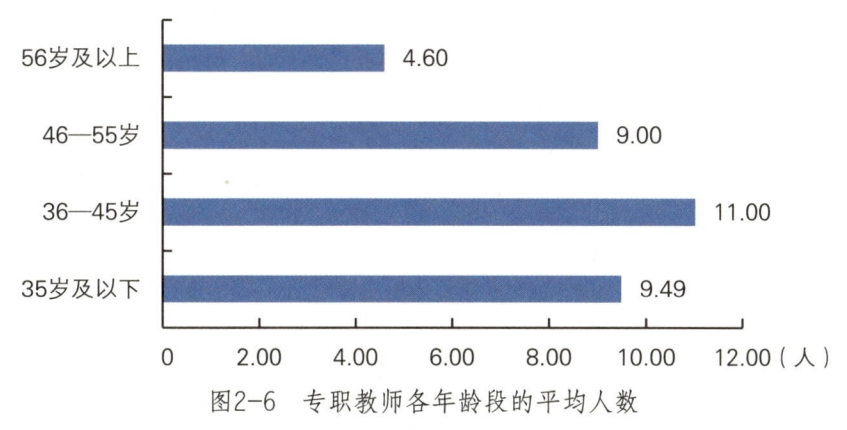

（饼图数据：35岁及以下 541人，27.84%；36—45岁 627人，32.27%；46—55岁 513人，26.40%；56岁及以上 262人，13.48%）

图2-6 专职教师各年龄段的平均人数

（条形图数据：35岁及以下 9.49；36—45岁 11.00；46—55岁 9.00；56岁及以上 4.60）

从各类型高校专职教师的年龄结构来看，一流大学建设高校35岁及以下专职教师有152人，平均每所高校为19.00人；36岁至45岁专职教师有135人，平均每所高校为16.88人；46岁至55岁专职教师有98人，平均每所高校为12.25人；56岁及以上专职教师有72人，平均每所高校为9.00人。一流学科建设高校35岁及以下专职教师有258人，平均每所高校为10.75人；36岁至45岁专职教师有288人，平均每所高校为12.00人；46岁至55岁专职教师有226人，平均每所高校为9.42人；56岁及以上专职教师有119人，平均每所高校为4.96人。非双一流建设高校35岁及以下专职教师有131人，平均每所高校为5.24人；36岁至45岁专职教师有204人，平均每所高校为8.16人；46岁至55岁专职教师有189人，平均每所高校为7.56人；56岁及以上专职教师有71人，平均每所高校为2.84人；如图2-7和图2-8所示。由此可以得出结论：同一年龄段专职教师数量，一流学科建设高校最多，非双一流建设高校次之，一流大学建设高校最少，呈递减趋势。一流大学建设高校同一年龄段专职教师平均人数最多，一流学科建设高校次之，非双一流建设高校最少，呈递减趋势。

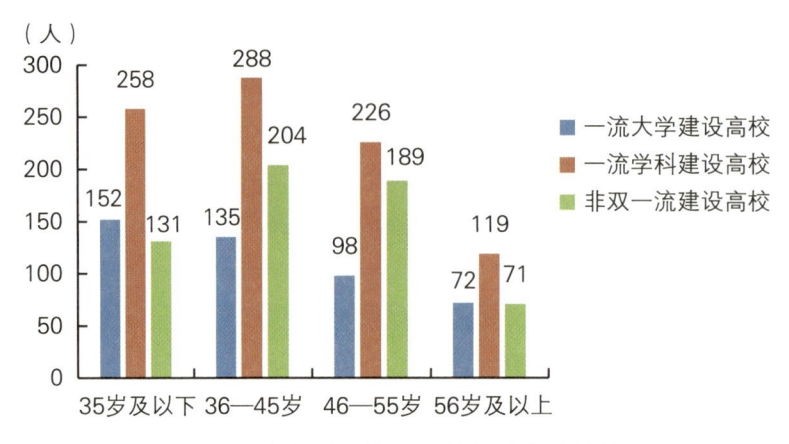

图2-7 各类型高校专职教师的年龄结构

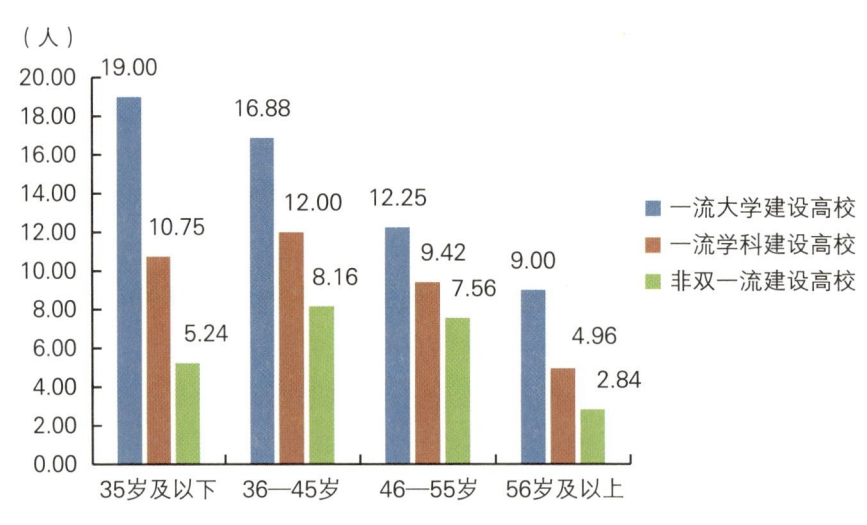

图2-8 各类型高校专职教师各年龄段的平均人数

从各学科点专职教师的年龄结构来看，一级学科博士点35岁及以下专职教师有240人，平均每所高校为15.00人；36岁至45岁专职教师有250人，平均每所高校为15.63人；46岁至55岁专职教师有197人，平均每所高校为12.31人；56岁及以上专职教师有126人，平均每所高校为7.88人。一级学科硕士点35岁及以下专职教师有211人，平均每所高校为10.55人；36岁至45岁专职教师有255人，平均每所高校为12.75人；46岁至55岁专职教师有223人，平均每所高校为11.15人；56岁及以上专职教师有95人，平均每所高校为4.75人。二级学科硕士点35岁及以下专职教师有6人，平均每所高校为6.00人；36岁至45岁专职教师有9人，平均每所高校为9.00人；46岁至55岁专职教师有8人，平均每所高校为8.00人；56岁及以上专职教师有3人，平均每所高校为3.00人，如图2-9和图2-10所示。由此可以得出结论：36岁至45岁和46岁至55岁年龄段，一级学科硕士点专职教师数量最多，一级学科博士点次之，然后是二级学科硕士点，呈递减趋势；35岁及以下和56岁及以上年龄段，一级学科博士点专职教师数量最多，一级学科硕士点次之，二级学科硕士点最少，呈递减趋势。35岁及以下，一级学科博士点专职教师平均人数最多，然后是一级学科硕士点，二级学科硕士点最少，呈递减趋势；36岁至45岁，一级学科博士点专职教师平均人数最

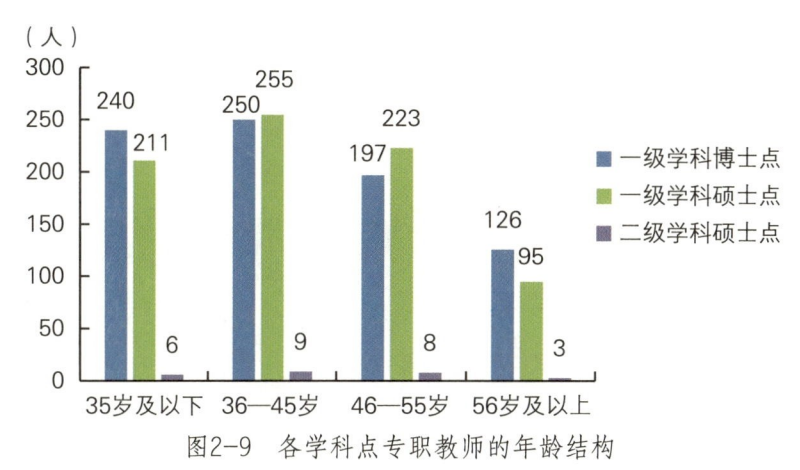

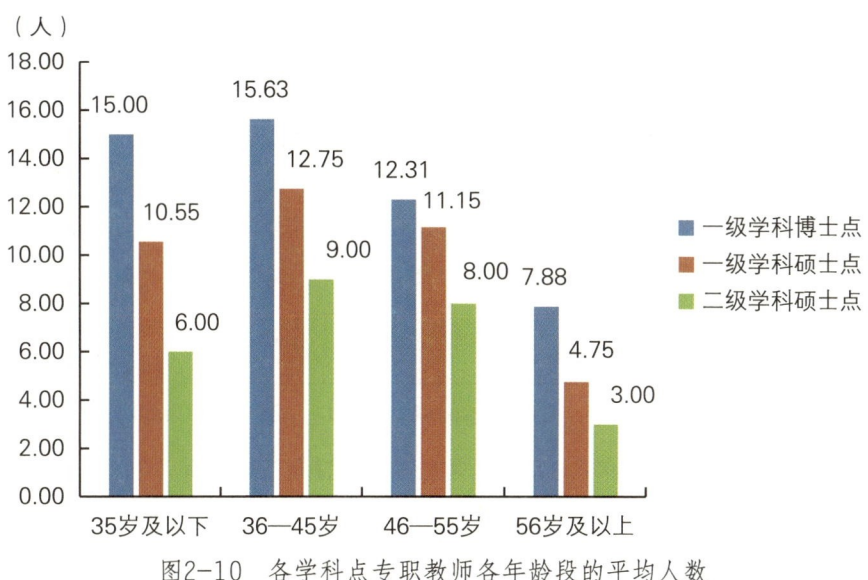

图2-9 各学科点专职教师的年龄结构

图2-10 各学科点专职教师各年龄段的平均人数

多，一级学科硕士点次之，然后是二级学科硕士点，呈递减趋势；46岁至55岁，一级学科博士点专职教师平均人数最多，一级学科硕士点次之，然后是二级学科硕士点，呈递减趋势；56岁及以上，一级学科博士点专职教师平均人数最多，然后是一级学科硕士点，二级学科硕士点最少，呈递减趋势。

在专职教师的学位结构方面，具有博士学位的专职教师有1558人，占专职教师总人数的80.19%，平均每所高校为27.33人；具有硕士学位的专职教师有338人，占专职教师总人数的17.40%，平均每所高校为5.93人；具有学士学位的专职教师有43人，占专职教师总人数的2.21%，平均每所高校为0.75人；其他专职教师4人，占专职教师总人数的0.21%，平均每所高校为0.07人，如图2-11和图2-12所示。

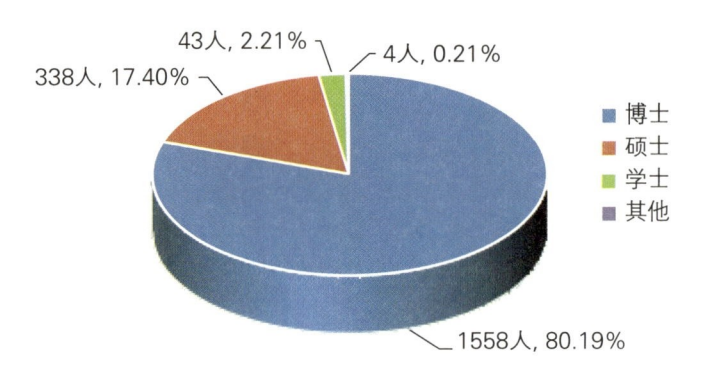

图2-11 专职教师的学位结构与占比

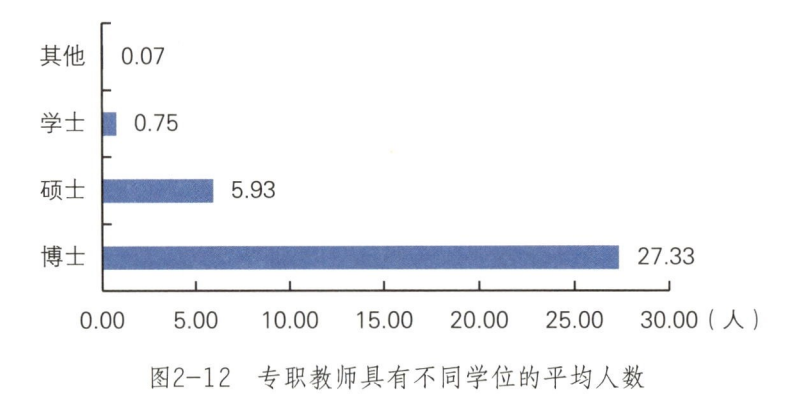

图2-12 专职教师具有不同学位的平均人数

从各类型高校专职教师的学位结构来看，一流大学建设高校457名专职教师中，具有博士学位的有436人，具有硕士学位的有19人，具有学士学位的有2人，其他0人；一流学科建设高校891名专职教师中，具有博士学位的有745人，具有硕士学位的有122人，具有学士学位的有21人，其他3人；非双一流建设高校595名专职教师中，具有博士学位的有377人，具有硕士学位的有197人，具有学士学位的有20人，其他1人，如图2-13所示。分析可知，各类型高校中，具有博士学位的专职教师，一流学科建设高校人数最多，一流大学建设高校次之，非双一流建设高校最少；具有硕士学位的专职教师，非双一流建设高校人数最多，一流学科建设高校次之，一流大学建设高校最少；具有学士学位的专职教师，一流学科建设高校人数最多，非双一流建设高校次之，一流大学建设高校最少；具有其他学位的专职教师，一流学科建设高校人数最多，非双一流建设高校次之，一流大学建设高校没有。

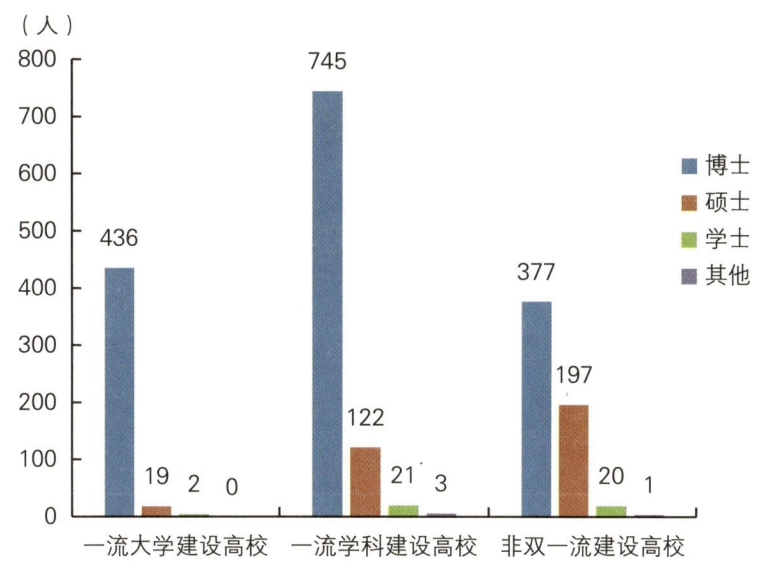

图2-13 各类型高校专职教师的学位结构

结合图2-13的数据可以推算出各类型高校专职教师中具有博士学位的平均人数：一流大学建设高校平均有54.50人具有博士学位，一流学科建设高校平均有31.04人具有博士学位，非双一流建设高校平均有15.08人具有博士学位，如图2-14所示。可见，一流大学建设高校具有博士学位专职教师的平均人数最多，一流学科建设高校次之，非双一流建设高校最少，呈递减趋势。

```
非双一流建设高校    15.08
一流学科建设高校    31.04
一流大学建设高校    54.50
                0    20.00   40.00   60.00（人）
```

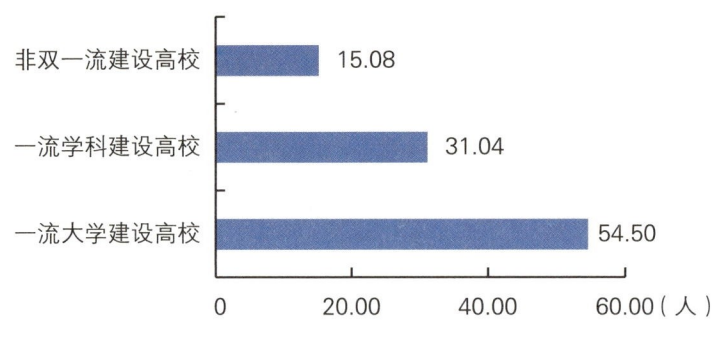

图2-14　各类型高校专职教师具有博士学位的平均人数

从各学科点专职教师的学位结构来看，一级学科博士点813名专职教师中，具有博士学位的有738人，具有硕士学位的有65人，具有学士学位的有7人，其他3人；一级学科硕士点784名专职教师中，具有博士学位的有642人，具有硕士学位的有119人，具有学士学位的有23人，其他0人；二级学科硕士点26名专职教师中，具有博士学位的有20人，具有硕士学位的有6人，具有学士学位的有0人，其他0人，如图2-15所示。分析可知，各学科点中，具有博士学位的专职教师，一级学科博士点人数最多，一级学科硕士点次之，然后是二级学科硕士点；具有硕士学位的专职教师，一级学科硕士点人数最多，一级学科博士点次之，然后是二级学科硕士点；具有学士学位的专职教师，一级学科硕士点人数最多，一级学科博士点次之，二级学科硕士点没有；其他学位专职教师在各学科点均没有。

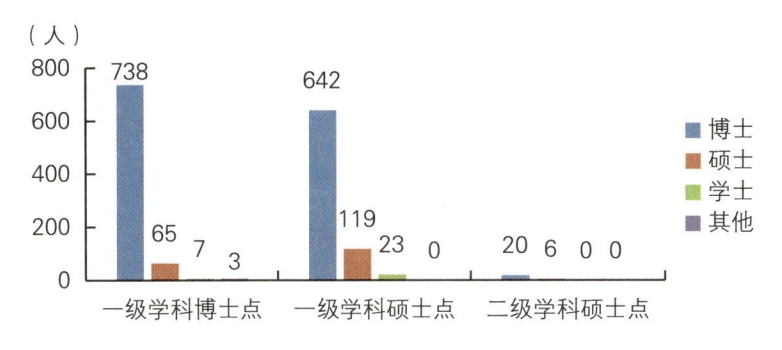

```
（人）
800   738
600          642
400
200     65 7 3   119 23 0   20 6 0 0
      一级学科博士点  一级学科硕士点  二级学科硕士点
                                    ■博士 ■硕士 ■学士 ■其他
```

图2-15　各学科点专职教师的学位结构

结合图2-15的数据可以推算出各学科点专职教师中具有博士学位的平均人数：一级学科博士点平均有46.13人具有博士学位，一级学科硕士点平均有32.10人具有博士学位，二级学科硕士点平均有20.00人具有博士学位，如图2-16所示。可见，一级学科博士点具有博士学位专职教师的平均人数最多，一级学科硕士点次之，二级学科硕士点最少，呈递减趋势。

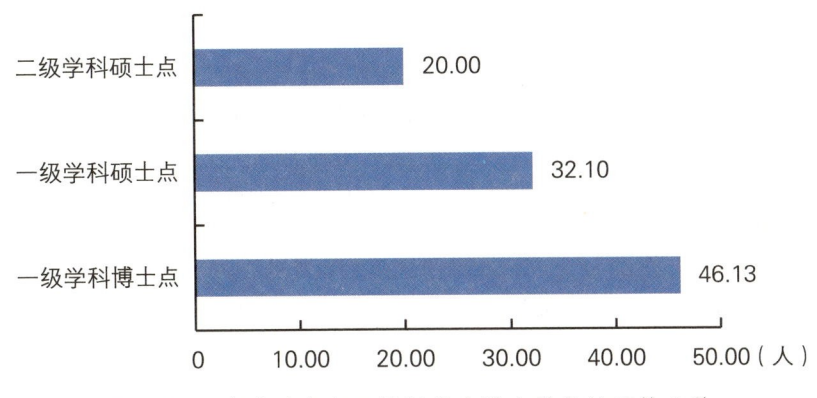

图2-16　各学科点专职教师具有博士学位的平均人数

二级学科硕士点　20.00
一级学科硕士点　32.10
一级学科博士点　46.13

由于专职教师不仅承担着思政课的科研和教学任务，同时也要承担对党的路线方针政策的宣传工作，因此，马克思主义理论学科与思政课专职教师原则上要求是中共党员。根据图2-17和图2-18，1943名专职教师的政治面貌情况为：中共党员1851人，占专职教师总人数的95.27%，平均每所高校为32.47人；民主党派人士14人，占专职教师总人数的0.72%，平均每所高校为0.25人；其他78人，占专职教师总人数的4.01%，平均每所高校为1.37人。可见，在专职教师的政治面貌情况中，中共党员占主体地位。

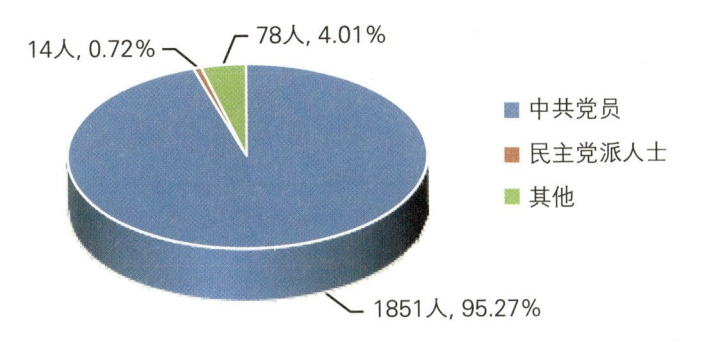

图2-17　专职教师政治面貌情况及其占比

- 中共党员：1851人，95.27%
- 民主党派人士：14人，0.72%
- 其他：78人，4.01%

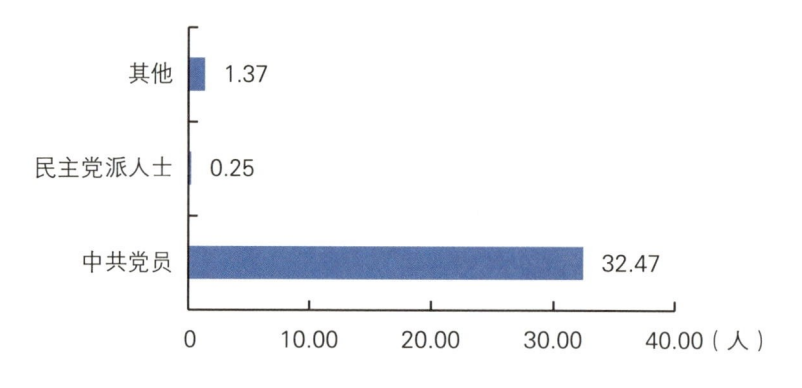

图2-18 专职教师不同政治面貌的平均人数

从各类型高校专职教师的政治面貌来看，一流大学建设高校457名专职教师中，中共党员447人，民主党派人士1人，其他9人；一流学科建设高校891名专职教师中，中共党员843人，民主党派人士7人，其他41人；非双一流建设高校595名专职教师中，中共党员561人，民主党派人士6人，其他28人，如图2-19所示。可见，中共党员人数在各类型高校专职教师中均占绝大多数。

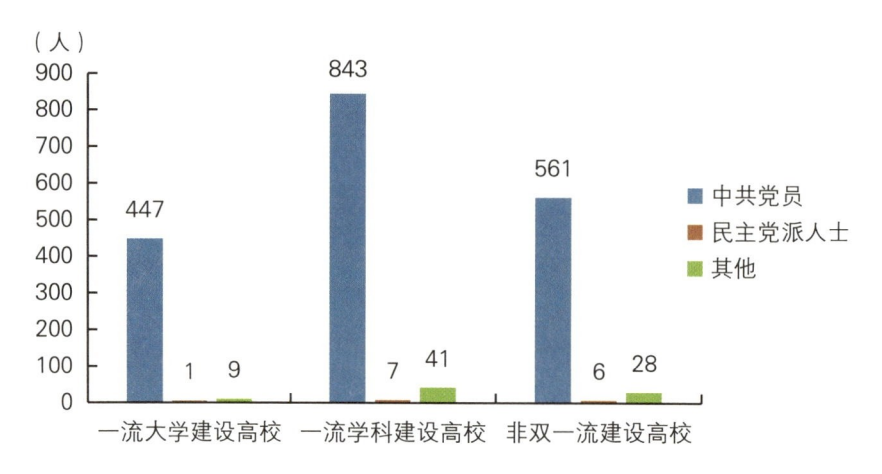

图2-19 各类型高校专职教师的政治面貌

结合图2-19的数据可以推算出各类型高校专职教师为中共党员的平均人数：一流大学建设高校平均有55.88人为中共党员，一流学科建设高校平均有35.13人为中共党员，非双一流建设高校平均有22.44人为中共党员，呈递减趋势，如图2-20所示。

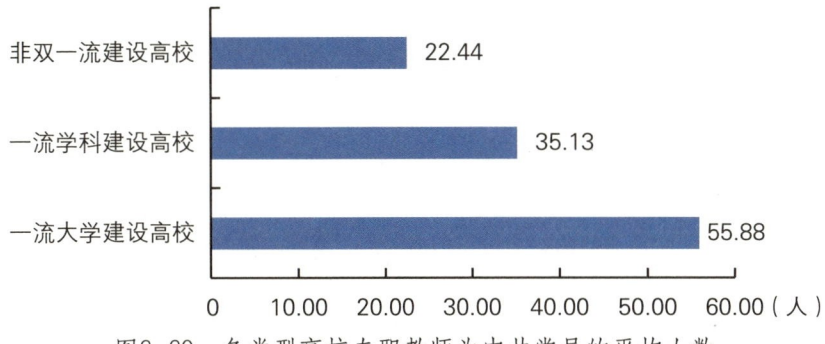

图2-20 各类型高校专职教师为中共党员的平均人数

从各学科点专职教师的政治面貌来看，一级学科博士点中共党员781人，民主党派人士3人，其他29人；一级学科硕士点中共党员738人，民主党派人士8人，其他38人；二级学科硕士点中共党员26人，民主党派人士0人，其他0人，如图2-21所示。可见，中共党员人数在各学科点专职教师中均占绝大多数。

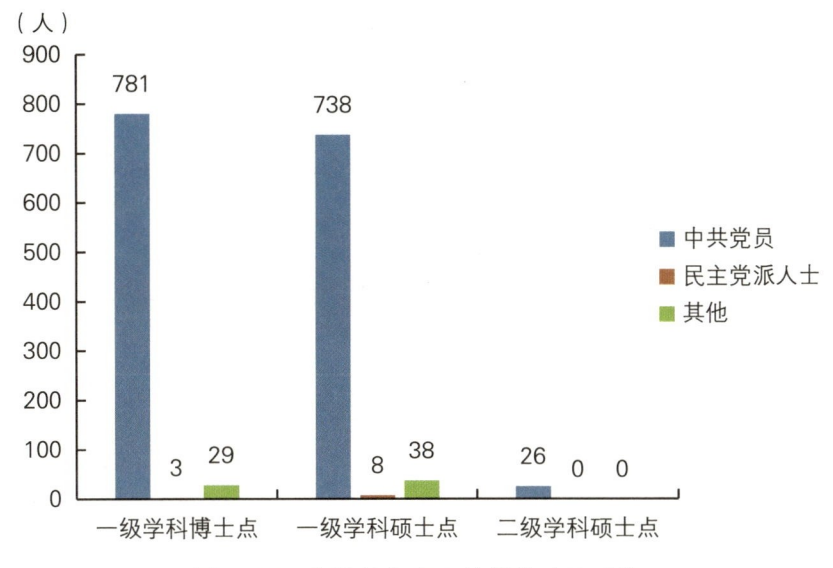

图2-21 各学科点专职教师的政治面貌

结合图2-21的数据可以推算出各学科点专职教师为中共党员的平均人数：一级学科博士点平均有48.81人为中共党员，一级学科硕士点平均有36.90人为中共党员，二级学科硕士点平均有26.00人为中共党员。可见，一级学科博士点专职教师为中共党员的平均人数最多，一级学科硕士点次之，二级学科硕士点最少，呈递减趋势，如图2-22所示。

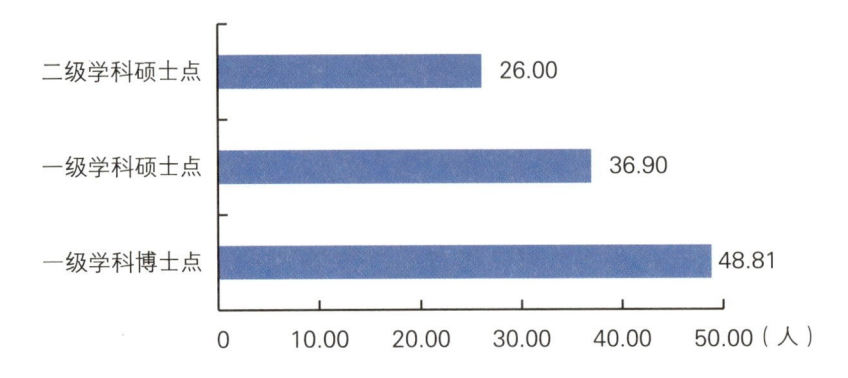

图2-22 各学科点专职教师为中共党员的平均人数

在专职教师职称结构方面，具有教授职称的专职教师为411人，占专职教师总人数的21.15%，平均每所高校为7.21人；具有副教授职称的专职教师为732人，占专职教师总人数的37.67%，平均每所高校为12.84人；具有讲师职称的专职教师为745人，占专职教师总人数的38.34%，平均每所高校为13.07人；其他55人，占专职教师总人数的2.83%，平均每所高校为0.96人，如图2-23和图2-24所示。数据显示，参加调研的北京高校专职教

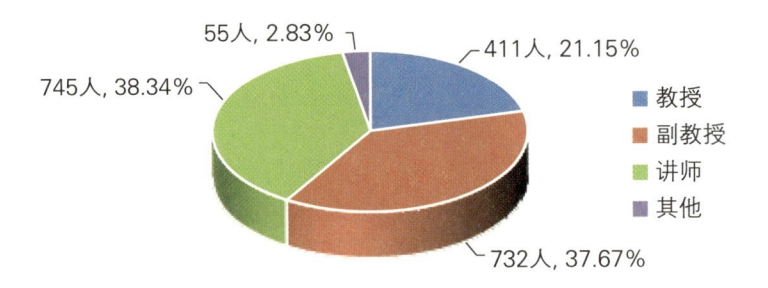

图2-23 专职教师职称结构与占比

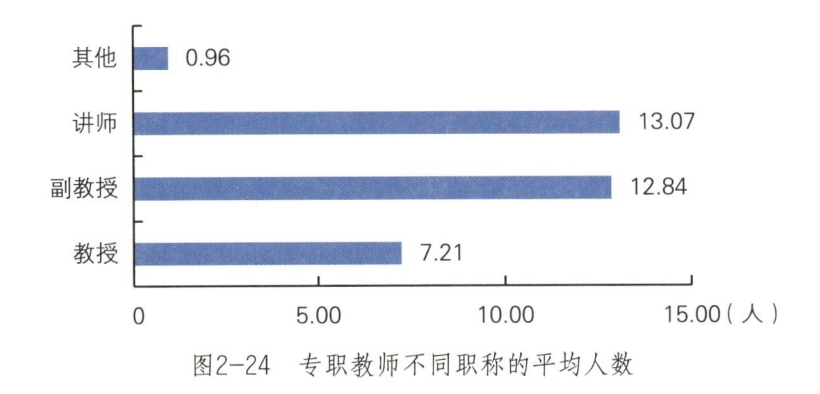

图2-24 专职教师不同职称的平均人数

师职称结构总体呈现以副教授、讲师为主体，比例均达35%以上。这也与前述专职教师年龄结构分布相符合。

从各类型高校专职教师的职称结构来看，一流大学建设高校457名专职教师中，教授为140人，副教授为166人，讲师为128人，其他为23人；一流学科建设高校891名专职教师中，教授为189人，副教授为342人，讲师为350人，其他10人；非双一流建设高校595名专职教师中，教授为82人，副教授为224人，讲师为267人，其他22人，如图2-25所示。可见，一流学科建设高校专职教师中教授人数最多，一流大学建设高校次之，非双一流建设高校最少；一流学科建设高校专职教师中副教授人数最多，非双一流建设高校次之，一流大学建设高校最少；一流学科建设高校专职教师中讲师人数最多，非双一流建设高校次之，一流大学建设高校最少；其他职称的专职教师一流大学建设高校人数最多，非双一流建设高校次之，一流学科建设高校最少。

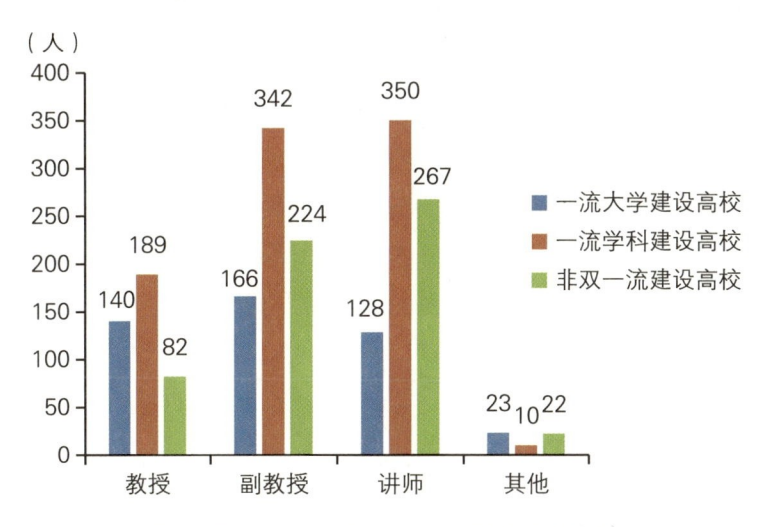

图2-25 各类型高校专职教师的职称结构

结合图2-25的数据可以推算出各类型高校专职教师中教授的平均人数情况为：一流大学建设高校平均为17.50人；一流学科建设高校平均为7.88人；非双一流建设高校平均为3.28人，如图2-26所示。可以看出，各类型高校专职教师中教授的平均人数呈递减趋势，一流大学建设高校专职教师中教授的平均人数最多，非双一流建设高校专职教师中教授的平均人数最少。

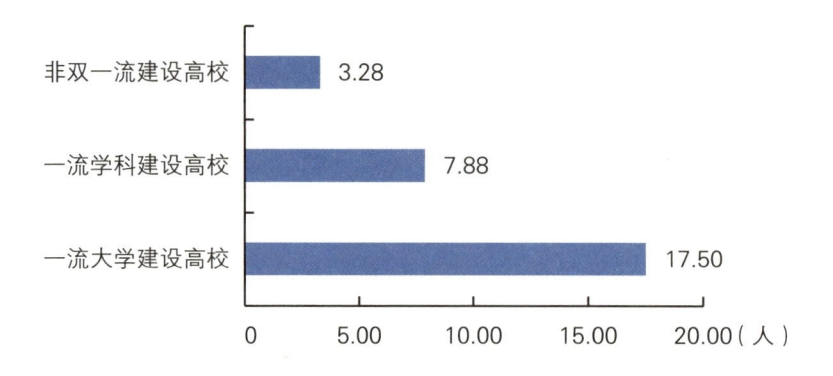

图2-26　各类型高校专职教师中教授的平均人数

从各学科点专职教师的职称结构来看，一级学科博士点813名专职教师中，教授为231人，副教授为307人，讲师为245人，其他为30人；一级学科硕士点784名专职教师中，教授为139人，副教授为295人，讲师为340人，其他为10人；二级学科硕士点26名专职教师中，教授为5人，副教授为12人，讲师为9人，其他为0人，如图2-27所示。可见，一级学科博士点教授、副教授人数最多，一级学科硕士点次之，二级学科硕士点最少；一级学科硕士点讲师人数最多，一级学科博士点次之，二级学科硕士点最少；其他职称一级学科博士点最多，一级学科硕士点次之，二级学科硕士点没有。

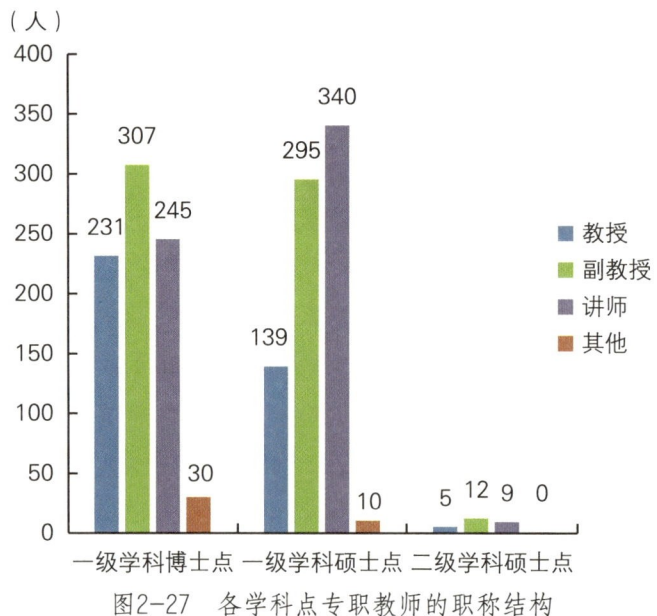

图2-27　各学科点专职教师的职称结构

结合图2-27的数据可以推算出各学科点专职教师中教授的平均人数情况为：一级学科博士点平均为14.44人，一级学科硕士点平均为6.95人，二级学科硕士点平均为5.00人，如图2-28所示。可以看出，各学科点专职教师中教授的平均人数呈递减趋势，一级学科博士点专职教师中教授的平均人数最多，二级学科硕士点专职教师中教授的平均人数最少。

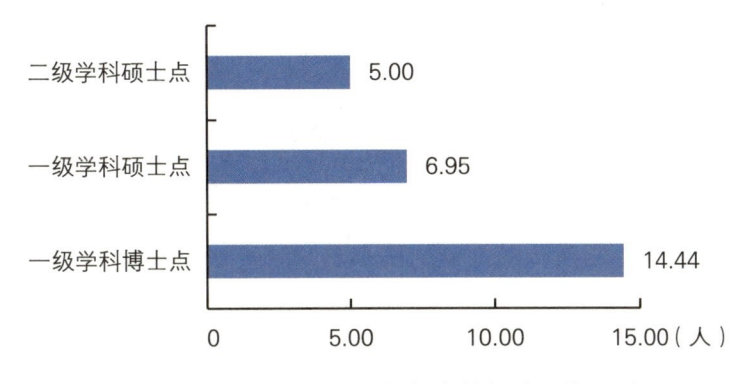

图2-28 各学科点专职教师中教授的平均人数

在专职教师的男女比例方面，参加本次问卷调查的57所北京高校中，马克思主义理论学科与思政课专职教师中共有男教师821人，占专职教师总人数的42.25%；女教师1122人，占专职教师总人数的57.75%。总体来看，在专职教师男女比例方面，女教师多于男教师，如图2-29所示。

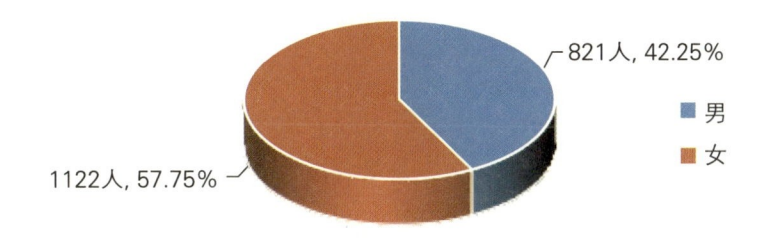

图2-29 专职教师的性别结构与占比

从各类型高校专职教师的性别结构来看，男、女教师的数量分别为：一流大学建设高校男教师为256人，女教师为201人；一流学科建设高校男教师为364人，女教师为527人；非双一流建设高校男教师为201人，女教师为394人，如图2-30所示。可见，在各类型高校专职教师的性别结构方面，一流大学建设高校男教师多于女教师，一流学科建设高校和非双一流建设高校均为女教师多于男教师。

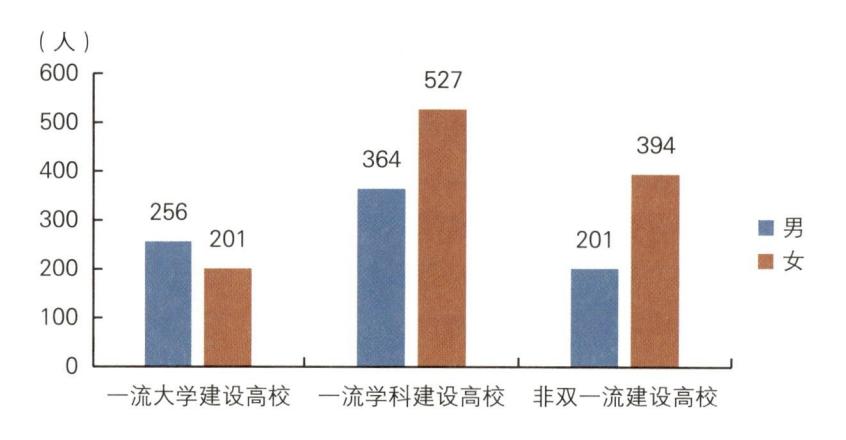

图2-30 各类型高校专职教师的性别结构

从各学科点专职教师的性别结构来看，男、女教师的数量分别为：一级学科博士点男教师为411人，女教师为402人；一级学科硕士点男教师为292人，女教师为492人；二级学科硕士点男教师为4人，女教师为22人，如图2-31所示。可见，在各学科点专职教师的性别结构方面，一级学科博士点男教师多于女教师，一级学科硕士点和二级学科硕士点均为女教师多于男教师。

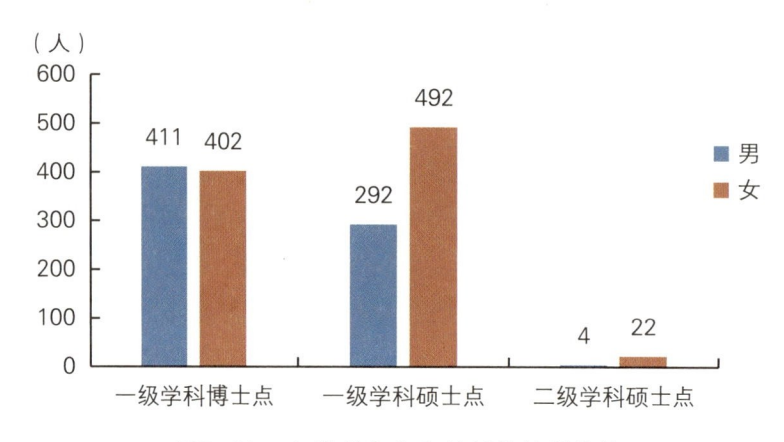

图2-31 各学科点专职教师的性别结构

在专职教师担任导师方面，各类型高校专职教师担任导师情况为：在一流大学建设高校中担任博士研究生导师的有184人，担任硕士生导师的有274人；在一流学科建设高校中担任博士研究生导师的有102人，担任硕士生导师的有431人；在非双一流建设高校中担任博士研究生导师的有1人，担任硕士生导师的有156人，如图2-32所示。可见，在一流大学建设高校中担任博士研究生导师的人数最多，一流学科建设高校次之，非双一流建设高校最少；在一流学科建设高校中担任硕士生导师的人数最多，一流大学建设高校次之，非双一流建设高校最少。

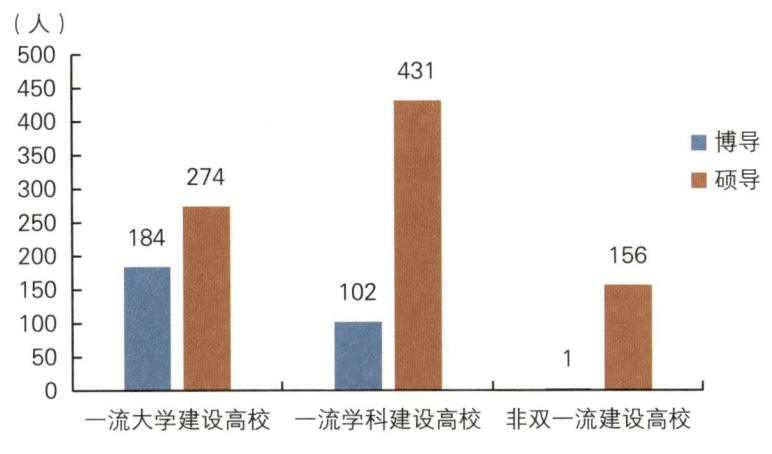

图2-32 各类型高校专职教师担任导师情况

各学科点专职教师担任导师情况为：在一级学科博士点中担任博士研究生导师的有259人，担任硕士生导师的有466人；在一级学科硕士点中担任博士研究生导师的有25人，担任硕士生导师的有347人；在二级学科硕士点中担任博士研究生导师的有0人，担任硕士生导师的有17人，如图2-33所示。可见，在一级学科博士点中担任博士研究生导师的人数最多，一级学科硕士点次之，二级学科硕士点最少；在一级学科博士点中担任硕士生导师的人数最多，一级学科硕士点次之，二级学科硕士点最少。

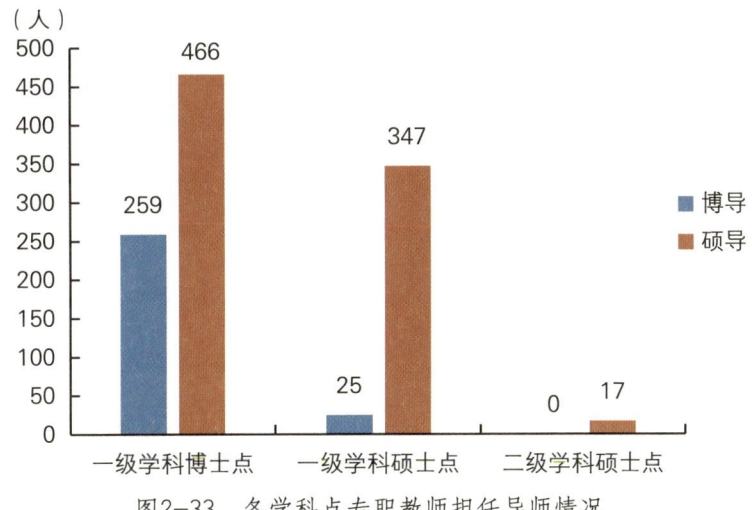

图2-33 各学科点专职教师担任导师情况

在专职教师承担课程方面，各类型高校专职教师承担课程情况为：一流大学建设高校专职教师承担本科课程的有388人，承担硕士课程的有150人，承担博士课程的有167人；一流学科建设高校专职教师承担本科课程的有778人，承担硕士课程的有297人，承担博士课程的有273人；非双一流建设高校专职教师承担本科课程的有585人，承担硕士课程的有173人，承担博士课程的有61人，如图2-34所示。可见，各类型高校专职教师中承担本科课程的人数最多，承担硕士、博士课程的人数较少。

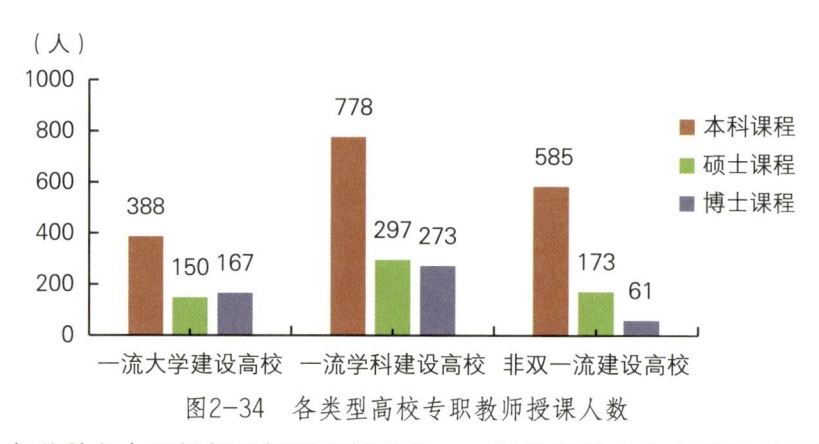

图2-34 各类型高校专职教师授课人数

各学科点专职教师承担课程情况为：一级学科博士点专职教师承担本科课程的有680人，承担硕士课程的有269人，承担博士课程的有242人；一级学科硕士点专职教师承担本科课程的有720人，承担硕士课程的有270人，承担博士课程的有222人；二级学科硕士点专职教师承担本科课程的有18人，承担硕士课程的有8人，承担博士课程的有9人，如图2-35所示。

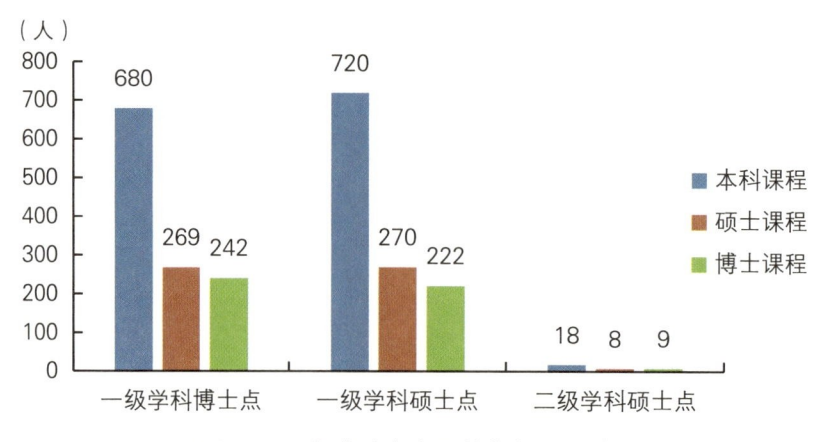

图2-35 各学科点专职教师授课人数

可见，各学科点专职教师中承担本科课程的人数最多，承担硕士、博士课程的人数较少。

(二) 兼职教师队伍情况

思政课兼职教师主要承担培养研究生，授课，与青年教师结对子，发挥传、帮、带作用等任务。据统计，参加本次问卷调查的北京高校共有思政课兼职教师1145人，如图2-36所示。

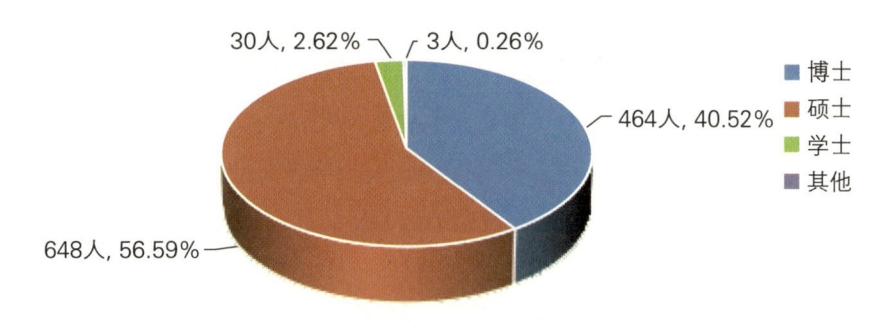

图2-36　兼职教师的学位结构与占比

从图2-36中可以看出，在参加调研的57所北京市高校中，思政课兼职教师的学位情况为：具有博士学位的教师共有464人，占兼职教师总人数的40.52%；具有硕士学位的教师共有648人，占兼职教师总人数的56.59%；具有学士学位的教师共有30人，占兼职教师总人数的2.62%；具有其他学位的教师共3人，占兼职教师总人数的0.26%。可见，在参加调研的北京市各高校中，兼职教师中具有硕士学位的教师最多，具有博士学位的次之，具有学士学位的再次之，其他学位仅为3人，呈现递减趋势。由图2-37可知，各类型高校兼职教师的学位结构情况为：一流大学建设高校兼职教师中具有博士学位的教师有177人，具有硕士学位的教师有61人，具有学士学位的教师有3人，其他0人；一流学科建设高校兼职教师中具有博士学位的教师有216人，具有硕士学位的教师有416人，具有学士学位的教师有20人，其他2人；非双一流建设高校兼职教师中具有博士学位的教师有71人，具有硕士学位的教师有171人，具有学士学位的教师有7人，其他1人。可见，一流学科建设高校、一流大学建设高校、非双一流建设高校中的兼职教师具有博士学位人数呈现递减趋势；在一流学科建设高校和非双一流建设高校内部，兼职教师中拥有硕士学位的教师最多。

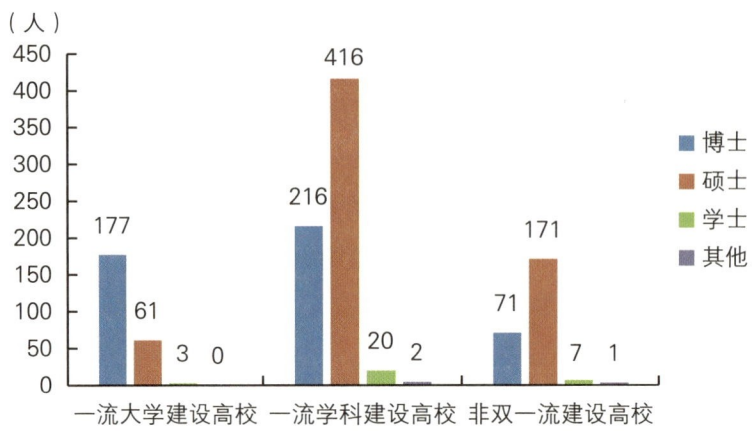

图2-37　各类型高校兼职教师的学位结构

由图2-38可知，各学科点兼职教师的学位结构情况为：一级学科博士点兼职教师中具有博士学位的教师有268人，具有硕士学位的教师有173人，具有学士学位的教师有9人，其他0人；一级学科硕士点兼职教师中具有博士学位的教师有160人，具有硕士学位的教师有328人，具有学士学位的教师有15人，其他0人；二级学科硕士点兼职教师中具有博士学位的教师有4人，具有硕士学位的教师有24人，具有学士学位的教师有1人，其他0人。可见，一级学科博士点、一级学科硕士点、二级学科硕士点中的兼职教师具有博士学位人数呈现递减趋势；一级学科博士点和一级学科硕士点中，兼职教师中拥有博士学位的教师最多。

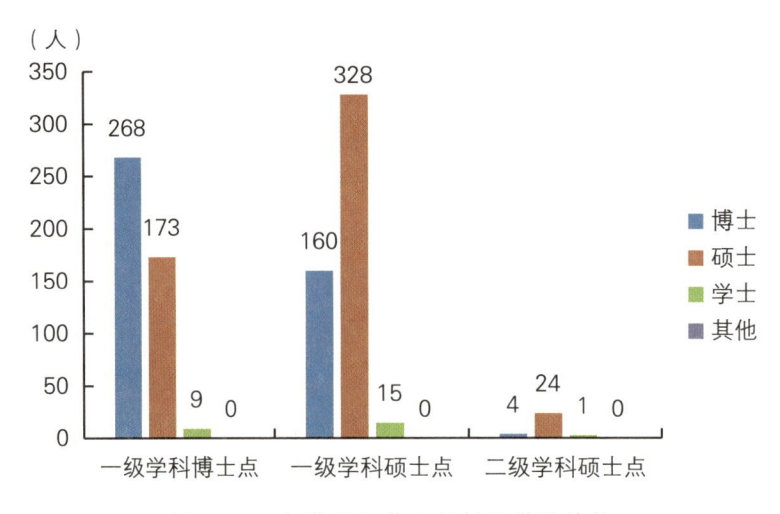

图2-38　各学科点兼职教师的学位结构

从图2-39中可以看出，在参加调研的57所北京市高校中，思政课兼职教师的职称情况为：具有教授职称的兼职教师共有189人，占兼职教师总人数的16.51%；具有副教授职称的兼职教师共有277人，占兼职教师总人数的24.19%；具有讲师职称的兼职教师共有493人，占兼职教师总人数的43.06%；其他共有186人，占兼职教师总人数的16.24%。可见，兼职教师中讲师人数最多。

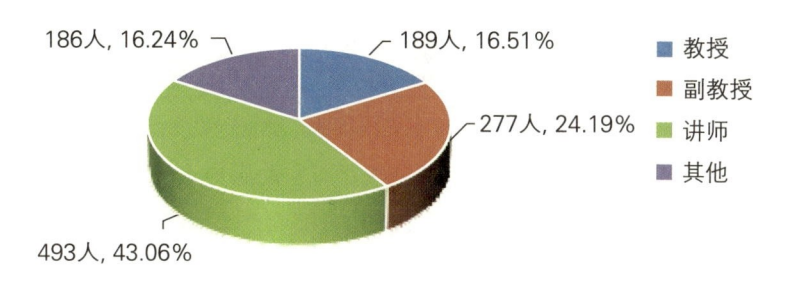

图2-39 兼职教师的职称结构与占比

由图2-40可知，各类型高校兼职教师的职称结构情况为：一流大学建设高校兼职教师中具有教授职称的教师有28人，具有副教授职称的教师有63人，具有讲师职称的教师有136人，其他14人；一流学科建设高校兼职教师中具有教授职称的教师有133人，具有副教授职称的教师有161人，具有讲师职称的教师有216人，其他144人；非双一流建设高校兼职教师中具有教授职称的教师有28人，具有副教授职称的教师有53人，具有讲师职称的教师有141人，其他28人。可见，一流学科建设高校教授人数最多，一流大学建设高校与非双一流建设高校均次之；一流学科建设高校副教授人数最多，一流大学建设高校次之，非双一流建设高校最少；一流学科建设高校讲师人数最多，非双一流建设高校次之，一流大学建设高校最少；其他职称一流学科建设高校人数最多，非双一流建设高校次之，一流大学建设高校最少，呈递减趋势。

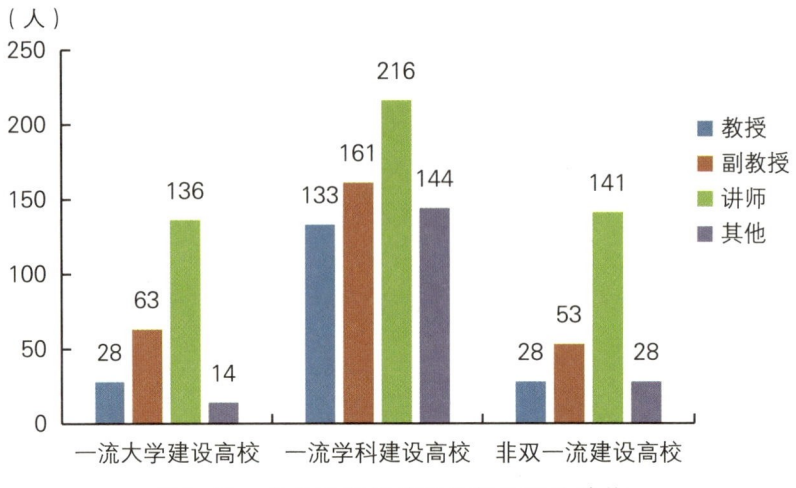

图2-40 各类型高校兼职教师的职称结构

由图2-41可知，各学科点兼职教师的职称结构情况为：一级学科博士点兼职教师中具有教授职称的教师有106人，具有副教授职称的教师有135人，具有讲师职称的教师有172人，其他37人；一级学科硕士点兼职教师中具有教授职称的教师有69人，具有副教授职称的教师有102人，具有讲师职称的教师有260人，其他72人；二级学科硕士点兼职教师中具有教授职称的教师有3人，具有副教授职称的教师有6人，具有讲师职称的教师有6人，其他14人。可见，一级学科博士点教授人数最多，一级学科硕士点次之，二级学科硕士点最少；一级学科博士点副教授人数最多，一级学科硕士点次之，二级学科硕士点最少；一级学科硕士点讲师人数最多，一级学科博士点次之，二级学科硕士点最少；其他职称一级学科硕士点人数最多，一级学科博士点次之，二级学科硕士点最少。

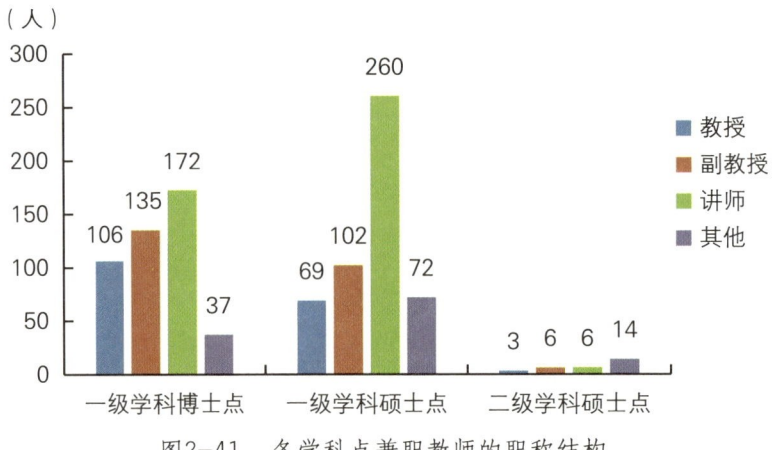

图2-41 各学科点兼职教师的职称结构

（三）新进教师队伍情况

不断充实教师队伍是推进马克思主义理论学科点可持续发展和加强学科建设的重要条件。据调查，2022年度北京市各高校新进教师共计136人（包含具有马克思主义理论学科点高校的新进教师97人）。

在新进教师年龄结构方面，35岁及以下的共有111人，占新进教师总人数的81.62%；36岁至45岁的共有21人，占新进教师总人数的15.44%；46岁至55岁的共有4人，占新进教师总人数的2.94%；56岁及以上的共有0人，如图2-42所示。可见，新进教师中有超过一半的是35岁及以下的青年教师。

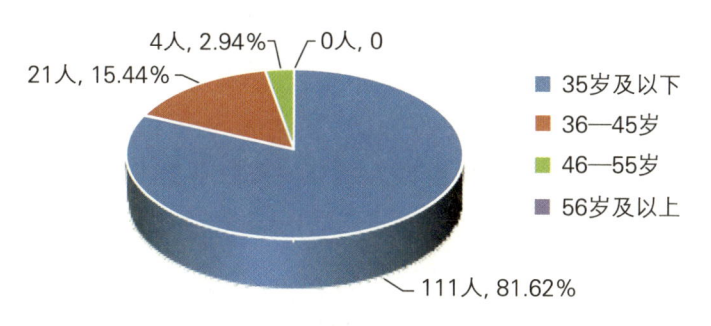

图2-42 新进教师的年龄结构与占比

从各类型高校新进教师的年龄结构来看，一流大学建设高校35岁及以下新进教师32人，36岁至45岁新进教师3人，46岁至55岁新进教师0人，56岁及以上新进教师0人；一流学科建设高校35岁及以下新进教师51人，36岁至45岁新进教师10人，46岁至55岁新进教师1人，56岁及以上新进教师0人；非双一流建设高校35岁及以下新进教师28人，36岁至45岁新进教师8人，46岁至55岁新进教师3人，56岁及以上新进教师0人，如图2-43所示。由此可以得出结论：一流学科建设高校同一年龄段新进教师数量最多，并且各类型高校新进教师中占主体地位的是35岁及以下的青年教师，其次是36岁至45岁的教师，再次是46岁至55岁的教师，没有56岁及以上的新进教师。

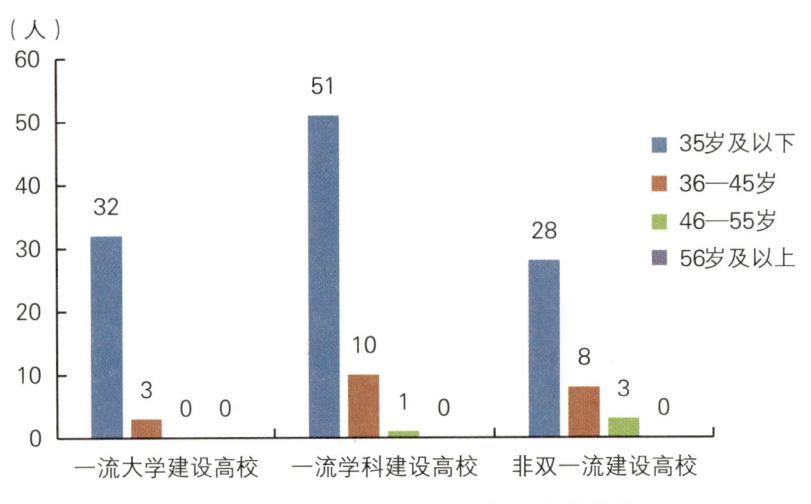

图2-43 各类型高校新进教师的年龄结构

从各学科点新进教师的年龄结构来看，一级学科博士点35岁及以下新进教师58人，36岁至45岁新进教师10人，46岁至55岁新进教师1人，56岁及以上新进教师0人；一级学科硕士点35岁及以下新进教师38人，36岁至45岁新进教师5人，46岁至55岁新进教师0人，56岁及以上新进教师0人；二级学科硕士点35岁及以下新进教师1人，36岁至45岁新进教师0人，46岁至55岁新进教师0人，56岁及以上新进教师0人，如图2-44所示。由此可以得出结论：一级学科博士点同一年龄段新进教师数量最多，一级学科硕士点次之，二级学科硕士点又次之，呈递减趋势。并且各学科点新进教师中占主体地位的是35岁及以下的青年教师，其次是36岁至45岁的教师，最后是46岁至55岁的教师，没有56岁及以上的新进教师。

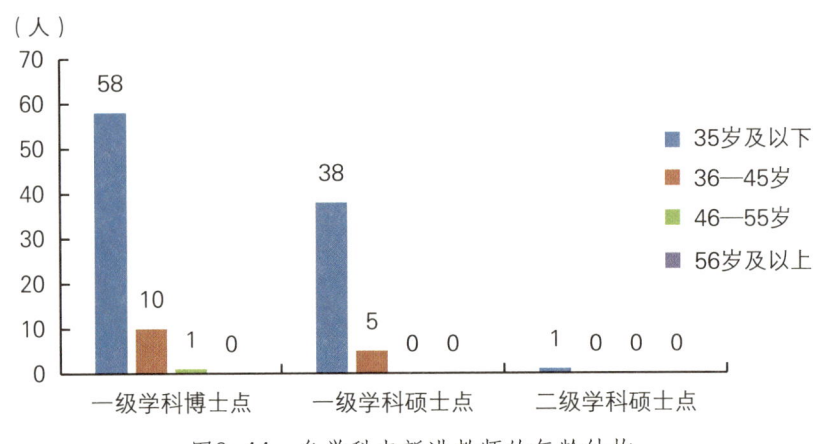

图2-44 各学科点新进教师的年龄结构

新进教师的学位情况为：具有博士学位的新进教师共133人，占新进教师总人数的97.79%；具有硕士学位的新进教师共2人，占新进教师总人数的1.47%；没有具有学士学位的新进教师；具有其他学位的新进教师1人，占新进教师总人数的0.74%，如图2-45所示。可见，新进教师的学位以博士学位为主。

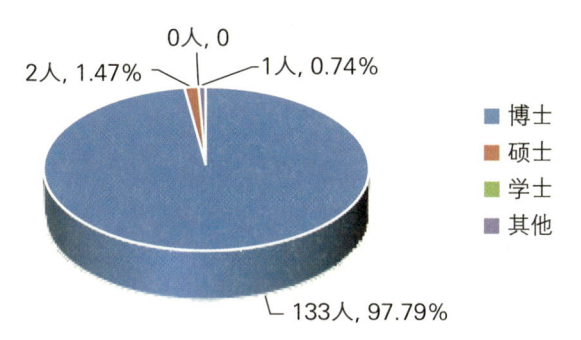

图2-45 新进教师的学位结构与占比

从各类型高校新进教师的学位结构来看，一流大学建设高校具有博士学位的新进教师有35人，没有具有硕士、学士及其他学位的新进教师；一流学科建设高校具有博士学位的新进教师有62人，没有具有硕士、学士及其他学位的新进教师；非双一流建设高校具有博士学位的新进教师有36人，具有硕士学位的新进教师有2人，没有具有学士学位的新进教师，具有其他学位的新进教师1人，如图2-46所示。分析可知，一流学科建设高校新进教师中具有博士学位的人数最多，非双一流建设高校人数次之，一流大学建设高校最少，并且各类型高校新进教师的学位以博士学位为主。

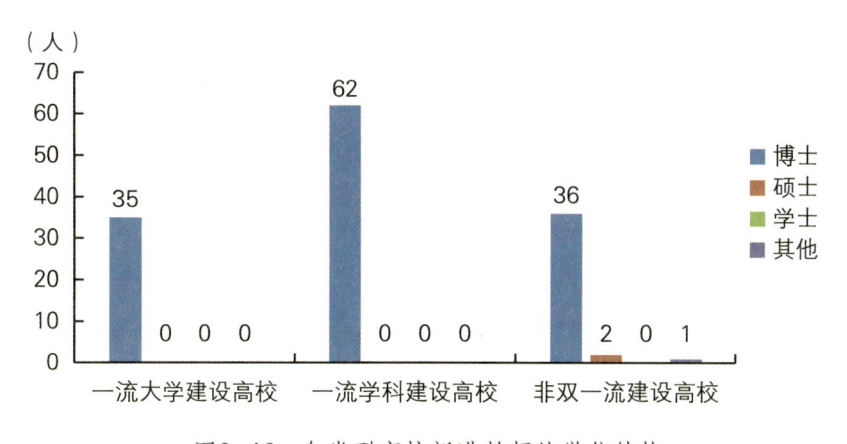

图2-46 各类型高校新进教师的学位结构

从各学科点新进教师的学位结构来看，一级学科博士点具有博士学位的新进教师有69人，没有具有硕士、学士及其他学位的新进教师；一级学科硕士点具有博士学位的新进教师有42人，没有具有硕士、学士学位的新进教师，具有其他学位的新进教师1人；二级学科硕士点具有博士学位的新进教师有1人，没有具有硕士、学士及其他学位的新进教师，如图2-47所示。分析可知，一级学科博士点新进教师中具有博士学位的人数最多，一级学科硕士点次之，二级学科硕士点又次之，并且各学科点新进教师的学位以博士学位为主。

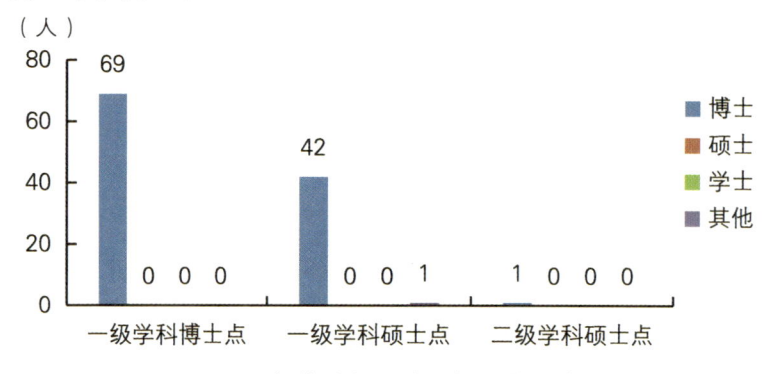

图2-47 各学科点新进教师的学位结构

如图2-48所示，2022年度北京市各高校新进教师的136人中，中共党员有134人，占新进教师总人数的98.53%，其他有2人，占新进教师总人数的1.47%，无民主党派人士。可以看出，在参与问卷调查的北京市各高校新进教师中，几乎全部是中共党员，无民主党派人士。可见，北京各高校严格按照教育部《高等学校思政课建设标准（暂行）》中关于马克思主义理论学科与思政课专职教师的相关要求，在专职教师的引进上坚持党性原则，注重政治素质，体现了高标准、严要求的进人原则。

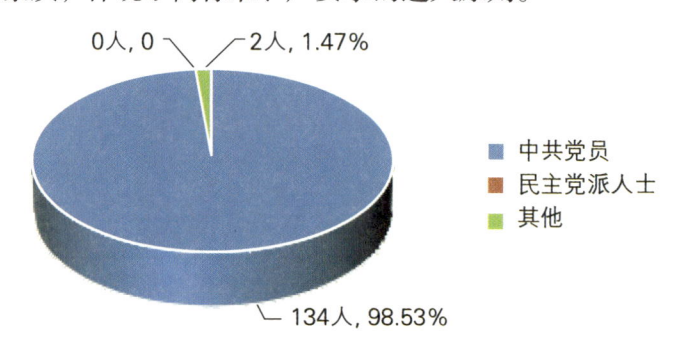

图2-48 新进教师的政治面貌与占比

从各类型高校新进教师的政治面貌情况来看,一流大学建设高校35名新进教师中,中共党员35人,无民主党派人士和其他;一流学科建设高校62名新进教师中,中共党员60人,无民主党派人士,其他2人;非双一流建设高校39名新进教师中,中共党员39人,无民主党派人士和其他,如图2-49所示。可见,各类型高校新进教师中几乎全部是中共党员。

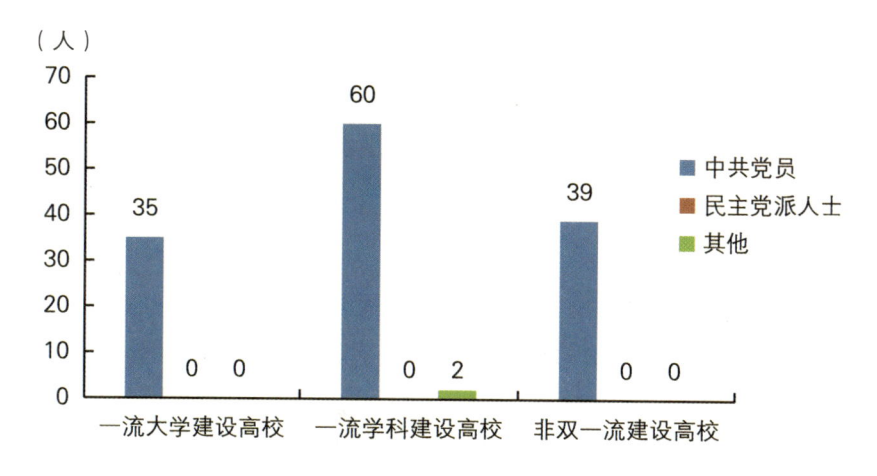

图2-49 各类型高校新进教师的政治面貌情况

从各学科点新进教师的政治面貌来看,一级学科博士点中共党员67人,无民主党派人士,其他2人;一级学科硕士点中共党员43人,无民主党派人士和其他;二级学科硕士点中共党员1人,无民主党派人士和其他,如图2-50所示。可见,各学科点新进教师中几乎全部是中共党员。

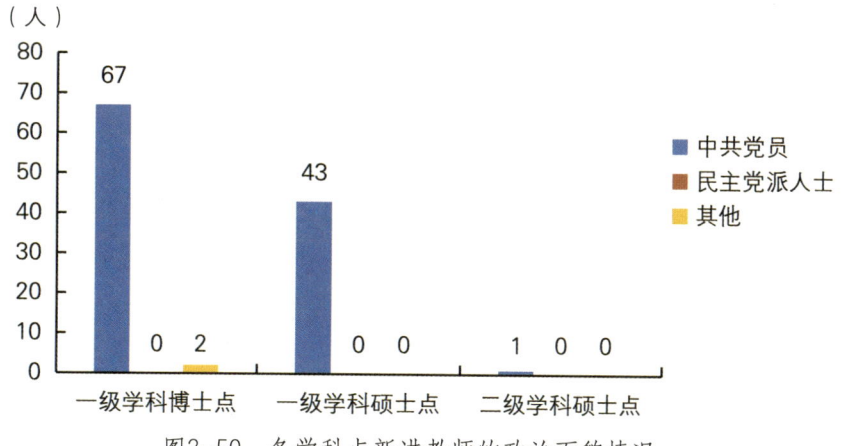

图2-50 各学科点新进教师的政治面貌情况

新进教师的职称分布情况为:教授5人,占新进教师总人数的3.68%;

副教授13人，占新进教师总人数的9.56%；讲师104人，占新进教师总人数的76.47%；其他14人，占新进教师总人数的10.29%，如图2-51所示。可以看出，新进教师以讲师为主。

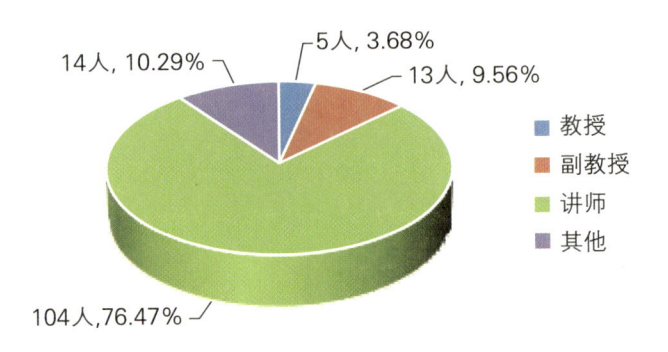

图2-51 新进教师的职称结构与占比

从各类型高校新进教师的职称结构来看，一流大学建设高校35名新进教师中，教授为1人，副教授为7人，讲师为24人，其他3人；一流学科建设高校62名新进教师中，教授为4人，副教授为3人，讲师为50人，其他5人；非双一流建设高校39名新进教师中，无教授，副教授为3人，讲师为30人，其他6人，如图2-52所示。

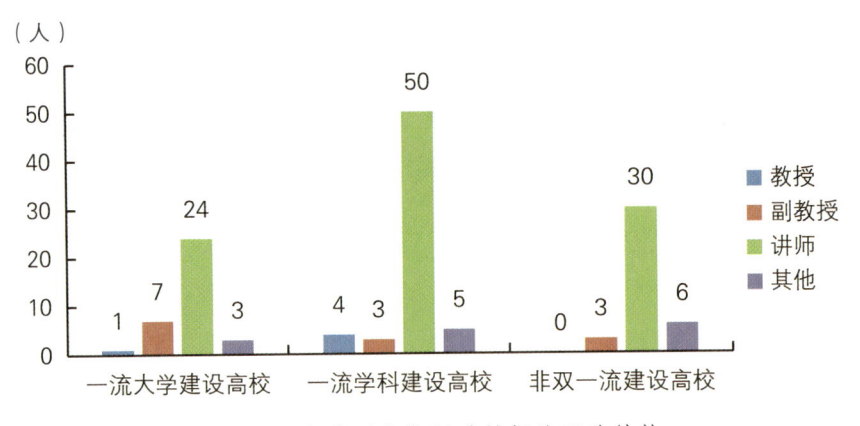

图2-52 各类型高校新进教师的职称结构

从各学科点新进教师的职称结构来看，一级学科博士点69名新进教师中，教授为5人，副教授为9人，讲师为52人，其他3人；一级学科硕士点43名新进教师中，教授为0人，副教授为1人，讲师为34人，其他为8人；二级学科硕士点1名新进教师中，教授为0人，副教授为0人，讲师为1人，其他0人，如图2-53所示。

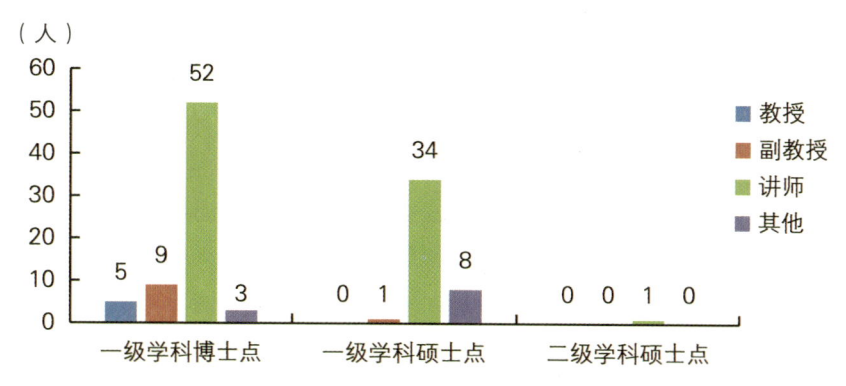

图2-53 各学科点新进教师的职称结构

在性别构成及分布方面，新进男教师共有55人，占新进教师总人数的40.44%，新进女教师共有81人，占新进教师总人数的59.56%，如图2-54所示。

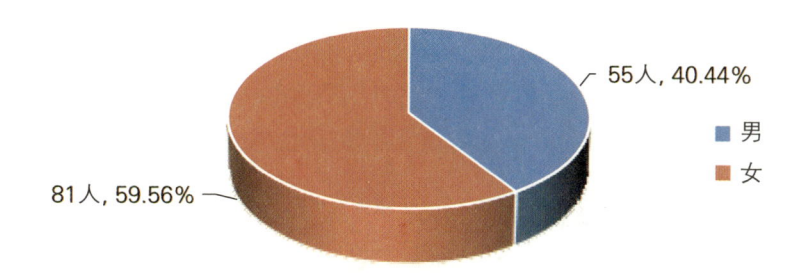

图2-54 新进教师的性别结构与占比

从各类型高校新进教师的性别结构来看，男、女教师的数量分别为：一流大学建设高校新进男教师20人，新进女教师15人；一流学科建设高校新进男教师23人，新进女教师39人；非双一流建设高校新进男教师12人，新进女教师27人，如图2-55所示。可见，在各类型高校新进教师的性别结构方面，一流大学建设高校男教师多于女教师，一流学科建设高校和非双一流建设高校均为女教师多于男教师。

图2-55 各类型高校新进教师的性别结构

从各学科点新进教师的性别结构来看，男、女教师的数量分别为：一级学科博士点新进男教师34人，新进女教师35人；一级学科硕士点新进男教师12人，新进女教师31人；二级学科硕士点新进男教师0人，新进女教师1人，如图2-56所示。可见，在各学科点新进教师的性别结构方面，新进女教师均多于男教师。

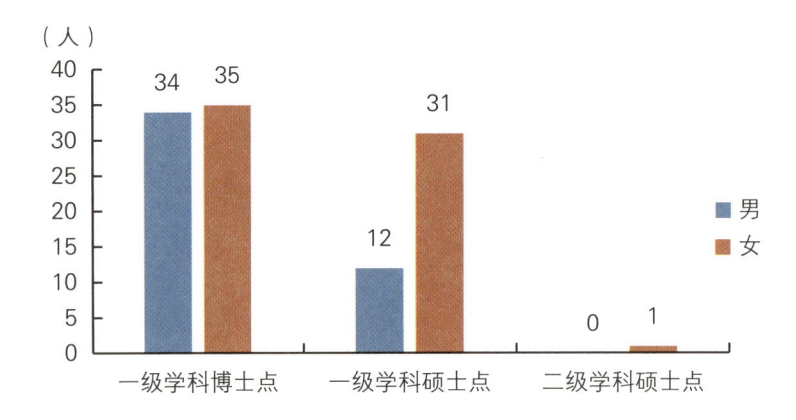

图2-56 各学科点新进教师的性别结构

在新进教师担任研究生导师的情况方面，新进教师担任博士研究生导师的有12人，占新进教师总人数的8.82%；新进教师担任硕士生导师的有16人，占新进教师总人数的11.76%，如图2-57所示。

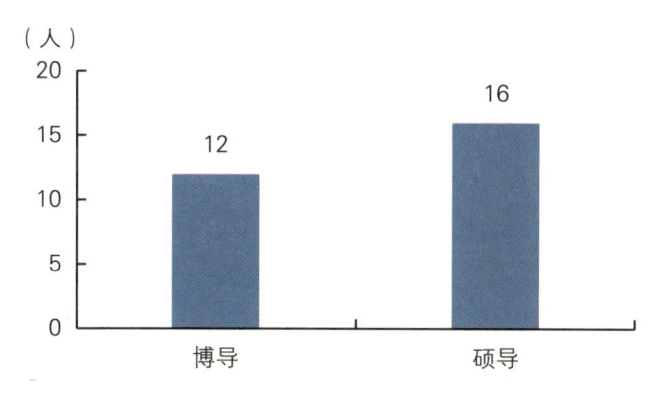

图2-57　新进教师担任研究生导师情况

从各类型高校新进教师担任研究生导师情况来看，一流大学建设高校新进教师中担任博士研究生导师的有11人，担任硕士生导师的有13人；一流学科建设高校新进教师中担任博士研究生导师的有1人，担任硕士生导师的有3人；非双一流建设高校新进教师中担任博士研究生导师的有0人，担任硕士生导师的有0人，如图2-58所示。

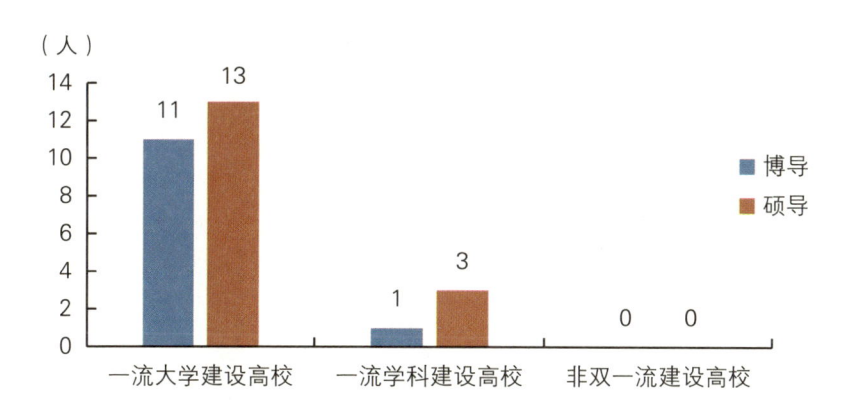

图2-58　各类型高校新进教师担任研究生导师情况

从各学科点新进教师担任研究生导师情况来看，一级学科博士点高校新进教师中担任博士研究生导师的有12人，担任硕士生导师的有15人；一级学科硕士点高校新进教师中担任博士研究生导师的有0人，担任硕士生导师的有1人；二级学科硕士点高校新进教师无担任博士研究生导师和硕士生导师的情况，如图2-59所示。

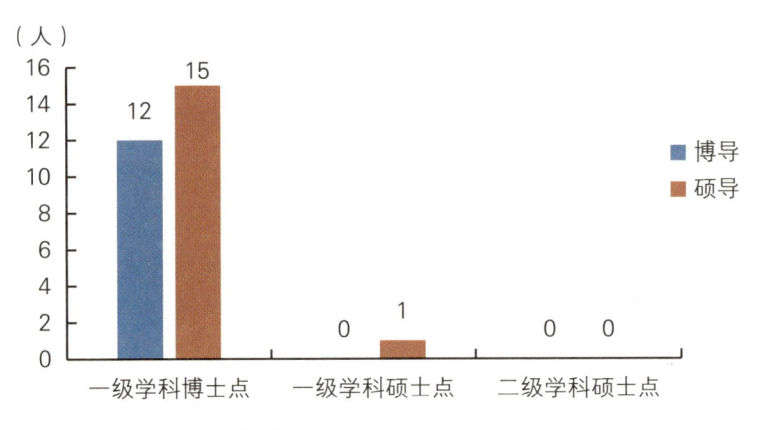

图2-59 各学科点新进教师担任研究生导师情况

（四）职称晋升情况

根据调查可知，2022年度北京市各高校马克思主义理论学科与思政课专职教师共有160人晋升职称（包含具有马克思主义理论学科点高校的晋升职称的专职教师127人），其中晋升教授36人，晋升副教授70人，晋升讲师54人，如图2-60所示。

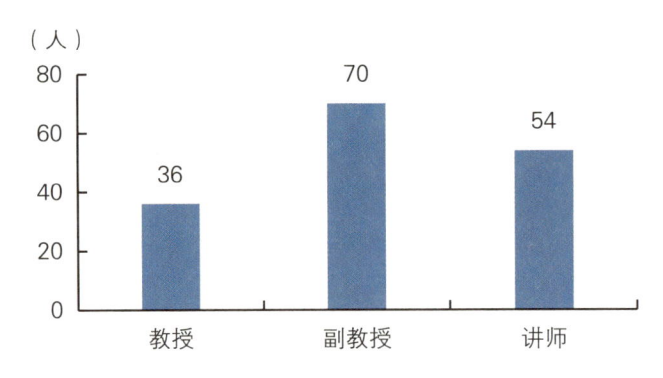

图2-60 专职教师职称晋升情况

从各类型高校教师职称晋升情况来看，一流大学建设高校有10人晋升为教授，15人晋升为副教授，1人晋升为讲师；一流学科建设高校有14人晋升为教授，32人晋升为副教授，26人晋升为讲师；非双一流建设高校有12人晋升为教授；23人晋升为副教授，27人晋升为讲师，如图2-61所示。

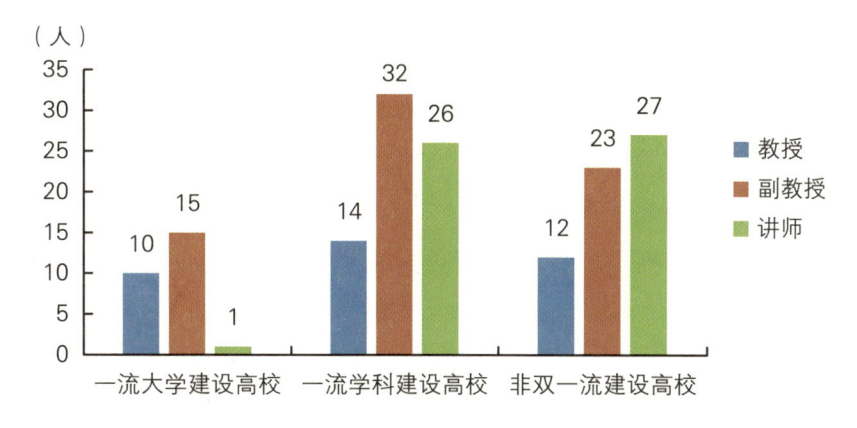

图2-61　各类型高校教师职称晋升情况

从各学科点教师职称晋升情况来看，一级学科博士点有17人晋升为教授，28人晋升为副教授，15人晋升为讲师；一级学科硕士点有11人晋升为教授，29人晋升为副教授，19人晋升为讲师；二级学科硕士点有3人晋升为教授，2人晋升为副教授，3人晋升为讲师，如图2-62所示。

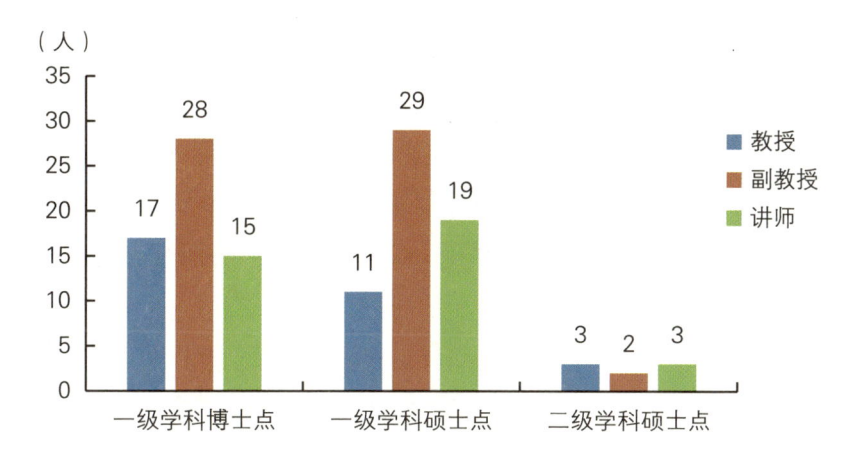

图2-62　各学科点教师职称晋升情况

（五）相关规定与要求

从各类型高校思政课专职教师队伍建设文件制定情况来看，8所一流大学建设高校和24所一流学科建设高校全部制定了马克思主义理论学科与思政课专职教师队伍建设的相关文件，1所非双一流建设高校未制定马克思主义理论学科与思政课专职教师队伍建设的相关文件，如图2-63所示。

反映出北京高校十分重视思政课专职教师队伍建设，各校的教师队伍管理日益规范化。

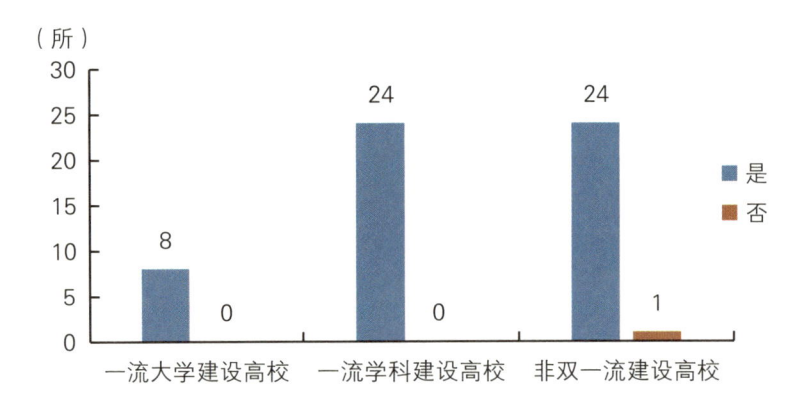

图2-63 各类型高校思政课教师队伍建设文件制定情况

从各学科点高校教师队伍建设文件制定情况来看，16所一级学科博士点高校和20所一级学科硕士点高校制定了马克思主义理论学科与思政课专职教师队伍建设的相关文件，有1所二级学科硕士点高校没有制定马克思主义理论学科与思政课专职教师队伍建设的相关文件，如图2-64所示。

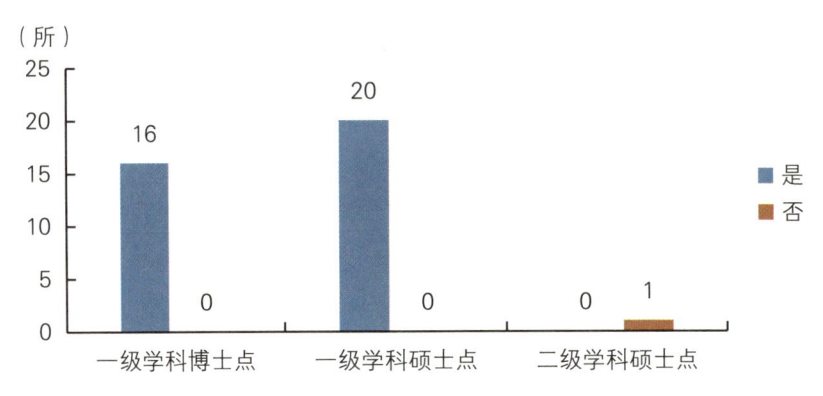

图2-64 各学科点高校教师队伍建设文件制定情况

从各类型高校按照师生比不低于1∶350的比例核定专职思政课教师岗位的达标情况来看，有47所高校已经达到按照师生比不低于1∶350的比例核定专职思政课教师岗位，其中一流大学建设高校5所、一流学科建设高校18所、非双一流建设高校24所；有10所高校未达到按照师生比不低于1∶350的比例核定专职思政课教师岗位，其中一流大学建设高校3所、一流学科建设高校6所、非双一流建设高校1所，如图2-65所示。根据图中数据可得出，非双一流建设高校在按照师生比不低于1∶350的比例核定专职思政课教师岗位方面完成度最高，一流学科建设高校次之，一流大学建设高校居末。

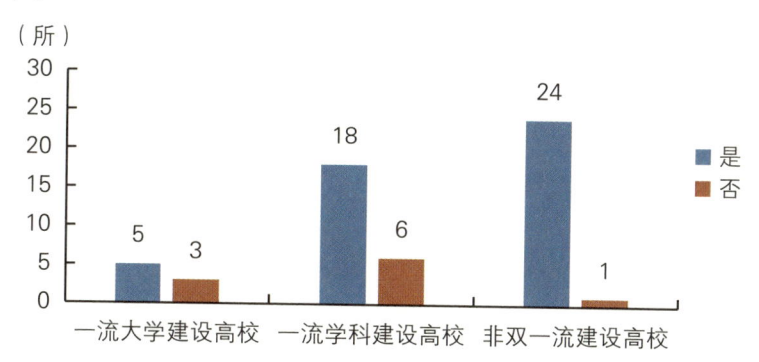

图2-65　各类型高校按照师生比不低于1∶350的比例
核定专职思政课教师岗位的达标情况

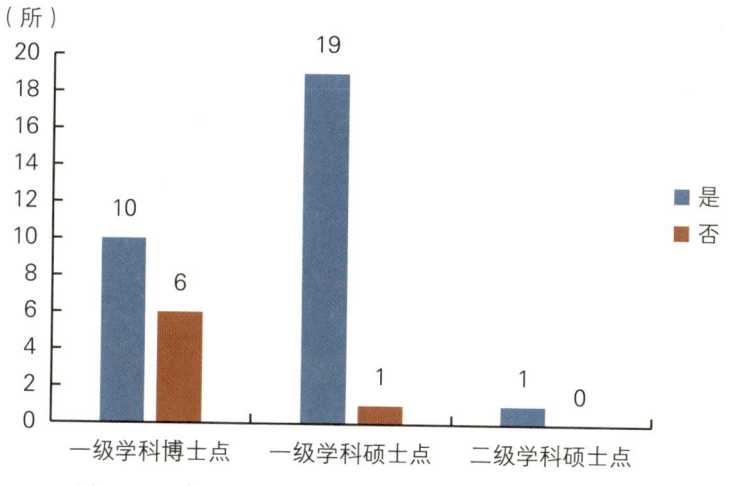

从各学科点按照师生比不低于1∶350的比例核定专职思政课教师岗位的达标情况来看，有30所具有马克思主义理论学科点的高校已经达到按照师生比不低于1∶350的比例核定专职思政课教师岗位，其中一级学科博士点高校10所、一级学科硕士点高校19所、二级学科硕士点高校1所；有7所具有马克思主义理论学科点的高校未达到按照师生比不低于1∶350的比例核定专职思政课教师岗位，其中一级学科博士点高校6所、一级学科硕士点高校1所、二级学科硕士点高校0所，如图2-66所示。根据图中数据可

图2-66　各学科点按照师生比不低于1∶350的比例
核定专职思政课教师岗位的达标情况

得出，二级学科硕士点高校在按照师生比不低于1∶350的比例核定专职思政课教师岗位方面完成度最高，一级学科硕士点和一级学科博士点高校次之。

从各类型高校的政策制定是否优先考虑思政课师资队伍建设情况来看，有56所高校在政策制定中会优先考虑师资队伍建设，其中包括8所一流大学建设高校、23所一流学科建设高校和25所非双一流建设高校，如图2-67所示。总体来看，各类型高校都非常重视思政课师资队伍建设，已经将之视为政策制定中的重要目标。

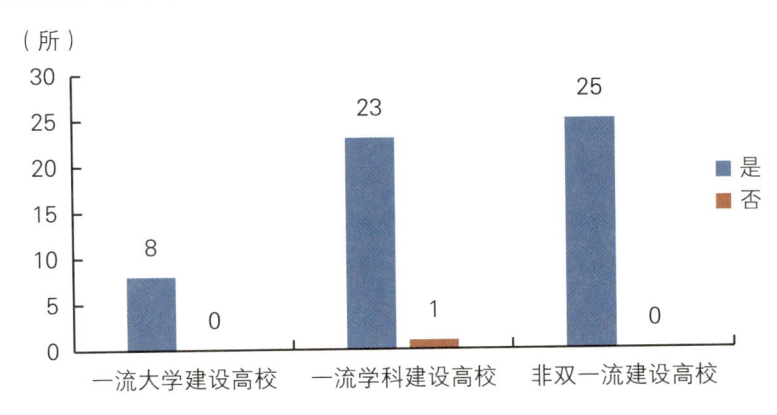

图2-67　各类型高校的政策制定是否优先考虑思政课师资队伍建设

从各学科点的政策制定是否优先考虑思政课师资队伍建设情况来看，有37所具有马克思主义理论学科点的高校在政策制定中会优先考虑师资队伍建设，其中包括16所一级学科博士点高校、20所一级学科硕士点高校和1所二级学科硕士点高校，如图2-68所示。总体来看，各学科点高校都非常重视思政课师资队伍建设，已经将之视为政策制定中的重要目标。

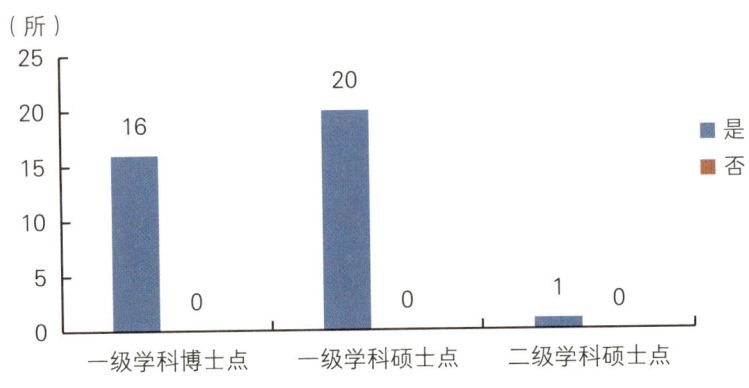

图2-68　各学科点的政策制定是否优先考虑思政课师资队伍建设

从各类型高校的政策制定是否优先保障思政课教师队伍建设的资金投入情况来看，共有55所高校在政策制定中优先保障资金投入，其中包括6所一流大学建设高校、24所一流学科建设高校和25所非双一流建设高校；有2所一流大学建设高校在政策制定中并未能优先保障资金投入，如图2-69所示。表明绝大多数的各类型高校都十分重视高校思政课教师队伍建设的资金保障。

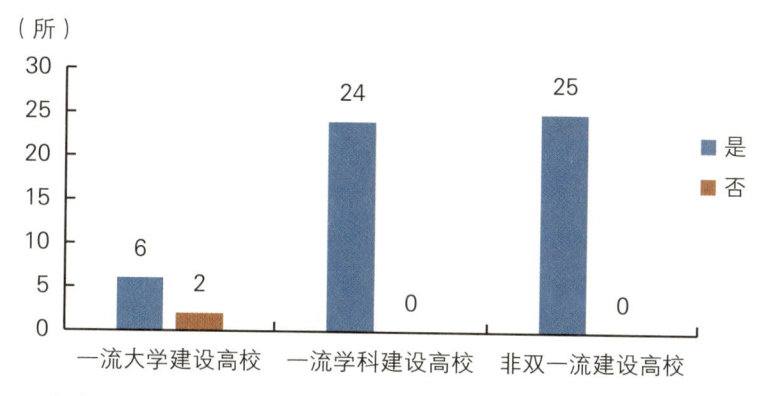

图2-69 各类型高校的政策制定是否优先保障思政课教师队伍建设的资金投入

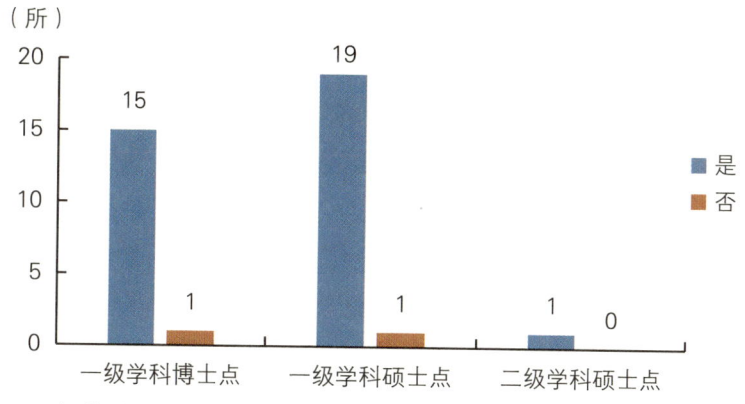

从各学科点的政策制定是否优先保障思政课教师队伍建设的资金投入情况来看，共有35所具有马克思主义理论学科点的高校在政策制定中优先保障资金投入，其中包括15所一级学科博士点高校、19所一级学科硕士点高校和1所二级学科硕士点高校；有2所具有马克思主义理论学科点的高校在政策制定中并未能优先保障资金投入，包括1所一级学科博士点高校和1所一级学科硕士点高校，如图2-70所示。表明绝大多数的各学科点高校都十分重视高校思政课教师队伍建设的资金保障。

图2-70 各学科点的政策制定是否优先保障思政课教师队伍建设的资金投入

从各类型高校的政策制定是否优先满足思政课教师队伍建设的资源配置情况来看，共有54所高校在政策制定中优先满足资源配置，其中包括6所一流大学建设高校、23所一流学科建设高校和25所非双一流建设高校；有3所高校在政策制定中并未能优先满足资源配置，包括2所一流大学建设高校和1所一流学科建设高校，如图2-71所示。表明绝大多数的各类型高校都十分重视高校思政课教师队伍建设的资源配置。

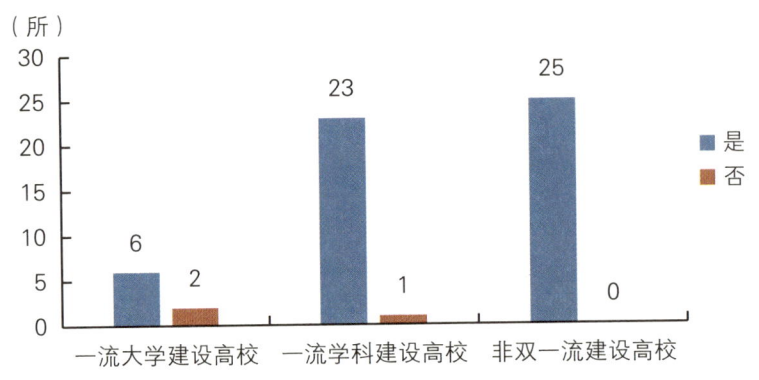

图2-71 各类型高校的政策制定是否优先满足思政课教师队伍建设的资源配置

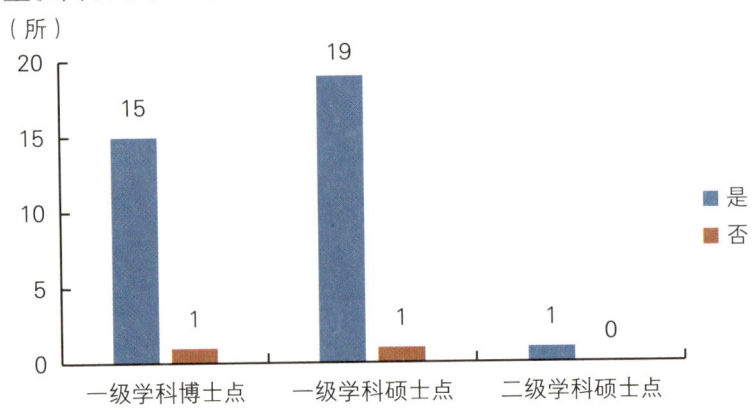

从各学科点的政策制定是否优先满足思政课教师队伍建设的资源配置情况来看，共有35所具有马克思主义理论学科点的高校在政策制定中优先满足资源配置，其中包括15所一级学科博士点高校、19所一级学科硕士点高校和1所二级学科硕士点高校；有2所具有马克思主义理论学科点的高校在政策制定中并未能优先满足资源配置，包括1所一级学科博士点高校和1所二级学科硕士点高校，如图2-72所示。表明绝大多数的各学科点高校都十分重视高校思政课教师队伍建设的资源配置。

图2-72 各学科点的政策制定是否优先满足思政课教师队伍建设的资源配置

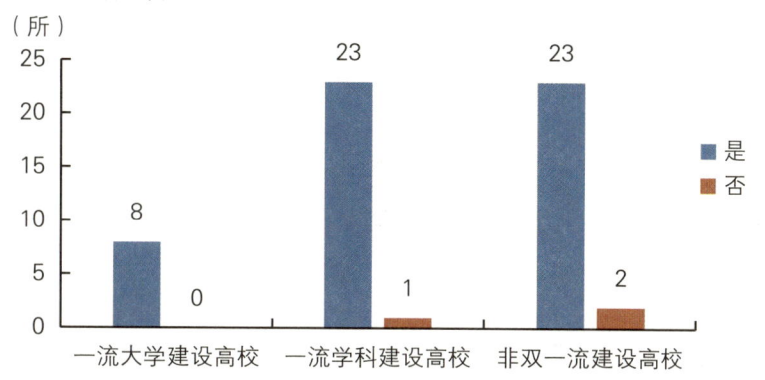

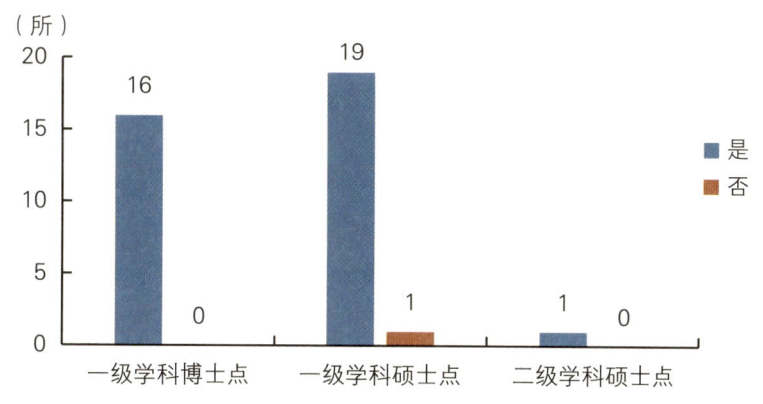

从各类型高校是否制定了思政课教师任职资格标准和选评办法来看，共有54所高校制定了思政课教师任职资格标准和选评办法，其中包括8所一流大学建设高校、23所一流学科建设高校和23所非双一流建设高校；有3所高校没有制定相关资格标准和选评办法，包括1所一流学科建设高校和2所非双一流建设高校，如图2-73所示。表明绝大多数各类型高校的思政课教师任职资格标准和选评办法均已有章可循，还有一小部分各类型高校的相关工作有待完善。

图2-73 各类型高校是否制定了思政课教师任职资格标准和选评办法

从各学科点是否制定了思政课教师任职资格标准和选评办法来看，共有36所具有马克思主义理论学科点的高校制定了思政课教师任职资格标准和选评办法，其中包括16所一级学科博士点高校、19所一级学科硕士点高校和1所二级学科硕士点高校，1所一级学科硕士点高校未制定思政课教师任职资格标准和选评办法，如图2-74所示。表明大多数学科点高校的思政课教师任职资格标准和选评办法均已有章可循。

图2-74 各学科点是否制定了思政课教师任职资格标准和选评办法

从各类型高校对思政课教师职称评定是否单列指标和评聘标准来看，有52所高校对思政课教师职称评定单列指标和评聘标准，其中包括7所一流大学建设高校、22所一流学科建设高校和23所非双一流建设高校；有5所高校未对思政课教师职称评定单列指标和评聘标准，其中包括1所一流大学建设高校、2所一流学科建设高校和2所非双一流建设高校，如图2-75所示。

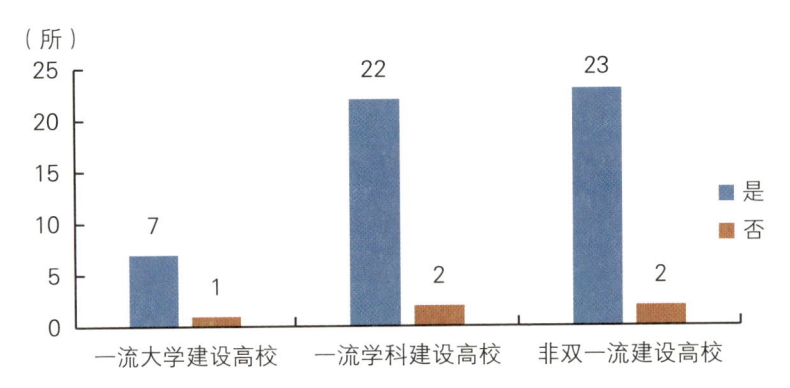

图2-75 各类型高校对思政课教师职称评定是否单列指标和评聘标准

从各学科点对思政课教师职称评定是否单列指标和评聘标准来看，有34所具有马克思主义理论学科点的高校对思政课教师职称评定单列指标和评聘标准，其中包括15所一级学科博士点高校、18所一级学科硕士点高校和1所二级学科硕士点高校；有3所具有马克思主义理论学科点的高校未对思政课教师职称评定单列指标和评聘标准，其中包括1所一级学科博士点高校、2所一级学科硕士点高校，如图2-76所示。

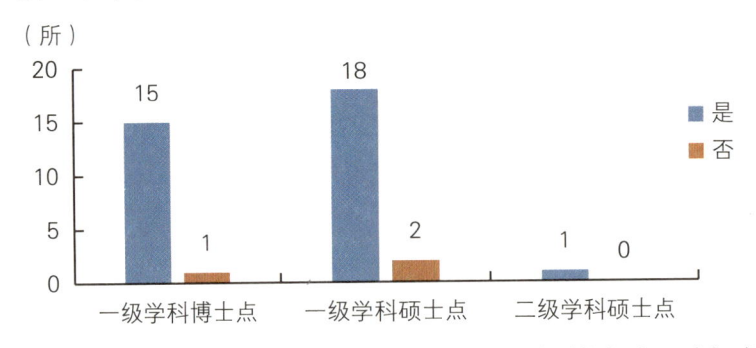

图2-76 各学科点对思政课教师职称评定是否单列指标和评聘标准

从各类型高校是否推行科研成果代表作制度来看，有41所高校推行科研成果代表作制度，其中包括5所一流大学建设高校、18所一流学科建设高校和18所非双一流建设高校；有16所高校未推行科研成果代表作制度，其中包括3所一流大学建设高校、6所一流学科建设高校和7所非双一流建设高校，如图2-77所示。

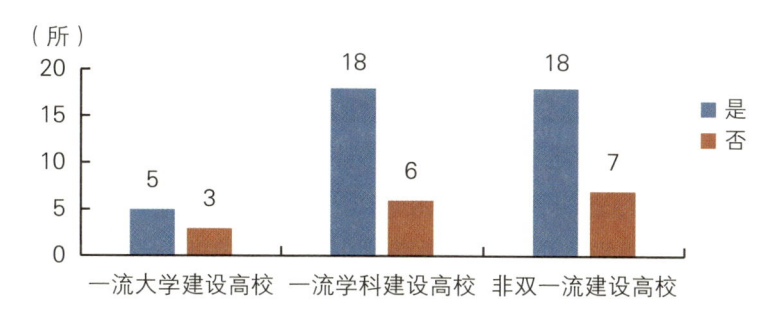

图2-77　各类型高校是否推行科研成果代表作制度

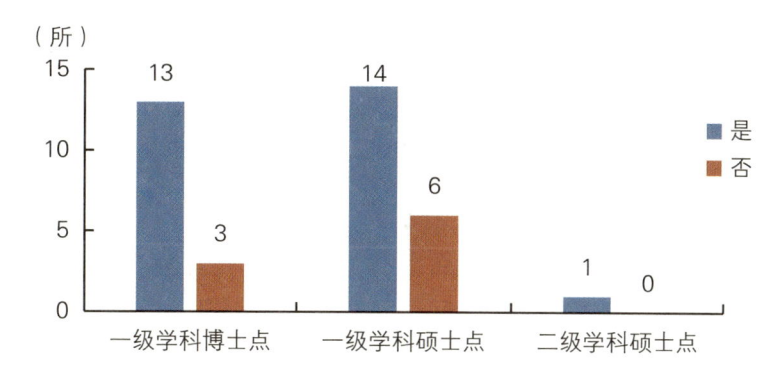

从各学科点是否推行科研成果代表作制度来看，有28所具有马克思主义理论学科点的高校推行科研成果代表作制度，其中包括13所一级学科博士点高校、14所一级学科硕士点高校和1所二级学科硕士点高校；有9所具有马克思主义理论学科点的高校未推行科研成果代表作制度，其中包括3所一级学科博士点高校和6所一级学科硕士点高校，如图2-78所示。

图2-78　各学科点是否推行科研成果代表作制度

从各类型高校每学年要求思政课教师完成的课时数量和班型系数与其他课程是否一致情况来看，有50所高校要求思政课教师完成的课时数量和班型系数与其他课程是一致的，包括7所一流大学建设高校、21所一流学科建设高校和22所非双一流建设高校；有7所高校不一致，包括1所一流大学建设高校、3所一流学科建设高校和3所非双一流建设高校，如图2-79所示。

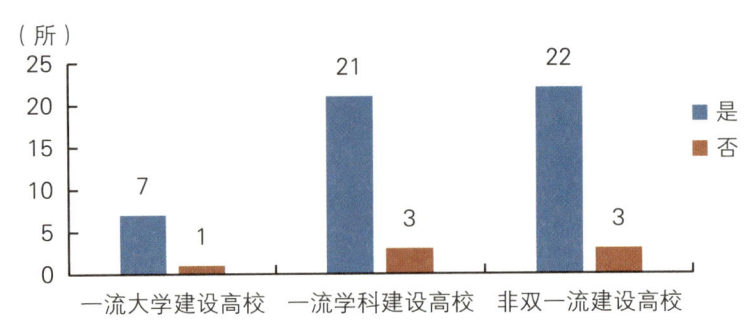

图2-79 各类型高校每学年要求思政课教师完成的
课时数量和班型系数与其他课程是否一致

从各学科点每学年要求思政课教师完成的课时数量和班型系数与其他课程是否一致情况来看,有31所具有马克思主义理论学科点的高校要求思政课教师完成的课时数量和班型系数与其他课程是一致的,包括12所一级学科博士点高校、18所一级学科硕士点高校和1所二级学科硕士点高校;有6所具有马克思主义理论学科点的高校不一致,包括4所一级学科博士点高校、2所一级学科硕士点高校,如图2-80所示。

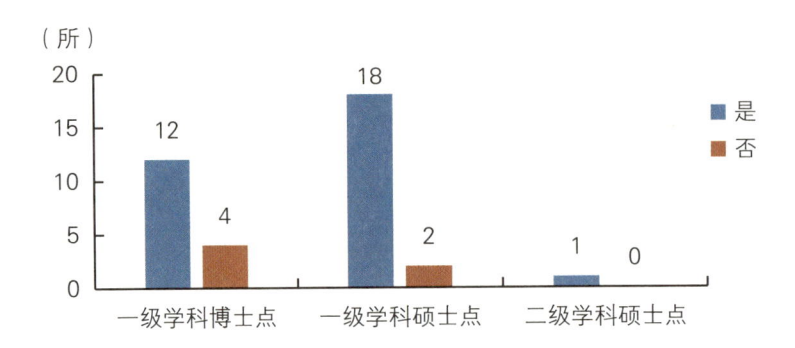

图2-80 各学科点每学年要求思政课教师完成的
课时数量和班型系数与其他课程是否一致

从各类型高校对思政课教师是否有科研要求来看,57所高校对思政课教师都有科研要求,如图2-81所示;从各学科点对思政课教师是否有科研要求来看,37所具有马克思主义理论学科点的高校对思政课教师也都有科研要求,如图2-82所示。这表明对思政课教师的科研要求是普遍存在的,思政课教师除了要抓好教学工作,科研工作亦不能放松。

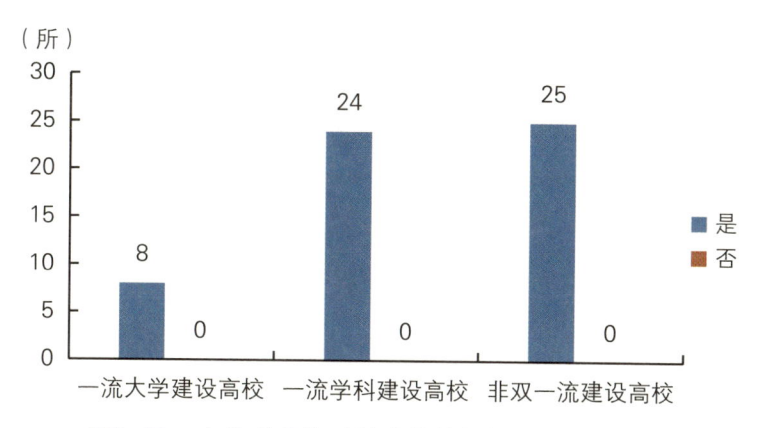

图2-81　各类型高校对思政课教师是否有科研要求

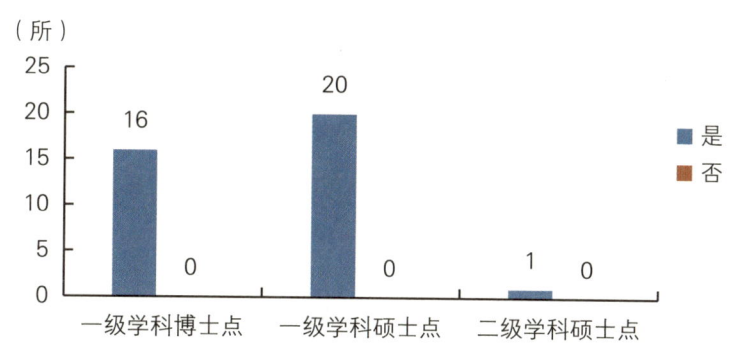

图2-82　各学科点对思政课教师是否有科研要求

从各类型高校鼓励教师参加培训与进修、提高学历、参加学术会议情况来看，57所高校都鼓励高校教师参加培训与进修、提高学历、参加学术会议，如图2-83所示。由此可知，三种类型的高校都比较重视思政课教师整体素质的提升。

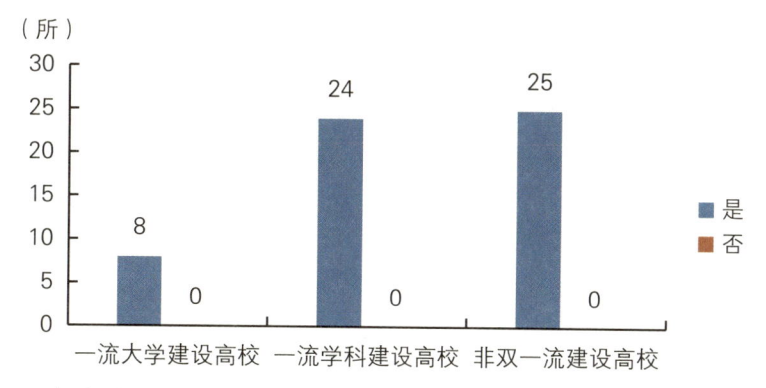

图2-83　各类型高校鼓励教师参加培训与进修、提高学历、参加学术会议情况

从各学科点鼓励教师参加培训与进修、提高学历、参加学术会议情况来看，37所具有马克思主义理论学科点的高校都鼓励高校教师参加培训与进修、提高学历、参加学术会议，如图2-84所示。由此可知，各学科点都比较重视思政课教师整体素质的提升。

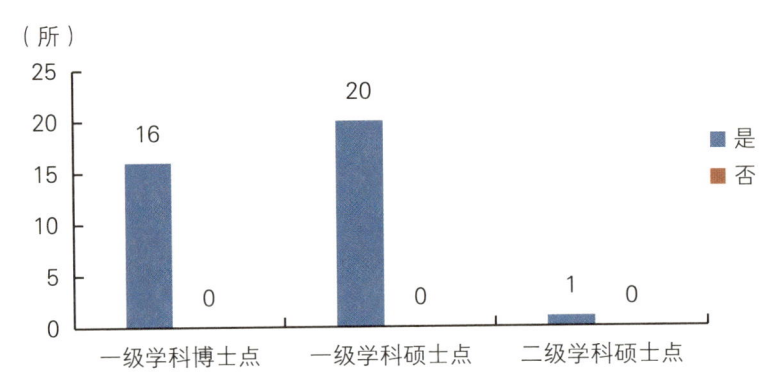

图2-84　各学科点鼓励教师参加培训与进修、提高学历、参加学术会议情况

对于马克思主义理论学科与思政课专职教师每学年完成的纯学时数量，各校要求不同。从各类型高校要求马克思主义理论学科与思政课专职教师每学年完成的纯学时数情况来看，在8所一流大学建设高校中，分别有2所高校要求马克思主义理论学科与思政课专职教师每学年完成的纯学时在50学时至100学时之间，3所高校要求在100学时至150学时之间，2所高校要求在200学时至250学时之间，1所高校要求在300学时以上；24所一流学科建设高校中，分别有2所高校要求马克思主义理论学科与思政课专职教师每学年完成的纯学时在50学时至100学时之间，有3所高校要求在100学时至150学时之间，有3所高校要求在150学时至200学时之间，有7所高校要求在200学时至250学时之间，有6所高校要求在250学时至300学时之间，有3所高校要求在300学时以上；25所非双一流建设高校中，有2所高校要求马克思主义理论学科与思政课专职教师每学年完成的纯学时在50学时至100学时之间，有1所高校要求在100学时至150学时之间，有5所高校要求在150学时至200学时之间，有5所高校要求在200学时至250学时之间，有3所高校要求在250学时至300学时之间，有9所高校要求在300学时以上，如图2-85所示。由此得出，上述三种类型高校中绝大多数都要求马克思主义理论学科与思政课专职教师每学年完成的纯学时在200学时以上。参与调研的各类型高校马克思主义理论学科与思政课专职教师的教学

任务比较繁重。

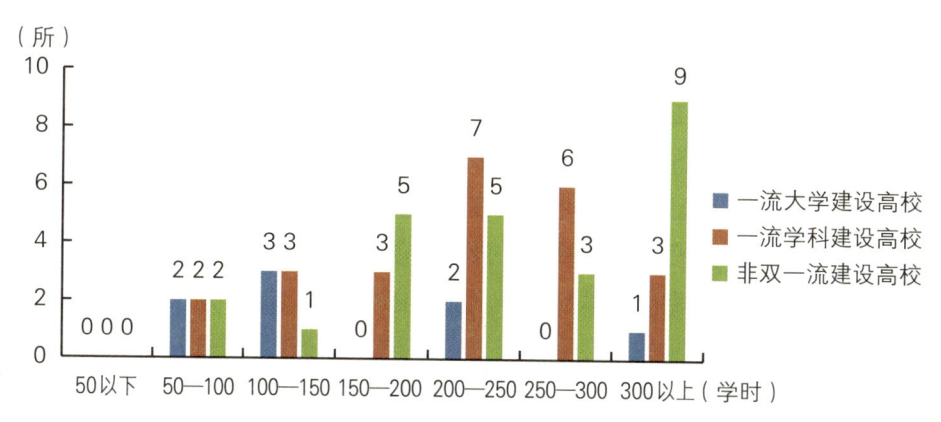

图2-85 各类型高校要求马克思主义理论学科
与思政课专职教师每学年完成的纯学时情况

从各学科点要求马克思主义理论学科与思政课专职教师每学年完成的纯学时数情况来看，在16所一级学科博士点高校中，分别有3所高校要求马克思主义理论学科与思政课专职教师每学年完成的纯学时在50学时至100学时之间，6所高校要求在100学时至150学时之间，2所高校要求在150学时至200学时之间，3所高校要求在200学时至250学时之间，1所高校要求在250学时至300学时之间，1所高校要求在300学时以上；20所一级学科硕士点高校中，分别有1所高校要求马克思主义理论学科与思政课专职教师每学年完成的纯学时在50学时至100学时之间，有1所高校要求在100学时至150学时之间，有3所高校要求在150学时至200学时之间，有7所高校要求在200学时至250学时之间，有5所高校要求在250学时至300学时之间，有3所高校要求在300学时以上；1所二级学科硕士点高校要求马克思主义理论学科与思政课专职教师每学年完成的纯学时在150学时至200学时之间，如图2-86所示。由此得出，上述三种学科点高校中绝大多数都要求马克思主义理论学科与思政课专职教师每学年完成的纯学时在150学时以上。参与调研的各学科点马克思主义理论学科与思政课专职教师的教学任务比较繁重。

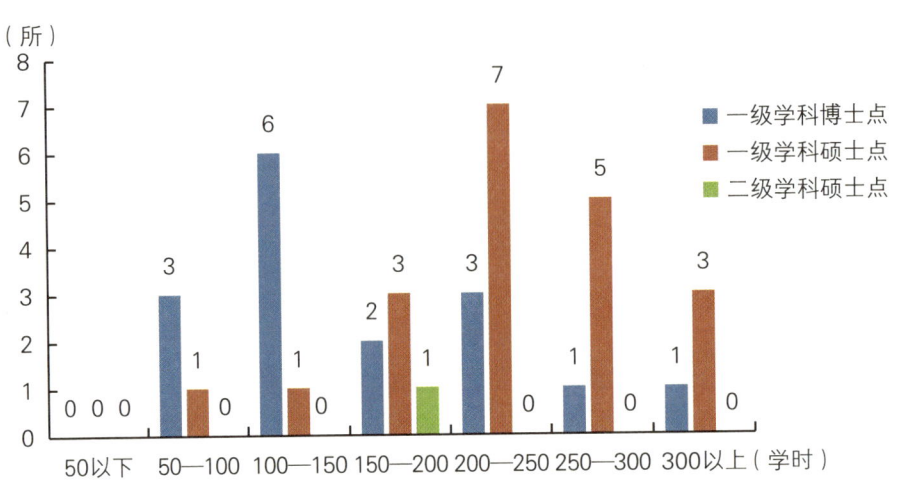

图2-86　各学科点要求马克思主义理论学科与思政课
专职教师每学年完成的纯学时情况

在对其他公共课（或基础课）教师每学年完成纯学时的规定方面，首先，从各类型高校要求其他公共课（或基础课）教师每学年完成的纯学时情况来看，8所一流大学建设高校中，分别有5所高校要求其他公共课（或基础课）教师每学年完成的纯学时在50学时至100学时之间，有2所高校要求在100学时至150学时之间，有1所高校要求在200学时至250学时之间；24所一流学科建设高校中，有2所高校要求其他公共课（或基础课）教师每学年完成的纯学时在50学时至100学时之间，有3所高校要求在100学时至150学时之间，有4所高校要求在150学时至200学时之间，有5所高校要求在200学时至250学时之间，有7所高校要求在250学时至300学时之间，有3所高校要求在300学时以上；25所非双一流建设高校中，分别有1所高校要求其他公共课（或基础课）教师每学年完成的纯学时在50学时以下，有1所高校要求在50学时至100学时之间，有2所高校要求在100学时至150学时之间，有5所高校要求在150学时至200学时之间，有4所高校要求在200学时至250学时之间，有3所高校要求在250学时至300学时之间，其余9所全部要求在300学时以上，如图2-87所示。

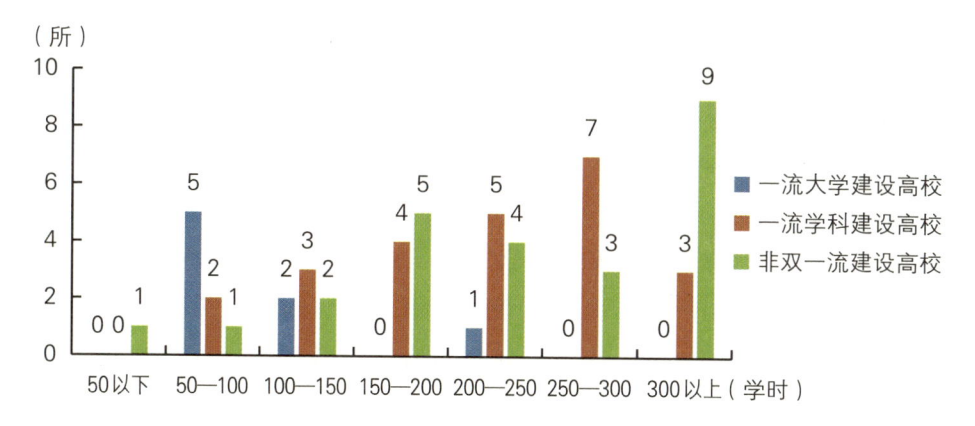

图2-87 各类型高校要求其他公共课（或基础课）教师每学年完成的纯学时情况

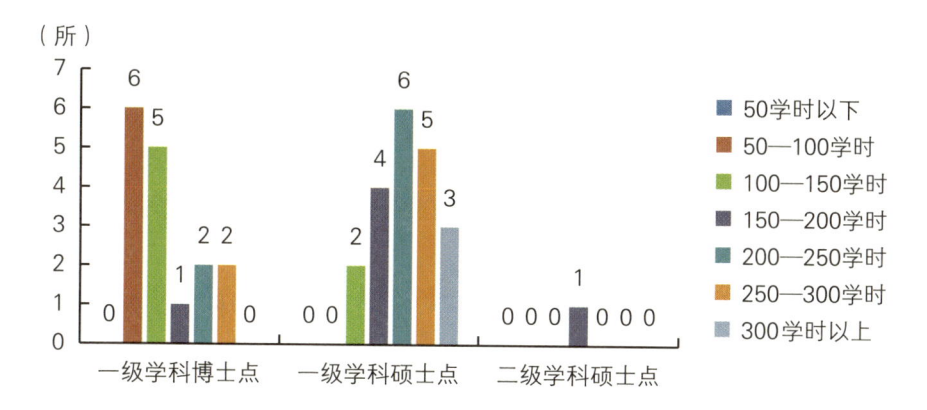

其次，从各学科点要求其他公共课（或基础课）教师每学年完成的纯学时情况来看，16所一级学科博士点高校中，分别有6所高校要求其他公共课（或基础课）教师每学年完成的纯学时在50学时至100学时之间，有5所高校要求在100学时至150学时之间，有1所高校要求在150学时至200学时之间，有2所高校要求在200学时至250学时之间，有2所高校要求在250学时至300学时之间；20所一级学科硕士点高校中，分别有2所高校要求在100学时至150学时之间，有4所高校要求在150学时至200学时之间，有6所高校要求在200学时至250学时之间，有5所高校要求在250学时至300学时之间，其余3所全部要求在300学时以上；1所二级学科硕士点高校要求其他公开课（或基础课）教师每学年完成的纯学时在150学时至200学时之间，如图2-88所示。

图2-88 各学科点要求其他公共课（或基础课）教师每学年完成的纯学时情况

在对其他专业教师每学年完成教学工作量的要求方面，首先，从各类型高校要求其他专业教师每学年完成的纯学时情况来看，8所一流大学建设高校中，有1所高校要求其他专业教师每学年完成的纯学时在50学时以下，有5所高校要求在50学时至100学时之间，有1所高校要求在100学时至150学时之间，有1所高校要求在200学时至250学时之间；24所一流学科建设高校中，有3所高校要求其他专业教师每学年完成的纯学时在50学时至100学时之间，有10所高校要求在100学时至150学时之间，有2所高校要求在150学时至200学时之间，有2所高校要求在200学时至250学时之间，有5所高校要求在250学时至300学时之间，有2所高校要求在300学时以上；25所非双一流建设高校中，有1所高校要求在50学时以下，有4所高校要求其他专业教师每学年完成的纯学时在50学时至100学时之间，有2所高校要求在100学时至150学时之间，有5所高校要求在150学时至200学时之间，有3所高校要求在200学时至250学时之间，有1所高校要求在250学时至300学时之间，其余9所要求在300学时以上，如图2-89所示。

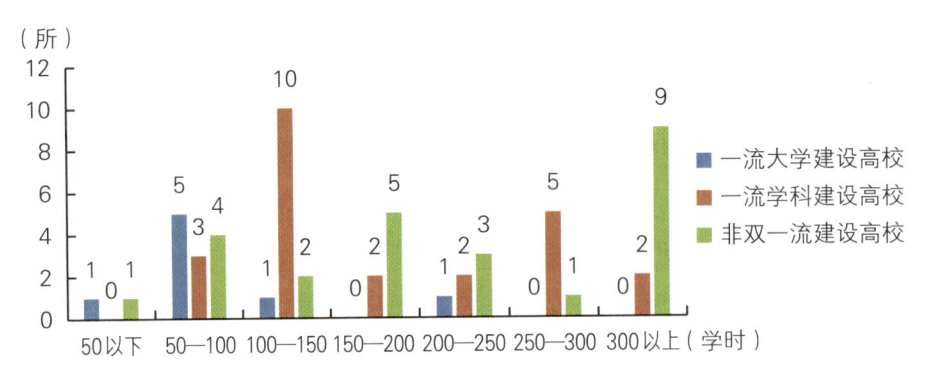

图2-89　各类型高校要求其他专业教师每学年完成的纯学时情况

其次，从各学科点要求其他专业教师每学年完成的纯学时情况来看，16所一级学科博士点高校中，有1所高校要求其他专业教师每年完成的纯学时在50学时以下，有6所高校要求在50学时至100学时之间，有7所高校要求在100学时至150学时之间，有1所高校要求在200学时至250学时之间，有1所高校要求在250学时至300学时之间；20所一级学科硕士点高校中，有4所高校要求其他专业教师每学年完成的纯学时在50学时至100学时之间，有5所高校要求在100学时至150学时之间，有3所高校要求在150学时至200学时之间，有3所高校要求在200学时至250学时之间，有3所高校要求在250学时至300学时之间，其余2所要求在300学时以上；1所二级学科硕士点高校要求其他专业教师每学年完成的纯学时在150学时至200学时之间，如图2-90所示。

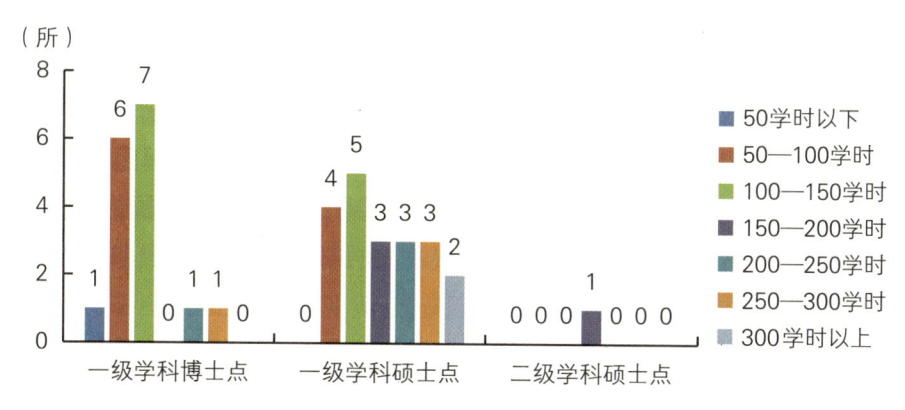

图2-90　各学科点要求其他专业教师每学年完成的纯学时情况

各类型高校对硕士生导师上岗的要求各有侧重。首先，从各类型高校对硕士生导师上岗的要求情况来看，参与此次调查研究的各类型高校中，有7所高校对硕士生导师上岗的要求最为看重科研项目，其中一流大学建设高校1所，一流学科建设高校3所，非双一流建设高校3所；有29所高校最为看重科研论著，其中一流大学建设高校3所，一流学科建设高校12所，非双一流建设高校14所；有21所高校最为看重科研获奖，其中一流大学建设高校4所，一流学科建设高校9所，非双一流建设高校8所，如图2-91所示。总体而言，多数各类型高校对于硕士生导师的上岗要求最为看重科研论著，其次是科研获奖，对于科研项目的要求相对较低。

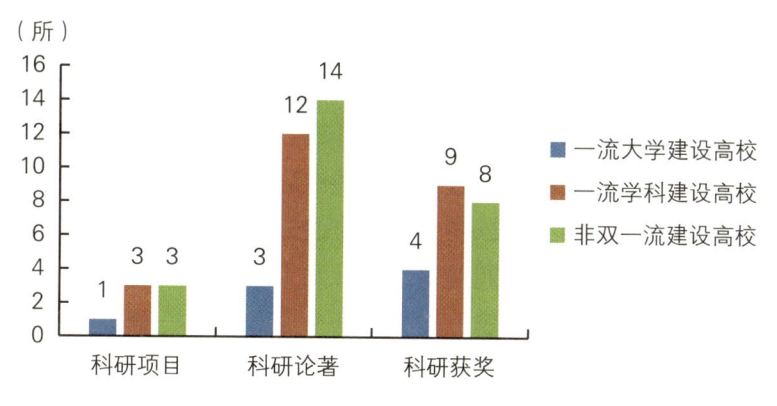

图2-91　各类型高校对硕士生导师上岗的要求情况

其次，从各学科点对硕士生导师上岗的要求情况来看，有5所具有马克思主义理论学科点的高校对硕士生导师上岗的要求最为看重科研项目，其中一级学科博士点高校2所，一级学科硕士点高校3所，二级学科硕士点高校0所；有18所具有马克思主义理论学科点的高校最为看重科研论著，其中一级学科博士点高校7所，一级学科硕士点高校10所，二级学科硕士点高校1所；有14所具有马克思主义理论学科点的高校最为看重科研获奖，其中一级学科博士点高校7所，一级学科硕士点高校7所，二级学科硕士点高校0所，如图2-92所示。总体而言，多数各学科点高校对硕士生导师的上岗要求最为看重科研论著，其次是科研获奖，对科研项目的要求相对较低。

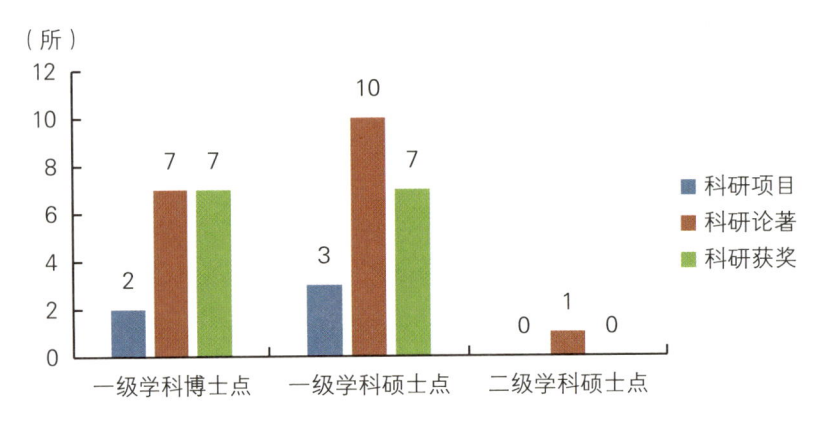

图2-92 各学科点对硕士生导师上岗的要求情况

各类型高校对博士研究生导师上岗的要求亦有所不同。从各类型高校对博士研究生导师上岗的要求情况来看，参与此次调查研究的各类型高校中，有5所高校对博士研究生导师上岗的要求最为看重科研项目，其中一流大学建设高校1所，一流学科建设高校1所，非双一流建设高校3所；有27所高校最为看重科研论著，其中一流大学建设高校3所，一流学科建设高校11所，非双一流建设高校13所；有25所高校最为看重科研获奖，其中一流大学建设高校4所，一流学科建设高校12所，非双一流建设高校9所，如图2-93所示。总体而言，同对硕士生导师上岗的要求基本相同，多数各类型高校对博士研究生导师的上岗要求最为看重科研论著，其次是科研成果是否获奖，对科研项目的要求较低。

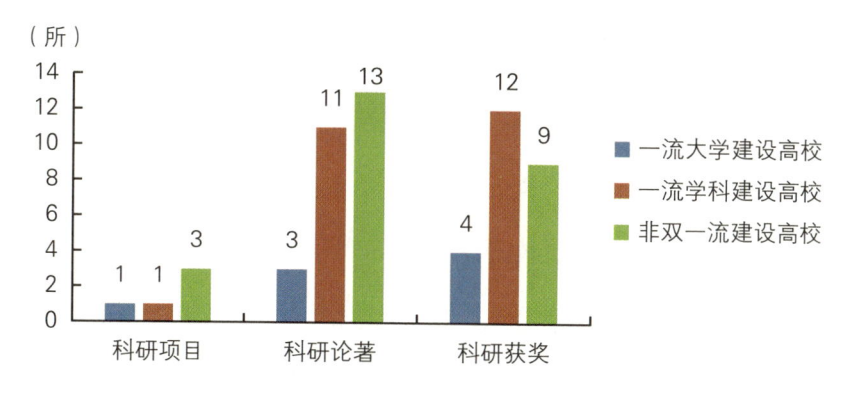

图2-93 各类型高校对博士研究生导师上岗的要求情况

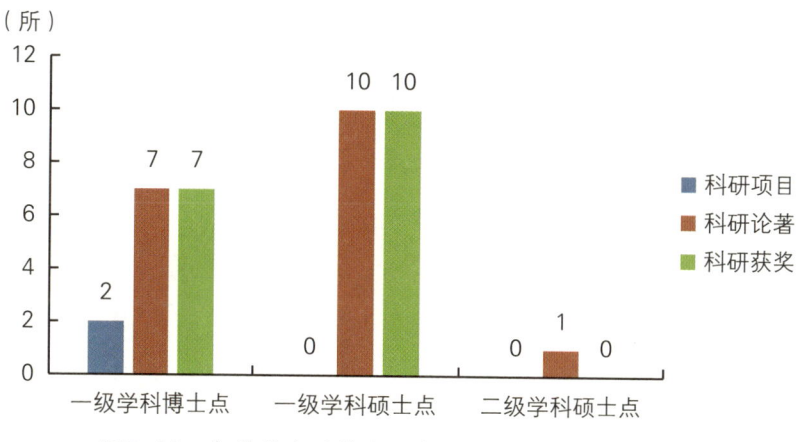

从各学科点对博士研究生导师上岗的要求情况来看，有2所具有马克思主义理论学科点的高校对博士研究生导师上岗的要求最为看重科研项目；有18所高校最为看重科研论著，其中一级学科博士点高校7所，一级学科硕士点高校10所，二级学科硕士点高校1所；有17所高校最为看重科研获奖，其中一级学科博士点高校7所，一级学科硕士点高校10所，二级学科硕士点高校0所，如图2-94所示。总体而言，同对硕士生导师上岗的要求基本相同，多数各学科点高校对博士研究生导师的上岗要求最为看重科研论著，其次是科研成果是否获奖，对科研项目的要求较低。

图2-94 各学科点对博士研究生导师上岗的要求情况

二、主要成绩

思政课是落实立德树人根本任务的关键课程，思政课教师队伍的水平直接关系到培养社会主义事业建设者和接班人的成效。2022年，北京市深入贯彻落实习近平总书记关于教育的重要论述，各高校不断加强马克思主义理论学科和思政课教师队伍建设，着力在建设一支政治强、情怀深、思维新、视野广、自律严、人格正的思政课教师队伍上下功夫，取得了良好的成绩。

（一）量质兼顾，推动教师队伍配齐建强

近年来，北京市委教育工委以推动各高校马克思主义学院建设为抓手，在加强人才引进、兼顾队伍量质提升方面取得了一定效果。

从2014年至2022年参与调研的北京高校思政课专兼职和新进教师人数来看，2014年，思政课专职教师有1288人、兼职教师有396人、新进教师有70人；2015年，思政课专职教师有1322人、兼职教师有417人、新进教师有61人；2016年，思政课专职教师有1387人、兼职教师有455人、新进教师有92人；2017年，思政课专职教师有1421人、兼职教师有452人、新进教师有89人；2018年，思政课专职教师有1390人、兼职教师有533人、新进教师有150人；2019年，思政课专职教师有1518人、兼职教师有667人、新进教师有208人；2020年，思政课专职教师有1719人、兼职教师有865人、新进教师有188人；2021年，思政课专职教师有1860人、兼职教师有1050人、新进教师有175人；2022年，思政课专职教师有1943人、兼职教师有1145人、新进教师有136人。总体来看，2014年至2021年思政课教师规模在不断扩大，如图2-95所示。

图2-95　2014—2022年思政课专兼职和新进教师人数

从2014年至2022年思政课专职教师的平均人数来看，2014年，思政课

专职教师平均人数为21.47人；2015年，思政课专职教师平均人数为22.03人；2016年，思政课专职教师平均人数为23.12人；2017年，思政课专职教师平均人数为23.68人；2018年，思政课专职教师平均人数为25.27人；2019年，思政课专职教师平均人数为27.60人；2020年，思政课专职教师平均人数为30.16人；2021年，思政课专职教师平均人数为32.63人；2022年，思政课专职教师平均人数为34.09人，如图2-96所示。由此可以看出，2014年至2022年思政课专职教师的平均人数在不断增加，规模在不断扩大。

图2-96 2014—2022年思政课专职教师平均人数

从2014年至2022年思政课兼职教师的平均人数来看，2014年，思政课兼职教师平均人数为6.60人；2015年，思政课兼职教师平均人数为6.95人；2016年，思政课兼职教师平均人数为7.58人；2017年，思政课兼职教师平均人数为7.53人；2018年，思政课兼职教师平均人数为9.69人；2019年，思政课兼职教师平均人数为12.13人；2020年，思政课兼职教师平均人数为15.18人；2021年，思政课兼职教师平均人数为18.42人；2022年，思政课兼职教师平均人数为20.09人，如图2-97所示。由此可以看出，2014年至2022年思政课兼职教师的平均人数在不断增加（除2016—2017年有略微下降外），总体而言规模在不断扩大。

图2-97 2014—2022年思政课兼职教师平均人数

从2014年至2022年思政课新进教师的平均人数来看，2014年，思政课新进教师平均人数为1.17人；2015年，思政课新进教师平均人数为1.02人；2016年，思政课新进教师平均人数为1.53人；2017年，思政课新进教师平均人数为1.48人；2018年，思政课新进教师平均人数为2.73人；2019年，思政课新进教师平均人数为3.78人；2020年，思政课新进教师平均人数为3.30人；2021年，思政课新进教师平均人数为3.07人；2022年，思政课新进教师平均人数为2.39人，如图2-98所示。由此可以看出，2014年至2022年思政课新进教师的平均人数在2019年达到高峰，在2019年之后各大高校引进人才的力度仍保持较大力度。

图2-98　2014—2022年思政课新进教师平均人数

（二）综合发力，促进教师队伍结构持续改善

2014年，北京60所高校思政课专职教师中35岁及以下有228人，36—45岁有475人，46—55岁有466人，56岁及以上有119人；2015年，北京60所高校思政课专职教师中35岁及以下有239人，36—45岁有459人，46—55岁有512人，56岁及以上有112人；2016年，北京60所高校思政课专职教师中35岁及以下有263人，36—45岁有477人，46—55岁有537人，56岁及以上有110人；2017年，北京60所高校思政课专职教师中35岁及以下有288人，36—45岁有464人，46—55岁有553人，56岁及以上有116人；2018年，北京55所高校思政课专职教师中35岁及以下有295人，36—45岁有460人，46—55岁有508人，56岁及以上有127人；2019年，北京55所高校思政课专职教师中35岁及以下有335人，36—45岁有493人，46—55岁有512

人，56岁及以上有178人；2020年，北京57所高校思政课专职教师中35岁及以下有434人，36—45岁有544人，46—55岁有515人，56岁及以上有226人；2021年，北京57所高校思政课专职教师中35岁及以下有481人，36—45岁有591人，46—55岁有514人，56岁及以上有274人；2022年，北京57所高校思政课专职教师中35岁及以下有541人，36—45岁有627人，46—55岁有513人，56岁及以上有262人。由此可见，北京高校思政课专职教师中青年人的增速更快，年龄结构更加合理。如图2-99所示。

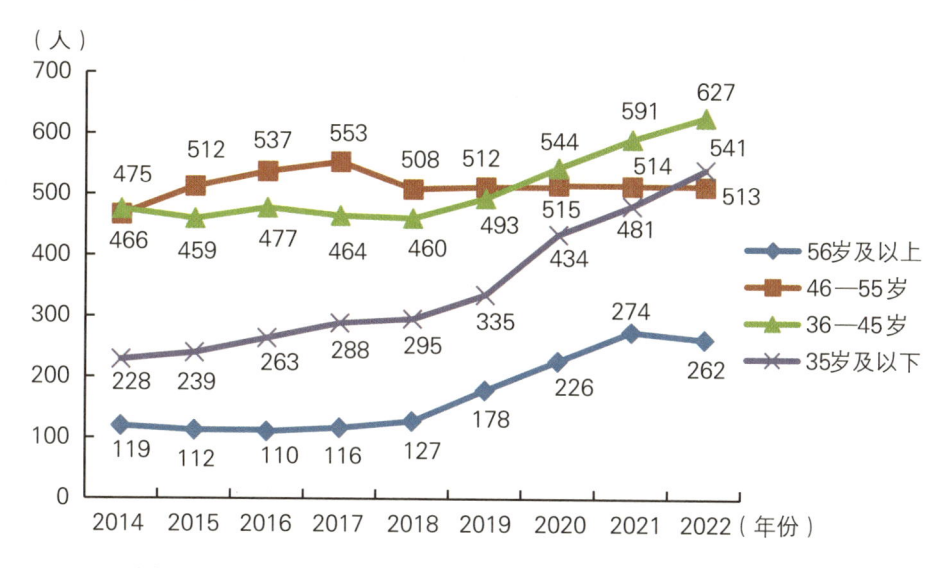

图2-99　2014—2022年思政课专职教师年龄结构与变化趋势

从2014年至2022年思政课专职教师中35岁及以下的平均人数来看，2014年，思政课专职教师中35岁及以下的平均人数为3.80人；2015年，思政课专职教师中35岁及以下的平均人数为3.98人；2016年，思政课专职教师中35岁及以下的平均人数为4.38人；2017年，思政课专职教师中35岁及以下的平均人数为4.80人；2018年，思政课专职教师中35岁及以下的平均人数为5.36人；2019年，思政课专职教师中35岁及以下的平均人数为6.09人；2020年，思政课专职教师中35岁及以下的平均人数为7.61人；2021年，思政课专职教师中35岁及以下的平均人数为8.44人；2022年，思政课专职教师中35岁及以下的平均人数为9.49人，如图2-100所示。由此可以看出，2014年至2022年35岁及以下的青年教师平均人数在不断增加，北京高校的专职教师队伍不断趋于年轻化。

图2-100 2014—2022年思政课专职教师中35岁及以下的平均人数

从教师队伍的学位结构来看，北京57所高校的思政课专职教师的学位结构逐步优化。如图2-101所示，2014年全部的1288名专职教师中，具有博士学位的专职教师人数为731人（占比56.75%），具有硕士学位的人数为439人（占比34.08%），具有学士学位人数为113人（占比8.77%），其他5人（占比0.39%）；2015年全部的1322名专职教师中，具有博士学位的专职教师人数为796人（占比60.21%），具有硕士学位的人数为417人（占比31.54%），具有学士学位人数为103人（占比7.79%），其他6人（占比0.45%）；2016年全部的1387名专职教师中，具有博士学位的专职教师人数为852人（占比61.43%），具有硕士学位的人数为435人（占比31.36%），具有学士学位人数为96人（占比6.92%），其他4人（占比0.29%）；2017年全部的1421名专职教师中，具有博士学位的专职教师人数为904人（占比63.62%），具有硕士学位的人数为420人（占比29.56%），具有学士学位人数为93人（占比6.54%），其他4人（占比0.28%）；2018年全部的1390名专职教师中，具有博士学位的专职教师人数为979人（占比70.43%），具有硕士学位的人数为332人（占比23.88%），具有学士学位人数为76人（占比5.47%），其他3人（占比0.22%）；2019年全部的1518名专职教师中，具有博士学位的专职教师人数为1106人（占比72.86%），具有硕士学位的人数为347人（占比22.86%），具有学士学位人数为64人（占比4.22%），其他1人（占比0.07%）；2020年全部的1719名专职教师中，具有博士学位的专职教师人数为1270人（占比73.88%），具有硕士学位的人数为389人（占比22.63%），具有学士学位人数为59人（占比3.43%），其他1人（占比0.06%）；2021年全部的1860名专职教师中，具有博士学位的专职教师人数为1443人（占比77.58%），具有硕士学位的人数为366人（占比19.68%），具有学士学位人数为50人（占比2.69%），其他1人（占比0.05%）；2022年全部的1943名专职教师中，具有博士学位的专职教师人数为1558人（占比80.19%），具有硕士学位的人数为338人（占比17.40%），具有学士学位人数为43人（占比2.21%），其他4人（占比0.21%）。这说明思政课专职教师中拥有博士学位的教师占比在增加，而拥有硕士学位和学士学位的教师占比在减少，表明整个思政课专职教师队伍的学位结构正在逐步优化。

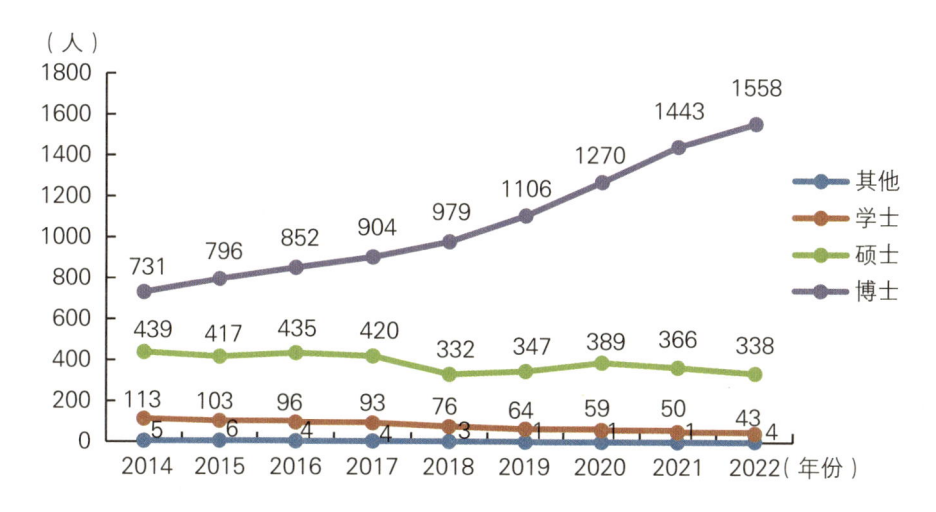

图2-101 2014—2022年思政课专职教师学位结构与变化趋势

从2014年至2022年思政课专职教师具有博士学位的平均人数来看，2014年思政课专职教师具有博士学位的平均人数为12.18人；2015年思政课专职教师具有博士学位的平均人数为13.27人；2016年思政课专职教师具有博士学位的平均人数为14.20人；2017年思政课专职教师具有博士学位的平均人数为15.07人；2018年思政课专职教师具有博士学位的平均人数为17.80人；2019年思政课专职教师具有博士学位的平均人数为20.11人；2020年思政课专职教师具有博士学位的平均人数为22.28人；2021年思政课专职教师具有博士学位的平均人数为25.32人；2022年思政课专职教师具有博士学位的平均人数为27.33人，如图2-102所示。

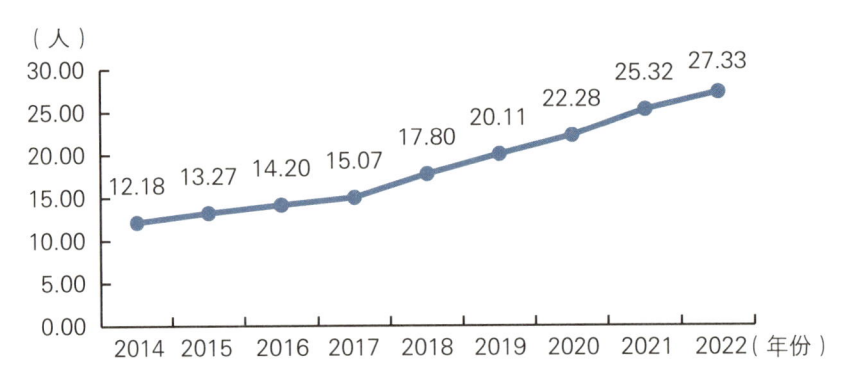

图2-102 2014—2022年思政课专职教师具有博士学位的平均人数

与此同时，思政课专职教师的职称结构趋于合理。如图2-103所示，2014年，在全部60所高校的思政课专职教师中，拥有教授职称的人数为262人（占比20.34%），副教授为569人（占比44.18%），讲师为439人（占比34.08%），其他18人（占比1.40%）；2015年，在全部60所高校的思政课专职教师中，拥有教授职称的人数为270人（占比20.42%），副教授为587人（占比44.40%），讲师为454人（占比34.34%），其他11人（占比0.83%）；2016年，在全部60所高校的思政课专职教师中，拥有教授职称的人数为285人（占比20.55%），副教授为596人（占比42.97%），讲师为481人（占比34.68%），其他25人（占比1.80%）；2017年，在全部60所高校的思政课专职教师中，拥有教授职称的人数为304人（占比21.39%），副教授为599人（占比42.15%），讲师为496人（占比34.90%），其他22人（占比1.55%）；2018年，在全部55所高校的思政课专职教师中，拥有教授职称的人数为308人（占比22.16%），副教授为574人（占比41.29%），讲师为483人（占比34.75%），其他25人（占比1.80%）；2019年，在全部55所高校的思政课专职教师中，拥有教授职称的人数为341人（占比22.46%），副教授为617人（占比40.65%），讲师为543人（占比35.77%），其他17人（占比1.12%）；2020年，在全部57所高校的思政课专职教师中，拥有教授职称的人数为369人（占比21.47%），副教授为673人（占比39.15%），讲师为651人（占比37.87%），其他26人（占比1.51%）；2021年，在全部57所高校的思政课专职教师中，拥有教授职称的人数为412人（占比22.15%），副教授为718人（占比38.6%），讲师为712人（占比38.28%），其他18人（占比0.97%）；2022

年，在全部57所高校的思政课专职教师中，拥有教授职称的人数为411人（占比21.15%），副教授为732人（占比37.67%），讲师为745人（占比38.34%），其他55人（占比2.83%）。由此可以看出，2014年至2022年思政课专职教师中教授、副教授、讲师的职称人数大多数均在上升，既体现了量的增加，也凸显了质的提升。

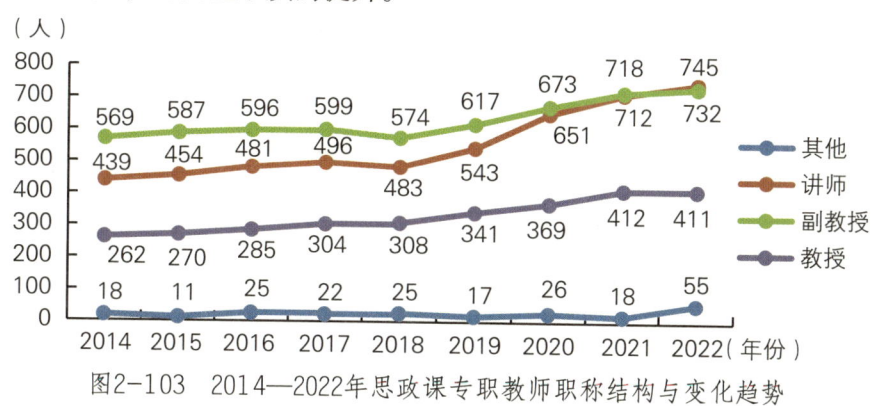

图2-103　2014—2022年思政课专职教师职称结构与变化趋势

从2014年至2022年思政课专职教师具有教授职称的平均人数来看，2014年，思政课专职教师具有教授职称的平均人数为4.37人；2015年，思政课专职教师具有教授职称的平均人数为4.50人；2016年，思政课专职教师具有教授职称的平均人数为4.75人；2017年，思政课专职教师具有教授职称的平均人数为5.07人；2018年，思政课专职教师具有教授职称的平均人数为5.60人；2019年，思政课专职教师具有教授职称的平均人数为6.20人；2020年，思政课专职教师具有教授职称的平均人数为6.47人；2021年，思政课专职教师具有教授职称的平均人数为7.23人；2022年，思政课专职教师具有教授职称的平均人数为7.21人，如图2-104所示。由此可以看出，2014年

图2-104　2014—2022年思政课专职教师具有教授职称的平均人数

至2022年思政课专职教师具有教授职称的平均人数总体呈递增趋势。

从2014年至2022年思政课专职教师政治面貌情况与变化趋势来看，2014年，思政课专职教师中为中共党员的有1122人，民主党派人士31人，其他135人；2015年，思政课专职教师中为中共党员的有1170人，民主党派人士27人，其他125人；2016年，思政课专职教师中为中共党员的有1236人，民主党派人士25人，其他126人；2017年，思政课专职教师中为中共党员的有1272人，民主党派人士26人，其他123人；2018年，思政课专职教师中为中共党员的有1263人，民主党派人士26人，其他101人；2019年，思政课专职教师中为中共党员的有1388人，民主党派人士25人，其他105人；2020年，思政课专职教师中为中共党员的有1569人，民主党派人士24人，其他126人；2021年，思政课专职教师中为中共党员的有1749人，民主党派人士18人，其他93人；2022年，思政课专职教师中为中共党员的有1851人，民主党派人士14人，其他78人，如图2-105所示。由此可以看出，思政课专职教师中中共党员人数占比最大，而且逐年增加，凸显了"政治要强"的要求。

图2-105 2014—2022年思政课专职教师政治面貌情况与变化趋势

从2014年至2022年思政课专职教师中中共党员的平均人数来看，2014年，思政课专职教师中中共党员的平均人数为18.70人；2015年，思政课专职教师中中共党员的平均人数为19.50人；2016年，思政课专职教师中中共党员的平均人数为20.60人；2017年，思政课专职教师中中共党员的平均人数为21.20人；2018年，思政课专职教师中中共党员的平均人数为22.96

人；2019年，思政课专职教师中中共党员的平均人数为25.24人；2020年，思政课专职教师中中共党员的平均人数为27.53人；2021年，思政课专职教师中中共党员的平均人数为30.68人；2022年，思政课专职教师中中共党员的平均人数为32.47人，如图2-106所示。由此可以看出，思政课专职教师中中共党员的平均人数在逐年增加，并且中共党员在思政课专职教师的政治面貌中占主体地位。

图2-106　2014—2022年思政课专职教师中中共党员的平均人数

（三）精准施策，着力培育教师队伍的核心素养

（1）守正创新强基础

2022年，教育部等十部门印发了《全面推进"大思政课"建设的工作方案》，采取一系列有力举措强化思政课教师队伍的核心素养。方案提出五方面要求：一是突出主渠道建设。聚焦"大思政课"的"课程"属性，坚持用好思政课课堂教学这一主渠道。二是强化实践育人。针对有的课堂理论联系实际不够，提出思政小课堂与社会大课堂有机结合，进一步加强和规范实践教学，明确构建实践教学工作体系、落实实践教学学时学分，组织开展多样化的实践教学。三是大力推进思政教育信息化。按照"应用为王、服务至上、示范引领、安全运行"的要求，提出大力推进国家智慧教育平台建设使用，建设线上线下联动的全国高校思政课教研系统，推进优质教学资源供给侧改革，组织开发科学权威实用的课件、讲义，打造案例库、重难点问题库、素材库、在线示范课程库等优质教学资源库，不断推出一批思政"金课"。四是加强队伍建设。加大力度建设专兼结合的教

师队伍。实行思政课特聘教授、兼职教师制度。深入实施马克思主义学院院长（书记）培养工程，通过集中培养培训、委托研究项目、加强实践锻炼、开展国际国内访学等方式，培养一批青年马克思主义理论家。五是拓展工作格局。整合多方资源，共同推动"大思政课"建设。分层分类开展"大思政课"综合改革试点，深入推进大中小学思政课一体化建设，鼓励高校积极开展与中小学思政课共建，全面推进高校课程思政高质量建设，扎实开展日常思政教育活动，推动学校党委书记、校长结合开学毕业典礼讲好"思政大课"，加快构建高校思想政治工作体系。

（2）杰出人才树榜样

在参加调查的57所高校中，共有马克思主义理论研究和建设工程首席专家26人（一流大学建设高校25人，一流学科建设高校1人），国家级教学名师4人（均来自一流大学建设高校），长江学者奖励计划特聘教授9人（均来自一流大学建设高校），长江学者奖励计划青年学者6人（其中一流大学建设高校5人，一流学科建设高校1人），万人计划哲学社会科学领军人才12人（一流大学建设高校8人，一流学科建设高校3人，非双一流建设高校1人），全国宣传文化系统"四个一批"人才13人（一流大学建设高校8人，一流学科建设高校4人，非双一流建设高校1人），新世纪百千万人才工程国家级入选者2人（均来自一流大学建设高校），教育部跨世纪优秀人才3人（均来自一流大学建设高校），教育部新世纪优秀人才14人（一流大学建设高校12人，一流学科建设高校2人）。如图2-107所示。

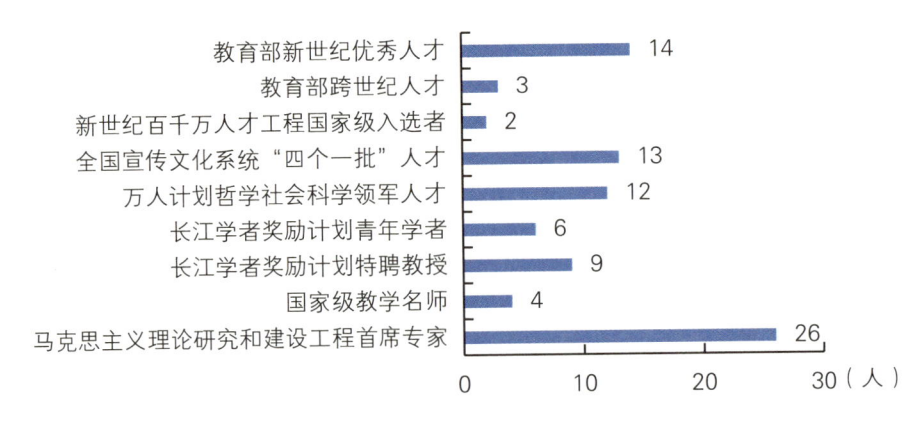

图2-107 各类杰出人才项目入选人数

同时，诸多优秀的思政课教师涌现，在多种评比中获得荣誉头衔。如图2-108所示，在参加调查的57所高校中，共有全国优秀教师6人（一流大学建设高校2人，一流学科建设高校2人，非双一流建设高校2人），全国模范教师1人（一流学科建设高校），全国优秀教育工作者1人（一流大学建设高校），最美教师21人（一流大学建设高校2人，一流学科建设高校11人，非双一流建设高校8人），北京市优秀教师13人（一流大学建设高校1人，一流学科建设高校5人，非双一流建设高校7人），北京市教学名师40人（一流大学建设高校11人，一流学科建设高校24人，非双一流建设高校5人）。

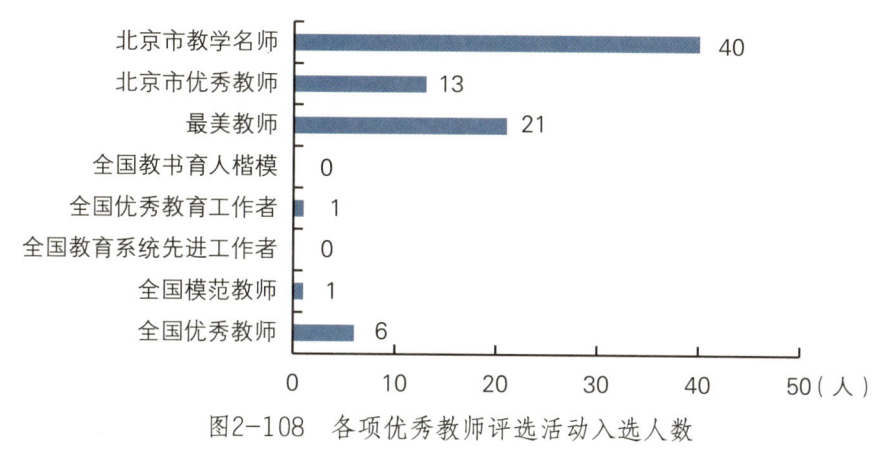

图2-108　各项优秀教师评选活动入选人数

（3）集中培训提素质

2022年，社科司、中宣部、北京市委教育工委等举办不同层次、不同内容的培训活动，思政课教师积极参加，还有部分教师进修访学、在职攻读博士学位。如图2-109所示，2022年教师队伍的相关情况如下：2022年高校思想政治理论课骨干教师研修（社科司）70人（一流大学建设高校34人，一流学科建设高校21人，非双一流建设高校15人），2022年暑期部分高校思想政治理论课骨干教师社会实践研修活动（社科司）124人（一流大学建设高校11人，一流学科建设高校101人，非双一流建设高校12人），2022年高校思想政治理论课骨干教师国内高级访问学者（社科司）10人（均为一流学科建设高校），第44期全国普通高校"形势与政策"课骨干教师培训（中宣部）21人（一流大学建设高校4人，一流学科建设高校14人，非双一流建设高校3人），第45期全国普通高校"形势与政策"

课骨干教师培训（中宣部）22人（一流大学建设高校4人，一流学科建设高校15人，非双一流建设高校3人），参加北京市高校思想政治理论课骨干教师研修班人数802人（一流大学建设高校653人，一流学科建设高校85人，非双一流建设高校64人），进修访学（仅限境内）6个月以下（不含6个月）14人（一流学科建设高校4人，非双一流建设高校10人），进修访学（仅限境内）6—12个月49人（一流大学建设高校30人，一流学科建设

项目	人数
在职攻读博士学位的教师人数（仅限本年度入学）	5
进修访学（仅限境内）6—12个月人数	49
进修访学（仅限境内）6个月以下（不含6个月）人数	14
参加北京市高校思想政治理论课骨干教师研修班人数	802
第45期全国普通高校"形势与政策"课骨干教师培训（中宣部）	22
第44期全国普通高校"形势与政策"课骨干教师培训（中宣部）	21
2022年高校思想政治理论课骨干教师国内高级访问学者（社科司）	10
2022年暑期部分高校思想政治理论课骨干教师社会实践研修活动（社科司）	124
2022年高校思想政治理论课骨干教师研修（社科司）	70

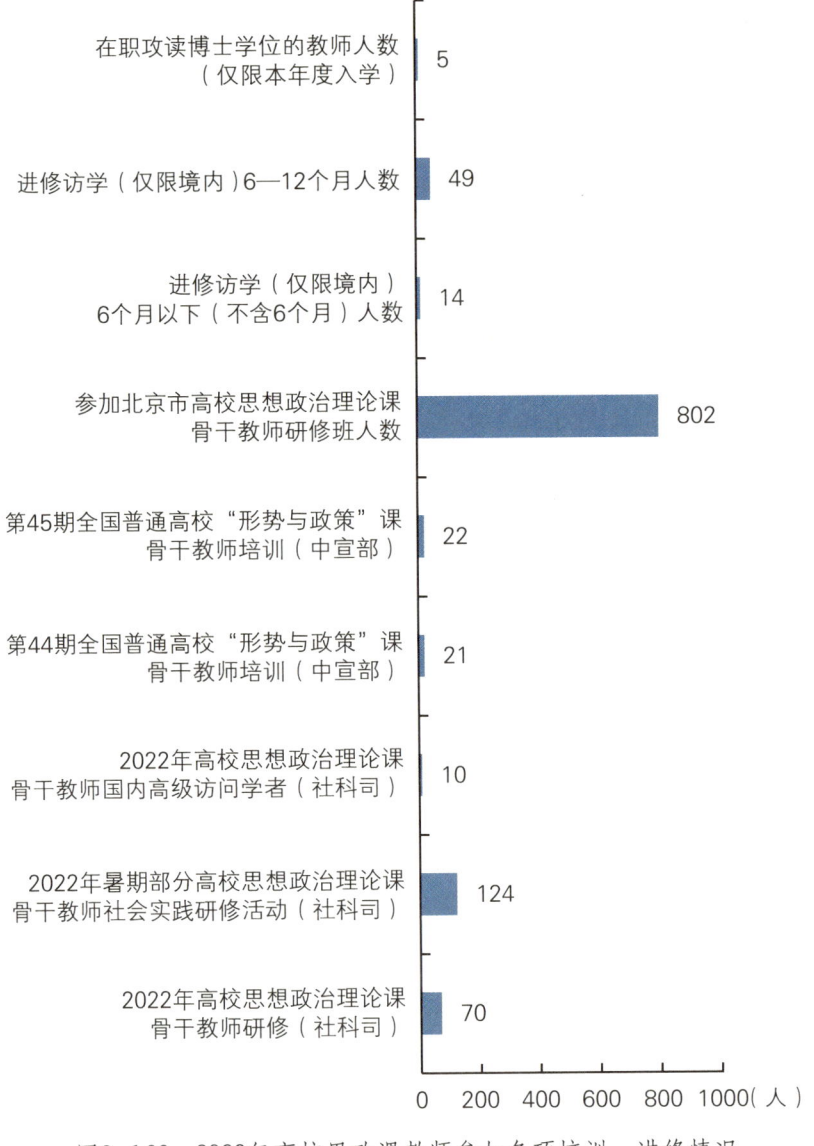

图2-109　2022年高校思政课教师参加各项培训、进修情况

高校19人），在职攻读博士学位的教师（仅限本年度入学）5人（一流学科建设高校3人，非双一流建设高校2人）。

（4）特色活动提质量

一是继续推进"同备一堂课"活动。为学习贯彻习近平总书记在学校思想政治理论课教师座谈会上的重要讲话精神，及时推动习近平总书记最新重要讲话精神融入思政课教学，不断提升思政课思想性、理论性和亲和力、针对性，北京市委教育工委依托北京高校思想政治理论课高精尖创新中心（以下简称"高精尖中心"），创设北京市学校思想政治理论课教师"同备一堂课"制度。"同备一堂课"活动以广大一线思政课教师的理论需求为导向，邀请理论名家、教学名师进行思想解惑、理论解读、重点解析，实实在在地为教学支招。2022年，高精尖中心先后举办了"大力弘扬北京冬奥精神""充分发挥思政课在高校疫情防控中的关键课程作用"等2场"同备一堂课"活动，圆满完成了北京市委教育工委部署的全市思政课教师集体备课相关任务，引发了广泛赞誉和热烈反响，有力推动了大中小学思政课一体化建设。

4月27日，由北京市委教育工委主办，"高精尖中心"、中国人民大学马克思主义学院、北京市学校思想政治工作中心承办的"大力弘扬北京冬奥精神"——北京市学校思政课教师"同备一堂课"活动（第十三期）在中国人民大学举行。活动旨在深入学习贯彻习近平总书记在北京冬奥会、冬残奥会总结表彰大会上的重要讲话精神，深刻领会和把握"胸怀大局、自信开放、迎难而上、追求卓越、共创未来"的北京冬奥精神，及时、完整、准确、全面推动北京冬奥精神进教材、进课堂、进头脑，激励全体师生持续高昂冬奥精气神。备课活动由中国人民大学马克思主义学院副院长、高精尖中心副主任宋学勤主持。备课活动通过高精尖中心平台进行网络直播，北京高校专兼职思政课教师、北京高校马克思主义理论专业研究生通过网络直播参与备课，直播浏览量达1万余人次。

5月27日，北京市学校思政课教师"同备一堂课"活动（第十四期）以线上方式举行。活动主题为"充分发挥思政课在高校疫情防控中的关键课程作用"，旨在指导高校思政课教师讲好校园疫情防控"大思政课"，深度解答学生关于校园疫情防控的思想困惑，引导学生理解支持防控政策，自觉落实好个人防控责任，推动形成守望相助、相互关心的良好校园氛围，充分发挥思政课在这一特殊时期沟通心灵、启智润心、激扬斗志的关键作用。北京师范大学王树荫、北京理工大学李林英、北京工商大学张彦琛、北京航空航天大学张静等4位思政课教师应邀作备课分享。备课活动通过高精尖中心平台进行网络直播，全市高校思政课专兼职教师线上参与备课活动。

二是思政课"青椒论坛"接续发展。从2017年起，"高精尖中心"面向思政课青年教师打造了思想政治理论课"青椒论坛"这一品牌活动，旨在为思政课青年教师搭建沟通平台，帮助其交流教学心得、研讨教学技能、提升教学能力。2022年7月27日，高精尖中心、中国人民大学马克思主义学院联合中北大学马克思主义学院共同举办第27期青椒论坛，来自北京、山西的6位青年教师参与教学展示，2位知名专家进行现场点评，2位教学名师进行名师分享。全国思政课教师通过网络直播平台同步收看。

三、主要问题与对策建议

2022年，参加调研的北京高校在思政课教师队伍建设方面取得了突出成绩，但仍存在一些改进空间。需在强化配齐建强思政课教师队伍的基础上，充分发挥思政课教师考核评价的指挥棒作用，采取各种措施，全面优化资源供给，为思政课教师可持续发展创造有力的制度支撑。

（一）加大对思政课教师队伍建设的资源投入力度

2022年，参加调研的57所北京高校中按照师生比不低于1：350的比例配齐思政课教师的有47所，这表明高校现有专职思政课教师队伍在总量上仍存在一定缺口，如图2-65所示。同时，从不同类型高校来看，不同类型的高校所拥有专职教师平均人数差距也比较大，一流大学建设高校专职教师平均人数为57.13人，一流学科建设高校专职教师平均人数为37.13人，非双一流建设高校专职教师平均人数为23.80人，如图2-2所示。此外，北京市高校思政教师队伍建设还存在教师兼职比例过高的问题，如图2-110所示。

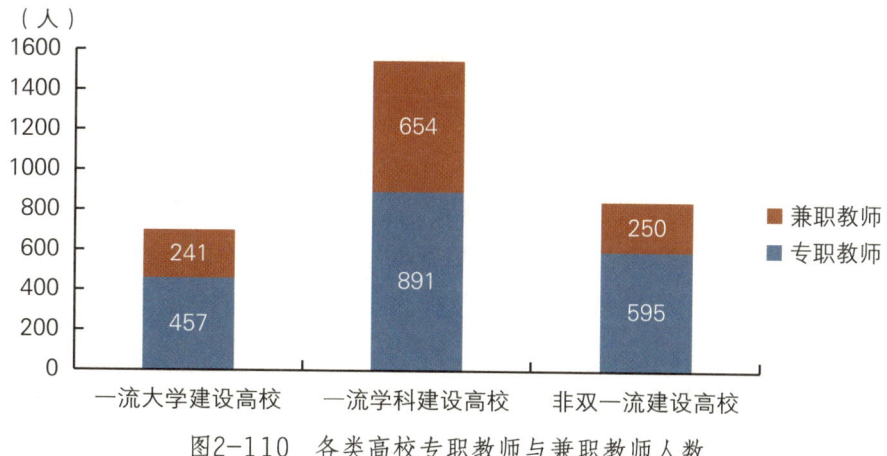

图2-110 各类高校专职教师与兼职教师人数

一流大学建设高校：专职教师457，兼职教师241
一流学科建设高校：专职教师891，兼职教师654
非双一流建设高校：专职教师595，兼职教师250

因此，要继续加大对思政课教师队伍建设的资源投入力度，继续扩充高质量思政课专职教师队伍，严格按照习近平总书记提出的"六要"要求，建立完善选聘思政课教师的体制机制，规范遴选条件和程序，严把政治关、师德关、业务关，既重高标准、严要求，又要有灵活性。要统筹使用教职工编制，有效保障思政课专职教师配备，并对兼职教师选配作出规范；建立思政课教师轮训制度，健全校外实践教育制度，鼓励支持教师进修思政教育专业、开展教学重点难点问题课题研究；在各类优秀评选工作中向思政课教师适当倾斜，大力选树先进典型。

（二）提升教师素质能力

教师的素质能力提升永远在路上，这是办好思政课、做好思想政治工作的必然要求。在配齐思政课教师队伍的前提和基础上，注重解决"多而不优""多而不强"的问题，使队伍变优变强。习近平总书记在学校思想政治理论课教师座谈会上对思政课教师提出了六点要求，即"政治要强、情怀要深、思维要新、视野要广、自律要严、人格要正"，这六个要求是思政课教师队伍建设的重要标准，也是思政课教师努力提升能力和素质的方向。为提升自身素质，思政课教师一要筑牢政治思想堡垒，做到"在马信马、在马研马、在马教马"；二要完善理论知识储备，主动学习马克思主义经典著作，培养研读马克思主义经典著作的习惯，学精悟透用好马克思主义原理，扎实学习习近平新时代中国特色社会主义理论思想；三要提升教学能力，创新教学方法，增强教学的吸引力、说服力、感染力。

为着力解决教学辅助资源不足问题，思政教师队伍要汇聚优质课程资源，丰富社会实践资源，用好数字化资源平台。在互联网时代，思政教师要着力提升运用网络资源进行教学的能力。要遴选推出一批思政"精品课"，加强优质教学辅助资源包和活页、讲义等资源建设；完善思政课实践教学机制，建立一批思政课实践教学基地；拓展国家智慧教育平台功能，促进优质资源共建共享。人工智能时代，数字技术的运用使传递思政元素的方式有了更多的可能性，如搭建虚拟与现实相融合的育人场景，推动了学习和课程实践双轮驱动，育人和育才质量都能得以提升。"智能+"时代为多种模态的融合提供了更多的可能性，如具沉浸式体验感的远程实验实训、VR/AR课程、全息影像等新型媒介，能够更加逼真地表征教学内容和教学情境，对学生产生多感官刺激，帮助学生积累更丰富和更鲜活的认知体验，直接影响着师生的交互方式和教学效果，通过隐性教育达到育人的目的，确保做到知识传授与价值引领相统一。

（三）完善教研工作机制

为着力解决教研支撑不足问题，要强化教研队伍建设，创新教研方式方法。没有深入研究，就谈不上有效的引领和指导，就无法为深化课程改革和提升教学质量提供高水平的专业服务，更谈不上对教学质量进行科学的评价。发挥思政课落实立德树人根本任务关键课程的作用，思政课教师责任重大，思政课教研员也责无旁贷。思政课教研员要深入研究党和国家的教育方针政策、深入研究学科育人功能、深入研究课堂教学、深入研究教学质量评价。要分学段配齐配强专职思政课教研员，将思政课教研员培训纳入教师"国培计划"；强化专业指导与引领，建立思政课教师教研共同体，广泛开展网络教研、远程教研和跨区域教研，鼓励有条件的教研机构、各级党校、干部培训学院等与高校马克思主义学院合作开展思政课教研工作。按照《全面推进"大思政课"建设的工作方案》要求，建设融"全国高校思政课教师网络集体备课平台"网络支持系统、"青梨派"大学生自主学习系统、高校思政课教学创新中心资源开发系统、高校思政课教学指导委员会指导审核评估系统、高校思政课教师基础数据系统、高校思政课教师研修培训系统等为一体，共建共享、系统集成、全面覆盖的全国高校思政课教研系统。

第三章 科学研究发展

2022年北京高校马克思主义理论学科科学研究在原有成果的基础上取得了新的进展。在这一年，北京市围绕进一步推动马克思主义理论学科建设和思想政治理论课改革创新，继续强化学科支持、完善政策保障体系，出台了一系列旨在进一步推动新时代高校马克思主义宣传教育新发展的重要举措，直接有力地促进了科学研究的发展。本章分为三部分：一是基本数据分析，基于调研数据分析北京高校马克思主义理论学科的总体科研状况；二是介绍科学研究的进展，对本年度主要研究的理论问题及核心观点进行梳理，着重选取了一些有代表性的观点加以综述；三是基于调研数据，对北京高校本学科科研方面现存的主要问题进行分析，探讨进一步推动科学研究发展的对策建议。

一、调研数据展示与分析

本调研由参研高校自行填报，所有科研成果的取得期限为2022年1月至12月，主要统计分析著作出版、论文发表、科研课题、科研获奖、成果社会影响、学术交流等方面。

（一）著作出版

2022年参与调研的北京高校马克思主义理论学科共计出版著作249部，比2021年增加80部。其中，专著157部，比2021年增加35部；编著84部，比2021年增加42部；译著9部，比2021年增加3部。部属高校出版著作最多，专著107部，编著62部，译著8部；市属本科高校出版专著47部，编著16部，译著1部；高职（专科）院校出版专著3部，编著6部，译著0部。上述数据大体上也反映出部属高校马克思主义理论学科整体的科研实力更强的客观事实（见图3-1）。

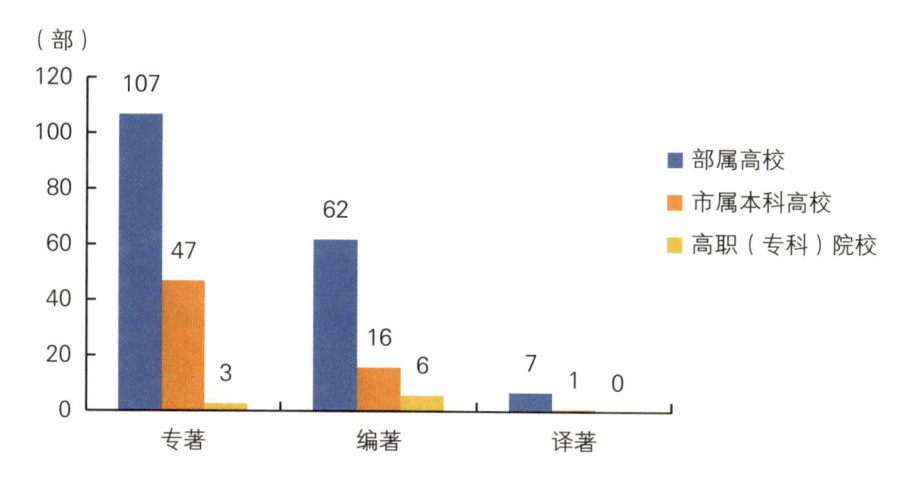

图3-1　参与调研高校年度出版著作情况

1.专著出版情况

2022年，参与调研的北京高校马克思主义理论学科出版专著157部，其中部属高校107部、市属本科高校47部、高职（专科）院校3部。有26所高校出版总数在3部（含3部）以上，约占全部调研高校总数的45.61%。年度出版数量最多的是北京大学13部，其次为中国人民大学12部，北京交通大学10部，北京科技大学9部，北京师范大学7部，清华大学、首都师范大学、首都经济贸易大学、华北电力大学均为5部，北京工业大学、北京工商大学、北京服装学院、北京邮电大学、北京农学院、北京中医药大学、中国传媒大学、中央美术学院均为4部，北京理工大学、北京外国语大学、北京第二外国语学院、北京语言大学、对外经济贸易大学、中国政法大学、中国地质大学（北京）、北京联合大学、中国科学院大学均为3部（见表3-1）。可见，主要著作出版还是集中在学科实力整体较为雄厚的一些高校。

表3-1　2022年参与调研高校专著出版3部（含3部）以上情况排名

学校	部数（部）
北京大学	13
中国人民大学	12
北京交通大学	10
北京科技大学	9
北京师范大学	7
清华大学	5

续表

学校	部数（部）
首都师范大学	5
首都经济贸易大学	5
华北电力大学	5
北京工业大学	4
北京工商大学	4
北京服装学院	4
北京邮电大学	4
北京农学院	4
北京中医药大学	4
中国传媒大学	4
中央美术学院	4
北京理工大学	3
北京外国语大学	3
北京第二外国语学院	3
北京语言大学	3
对外经济贸易大学	3
中国政法大学	3
中国地质大学（北京）	3
北京联合大学	3
中国科学院大学	3

从2022年参与调研的北京不同类型高校出版专著的平均数来看，部属高校年度平均出版约3.69部，市属本科高校年度平均出版约2.14部，高职（专科）院校年度平均出版0.5部。在参与调研的高校中，有45所院校2021年有至少1部专著出版。

纵观2017年至2022年参与调研的北京高校马克思主义理论学科出版专著情况，2017年本学科共出版105本专著，2018年本学科共出版143本专著，2019年本学科共出版专著153部，2020年本学科共出版专著137部，2021年本学科共出版专著122部，2022年本学科共出版专著157部，可以看出，从2017年向2018年过渡阶段出版数量增幅明显，2018—2019年，高校马克思主义理论学科出版专著总数大致相当，2018年到2019年继续保持增长趋势，2019到2021年虽呈下降趋势，但总体数量保持平稳，2021年到2022年是增幅的高峰期（见图3-2）。

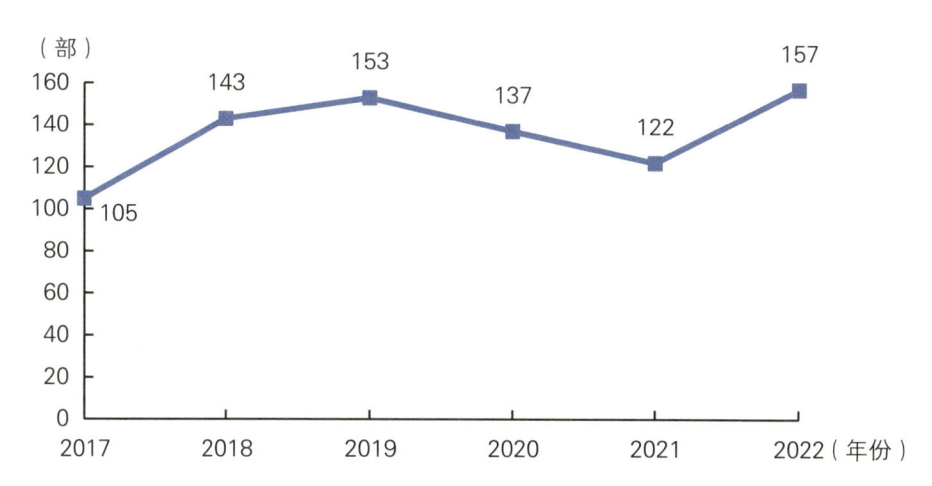

图3-2　2017—2022年北京高校马克思主义理论学科专著出版变化情况

2.译著出版情况

2022年，参与调研北京高校译著出版总数为9部，中国政法大学、北京航空航天大学各2部，北京师范大学、北京林业大学、北京中医药大学、对外经济贸易大学、首都医科大学各1部。其中部属高校出版译著8部，市属本科高校出版译著1部（见表3-2）。

表3-2　参与调研高校译著出版情况排名

学校	部数（部）
中国政法大学	2
北京航空航天大学	2
北京师范大学	1
北京林业大学	1
北京中医药大学	1
对外经济贸易大学	1
首都医科大学	1

3.编著出版情况

2022年，参与调研北京高校马克思主义理论学科共出版编著84部，出版数量在3部（含3部）以上的高校有9所，占参与调研高校总数的15.79%。其中，出版数最多的是北京林业大学，出版12部；北京体育大学，出版9部；清华大学，出版8部；北京师范大学，出版6部；中国人民大学和中国石油大学（北京）各出版4部；中国农业大学、北京中医药大学、北京联合大学各出版3部（见表3-3）。从2022年度北京不同类别高校编著出版的平均值来看，部属高校年度平均出版约2.14部，市属本科高校年度平均出版约0.55部，高职（专科）院校年度平均出版1部。

表3-3 参与调研高校编著出版3部以上情况排名

学校	部数（部）
北京林业大学	12
北京体育大学	9
清华大学	8
北京师范大学	6
中国人民大学	4
中国石油大学（北京）	4
中国农业大学	3
北京中医药大学	3
北京联合大学	3

从2017年至2022年参与调研的北京高校马克思主义理论学科著作总数变化情况来看，2017年本学科共发表180部著作，2018年本学科共发表236部著作，2019年本学科共发表213部著作，2020年本学科共发表184部著作，2021年本学科共发表169部著作，2022年本学科共发表249部著作。可见北京高校马克思主义理论学科著作发表情况虽有波动，但整体较为平稳（见图3-3）。

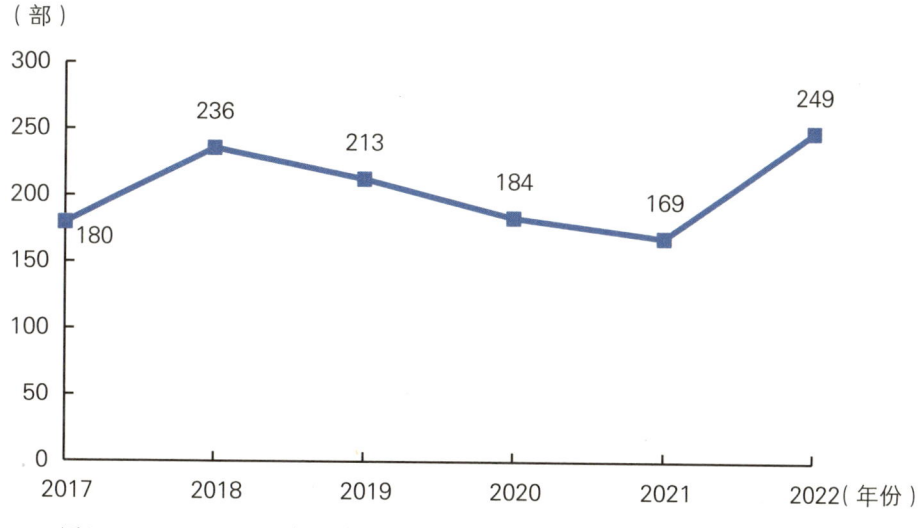

图3-3 2017—2022年北京高校马克思主义理论学科著作总数变化情况

（二）论文发表

1.论文发表总数

2022年，参与调研的北京高校马克思主义理论学科共发表论文2372篇[①]，比2021年调研发表的2437篇少65篇。其中，部属高校发表论文最多，为1933篇，约占总数的81.49%；其次是市属本科高校，发表论文为384篇，约占总数的16.19%；最后是高职（专科）院校，共发表论文为55篇，约占总数的2.32%。部属高校2022年度发表论文总数与2021年的1912篇相比，增加21篇，增幅为1.10%；其次是市属本科高校发表论文总数比2021年减少56篇；高职（专科）院校发表论文总数比2021年减少30篇。其中在发表的论文种类上，分别有CSSCI来源期刊论文、CSSCI扩展版来源期刊论文、全国中文核心期刊论文、《人民日报》理论文章、《光明日报》理论文章、《经济日报》理论文章和国（境）外学术期刊发文等（见图3-4）。另有804篇发表在其他报刊上。

---

① 参与调研的北京高校马克思主义理论学科共发表论文2372篇，包含了1568篇CSSCI来源期刊论文、CSSCI扩展版来源期刊论文、全国中文核心期刊论文、《人民日报》理论文章、《光明日报》理论文章、《经济日报》理论文章和国（境）外学术期刊之外，还有804篇其他报刊论文，由于后续不对其他报刊论文进行具体论述，所以特此说明。

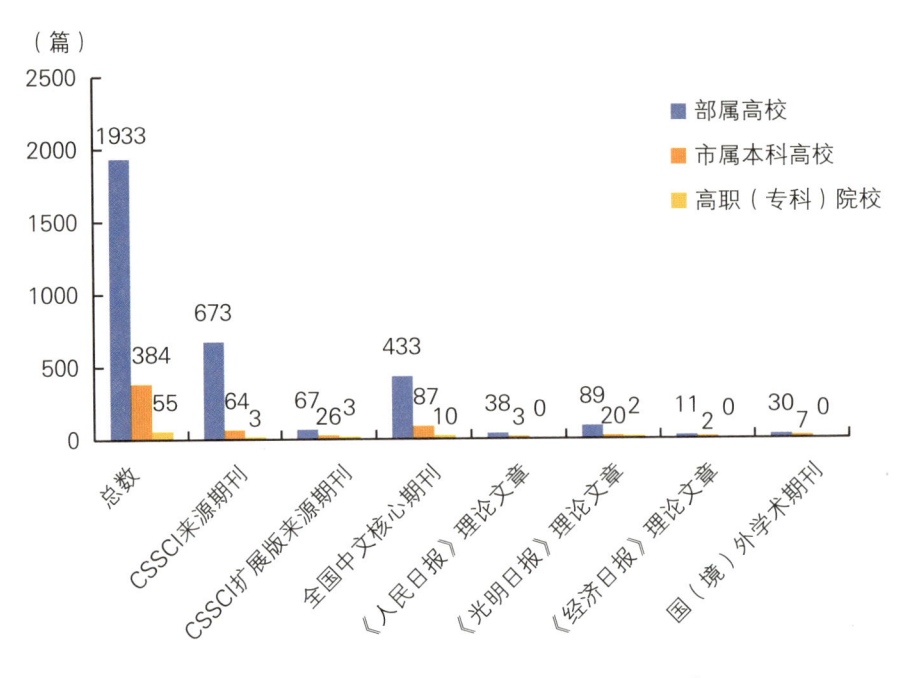

图3-4 2022年参与调研的北京高校发表论文情况

从论文发表数量来看，2022年度发表论文最多的高校是北京大学，共271篇，其次是北京师范大学192篇，中国人民大学187篇，清华大学182篇，北京交通大学126篇，中国政法大学92篇，对外经济贸易大学86篇，首都师范大学72篇，北京科技大学和北京工商大学各70篇。从数量上看，2022年度首都师范大学在市属本科高校中位居前列，北京大学、北京师范大学、中国人民大学和清华大学在部属高校中位居前列（见表3-4）。2022年度发表论文数量多的前三名高校都拥有马克思主义理论一级学科博士点，也都是全国重点马克思主义学院。

表3-4 参与调研高校论文发表数量前十名

学校	篇数（篇）
北京大学	271
北京师范大学	192
中国人民大学	187
清华大学	182
北京交通大学	126
中国政法大学	92

续表

学校	篇数（篇）
对外经济贸易大学	86
首都师范大学	72
北京科技大学	70
北京工商大学	70

从2022年度参与调研的北京高校马克思主义理论学科论文发表总数的平均值来看，部属高校年度平均发表论文约66.66篇，市属本科高校年度平均发表论文约17.45篇，高职（专科）院校年度平均发表论文9.17篇。从2022年度不同类别高校马克思主义理论学科人员数量来看论文发表数情况，中国人民大学以人均约5.54篇在北京高校马克思主义理论学科论文发表中居于首位。

从2017年至2022年参与调研的北京高校马克思主义理论学科论文发表情况来看，2017年本学科共发表1981篇论文，2018年本学科共发表2246篇论文，2019年本学科共发表2159篇论文，2020年本学科共发表2006篇论文，2021年本学科共发表2437篇论文，2022年本学科共发表2372篇论文，可见北京地区高校马克思主义理论学科论文发表数量情况基本稳定、稍有波动，2022年度发表论文数量略有下降（见图3-5）。

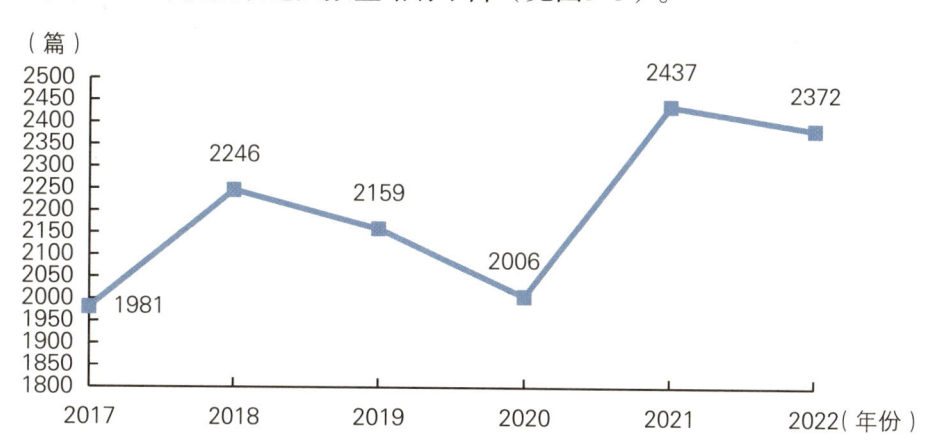

图3-5 2017—2022年度参与调研的北京高校马克思主义理论学科论文发表总数

2. CSSCI来源期刊发表情况

2022年，各类高校CSSCI来源期刊发表篇数总共为740篇。其中部属高校为673篇，约占总数的90.95%，所占篇数最多；市属本科高校为64篇，约占8.65%，篇数次之；高职（专科）院校为3篇，约占总数的0.41%（见图3-6）。

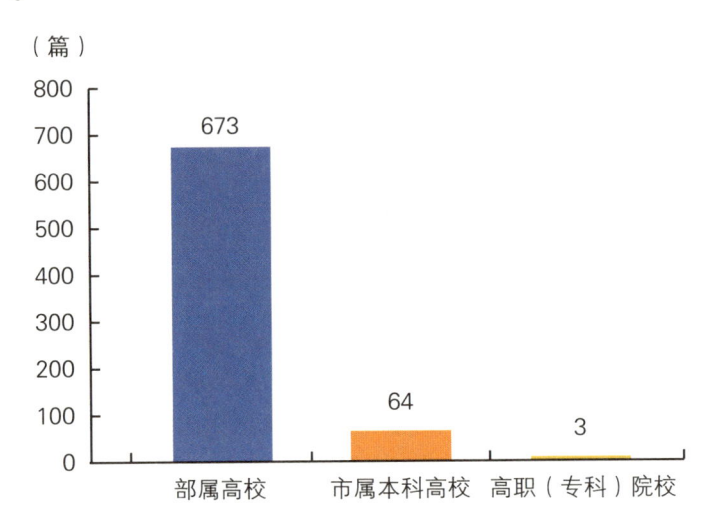

图3-6　2022年参与调研的北京高校CSSCI来源期刊发表篇数

2022年全年参与调研的北京各高校马克思主义理论学科CSSCI来源期刊发表情况为：中国人民大学、清华大学、北京大学、北京师范大学、北京航空航天大学、北京科技大学6所高校的马克思主义学院全年CSSCI来源期刊论文发表总数分别为123篇、115篇、83篇、79篇、31篇、31篇，成为年度发表CSSCI来源期刊论文排名前6位的高校。其次是北京交通大学、首都师范大学等。从2022年度CSSCI来源期刊论文发表情况看，数量较多的高校大多拥有一级学科博士学位点，与该校本学科的整体实力基本吻合。在市属本科高校中，本年度首都师范大学所发CSSCI论文数占了市属本科高校发表CSSCI论文总数的43.75%。不同高校马克思主义理论学科独立机构的人员数量不均，这里没有对人均论文发表情况进行分析。以下是统计数据（见表3-5）。

表3-5　参与调研高校CSSCI来源期刊论文发表前十名

学校	篇数（篇）
中国人民大学	123
清华大学	115
北京大学	83
北京师范大学	79

续表

学校	篇数（篇）
北京科技大学	31
北京航空航天大学	31
北京交通大学	29
首都师范大学	28
中国政法大学	25
北京理工大学	25

从2022年度北京参与调研的各类高校CSSCI来源期刊论文发表总数的平均值来看，部属高校年度平均发表约23.21篇，市属本科高校年度平均发表约2.91篇，高职（专科）院校年度平均发表0.5篇。从不同类别高校马克思主义理论学科人员数量来看CSSCI来源期刊论文人均发表情况，中国人民大学以人均3.76篇居于首位，其次是北京师范大学、清华大学。

从2018年至2022年高校马克思主义理论学科CSSCI来源期刊发表情况来看，2018年马克思主义理论学科共发表696篇，2019年马克思主义理论学科共发表667篇，2020年马克思主义理论学科共发表884篇，2021年马克思主义理论学科共发表853篇，2022年马克思主义理论学科共发表740篇（见图3-7）。可见北京高校马克思主义理论学科的高水平论文发表数量总体呈上升趋势，对学界更高评价的期刊刊文的重视程度不断提升。

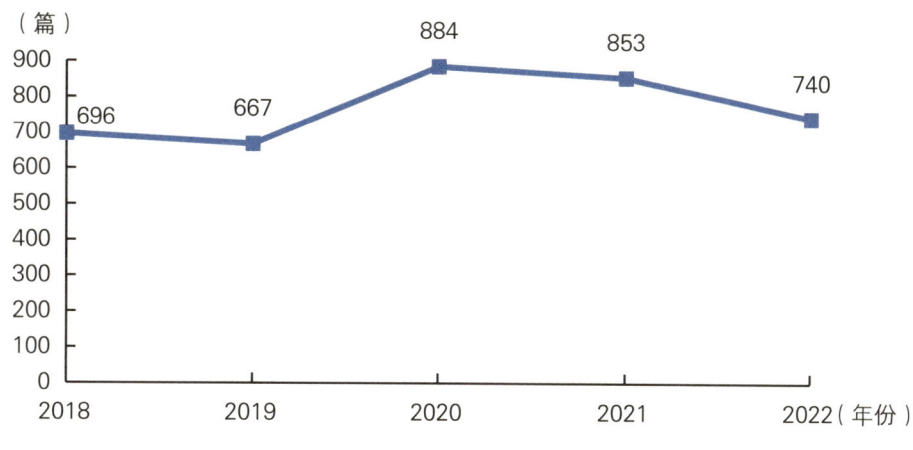

图3-7 2018—2022年北京高校马克思主义理论学科CSSCI来源期刊发表情况

3. CSSCI扩展版来源期刊发表情况

2022年，北京高校马克思主义理论学科共发表CSSCI扩展版来源期刊论文96篇。其中部属高校为67篇，约占总数的69.80%，所占篇数最多；市属本科高校为26篇，约占27.08%，篇数次之；高职（专科）院校为3篇，占总数的3.12%（见图3-8）。

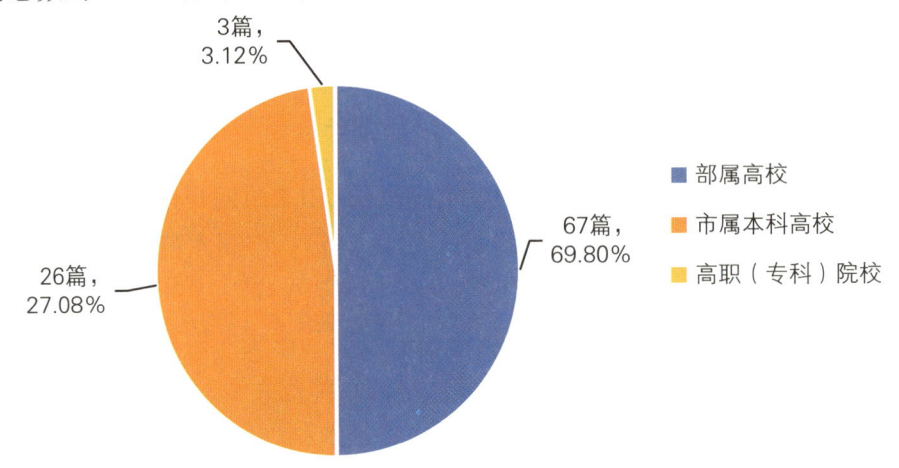

图3-8 2022年参与调研的北京高校CSSCI扩展版期刊发表篇数

2022年参与调研的北京各高校马克思主义理论学科CSSCI扩展版来源期刊的论文发表情况为：清华大学、北京大学、北京航空航天大学、首都师范大学、北京外国语大学五所高校的马克思主义理论学科全年发表总数分别为12篇、12篇、12篇、8篇、8篇，成为年度发表CSSCI扩展版来源期刊论文排名前五位的高校。其次是北京邮电大学、北京工业大学、中国传媒大学、中国地质大学（北京）、北京林业大学等。从本年度CSSCI扩展版来源期刊论文发表情况来看，数量较多的高校均拥有一级学科学位点。2022年度首都师范大学所发表CSSCI扩展版论文数占了市属本科高校发表CSSCI扩展版论文总数的30.77%。需要说明的是，CSSCI扩展版发文量不足于充分说明一个学科点的年度整体科研水平和实力。因为目前高校教师刊文首选是CSSCI来源期刊，其次才会是全国中文核心期刊或CSSCI扩展版来源期刊。以下是统计数据（见表3-6）。

表3-6 参与调研高校CSSCI扩展版来源期刊论文发表前十名

学校	篇数（篇）
清华大学	12
北京大学	12

续表

学校	篇数（篇）
北京航空航天大学	12
首都师范大学	8
北京外国语大学	8
北京邮电大学	6
北京工业大学	4
中国传媒大学	4
中国地质大学（北京）	3
北京林业大学	3

从2022年度北京参与调研的各类高校CSSCI扩展版来源期刊论文发表总数的平均值来看，部属高校年度平均发表约2.31篇，市属本科高校年度平均发表1.18篇，高职（专科）院校年度平均发表0.5篇。

4.全国中文核心期刊发表情况

2022年，北京参与调研高校在全国中文核心期刊总共发表530篇。其中部属高校共发表433篇，约占总数的81.70%，数量最多；市属本科高校共发表87篇，约占总数的16.42%，数量次之；高职（专科）院校共发表10篇，约占总数的1.89%（见图3-9）。从2022年度参与调研的各类北京高校全国中文核心期刊发表总数的平均值来看，部属高校年度平均发表约14.93篇，市属本科高校年度平均发表约3.95篇，高职（专科）院校年度平均发表1.67篇。

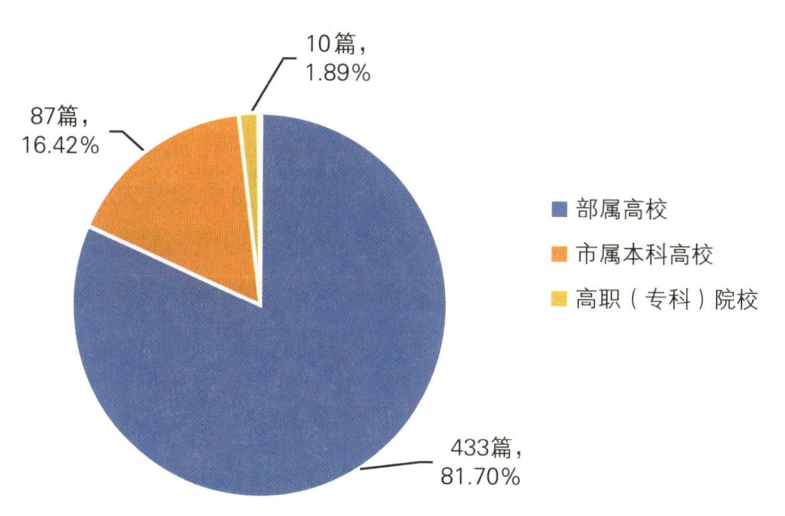

图3-9 2022年参与调研的北京高校全国中文核心期刊发表篇数

从2018年至2022年北京高校马克思主义理论学科全国中文核心期刊发表论文情况来看，2018年本学科共发表559篇，2019年本学科共发表740篇，2020年本学科共发表652篇，2021年本学科共发表889篇，2022年本学科共发表530篇（见图3-10）。可以看出，2018—2022年北京高校马克思主义理论学科全国中文核心期刊论文数量整体呈现不断增加的趋势，2021年就比2020年多237篇，增幅达36.35%。同时，对比来看，CSSCI论文发表数量高于全国中文核心期刊数量，充分表明北京地区高校马克思主义理论学科对科研的质量意识明显提升，更高水平的期刊论文占比也逐步提升。

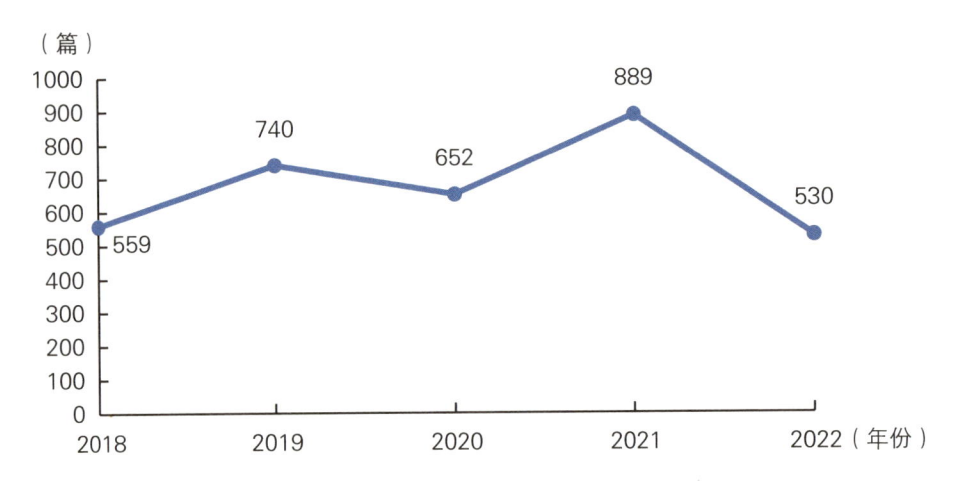

图3-10　2018—2022年度参与调研的北京高校马克思主义理论学科全国中文核心期刊发表总数

5.国（境）外学术期刊发表情况

2022年，各类高校在国（境）外学术期刊发文篇数共有37篇。其中部属高校为30篇，约占发表总数的81.08%；市属本科高校为7篇，约占18.92%；高职（专科）院校为0篇（见图3-11）。从2022年度参与调研的各类高校国（境）外学术期刊发表总数的平均值来看，部属高校年度平均发表国（境）外学术期刊论文1.03篇，市属本科高校和高职（专科）院校年度平均发表国（境）外学术期刊论文均不到1篇。

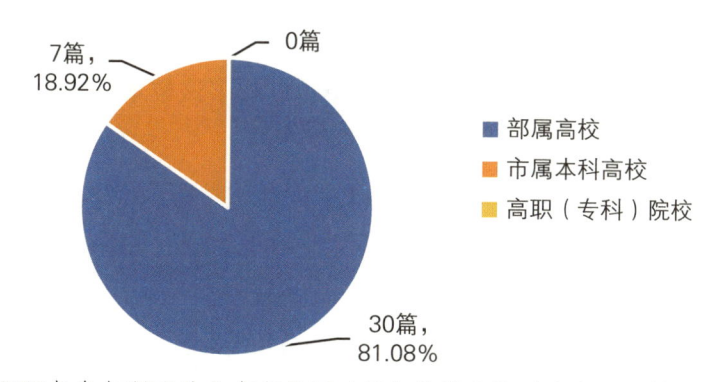

图3-11　2022年参与调研的北京高校国（境）外学术期刊发表论文篇数

（三）课题项目

2022年度北京高校马克思主义理论学科获批立项的国家社会科学基金项目、全国教育科学规划项目以及北京市社会科学基金项目等科研课题同比在数量上提升不少。具体体现在以下几个方面。

1. 国家社会科学基金项目方面

2022年，参与调研的北京高校马克思主义理论学科获批的国家社会科学基金项目共102项，与2021年度相比增加24项。其中部属高校占76项，市属本科高校占26项，高职（专科）院校占0项，可以看出，部属高校在国家社科基金项目上占有绝对优势（见图3-12）。从2022年度参加调研高校马克思主义理论学科获批国家社会科学基金项目的平均值来看，部属高校年度平均约有2.62项，市属本科高校年度平均约有1.18项，高职（专科）院校为0项。

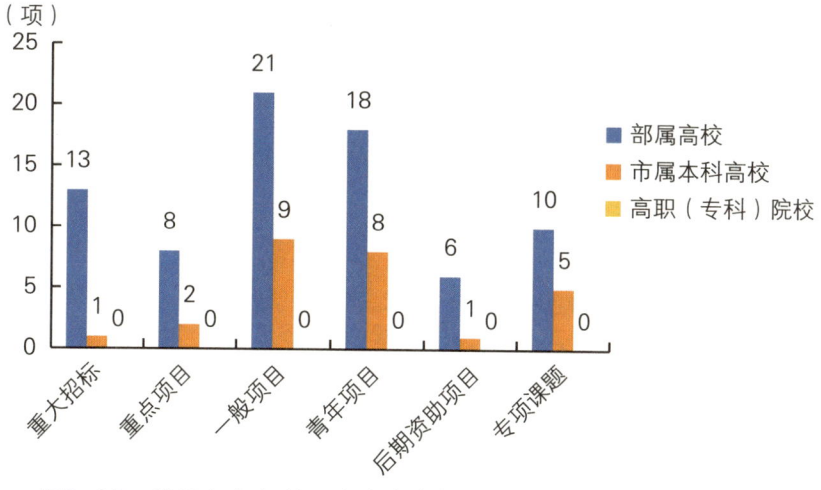

图3-12　2022年参与调研的北京高校国家社会科学基金立项情况

作为能够反映高校马克思主义理论学科的整体科研实力的指标之一，国家社科基金重大项目的获得数量，反映了该校本学科的科研实力（见表3-7）。

表3-7 2022年度北京高校获得国家社科基金重大项目情况

序号	项目名称	负责人	工作单位
1	以中国式现代化推进中华民族伟大复兴研究	刘军	北京大学
2	习近平总书记关于中国式现代化重要论述研究	郝平 孙代尧	北京大学
3	弘扬和平、发展、公平、正义、民主、自由的全人类共同价值研究	陈培永	北京大学
4	中国共产党宗教工作史料整理与研究	何虎生	中国人民大学
5	中国式现代化的理论内涵与实现路径研究	侯衍社	中国人民大学
6	"六个必须坚持"与开辟马克思主义中国化新时代新境界研究	刘建军	中国人民大学
7	中国共产党对外话语和叙事体系建构的文献收集整理与研究（1921—1949）	王海军	中国人民大学
8	当代资本主义的本质特征、重大问题和影响研究	朱安东	清华大学
9	中国共产党的百年奋斗对世界历史进程的深刻影响研究	陈明凡	清华大学
10	推进中华民族伟大复兴进程中的中国式现代化理论与实践重大创新研究	戴木才	清华大学
11	中国共产党百年奋斗中坚持理论创新经验研究	高正礼	北京交通大学
12	马克思主义文明观研究	李艳艳	北京科技大学
13	基层党组织引领乡村振兴的创新机制研究	李明	中国农业大学
14	伟大抗疫精神及其弘扬机制研究	王冠中	首都师范大学
15	中国共产党百年奋斗中坚持党的领导经验研究	张世飞	对外经济贸易大学
16	建设具有强大凝聚力和引领力的社会主义意识形态研究	朱继东	中国社会科学院大学
17	习近平新时代中国特色社会主义思想是当代中国马克思主义、二十一世纪马克思主义研究	侯惠勤	中国社会科学院大学
18	中国共产党领导人民创造的人类文明新形态研究	陈志刚	中国社会科学院大学

表3-8 2022年度北京高校获得国家社科基金重点项目情况

序号	项目名称	负责人	工作单位
1	人的全面发展的理论内涵与实现路径研究	宋扬	中国人民大学
2	中国共产党坚持人民至上百年经验研究	侯衍社	中国人民大学
3	习近平新时代中国特色社会主义思想的科学内涵、历史地位和重大意义研究	艾四林	清华大学
4	高校思想政治理论课教学质量评价研究	向波涛	清华大学
5	《资本论》的社会批判理论及其当代价值研究	王峰明	清华大学
6	资本特性与防止资本无序扩张研究	朱安东	清华大学
7	新时代完善思想政治工作体系的历史基础、理论建构与实践创新研究	张毅翔	北京理工大学
8	习近平总书记关于学校思想政治理论课重要论述研究	刘贵芹	北京化工大学
9	中国共产党集体主义思想百年发展历程及其经验启示研究	邵士庆	中央民族大学
10	大学生人生价值观研判及教育引导机制研究	杨峻岭	中国地质大学（北京）
11	习近平总书记关于少年儿童和少先队工作重要论述研究	陆玉林	中国青年政治学院
12	以中国式现代化推进中华民族伟大复兴研究	贺新元	中国社会科学院大学

从2018—2022年北京高校马克思主义理论学科国家社会科学基金项目立项变化情况来看，2018年本学科国家社会科学基金项目立项68项，2019年本学科国家社会科学基金项目立项87项，2020年本学科国家社会科学基金项目立项83项，2021年本学科国家社会科学基金项目立项78项，2022年本学科国家社会科学基金项目立项102项。可以看出，北京高校马克思主义理论学科国家社会科学基金项目近五年来大体上呈逐渐上升趋势，并且2022年有明显增长，可见马克思主义理论学科的研究仍有潜力和上升空间（见图3-13）。

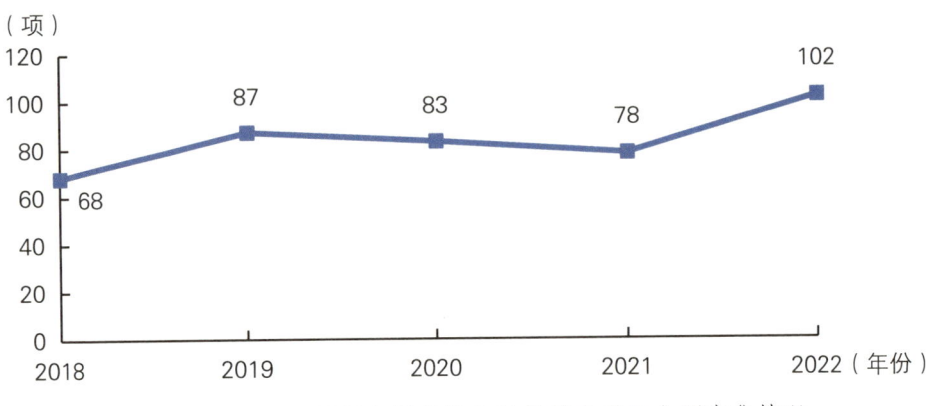

图3-13　2018—2022年国家社会科学基金项目立项变化情况

2. 全国教育科学规划项目方面

全国教育科学规划课题依托单位主要是高等院校、中央与地方的社科院、专科院校、中小学。其中，不论是从立项总量还是各类项目立项数来看，高等院校已经成为全国教育科学规划课题立项的主要阵地。2022年，北京高校马克思主义理论学科有1项全国教育科学规划项目。相比而言，教育科学规划项目主要集中在教育学学科，马克思主义理论学科立项整体较少。

3. 教育部人文社会科学研究项目方面

2022年度，参与调研高校马克思主义理论学科在教育部人文社会科学研究项目方面共有43项，其中部属高校占35项，市属本科高校占7项，高职（专科）院校为1项，部属高校所占项目最多（见图3-14）。2022年

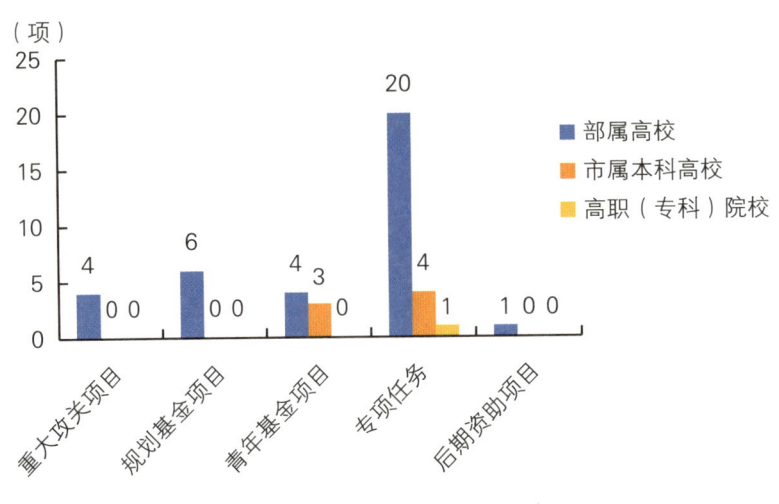

图3-14　2022年教育部人文社会科学研究项目立项情况

度，从各类学校获批教育部人文社会科学研究项目的平均值来看，部属高校年度平均约有1.21项，市属本科高校约有0.32项，高职（专科）院校为0.17项。

从2018—2022年教育部人文社会科学研究项目立项变化情况可以看出，2018年立项56项，2019年立项55项，2020年立项29项，2021年立项57项，2022年立项43项。2018年、2019年和2021年总体上持平，但2020年和2022年的立项数均较上年有所下降（见图3-15）。

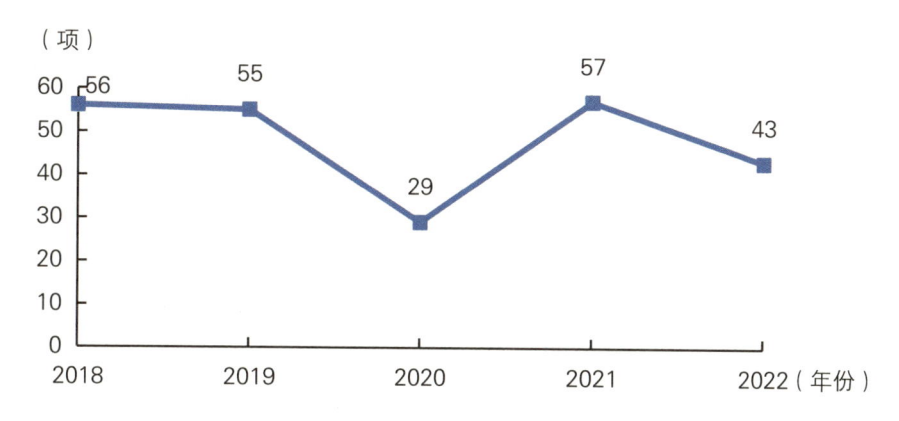

图3-15　2018—2022年教育部人文社会科学研究项目立项变化情况

4. 北京市社会科学基金项目方面

2022年，在北京市社会科学基金项目方面，参与调研的北京高校马克思主义理论学科共获34项立项。从项目类型上看，分别是重大招标和重点项目共4项、一般项目16项、青年项目14项。从学校类型上看，部属高校占21项，市属本科高校占13项，高职（专科）院校0项。其中，部属高校获批项目数约占61.76%，重大招标和重点项目3项、一般项目7项、青年项目11项。市属本科高校占13项，分别是重大招标和重点项目1项、一般项目9项、青年项目3项。高职专科院校占0项（见图3-16）。从参与调研高校获批北京市社会科学基金项目平均值上看，部属高校年度平均获批约0.72项，市属本科高校年度平均获批约0.59项，高职（专科）院校年度平均获批0项。

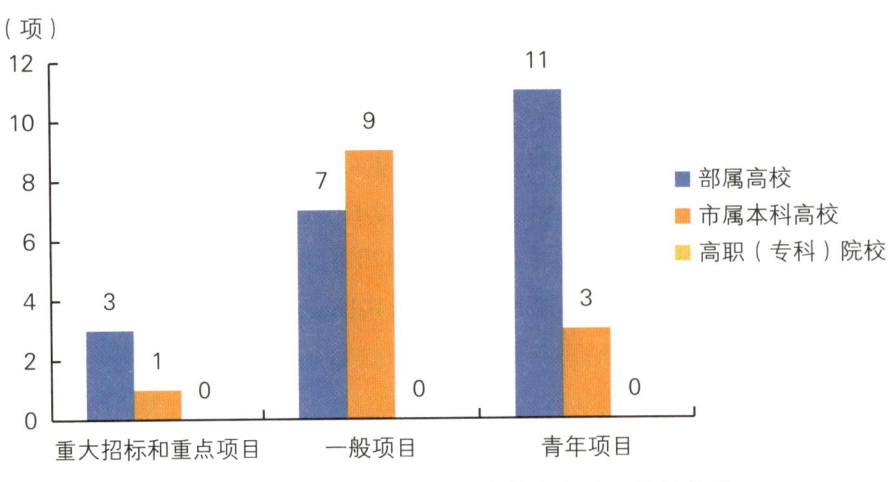

图3-16　2022年北京市社会科学基金项目获批情况

从2018—2022年参与调研高校马克思主义理论学科北京市社会科学基金项目立项变化情况可以看出，2018年北京市社会科学基金项目立项46项，2019年北京市社会科学基金项目立项44项，2020年北京市社会科学基金项目立项64项，2021年北京市社会科学基金项目立项58项，2022年北京市社会科学基金项目立项34项。近五年来，北京地区参与调研高校马克思主义理论学科北京市社会科学基金项目立项除2020年较上年有所增长，其余年份均较上年减少，尤其近两年来降幅较为明显（见图3-17）。

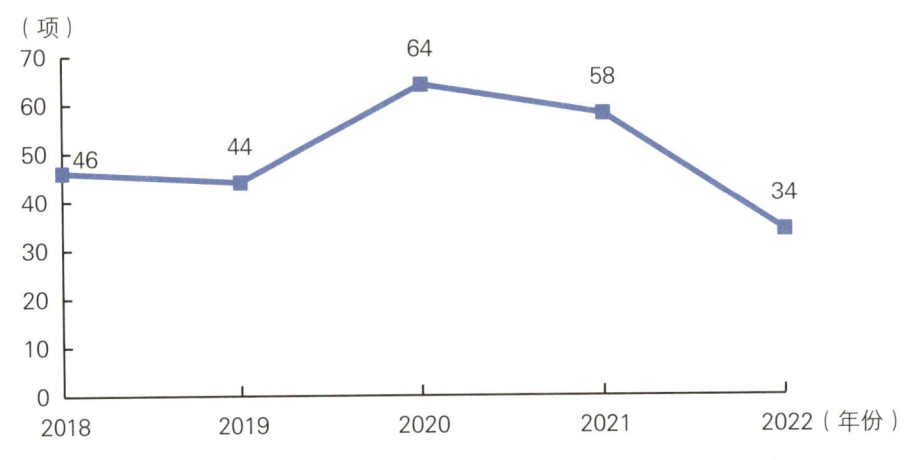

图3-17　2018—2022年北京市社会科学基金项目立项变化情况

5. 北京市习近平新时代中国特色社会主义思想研究中心研究项目

2022年，参与调研的北京高校马克思主义理论学科共获得北京市习近平新时代中国特色社会主义研究中心的立项课题32项，其中部属高校24项，市属本科高校7项，高职（专科）院校为1项。其中，中央民族大学为5项，其次是北京师范大学4项和首都师范大学4项；北京大学、中国人民大学、北京交通大学、北京工业大学和北京外国语大学各2项；北京航空航天大学、北京理工大学、中国农业大学、对外经济贸易大学、首都经济贸易大学、中央美术学院、中国政法大学、中国矿业大学（北京）、中国地质大学（北京）和北京青年政治学院各1项（见表3-9和图3-18）。

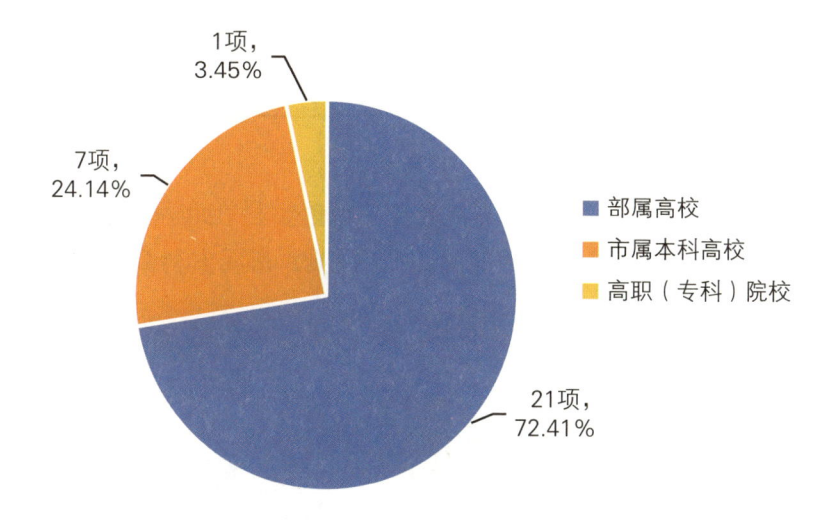

图3-18　2022年北京市习近平新时代中国特色社会主义研究中心研究项目立项情况

表3-9　2022年度北京市习近平新时代中国特色社会主义研究中心研究项目年度立项数

序号	学校	中标数目（项）
1	中央民族大学	5
2	北京师范大学	4
3	首都师范大学	4
4	北京大学	2
5	中国人民大学	2
6	北京交通大学	2
7	北京工业大学	2
8	北京外国语大学	2
9	北京航空航天大学	1
10	北京理工大学	1

续表

序号	学校	中标数目（项）
11	中国农业大学	1
12	对外经济贸易大学	1
13	首都经济贸易大学	1
14	中央美术学院	1
15	中国政法大学	1
16	中国矿业大学（北京）	1
17	中国地质大学（北京）	1
18	北京青年政治学院	1

6. 北京市教育科学规划课题方面

2022年，各类学校马克思主义理论学科在北京市教育科学规划课题共有9项课题立项，其中部属高校占4项，市属本科高校占4项，高职（专科）院校占1项（见图3-19）。

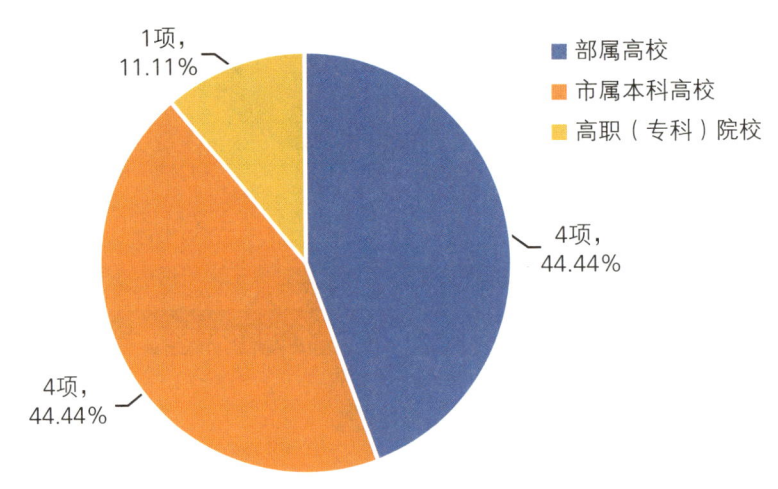

图3-19 2022年北京市教育科学规划课题立项情况

从2018—2022年北京市教育科学规划课题方面立项变化情况可以看出，2018年北京市教育科学规划课题方面立项16项，2019年北京市教育科学规划课题方面立项2项，2020年北京市教育科学规划课题方面立项7项，2021年北京市教育科学规划课题方面立项24项，2022年北京市教育科学规划课题方面立项9项。近五年北京市教育科学规划课题方面立项变化幅度较大，2018年和2021年立项数量较多（见图3-20）。

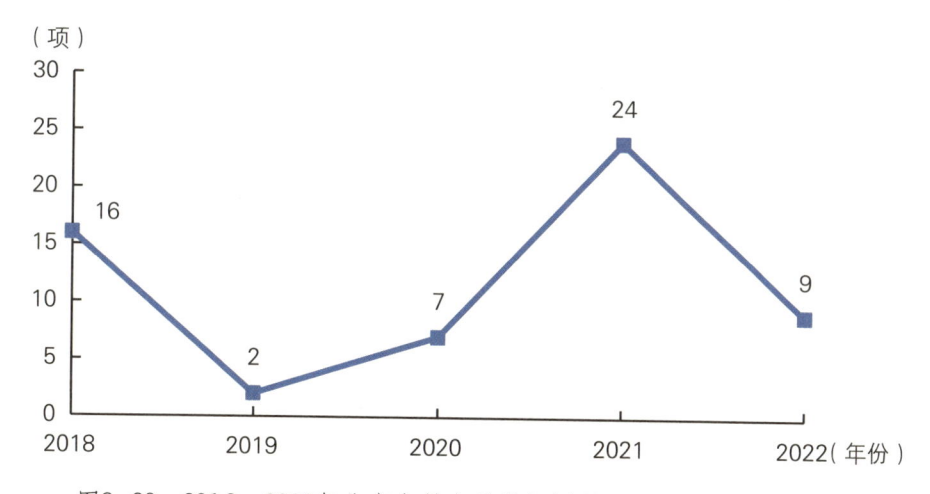

图3-20　2018—2022年北京市教育科学规划课题方面立项变化情况

7. 首都大学生思想政治教育科研项目方面

北京市委教育工作委员会结合首都大学生思想政治教育的实际特点，组织开展了首都大学生思想政治教育课题招标工作，按照战略课题、重点课题、一般课题、支持课题四类为标准组织开展申报，并在经学校申报、专家评审后给予立项。总体上，课题实施效果很明显，有效推动了首都大学生思想政治教育工作的发展，反映出北京高校在大学生思想政治教育理论与实践研究方面一直以来的突出优势。2022年，北京高校在首都大学生思想政治教育科研项目方面共有18项，其中部属高校占9项，市属本科高校占9项，高职（专科）院校占0项（见图3-21）。

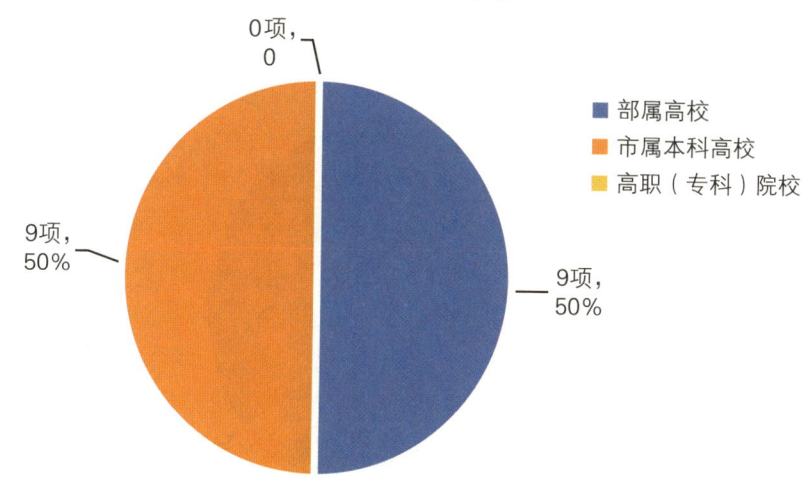

图3-21　2022年首都大学生思想政治教育科研项目立项情况

8. 北京市委教育工委高校青年教师社会调研成果资助项目方面

2022年度，各高校马克思主义理论学科在北京市委教育工委高校青年教师社会调研成果资助项目方面共有7项立项，其中部属高校占5项，市属本科高校占2项，高职（专科）院校占0项（见图3-22）。

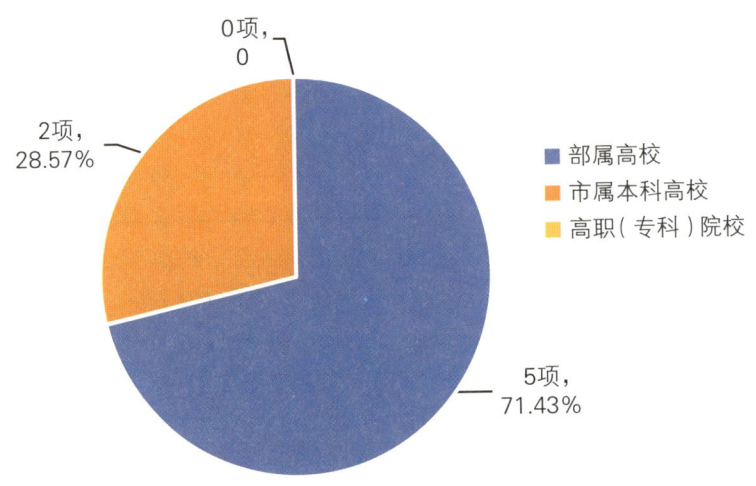

图3-22　2022年北京市委教育工委高校青年教师社会调研成果资助项目立项情况

9. 其他部委项目方面

2022年，北京各类学校在其他部委项目上共有46项立项，其中部属高校占31项，市属本科高校占11项，高职（专科）院校为4项（见图3-23）。从本年度参与调研的北京各类学校获批其他部委项目的平均值来看，部属高校年度平均约有1.07项，市属本科高校年度平均约有0.50项，高职（专科）类院校为0.67项。

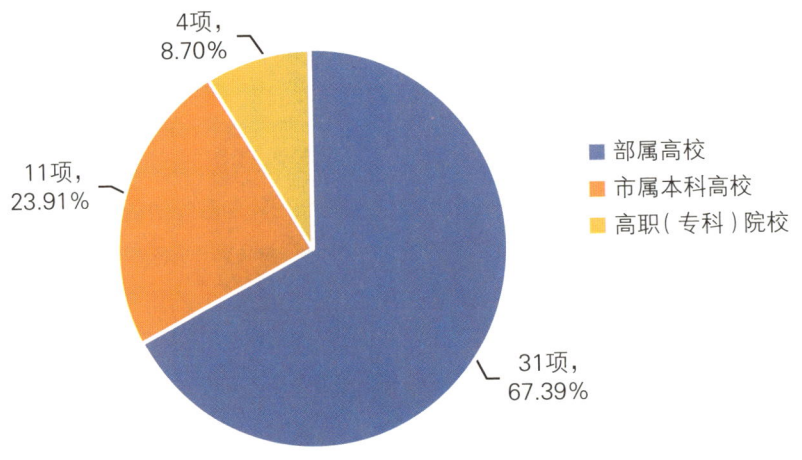

图3-23　2022年其他部委项目立项情况

(四)科研获奖

2022年,由于教育部高等学校优秀科研成果(人文社会科学)、北京市哲学社会科学优秀成果奖均未在评奖时间内,故2022年全年北京市马克思主义理论学科均未有此类两项奖项。

(五)论文转载情况

2022年,北京高校马克思主义理论学科科研的社会影响持续提升,从全国范围看,其社会影响力尤为显著。关于科学研究的社会影响,本报告主要从论文的转载情况、成果被采纳情况、学术会议与学术交流情况等方面加以考察。

在本次调查中,课题组主要调研了《新华文摘》《中国社会科学文摘》《高等学校文科学术文摘》《人大复印报刊资料》这四种主要转载刊物转载北京高校马克思主义理论学科论文的数量情况。如图3-24所示,2022年,从体现科学研究的社会影响的转载情况看,部属高校转载量最多,共计76篇,市属本科高校转载量为8篇,高职(专科)院校为0篇。

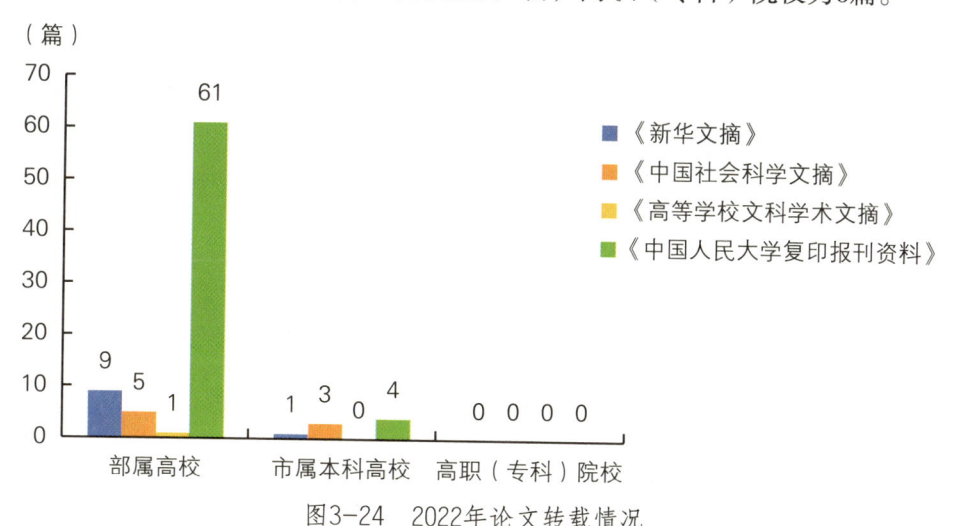

图3-24 2022年论文转载情况

《新华文摘》转载情况是学术论文社会影响的一种重要体现。实际查阅2022年全年《新华文摘》,其共转载北京高校马克思主义理论学科文章10篇。从该刊转载的情况看,中国人民大学占3篇。

《中国人民大学复印报刊资料》具有较高的学术价值和学界影响力,

其转载情况同样是学术论文社会影响力的重要体现。其中北京大学和中国人民大学以总数各11篇成为年度转载数最多的高校，其次是清华大学和北京航空航天大学等高校（见表3-10）。

表3-10　2022年北京高校马克思主义学科《中国人民大学复印报刊资料》全文转载量排名

学校名称	转载篇数（篇）
北京大学	11
中国人民大学	11
清华大学	10
北京航空航天大学	10
北京师范大学	9
北京交通大学	6
中央财经大学	4

（六）成果采纳情况

2022年，北京高校马克思主义理论学科研究成果被采纳的共计76项，其中中央采纳批示的占24项，教育部及其他部委采纳批示的占26项，北京市委市政府采纳批示的占26项，成果被采纳的高校主要为部属高校。部属高校成果被中央采纳批示22项，其中，北京大学最多为10项，市属本科高校成果被中央采纳批示2项，首都经济贸易大学占2项，高职（专科）院校的成果采纳情况为0项（见图3-25）。

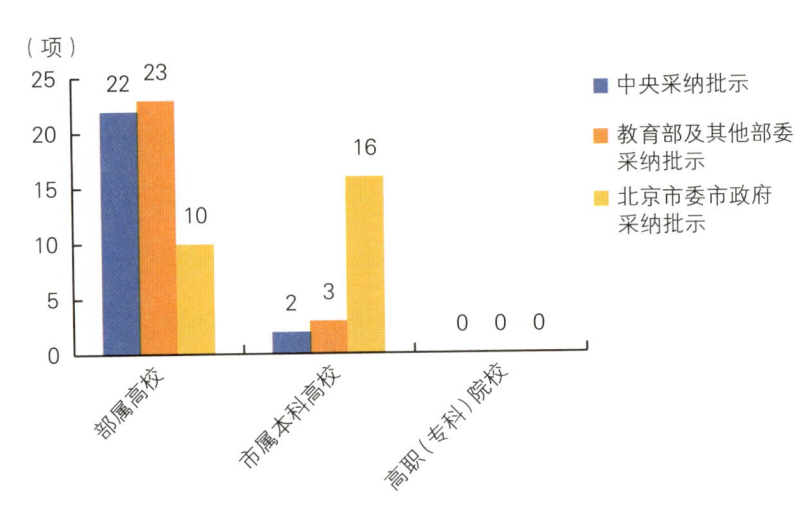

图3-25　2022年研究成果被采纳情况

（七）学术交流活动

1. 主办全国性（国际）学术会议情况

2022年全年北京高校马克思主义理论学科主办全国性和国际性学术会议49次，其中，部属高校共主办了39次全国性（国际）学术会议，市属本科高校共主办9次学术会议，高职（专科）院校为1次（见图3-26）。

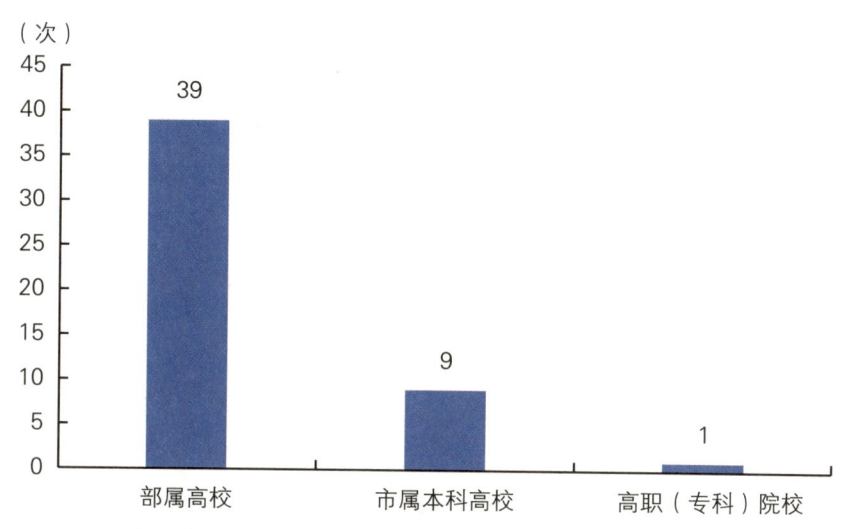

图3-26　2022年北京高校马克思主义理论学科主办全国性（国际）学术会议情况

2022年全年北京共有25所高校举办全国性的学术会议，主要议题都围绕当前党和国家的重大议题、马克思主义中国化问题、高校思政课教育教学的理论与实践问题和学科前沿等问题展开。从北京高校所举办的全国性学术会议主题可以看出，首先，其以党的二十大精神为重点，关注中国式现代化、21世纪马克思主义新发展、马克思主义中国化时代化、两个结合等研究。其次，以百年党史学习教育为重点，关注中国共产党百年党史的研究，涉及百年来党的社会治理、教育理论、自身建设、精神谱系等方面，意在总结党的百年成就与经验，更好把握中国共产党百年来的历史、理论与现实。另外，会议议题还涉及思政课改革与创新、大中小思政课一体化建设等方面。最后，围绕马克思主义与中国现实问题展开讨论，将马克思主义理论与中国发展实践相结合，特别关注马克思主义与现代化问题，不断探寻马克思主义的当代价值，推进21世纪马克思主义中国化的发展创新。

2.主办北京市学术会议情况

北京高校马克思主义理论学科2022年累计主办北京市学术会议共35次。如图3-27所示，在主办学术会议方面，部属高校共主办23次，市属本科高校共主办10次，高职（专科）院校为2次。

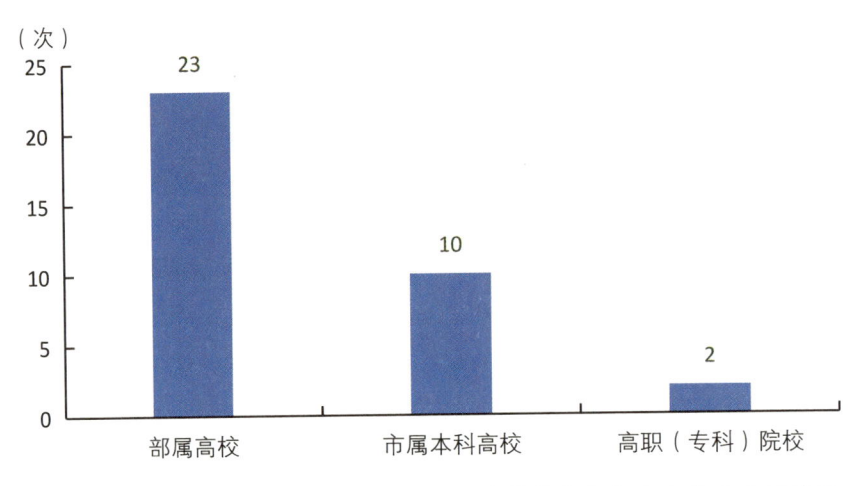

图3-27 2022年北京高校马克思主义理论学科主办北京市学术会议情况

北京高校2022年主办的北京市学术会议大部分是由北京市委教育工委主办、各高校具体承办的，会议主题主要围绕党的二十大精神、马克思主义中国化时代化、两个结合等方面。总体来看，2022年是北京高校马克思主义理论学科取得丰硕成果的一年，也是北京高校马克思主义理论学科持续体现引领、示范、带动、辐射等作用的一年。科研成果的数量和质量都有了很大提升，科研成果的社会影响力进一步增强。可以说，北京高校马克思主义理论学科建设和思想政治理论课建设始终走在全国各省市的前列。

二、马克思主义理论学科研究进展

2022年北京高校马克思主义理论学科建设和发展持续推进，在学科基础理论研究以及各二级学科的研究上都取得了积极进展。本部分按照马克思主义理论七个二级学科学术发展分别加以论述，以马克思主义基本原理研究、马克思主义发展史研究、马克思主义中国化研究、中国近现代史基本问题研究、国外马克思主义研究、思想政治教育研究、党的建设研究为序，旨在对2022年度马克思主义理论学科研究状况进行概述和分析，力求全面准确，体现学术性、导向性，从而进一步深化未来马克思主义理论学科研究的方向。

（一）马克思主义基本原理研究

1.马克思主义基本原理的整体性研究

本年度马克思主义基本原理研究领域的学者依然强调对马克思主义理论体系的整体性把握，强调马克思主义理论体系自身的学科自主性："马克思主义具有与一般哲学社会科学、非马克思主义的马克思主义研究和马克思主义理论学科不同的主题基本选择方向与性质。21世纪马克思主义主题是总体主题、世纪主题、世纪存在主题、时代主题的统一，又是总体主题、基本主题、一般具体主题的统一。"①但与前些年的情况相比，本年度的研究更为重视中国自主的马克思主义基本原理体系的建构。相关学者特别指出："马克思主义基本原理是马克思主义的最高发展水平，建构中国自主的马克思主义基本原理体系，是建构中国特色哲学社会科学自主知识体系的重要内容。根据马克思主义基本原理的特性和定位，其体系建构呈现出纵横交错的'立体架构'。共时性和历时性的统一、逻辑整体和历史整体的统一，使马克思主义基本原理体系建构体现出中国特色、中国风格、中国气派。马克思主义基本原理体系建构，从坚守中国自己的立场、构建中国自己的理论、表达中国自己的话语三个方面体现出'中国自主'的要求。"②

从理论体系建构上看，有学者认为，要实现上述自主性的建立、巩固和发展，就必须不断推进马克思主义基本原理同中华优秀传统文化相结合，就是要"坚持马克思主义'主导意识'地位，把握马克思主义基本原理同中华优秀传统文化相结合的方向"；要"挖掘中华优秀传统文化的精髓要义，明确马克思主义基本原理同中华优秀传统文化相结合的内容"；要"聚焦中华优秀传统文化的'双创'发展，探索马克思主义基本原理同

---

① 梁树发：《21世纪马克思主义主题——内涵、结构与认知》，《马克思主义研究》2022年第9期。
② 张雷声：《建构中国自主的马克思主义基本原理体系》，《马克思主义理论学科研究》2022年第9期。刘军：《对马克思主义哲学的创新性发展》，《人民日报》2022年10月24日第13版。

中华优秀传统文化相结合的路径"。①

而在另一些学者看来，要在实践当中更好地实现上述自主性，就必须增强马克思主义的亲和力："马克思主义的亲和力，既表现于全人类层面，也表现于无产阶级和人民大众层面。在新时代进一步彰显马克思主义亲和力，就要推进马克思主义中国化，提升马克思主义对中国人的亲和力；推进马克思主义时代化，提升马克思主义对当代人的亲和力；推进马克思主义大众化，提升马克思主义对普通群众的亲和力。"②

2.辩证唯物主义基本问题研究

就辩证唯物主义理论体系中的具体问题的研究来看，本年度马克思主义基本原理研究在实践概念的研究、"现实世界"与"观念世界"的关系等传统问题上以及在马克思的情感概念等新问题上都有了一定的推进。在实践概念研究领域，有学者力求对"实践本体论"进行一种历史唯物主义的检视，纠正将"实践"概念形而上学化的偏差："尤其'实践本体论'将实践置于与物质相同的属性和地位，漠视自然的优先地位，将原本属于实践的中介属性和作用夸大为物质本体或实体，最终将实践唯物主义推至形而上学体系建构的边缘。"③而在将"实践"概念"历史唯物主义"化方面，还有的学者更进一步指出："马克思在《关于费尔巴哈的提纲》与《德意志意识形态》中的实践范畴并不是抽象同一的，而是包含着思想发展的创新与质变。"具体来说，这里存在着"从'实践一般'逻辑到'生产实践'逻辑的上升发展"，而这也"恰恰表征了其资本主义社会批判'从抽象上升到具体'的演进逻辑"。④再者，就"现实世界"与"观念世界"的关系而言，有学者强调："将宗教世界归结为'世俗基础'，只强调是人创造了宗教是不够的。与其说是人创造了宗教，不如说是特定的国家、特定的社会创造了宗教。费尔巴哈看到的'世俗基础'是直观

---

① 王易：《马克思主义基本原理同中华优秀传统文化相结合的历史考察与时代要求》，《马克思主义研究》2022年第3期。
② 刘建军：《论马克思主义的亲和力》，《马克思主义研究》2022年第10期。牛变秀、王峰明：《论五个"有"与准确理解马克思主义基本原理》，《思想理论教育导刊》2022年第10期。
③ 沈江平：《"实践本体论"：一种历史唯物主义的检视》，《天津社会科学》2022年第3期。毕国帅：《马克思社会关系思想的价值旨趣、实践意蕴与当代启示》，《马克思主义研究》2022年第12期。
④ 郗戈、陈洪鑫：《马克思实践观的具体化发展及其演进逻辑——从〈关于费尔巴哈的提纲〉到〈德意志意识形态〉》，《社会科学》2022年第7期。

的、非历史性的；新唯物主义看到的'世俗基础'是具有历史性的'世俗基础'，是人的实践活动的产物。"① 而就马克思的情感概念来看，研究者指出，马克思是"从现实的人出发给予情感以历史唯物主义解读；按照实践的观点，主张情感与主体认识活动内在统一、相互协调；确信未来真正的共同体中获得解放和全面发展的人将会消除与自然、他人和自身的冲突关系，确立具有类本位和终极关切的崇高审美情感、伦理与道德情怀"②。

相比而言，在辩证唯物主义概念、思想体系研究方面最有代表性的工作则体现在了对马克思主义的思想方法的研究上。首先，就理论最一般性的层面而言，研究者试图通过重新解释"抽象"与"具体"、"普遍"与"特殊"（或"特定"）的关系，将马克思主义哲学与马克思主义政治经济学之间被人为设置的壁垒打通："政治经济学批判对哲学革命的推动作用，在思想的内在演进逻辑上主要是'特定化'进程中的'从抽象上升到具体'……哲学革命或两次范式转换的内在理路，不能理解为普遍原理向特殊理论的'演绎'推理：既不能从一般唯物主义推广或推导出历史唯物主义，也不能从历史唯物主义普遍原理推导出或应用出政治经济学批判。也就是说，哲学革命或两次范式转换的逻辑应理解为一种广义的'抽象上升到具体'的'综合'过程。……这种'综合'是一般性概念即抽象范畴通过特殊化而上升到特定概念体系总体即思想具体的过程。"③

其次，就思想史层面而言，研究者也重新梳理了马克思与黑格尔之间在辩证法（方法）上的差异，强调马克思方法"非同一性"本身的复杂性与生产性："黑格尔与马克思辩证法的差异不能仅仅理解为唯心论与唯物论的简单颠倒，而是具有更为实质性的本质差异……《资本论》及其手稿写作时期，马克思将非同一性问题进一步阐发为特定社会存在与特定社会认识的'再现'关系，以区别于黑格尔的概念对现实的'创生'关系；并且，在特定现实对于普遍性概念的非同一性和决定性基础上，将辩证法合理形态的否定性和特定化向度进一步凸显出来，并据此彻底扬弃黑格尔以

---

① 陈培永：《马克思新唯物主义观照下的"两个世界"问题》，《云梦学刊》2022年第3期。
② 张秀华、刘佳佳、朱雅楠：《回归现实世界：马克思哲学的情感之维》，《河南师范大学学报（哲学社会科学版）》2022年第3期。
③ 郗戈：《走向"特定性哲学"——政治经济学批判对马克思主义哲学革命的深化》，《中国社会科学》2022年第5期。

和解和绝对为本质规定的辩证法形态。"①

最后，落实到马克思主义研究方法在政治经济学领域的应用，研究者对《〈政治经济学批判〉导言》中的方法论部分给出了新的解释："首先，既不能把经济学的'两条道路'都看成是研究过程和研究方法，也不能把第二条道路仅仅看成是古典经济学的道路和方法。因为第一条道路是从感性具体到思维抽象，这是研究过程；但第二条道路则相反，是从思维抽象到思维具体，这是叙述过程。若没有第二条道路，任何经济学都无法立足于本质和规律对事物做出解释和说明。其次，既不能认为马克思拒斥和否定第一条道路，也不能把两条道路绝对对立起来。因为若没有第一条道路，就无法透过事物的现象表层揭示和把握深处的本质和规律。在此意义上，第一条道路为第二条道路奠定了唯物主义原则和基础，二者共同构成马克思经济学批判的方法论基础。最后，不能认为第一条道路的'抽象'是包含了经验内容的'特殊'，因而是与现实事物相联系的；而第二条道路的'抽象'则是排除了经验内容的'一般'，因而是与现实事物无关的。因为任何抽象，无论其抽象的程度有多高，都是对现实事物的体现和反映；特别是，抽象程度的差异本身就是对现实事物发展程度的差异的体现和反映。"②

3.历史唯物主义基本问题研究

本年度的历史唯物主义基本问题研究主要集中于对历史唯物主义的元理论、历史唯物主义（唯物史观）的发展史、社会形态理论、市民社会理论以及马克思恩格斯晚年历史学、人类学思考的研究上。

第一，我们来看对"历史唯物主义"的元理论的相关研究。除了继续对"决定论"之类较为传统的"历史唯物主义"元理论的关注之外③，对此前马克思主义理论界较少关注、较少将之理论化的"历史规律"概念、

---

① 郗戈、郑洸宇：《概念与现实非同一性视域中马克思和黑格尔辩证法的差异》，《马克思主义与现实》2022年第1期。王俊博：《论马克思的政治经济学研究方法中的黑格尔因素——基于马克思〈大纲〉导言与恩格斯1859年书评的文本比较的分析》，《马克思主义理论教学与研究》2022年第1期。张婷：《黑格尔〈精神现象学〉"序言"中的思辨哲学：一种马克思视角》，《社会科学论坛》2022年第5期。

② 王峰明、王璐源：《如何理解政治经济学走过的"两条道路"——就马克思〈导言〉的论述与吴猛教授商榷》，《学术研究》2022年第3期。

③ 王峰明、高少：《如何看待经济对宗教的决定作用？——评马克斯·韦伯对唯物史观"统一决定论"的批评》，《现代哲学》2022年第6期。

"历史主体"概念与"历史主动"概念，本年度的研究给予了相当高程度的关注："历史规律的载体则是历史主体在实践活动中形成的社会关系，其具有不以人的意志为转移的特质。历史主体是社会中从事实践活动并有其历史目的的人，具有创造性和主动性，影响着历史规律的运行。这种影响的积极效应表现为一种依循历史规律下的历史主动，它是历史主体遵循历史规律活动的自觉自信的创造活动"，这种关注使得马克思主义基本理论研究、马克思主义中国化以及中共党史研究等学科之间壁垒的打破成为可能。①而学者们对"历史意识"概念的研究也有同样的理论效果。②

第二，就历史唯物主义（唯物史观）本身的发展史而言，研究者也给出了不同的研究结论。有学者根据《黑格尔法哲学批判》中"私有财产决定政治国家"命题与"国家决定市民社会"命题在内涵上的差异，强调"'私有财产决定政治国家'命题，是关于社会总体的一般规定而非历史的特殊规定，它与'政治国家决定市民社会''实体等级决定政治国家'两个命题构成一个统一总体，统一的基础是'私有财产决定政治国家'"，其运作的逻辑形式相当接近于黑格尔的"推理论"，由此反对将历史唯物主义的萌芽无条件地追溯到《黑格尔法哲学批判》。③也有的学者从思想史的角度强调《德意志意识形态》的独特性，强调这一文本与《路德维希·费尔巴哈和德国古典哲学的终结》之间的差异："其一，在对德国唯心主义的直接批判上，《德意志意识形态》着重批判了德国唯心主义的非现实性及其逻辑前提的被决定性，而《费尔巴哈论》则系统探讨了德国唯心主义的逻辑悖谬，以及唯心主义和唯物主义何以随着生产力的发展而改变自己的形式。其二，在对费尔巴哈人本学唯物主义何以落入唯心主义的批判上，《德意志意识形态》仅指出费尔巴哈没有把人看作'感性活动'，《费尔巴哈论》则详细探讨了其宗教哲学与伦理学的逻辑理路及其抽象性。其三，在对历史唯物主义理论逻辑的系统阐述上，《德意志意识形态》阐明了历史的前提、过程、动力、主体以及主体目标实现

---

① 沈江平：《历史规律、历史主体与历史主动》，《马克思主义理论学科研究》2022年第11期。侯衍社：《历史主动精神的科学内涵》，《马克思主义研究》2022年第4期。
② 张婷：《马克思的历史意识：从理性范畴批判到现实时间旨归》，《中共福建省委党校（福建行政学院）学报》2022年第4期。
③ 周阳：《〈黑格尔法哲学批判〉中的历史唯物主义萌芽——"私有财产决定政治国家"命题的内在逻辑》，《东南学术》2022年第5期。

路径，《费尔巴哈论》则进一步揭示了上层建筑各个领域不断变化特别是从德国唯心主义到历史唯物主义思想发展的经济根源。"①

第三，本年度关于历史唯物主义基本问题的研究在马克思的社会形态理论研究方面也有较大的推进，但也存在较大的分歧。一部分学者认为："'三形态'与'五形态'在马克思思想中并非孤立存在，它们实质上是一个有机整体，体现了马克思研判社会历史发展的两种不同维度即伦理维度与科学维度，而两种维度的客观存在体现了马克思社会历史分析所贯穿的逻辑与历史、价值与真理、偶然性与必然性、个别与一般的四个'统一性'"②；"'梅恩命题'仅仅依据'身份'衡量社会发展的处理方式是片面的，因为它忽视了经济在社会发展中的决定性作用，把复杂的社会发展史简单化了。历史唯物主义既强调经济在社会发展中的决定性作用，也认为'身份'是确定社会形态的重要因素。同时，以'身份'关系为基础的'三形态理论'和以'所有制'为基础的'五形态理论'相互补充，共同构成了马克思主义社会形态理论"③。而另一些学者则对这种有机整体说提出了批评，这种批评的依据是作为马克思自身思想发展中的三个阶段的"异化逻辑"、"生产逻辑"与"资本逻辑"（特别是资本逻辑与生产逻辑的内在关联："从生产逻辑到资本逻辑，马克思揭示了资本主义社会以价值增殖为目的的特征。在资本逻辑对生产逻辑的统摄中，以物质需要为指向的生产逻辑是资本逻辑的载体，资本逻辑是生产逻辑的本质与旨归"）："1844年之后，马克思通过整合哲学、政治经济学和社会主义思潮，描述了从中世纪到近代资本主义社会的转型过程，形成了以异化逻辑、生产逻辑、资本逻辑为基础的三个不同阶段的批判性话语。"④

第四，在上述关于历史唯物主义的发展史问题、社会形态理论问题的研究中，事实上都会涉及"市民社会"问题——在某种意义上，"市民社

---

① 李成旺：《对德国唯心主义的批判与历史唯物主义的发展——基于〈德意志意识形态〉和〈路德维希·费尔巴哈和德国古典哲学的终结〉的比较》，《马克思主义研究》2022年第8期。邹广文、李昊嬗：《浅析马克思的"真正的实证科学"》，《马克思主义哲学》2022年第5期。
② 杨增崒：《论唯物史观视域下"社会形态说"统一性问题及其现实意义》，《江西师范大学学报（哲学社会科学版）》2022年第4期。
③ 王世贤：《马克思社会形态理论视阈下的"梅恩命题"及其批判》，《马克思主义研究》2022年第5期。
④ 仰海峰：《马克思的社会转型思想》，《中国社会科学》2022年第2期。仰海峰：《异化逻辑·生产逻辑·资本逻辑——马克思哲学发展中的三次重要转换》，《江汉论坛》2022年第1期。

会"问题正是检验马克思历史理论是否成熟的要害之一，而在这一问题上，本年度的研究也取得了较大的突破："立足于《德意志意识形态》和《资本论》及其手稿，对马克思的'市民社会'概念进行解读，可以发现，它所指的是商品生产和交换关系，既包括自然经济条件下的简单商品生产和交换关系，也包括商品经济条件下的资本主义商品生产和交换关系。如果说后者是一种'成熟的'市民社会，那么前者就是一种尚未成熟的市民社会。以此来看，市民社会既不是特指资本主义经济关系，因为资本主义只是一种成熟的商品生产和交换关系，难以涵盖尚未成熟的市民社会；它也不是泛指一切社会形态中作为经济基础的经济关系的总和，因为其他非商品生产和交换关系，即自然经济条件下的原始公有制、奴隶主和封建主私有制等'自然共同体'的经济关系并不属于市民社会。只有用生产关系概念取代交往关系概念，才能克服市民社会概念和市民社会史观的理论局限，揭示和把握人类社会的一般本质和发展规律，在内容和形式两个方面完成创立唯物史观的理论任务。"①

此外，关于马克思恩格斯晚年手稿中的历史学、人类学思想的研究依然是本年度相关研究的重点之一，"西方资本主义–东方社会""辩证法者–机械唯物论者"等对立依然是研究者们津津乐道的话题。②

4.马克思主义政治经济学基础理论研究

正如有论者所指出的，"习近平新时代中国特色社会主义经济思想开拓了马克思主义政治经济学新境界"③，本年度学界对马克思主义政治经济学基础理论的研究也取得了丰硕的成果。

正如有学者所指出的，马克思的"物象化概念建立在《资本论》价值形式理论基础上"，只有真正理解《资本论》中的价值形式理论，才能准确把握"物象化"这一从《德意志意识形态》时期绵延至《资本

---

① 王峰明：《马克思的"市民社会"概念——基于〈德意志意识形态〉与〈资本论〉的解读》，《哲学研究》2022年第9期。
② 林锋：《晚年马克思恩格斯历史观的核心共识——"马克思恩格斯一致论"的新证明》，《理论与评论》2022年第4期。林锋：《〈摩尔根《古代社会》一书摘要〉社会发展观辨析——对诺曼·莱文相关观点的质疑》，《马克思主义与现实》2022年第6期。孙美堂、张晓庆：《农村公社·东方道路·中国特色——马克思"农村公社"理论再探讨》，《吉首大学学报（社会科学版）》2022年第4期。
③ 张雷声：《开拓马克思主义政治经济学新境界》，《人民日报》2022年2月14日第7版。

论》之中的理论体系。价值形式理论所揭示的，是"具有包含关系规定与特征规定、价值维度与使用价值维度于一个'物'自身之中的二重化结构"①，而事实上，只有理解这一理论，才能理解《资本论》"包含资本逻辑批判、物象化批判与意识形态批判'三重批判'的差异与联系的复杂总体"②。

相对于价值形式理论而言，劳动理论显然是更为基质性的问题。在本年度的研究中，除了对异化劳动理论的批判——"异化劳动论还未能弄清楚劳动与价值的内在联系，未能从总体上科学地把握资本主义经济关系"③之外，更多的人将更多的精力放到了"非物质劳动"问题、马克思-黑格尔在劳动理论上的同异问题等上面去了。譬如关于"非物质劳动"问题："通过深入研读马克思《资本论》及其手稿可知：（1）奈格里和哈特的非物质劳动概念，不仅混淆了物质生产和精神生产，而且混淆了物质生产和体力劳动以及精神生产和脑力劳动。（2）其生产劳动理论由于无视生产关系对生产目的的决定作用，无视生产目的对生产性劳动标准的决定作用，所以造成了资本主义生产性劳动的前提条件与本质规定的混淆。（3）其基于共同性和诸众的价值理论、剩余价值理论和资本剥削理论，混淆了不同质的社会关系，用非剥削关系模糊和遮蔽了剥削关系，从而用非阶级关系模糊和遮蔽了阶级关系。"④又譬如关于马克思-黑格尔在劳动理论上的同异，也有学者指出："黑格尔指出一方面劳动构成普遍交往中需要满足的'中介'，另一方面由现代分工所主导的'劳动-交换'体系必然导致贫富差距问题；同样，马克思一方面肯定了劳动在人类历史发展特别是财富创造过程中的基础作用，另一方面也指出在近代社会劳动所带

---

① 周阳：《交往异化还是物象化-物化？——论〈穆勒摘要〉中的货币理论》，《现代哲学》2022年第5期。王校楠：《〈资本论〉价值形式理论语境中的拜物教与物化》，《马克思主义理论学科研究》2022年第2期。王校楠：《异化、拜物教、物化与价值形式——基于20世纪20年代两种〈资本论〉解读路径的概念考察》，《中国高校社会科学》2022年第2期。张秀琴：《21世纪德国学界最新〈资本论〉价值理论研究》，《江苏社会科学》2022年第3期。
② 郗戈：《〈资本论〉的"三重批判"与历史唯物主义建构》，《哲学研究》2022年第4期。
③ 张雷声：《从异化劳动论到剩余价值论——马克思经济思想的科学变革》，《马克思主义研究》2022年第3期。
④ 王峰明、周晓：《生产性劳动的转化及其理论效应辨难——从马克思〈资本论〉看奈格里和哈特的非物质劳动理论》，《中国高校社会科学》2022年第1期。王峰明、王叔君：《"非物质劳动论"及其理论缺陷——基于马克思〈资本论〉及其手稿的评析》，《学习与探索》2022年第3期。

来的劳动者贫困现象。"①

尽管本年度的研究对马克思"资本一般"与"许多资本"的关系②、马克思资本概念的历史性与阶级性③、马克思资本概念的所谓三重指向（"目的性纬度指向增殖性、手段性纬度指向重构性、成效性纬度指向自缚性"④）、马克思资本学说的建构过程与逻辑理路⑤、《资本论》中的经济危机理论⑥都进行了考察，但对资本的"特性"和资本的"行为规律"这两个主要方面的研究事实上还有很大的进步空间。

5.马克思主义道德哲学与政治哲学研究

和2021年的情况一样，随着伍德、科恩、罗默等老一辈名宿逐渐淡出思想舞台，无论是对马克思恩格斯本人思想发展历程中政治哲学思考、道德哲学思考的挖掘、考证，还是对马克思主义政治哲学体系、道德哲学体系的构建、思想实验的设计，国外相关领域的探讨已不如之前那样热烈、丰富，与之相对，国内研究者通过系统地收集、整理、翻译、研读国外相关研究资料，从中国特色社会主义建设的实际出发，在以往研究的基础上，更进一步推动了马克思主义道德哲学与政治哲学研究在中国学界的发展，像关于正义历史唯物主义分析，⑦特别是分配正义等问题的

---

① 李成旺、黄金林：《消解"劳动-贫困"悖论的两种路径：马克思对黑格尔的超越》，《思想理论教育导刊》2022年第5期。王代月、王亚宁：《马克思早期对黑格尔劳动观的批判与超越》，《北京行政学院学报》2022年第2期。
② 顾海良：《马克思"资本一般"和"许多资本"理论与中国资本问题研究》，《马克思主义理论学科研究》2022年第8期。顾海良：《马克思对资本特性和过程的政治经济学分析及当代意义——马克思〈1857—1858年经济学手稿〉再研究》，《经济学家》2022年第8期。
③ 刘敬东：《马克思资本概念的历史性与阶级性——基于〈1857—1858年经济学手稿〉的一个考察》，《马克思主义与现实》2022年第4期。
④ 陈广亮、朱慧勇：《马克思资本概念特性：三重指向、特性本质和当代省思》，《湖北经济学院学报》2022年第6期。陈广亮、王娟娟：《系统分析框架中的资本辩证演绎》，《太原理工大学学报（社会科学版）》2022年第4期。
⑤ 陈广亮：《马克思资本学说的建构过程、逻辑理路和当代审视》，《政治经济学研究》2022年第2期。陈广亮：《马克思资本演绎逻辑视域的当今世界变局》，《成都理工大学学报（社会科学版）》2022年第2期。
⑥ 刘新刚、田曦：《〈资本论〉经济危机理论及其时代语境》，《思想理论教育导刊》2022年第6期。田曦：《马克思主义经济危机理论的展开逻辑——以"六册结构计划"为基础的考察》，《理论界》2022年第8期。
⑦ 王峰明、王璐源：《蒲鲁东正义观的基本诉求和根本缺陷——以唯物史观为方法论基础的分析》，《马克思主义与现实》2022年第6期。

讨论，①就是如此。

首先，对于国外学者在相关理论研究上的得失功过，本年度的马克思主义基本原理研究做了更系统、全面的梳理。譬如有学者就对此前国内较少关注的德语世界关于马克思主义伦理学的研究历史、研究现状做了比较充分的介绍，使得国内学界初步了解到了相关情况："20世纪50年代，民主德国学界兴起了一场声势浩大的'马克思主义伦理学大讨论'。马修斯·克莱因、弗兰茨·勒泽尔、莱因霍尔德·米勒等多位马克思主义理论家围绕'道德的物质基础''道德的评价标准''道德进步与社会进步之关系'等基本问题展开了激烈的学术论战。"②

其次，相比于往年的情况来看，本年度的研究还特别关注到了劳动价值论对马克思劳动所有权学说的影响："青年马克思曾经认同古典政治经济学对二者的混同理解，在证伪劳动所有权论的同时'否定'了与之相混同的劳动价值论。在《资本论》中，马克思通过对资本总公式的矛盾、商品生产所有权规律向资本主义占有规律的转化、'自由、平等、所有权'等问题的深刻剖析，从根本上解决了劳动价值论与劳动所有权论的关系问题"。③而也只有通过正确解读劳动价值论与劳动所有权之间的关系，理解马克思的劳动所有权原则，这样才能理解"劳动和所有权的同一性"和"劳动表现为被否定的所有权"双重规律并存的情况，才能真正抓住理解劳动所有权原则之本质的"钥匙"，区分"劳动所有权"和"资本所有权"之间的差异。④也只有在此基础上，才可以讨论未来社会的"共有"的形式："消除外在于个人的中介因素，让人们在大生产和普遍交往基础上自由联合，直接地、实际地拥有生产力和社会财富，从根本上消除权利与权力的对立。"⑤

最后，前几年国内的马克思主义道德哲学、政治哲学一度比较偏重规范理论的研究，而马克思主义政治哲学史方面的研究则相对较为零散，这

---

① 张雷声：《马克思分配理论及其中国化的创新成果》，《政治经济学评论》2022年第1期。宋珊珊：《马克思分配正义思想的整体性意蕴》，《理论视野》2022年第4期。
② 李义天、刘雨濛：《马克思主义与道德基本问题——对20世纪50年代民主德国马克思主义伦理学大讨论的回顾与反思》，《马克思主义与现实》2022年第2期。
③ 郗戈：《重释"劳动价值论"与"劳动所有权"的关系问题——基于马克思政治经济学批判的视野》，《马克思主义理论学科研究》2022年第5期。
④ 黄建军：《劳动所有权原则的历史界域与双重规律》，《哲学研究》2022年第8期。
⑤ 孙美堂、王萌：《共有与实有：马克思主义权利理论再思考》，《哲学动态》2022年第10期。

一情况在本年度得到了相当程度的扭转。像马克思的政治哲学与黑格尔的法哲学之间的关系的传统话题在新的语境下又被激活："马克思一方面继承了黑格尔法哲学中的历史性原则,并进一步对自然法传统的非历史性特征展开批判;另一方面,他通过重新思考现实历史的根本规定、现代国家的本质特征和市民社会的现代走向,将黑格尔的逻辑历史性推进到唯物史观视域中的现实历史性。"①又譬如青年马克思与历史法学派的关系这一无法回避却长期被忽视的问题也受到了关注:"马克思对历史法学派、黑格尔和青年黑格尔派法律思想的批判构成了其早期思想的'二次批判',最终实现了'双重超越':从青年黑格尔派的理性主义立场出发批判历史法学派,超越'非理性主义法学';随后批判黑格尔和青年黑格尔派的法律思想,超越'理性主义法学',最终走向历史唯物主义,进而形成了历史唯物主义法律理论。"②甚至马克思与功利主义思想的关系(这是《德意志意识形态》时期非常重要的一个问题)也开始引起人们的重视。③

另外,值得注意的是,正如很多学者所指出的,马克思主义政治哲学研究并不是空洞的理论展示,它是需要在历史与现实当中进行检验的,在这个意义上,马克思主义的政治理论的应用性问题就成了我们必须尽快面对的问题,由于特定的思想史语境,马克思恩格斯对国际关系的政治学、政治哲学分析开始成为2022年度研究的热点就不足为奇了。④

(二)马克思主义发展史研究

根据马克思主义发展史的学科属性和学科特点,本报告借鉴学界的有关研究,将其分为马克思主义通史、马克思主义国别史和阶段史、马克思主义专题史、马克思主义传播史、马克思主义文本文献研究五个研究

---

① 王莅、谭涛:《马克思超越黑格尔法哲学的现实历史性原则——基于对自然法非历史性特征的批判》,《山东社会科学》2022年第9期。
② 王贵贤:《青年马克思的法学批判与历史唯物主义的形成》,《马克思主义与现实》2022年第1期。
③ 王代月:《马克思的功利主义辨析及对国家治理的启示》,《高校马克思主义理论研究》2022年第3期。
④ 兰洋:《国际战略的历史唯物主义范式与中国方案的实践理路》,《青海社会科学》2022年第3期。兰洋:《政治经济学批判视域中的关税制度问题及其当代价值》,《社会科学辑刊》2022年第5期。周丹、兰洋:《世界百年未有之大变局的理论阐释》,《中国社会科学院大学学报》2022年第9期。

领域。

1. 马克思主义通史

一部马克思主义发展史就是马克思、恩格斯以及他们的后继者们不断根据时代、实践、认识发展而发展的历史，是不断吸收人类历史上一切优秀思想文化成果丰富自己的历史。马克思主义通史是学科整体性研究的总体框架，是关于马克思主义发展历史全貌及其内在规律的研究。从马克思主义到列宁主义，再到马克思主义中国化及其历史性飞跃，马克思主义通史是贯穿于马克思主义国别史、阶段史、专题史和传播史的研究，是文本文献学的历史主线。

有学者对马克思主义中国化飞跃问题专门进行了研究。学者认为，马克思主义中国化的历程是马克思主义理论创新、理论创造的过程，因此也必然是实现飞跃的过程。实现马克思主义中国化的飞跃，离不开特定的客观条件、时代背景的支撑，还要有历史主体积极发挥能动性作用。马克思主义中国化的飞跃，既包括理论成果的飞跃，又包括实践成果的飞跃，是理论成果飞跃与实践成果飞跃的统一。实现飞跃的理论成果之间是继承发展的关系，新的理论成果孕育于前一理论成果中，在其中生成并渐渐成熟，取得独立地位。马克思主义中国化实现的每一次新的飞跃，都与马克思主义理论研究者的贡献密不可分，这对理论工作者的启示是，坚持文本解读、基本原理阐释与回应时代问题相结合，自觉以独到的学术研究成果助推当代中国马克思主义、21世纪马克思主义发展。①

有学者研究了马克思主义中国化的历史经验。学者提出，要坚持马克思主义和发展马克思主义相统一，马克思主义基本原理同中国具体实际相结合、同中华优秀传统文化相结合，以及中国化马克思主义同世界历史进程、同人类优秀文明成果相结合。在新时代传承这些历史经验，应深度把握这些历史经验蕴含的深意，理解对马克思主义的"坚持"与"发展"的具体所指，敢于并善于推进马克思主义的理论创新、理论创造；理解与中国具体实际相结合的具体要求，坚持时代第一、实践第一，防止离开实践空谈理论、用文本来评判现实；反对把马克思主义与中国传统文化对立起来，认识到马克思主义已融入中华文化之中且已成为中华文化的精华；不

---

① 陈培永：《关于马克思主义中国化飞跃问题的学理性思考》，《新视野》2022年第5期。

断拓宽中国化马克思主义的时代维度和国际视野，在推进马克思主义中国化、时代化的同时，推进中国化马克思主义的国际化、世界化。①

有学者基于马克思主义发展史对中国自主知识体系建构进行了研究。学者提出，新中国成立以来，特别是改革开放以来的马克思主义哲学的中国化、时代化、大众化等创新进程，不仅走出了实现中华民族伟大复兴的中国式现代化道路，同时在理论上也极大地推动了马克思主义哲学研究的不断深入和创新发展。但是，有关当代中国马克思主义哲学学术史的研究，在脱离"人名+书名""剪刀+糨糊"的表象叙史，在穿透"完整表象"达到"抽象规定"，再由"抽象上升到具体"等方面都值得进一步深思，即缺少对当代中国马克思主义哲学创新学术史的"理性具体"的深度把握。《当代中国马克思主义哲学创新学术史研究》弥补了上述学术研究的不足，以创新的"范式图谱分析"这一方法论自觉超越表象叙史，再由抽象上升为具体，深描当代中国马克思主义哲学创新学术史的范式图谱，在同步、同态、同构中加速推动着当代中国马克思主义哲学创新发展进程，同时也深入系统回答了中国马克思主义哲学话语创新、范式创新、方法论创新何以可能的现实重大理论问题。②

2.马克思主义国别史和阶段史

马克思主义国别史是对处于不同现实制度环境和不同历史阶段的马克思主义发展历史及其特征和特殊规律的研究。其主要包括俄罗斯马克思主义发展史、德国马克思主义发展史、日本马克思主义发展史等马克思主义在各个国家以及发展过程中各个历史阶段的研究，尤其是包括世界各国的共产党理论和左翼思想发展变化的研究。

新冠疫情在全球暴发后，日本出现批判资本主义、关注马克思主义和社会主义的热潮。2021年7月，全面修订后的日本新版《资本论》（12册）全部出版发行，成为这一热潮中的一个亮点。日本新版《资本论》是20世纪90年代苏联解体、东欧剧变后，日本马克思主义学者参与新历史考证版《马克思恩格斯全集》中《资本论》手稿的编辑工作，并对全部手稿

---

① 陈培永：《马克思主义中国化的历史经验及其新时代传承理路》，《思想教育研究》2022年第5期。

② 冯颜利：《中国马克思主义哲学话语创新、范式创新、方法论创新何以可能——基于〈当代中国马克思主义哲学创新学术史研究〉的思考》，《马克思主义哲学》2022年第3期。

进行深入研究的基础上完成的重要成果。它不仅有对"恩格斯编辑问题"等文本研究的新发现和修订，而且成为21世纪日本共产党在推进由发达资本主义国家向社会主义和共产主义社会发展的社会变革的主要理论依据，对我们了解21世纪日本马克思主义的文本研究状况、理解日本共产党的社会实践变化，以及运用马克思的未来社会理论推动世界社会主义运动等问题，具有重要的启示意义。①

19世纪60年代明治维新以后，日本开始向西方资本主义国家学习，而西方社会的各种思潮也逐渐传入日本，也就是在此时，包括马克思主义在内的各种社会主义思想被首次传播到了日本。从19世纪末到20世纪初，日本国内经济形势与政治状态不断发生变化，这导致马克思主义的不同部分在日本早期传播的进程中是不同步的，在不同时期有不同的侧重点。由于马克思主义在中国早期传播的过程中，日本路径是最主要的路径，因此了解日本国内不同时期对马克思主义不同部分侧重点的变化就具有重要意义。②

《资本论》是推动西班牙马克思主义发展的重要文本，深刻影响着西班牙马克思主义的理论与实践。《资本论》在西班牙的传播可以分为四个阶段：19世纪70年代至20世纪20年代的传入期、20世纪30年代的热潮期、20世纪40年代至20世纪90年代的转型期和进入21世纪以来的复兴期。梳理和把握《资本论》在西班牙的传播史脉络，考察其阶段性特征和代表性成果，总结西班牙学界借助《资本论》对转型问题、崩溃问题等重要理论命题的深刻思考，对于我们完善马克思经典文本传播史的思想图谱和深化马克思主义发展史的整体性研究具有重要意义。③

在意大利学界，人本主义对《资本论》研究的影响贯穿始终，并与20世纪50年代出现的科学主义对《资本论》的解读范式从对立逐渐走向融合。从《资本论》第1卷成书初期至第二次世界大战结束，意大利学者对《资本论》的解读强调马克思的黑格尔之源和资本主义社会的历史性，带有显著的人本主义的马克思主义特征。"二战"后至1970年代末，"德

---

① 谭晓军：《21世纪日本马克思主义的理论新发现与实践新探索——以日本新版〈资本论〉的修订为例》，《马克思主义研究》2022年第9期。
② 孟成全、罗雯：《马克思主义在日本传播的进程及其对中国的影响——以不同时期传播的侧重点变化为视角》，《南方论刊》2022年第7期。
③ 朱炳聿：《马克思〈资本论〉在西班牙的传播历程研究》，《国外理论动态》2022年第4期。

拉-沃尔佩学派"与自治主义的马克思主义成为传播《资本论》的重要力量。随着意大利工人革命运动的兴起，意大利学界更加注重从结构层面分析《资本论》及其研究的局限性。这一时期，理论家们以马克思的经济学手稿为主题，形成了学院化与革命化两种不同的研究路径，二者的差异主要表现为马克思主义理论与工人运动相结合的程度不同。20世纪80年代以后，人本主义与科学主义对《资本论》的解读范式走向融合，加之新世纪以来MEGA2版《资本论》及其手稿完整问世，意大利学界对《资本论》的研究开始向更为深入及专业的方向发展。①

3. 马克思主义专题史

马克思主义专题史是马克思主义发展史理论性、整体性与综合性的统一，是对马克思主义某一具体思想范畴、某一具体问题或某一专门学科领域历史发展及其规律的研究。其主要包括如马克思主义哲学史、马克思主义政治经济学史、科学社会主义史等专门领域或问题的形成史、范畴史等的研究。

中国共产党成立100年来，马克思主义哲学在中国广为传播，使中国人从思想到生活进入了崭新的时期。马克思主义哲学同中国具体实际和中华优秀传统文化相结合，形成了具有中国风格和中国气派的哲学理论形态，并不断增强中国哲学社会科学的学术自觉。当代中国马克思主义哲学的发展是与百年来中国现代化进程紧密联系在一起的，始终强调理论与实践相结合，这也使学术自觉具有鲜明的问题意识。②有学者提出，习近平新时代中国特色社会主义思想坚持和发展马克思主义哲学基本立场，在实践观、自然观、矛盾观、发展观等多方面丰富和发展马克思主义哲学的基本观点，坚持和发展辩证唯物主义和历史唯物主义的基本方法，丰富了马克思主义哲学方法论宝库。③

"政治经济学本质上是一门历史的科学"，是恩格斯对"广义的"和"狭义的"政治经济学划分的立论基础。在21世纪马克思主义政治经济学整体意义上，习近平经济思想的理论创新和理论创造，一是体现在中国特

---

① 李晶文：《马克思〈资本论〉在意大利的传播历程研究》，《国外理论动态》2022年第4期。
② 陈先达、臧峰宇：《学术自觉与马克思主义哲学中国化的百年探索》，《社会科学文摘》2022年第3期。
③ 刘军：《对马克思主义哲学的创新性发展》，《理论导报》2022年第10期。

色社会主义政治经济学上，这是21世纪马克思主义狭义政治经济学的发展和创新；二是体现在当代资本主义广义政治经济学的拓新上，特别是体现在人类命运共同体广义政治经济学的创造性研究上。以经济全球化为背景的"共同体"内异质经济关系和经济制度并存格局的形成，对马克思主义广义政治经济学发展提出了新的要求。党的十八大以来，习近平经济思想从多方面推进了21世纪马克思主义广义政治经济学的新发展，特别是对以异质经济关系为基本格局的人类命运共同体政治经济学作出原创性贡献。①

4.马克思主义传播史

马克思主义传播史是对马克思主义在不同历史时期、不同国家、不同地区传播历史过程及其特点和规律的研究。其主要包括马克思主义在不同历史时期、不同国家、不同地区的传播、实践以及发展历史的研究。

马克思主义传播是一种世界历史现象，既具有国际性质，也带有地域特色。马克思主义在俄国、中国的早期传播，符合科学理论传播的一般规律，诸如理论需要律、斗争传播律、实践指向律、先进牺牲律。马克思主义在俄国、中国的早期传播，因两国的历史和现实，又使一般规律表现出东方个性，从而表现出独特的历史逻辑：满足理论需要，映现经济落后而革命领先的"奇怪"历史背景；经历复杂斗争，遭遇马克思主义与其他西方思潮交织碰撞的复杂关系；契合实践指向，体现马克思主义译介者与革命者身份的特殊叠合；彰显牺牲精神，反映马克思主义早期传播者有产阶级家庭出身与无产阶级立场的矛盾统一。认识马克思主义在东方早期传播的历史逻辑，有助于我们深入理解马克思主义的社会功能及其在俄国、中国的实现进路。②

19世纪末20世纪初，随着"西学东渐"的潮流，马克思主义政治经济学作为一个分支流派，与其他舶来思想一起输入中国，通过书籍、报刊等译介载体与中国传统文化互动融合。马克思主义政治经济学在中国的传播发端于1899年出版的《大同学》，主要依托社会主义学说和经济学说传入

---

① 顾海良：《习近平经济思想与马克思主义狭义和广义政治经济学发展》，《当代经济研究》2022年第4期。
② 孙来斌：《马克思主义在东方早期传播的历史逻辑》，《北京大学学报（哲学社会科学版）》2022年第4期。

中国，在《社会主义》、《社会主义神髓》以及《最新经济学》等著述中综合呈现。1903年《近世社会主义》中译本的出版，推动了马克思主义政治经济学传播走向深入。尽管早期相关译著文献的传播停留在理论自发的阶段，尚未达到理论自觉的程度，但还是形成了中国马克思主义经济思想史的源头，为十月革命尤其是五四运动以后马克思主义政治经济学说在中国的广泛传播奠定了基础，生成了马克思主义政治经济学中国化的历史萌芽。①

有学者提出，对马克思主义经典文献的阅读和阐释过程同时也是马克思主义的传播过程。从马克思主义传播的视角考察经典文献阅读史，借鉴阅读史研究理论范式，通过审思"某人在某种时空环境中读了某书"以及"为何读、如何读并产生何种影响"两个不同层面的阅读问题，呈现马克思主义在中国传播进程的多维面相。从经典文献阅读史维度展开马克思主义传播研究，有利于深化对马克思主义中国化、时代化、大众化研究的空间，启迪新时代经典文献的阅读。②

5.马克思主义文本文献研究

文献研究，特别是文献考证研究和文献诠释学研究是马克思主义发展史学科的基本范式之一。学者们高度重视马克思主义经典著作的研究和再研究，特别是对《关于费尔巴哈的提纲》《德意志意识形态》《共产党宣言》《资本论》等经典著作进行了再研究。有学者指出：对马克思主义经典著作的研究必须坚持忠实于原著的原则，不能拘泥于只言片语，不能望文生义，而是要把握其精神实质。③

有学者指出，马克思在《关于费尔巴哈的提纲》与《德意志意识形态》中的实践范畴并不是抽象同一的，而是包含着思想发展的创新与质变。《关于费尔巴哈的提纲》中的"实践一般"逻辑形成于马克思对黑格尔及青年黑格尔派的批判中，但由于其作为哲学普遍性范畴而残留着抽象的一般性形式，因而被扬弃于《德意志意识形态》中作为具体总体的"生

---

① 张凯：《马克思主义政治经济学在中国的早期传播研究——基于相关译介文本的考察》，《马克思主义与现实》2022年第3期。
② 袁雪：《经典文献阅读史：马克思主义传播研究的另一种视角》，《北京印刷学院学报》2022年第4期。
③ 侯惠勤：《马克思哲学变革的当代解码——〈关于费尔巴哈的提纲〉重大理论问题辨析》，《马克思主义研究》2022年第8期。

产实践"逻辑；与此同时，"生产实践"也成了马克思构建历史唯物主义新世界观的枢纽性范畴。马克思的实践观之所以能够获得深化发展，一方面源自其早年思想发展的内在逻辑，即"政治经济学—哲学"持续融合的研究方法以及理论与现实深入结合的思想取向；另一方面得益于第二阶段的经济学研究成果，即《布鲁塞尔笔记》后期摘录与《曼彻斯特笔记》中所获得的具体思想环节与经验内容。从思想发展和理论建构逻辑来看，马克思实践观从"实践一般"逻辑到"生产实践"逻辑的上升发展，恰恰表征了其资本主义社会批判"从抽象上升到具体"的演进逻辑。①

有学者研究认为，在中国《资本论》翻译史上，"郭大力、王亚南译本"不仅是建立在之前各种试译、节译和第1卷全译基础上的集大成之作，而且由于较为准确地把握了从古典经济学到《资本论》的逻辑发展、统一了政治经济学的核心范畴，并通过不断地修改提供了更为准确的中文表达，因而彰显出重要的学术价值。在当代要推进马克思主义政治经济学研究，除了传承他们的学风，在他们奠定的"回到古典经济学"思路的基础上，还需要在"从完整、权威的文献出发""全面认识资本的功能及其效应""在全球视野中探究经济学的当代发展"等方面实现观念、视野和研究方式的转换。②

（三）马克思主义中国化研究

马克思主义中国化研究学科是马克思主义理论学科的重要组成部分，主要研究马克思主义中国化时代化的历史进程、理论成果及其基本经验和规律。马克思主义中国化和中国化的马克思主义一直以来都是理论界和学术界普遍关注的热点问题，也是北京高校持续研究的重要问题。2022年，北京高校在马克思主义中国化和中国化的马克思主义研究方面取得了丰硕成果，研究内容主要体现在五个方面：一是习近平新时代中国特色社会主义思想研究；二是马克思主义中国化的基础理论问题研究；三是中国共产党与马克思主义中国化时代化研究；四是中国特色社会主义的重大理论和

---

① 郗戈、陈洪鑫：《马克思实践观的具体化发展及其演进逻辑——从〈关于费尔巴哈的提纲〉到〈德意志意识形态〉》，《社会科学》2022年第7期。
② 聂锦芳：《刍论马克思主义政治经济学研究方式的转换——从〈资本论〉的"郭、王译本"及当代研究谈起》，《现代哲学》2022年第1期。

实践问题研究；五是中国式现代化研究。这些研究不仅聚焦马克思主义中国化时代化的最新理论成果，也密切关注中国共产党成立百年的前沿热点问题，同时也对马克思主义中国化、中国特色社会主义的重大理论和现实问题进行重点研究，极大丰富了中国化马克思主义的研究成果，也有力促进了马克思主义中国化研究的学科发展。

1.习近平新时代中国特色社会主义思想研究

2022年，北京高校深入开展习近平新时代中国特色社会主义思想研究，聚焦习近平新时代中国特色社会主义思想的世界观、方法论等基本问题，围绕习近平生态文明思想、习近平总书记有关重要论述等开展多方面研究，形成系列成果。

关于习近平新时代中国特色社会主义思想的基本问题，北京高校学者主要关注习近平新时代中国特色社会主义思想对马克思主义的原创性贡献以及习近平新时代中国特色社会主义思想的世界观、方法论等重大理论问题。关于习近平新时代中国特色社会主义思想对马克思主义的原创性贡献，有学者认为原创性贡献具有标志性、系统性、初始性特征，把握剧烈跳动的时代脉搏、植根伟大变革的中国实践、融通深厚强大的思想文化血脉、坚持守正创新的思想原则、富于创新特质的理论主体，是习近平新时代中国特色社会主义思想原创性贡献的主要形成条件。这一原创性贡献是全方位的，其中，关于实现中华民族伟大复兴、关于构建人类命运共同体、关于人与自然和谐共生的生态文明、关于长期执政的马克思主义政党建设等方面的一系列新概念、新理念、新判断，是其突出表现。这一原创性贡献的重大意义在于，它标注了当代中国马克思主义发展新高度，彰显了21世纪马克思主义发展新境界，托举起马克思主义中国化新飞跃。[①]也有学者探讨了在高校思想政治工作中如何坚持和运用习近平新时代中国特色社会主义思想的世界观和方法论，指出在高校思想政治工作中坚持习近平新时代中国特色社会主义思想的世界观和方法论，首先要运用好蕴含其中的科学思维。针对高校思想政治工作的问题短板并结合一线工作实际，我们应运用科学思维，着力强化"三个坚持"：一是用底线思维坚持问题导向，把牢高校思想政治工作生命线；二是用历史思维坚持系统观念，深化

---

① 孙来斌：《论习近平新时代中国特色社会主义思想对马克思主义的原创性贡献》，《中国高校社会科学》2022年第4期。

高校思想政治工作大意蕴；三是用辩证思维守正创新，铺展高校思想政治工作新格局。①

关于习近平生态文明思想研究，有学者在探讨习近平生态文明思想的科学体系时指出，为什么要建设中国特色社会主义生态文明，建设怎样的中国特色社会主义生态文明，怎样建设中国特色社会主义生态文明，是贯穿于习近平生态文明思想形成发展过程、渗透于习近平生态文明思想理论体系的主题主线。源于习近平总书记在地方主政时期并从党的十八大以来逐渐创立完善的习近平生态文明思想，在实践创新和理论创新的基础上系统回答了以上问题并提出了系列基本观点：从历史启示、现实需要和未来愿景三个维度全面回答了为什么要建设中国特色社会主义生态文明；从现代化特征、自然观特征、发展观特征三个层面辩证阐释了生态文明与现代化的关系、人与自然的关系、经济发展与环境保护的关系，深刻回答了中国特色社会主义生态文明怎么样；从建设主体、治理途径和国际环境三个环节系统回答了中国特色社会主义生态文明怎么建的问题。②也有学者探讨了习近平生态文明思想的世界意义与贡献，认为其世界意义与贡献首先在于它所拥有的对于广义上的生态环境保护治理理论与实践的世界性重要影响。在理论层面上，习近平生态文明思想体现了对全球性绿色理论话语议题的重大丰富、拓展与创新；在实践层面上，习近平生态文明思想在倡导与推动国际生态环境保护治理合作，使当今中国逐渐成为全球生态文明建设的重要参与者、贡献者和引领者的同时，也在不断扩大世界性影响。③还有学者对习近平生态文明思想的原创性贡献进行阐释，认为习近平生态文明思想提出了一系列生态文明新思想新理念新观点，从哲学、政治经济学、科学社会主义等方面回答了生态文明建设涉及的诸多重大理论和实践问题，夯实了生态文明建设的马克思主义哲学、马克思主义政治经济学、科学社会主义理论基础，推动形成了当代中国马克思主义生态文明思想、二十一世纪马克思主义生态文明思想。这是习近平生态文明思想原创

---

① 冯培：《用科学思维坚持和把握习近平新时代中国特色社会主义思想的世界观和方法论》，《思想教育研究》2022年第10期。
② 杨志华、修慧爽、鲍浩如：《习近平生态文明思想的科学体系研究》，《南京工业大学学报（社会科学版）》2022年第3期。
③ 郇庆治：《论习近平生态文明思想的世界意义与贡献》，《国外社会科学》2022年第2期。

性贡献的集中体现。①

关于习近平有关重要论述研究,一是研究了习近平关于坚定历史自信的重要论述。在庆祝中国共产党成立100周年之际,习近平在深刻总结党的百年奋斗重大成就和历史经验基础上,着眼于走好全面建设社会主义现代化国家、实现第二个百年奋斗目标新的赶考之路,提出了坚定历史自信的重大命题,并围绕这一命题发表了一系列重要论述。坚定历史自信的重要基础是对党和国家历史的正确认知;坚定历史自信,既是对奋斗成就的自信,也是对奋斗精神的自信;坚定历史自信与坚定"四个自信"是相互联系、不可分割的统一整体;坚定历史自信的要义是科学总结历史经验,认识和运用历史规律,准确把握历史大势,增强开拓进取的勇气和力量。②二是研究了习近平关于意识形态的重要论述。党的十八大以来,习近平对意识形态斗争的内涵和实质、地位和作用、方式和手段、过程和趋势等重大问题作出了一系列重要论述,极大地丰富和发展了马克思主义意识形态理论,开辟了社会主义意识形态工作的新局面。③三是研究了习近平关于马克思主义立场观点方法的重要论述。以历史主动精神坚持好和运用好马克思主义立场观点方法是更好推进马克思主义中国化时代化的首要问题。习近平关于马克思主义立场观点方法的重要论述提出一系列新思想新观点新要求,深刻回答了新时代为什么学习和掌握、怎样学习和掌握马克思主义立场观点方法等重大理论与实践问题;深刻揭示习近平关于马克思主义立场观点方法重要论述的形成逻辑、精髓要义与实践指向,为新时代推进马克思主义中国化时代化提供了方法论指导和行动指南。④

2.马克思主义中国化的基础理论问题研究

2022年,北京高校持续关注马克思主义中国化的基础理论问题,在马克思主义中国化时代化、马克思主义基本原理同中华优秀传统文化相结合、毛泽东思想等方面展开深入研究,形成一系列研究成果,不断夯实马克思主义中国化研究的理论根基和学科基础。

---

① 张云飞:《试论习近平生态文明思想的原创性贡献》,《思想理论教育导刊》2022年第2期。
② 路宽:《深刻领会习近平关于坚定历史自信的重要论述》,《党的文献》2022年第2期。
③ 罗文东:《习近平对马克思主义意识形态理论的坚持和发展》,《马克思主义理论学科研究》2022年第11期。
④ 韩华:《习近平关于马克思主义立场观点方法重要论述的理论逻辑与实践指向》,《思想教育研究》2022年第12期。

关于马克思主义中国化时代化的研究，有学者探讨了中国化时代化的马克思主义何以能行的问题，认为习近平新时代中国特色社会主义思想是马克思主义中国化时代化的最新理论成果，中国化时代化的马克思主义之所以能行，是因为科学回答了新时代坚持和发展什么样的中国特色社会主义、怎样坚持和发展中国特色社会主义，建设什么样的社会主义现代化强国、怎样建设社会主义现代化强国，建设什么样的长期执政的马克思主义政党、怎样建设长期执政的马克思主义政党等重大时代课题。以坚持党的领导为根本保证、以"两个结合"为基本途径、以总结历史经验为科学方法，开辟了马克思主义中国化时代化的新境界，在追求真理、揭示真理、笃行真理中实现了中国化时代化马克思主义道理、学理、哲理的统一。[①]也有学者研究探讨了马克思主义基本原理同中华优秀传统文化相结合的问题，认为中华优秀传统文化是建设中国特色社会主义文化的三大重要文化来源之一，中国共产党自建党以来历经百年风雨，马克思主义同中华优秀传统文化的有机结合既是我党文化建设的丰硕成果，又是值得我们进行学理分析并有效总结的宝贵经验。马克思主义激活了中华传统文化的生机，中华文明也为马克思主义的进一步发展提供了适宜的文化土壤，两者的有机结合既是百年的成果与经验，更形成一种文化推动力，促生了蔚为壮观的当代文化图景。从学理层面看，马克思主义与中华优秀传统文化具有相融互通的内在机理，拥有诸多相通的文化价值诉求。今天，面对建成社会主义文化强国的时代呼唤，广大文艺工作者不仅要自觉坚持党的领导同创作自由的辩证统一，也要坚持文化批评同文化扶持的辩证统一，还要坚持民族性同世界性的辩证统一，创造出无愧于时代并满足人民美好生活需求的文艺作品。[②]

毛泽东思想是马克思主义中国化研究的重要内容，也是马克思主义中国化研究的理论基础。有学者从毛泽东思想的群众路线出发，研究阐释了群众路线作为党的生命线和一切工作的根本路线，也是马克思主义中国化重大理论成果，承载着中国共产党的初心使命、价值追求、哲学思想等丰富内涵，是毛泽东思想活的灵魂。毛泽东将马克思主义人民群众思想运用

---

① 肖贵清、张鉴洲：《中国化时代化的马克思主义何以能行》，《思想教育研究》2022年第11期。
② 邹广文、孙维聪：《文化守望：马克思主义与中华优秀传统文化的结合路径》，《中国文艺评论》2022年第4期。

到新民主主义革命、社会主义革命与建设的具体实践中，提出了群众路线思想。党的十八大以来，习近平总书记在新的伟大实践中以新视角、多维度继承和发展了毛泽东群众路线思想，开辟了马克思主义中国化的新境界。在全党、全国人民迈向第二个百年奋斗目标新征程的重要时间节点，传承好、发展好、运用好毛泽东群众路线思想，具有重要的时代价值。也有学者在中国共青团建立100周年的历史时刻，从毛泽东对青年和青年工作体系的理论出发，对毛泽东关于青年和青年工作的思想进行系统梳理、文本解读和历史分析，研究探讨了毛泽东关于青年和青年工作思想的科学体系，阐释了毛泽东在领导中国革命和建设中对青年的健康成长和发挥青年的作用的重视和理论，以及毛泽东对共青团与青年工作的丰富而深刻的论述。[①]也有学者对毛泽东思想"中间地带"理论及其当代意义进行研究，认为关于冷战两极时代的中间地带概念，既有自然属性，更具有浓重的社会属性，它代表着世界格局的一支力量，始终处于变动与分化状态，中间地带实际是中间（游移）力量，是世界格局变化的重要参照指标。毛泽东思想关于"中间地带"理论的启示是：中间地带不是固定不变的；冷战结束后，中间地带的变化，助推着当今世界格局基本上呈现出新的衍化态势，即处于两种趋势的三支力量角逐中（单极化趋势、多极化趋势、要求单极化的力量和要求多极化的力量及这两支力量的交集间还存在一个中间游移力量）；单极化力量经常要利用中间游移力量的变动不居特性，影响世界格局运行；中间游移力量的站位状况，影响单极行为体凝聚力的消长，关联着单极化力量的总体竞争力大小，也相应地影响到多极化力量的增减。中间地带作为游移力量，其外交特点是由自身历史与相关条件决定的，目标是保障本国安全，获取本国最大化的外交收益，谋求在世界格局中的话语权最大化。[②]

3. 中国共产党与马克思主义中国化时代化研究

《中共中央关于党的百年奋斗重大成就和历史经验的决议》把坚持理论创新作为中国共产党百年奋斗的宝贵经验，以习近平同志为主要代表的

[①] 黄志坚、叶子鹏、焦龙：《毛泽东关于青年和青年工作思想的科学体系、理论特征及当代价值》，《中国青年社会科学》2022年第1期。
[②] 钮维敢：《论中间游移力量——毛泽东思想"中间地带"理论及其当代意义》，《宁夏社会科学》2022年第2期。

中国共产党人对马克思主义中国化时代化不断进行创新和发展，为世界社会主义运动作出重要贡献，也为解决人类面临的历史性难题作出积极努力。2022年，北京高校聚焦中国共产党的理论创新与马克思主义中国化时代化研究，形成一系列研究成果。

关于中国共产党的百年奋斗与马克思主义中国化时代化研究，有学者认为，《中共中央关于党的百年奋斗重大成就和历史经验的决议》内含着一条鲜明的马克思主义叙事线索，即中国共产党的百年奋斗历程同时是不断推进马克思主义中国化、实现马克思主义中国化的飞跃的历程。马克思主义中国化的三次飞跃，依据在于它们面对独特的时代背景与历史任务，在自觉回应时代问题中提出了重大原创性命题，取得了重大实践成果。中国共产党与马克思主义的关系是双向互动，没有马克思主义就没有中国共产党，马克思主义成就了中国共产党百年奋斗的历史成就；中国共产党的百年奋斗则展示了马克思主义的强大生命力，没有中国共产党也就没有马克思主义的发扬光大。[1]也有学者认为，中国共产党作为马克思主义政党，对总结历史经验具有高度的政治自觉和理论自觉，是一个善于总结经验、敢于发现经验、长于汲取经验的政党。中国共产党的百年奋斗历史经验围绕共产党执政规律、社会主义建设规律、人类社会发展规律这"三大规律"展开，形成了时间接续、逻辑贯通、相互对照的理论闭环，是对党百年奋斗历程中所遵循的历史逻辑、理论逻辑、实践逻辑这"三大逻辑"的证成。[2]还有学者从政治认同建设层面分析中国共产党百年来的经验，指出政治认同是关乎人心向背、政治合法性以及国家社会长治久安的重要课题。中国共产党百年奋斗史也是政治认同建设的百年探索史，党在政治认同建构历程中积累并形成了以利益认同为基础、以制度认同为保障、以情感认同为纽带、以价值认同为归属等基本经验。[3]

关于中国共产党的自我革命与马克思主义中国化时代化研究，有学者认为，中国共产党百年奋斗的历史，一定意义上也是回答"如何跳出历史周期率"的历史。从毛泽东的人民监督到新时代提出的自我革命，横跨了

---

[1] 陈培永、李茹佳：《马克思主义中国化的飞跃：前提、依据及启示》，《科学社会主义》2022年第2期。
[2] 宇文利、奚佳梦：《论中国共产党百年奋斗的历史经验》，《广西大学学报（哲学社会科学版）》2022年第2期。
[3] 王淑芹、李静：《中国共产党百年政治认同建设的基本经验》，《求实》2022年第6期。

一个政党从建立到强盛、从绝处逢生到蓬勃昌盛的漫漫历史长河，体现的是中国共产党对历史大势的准确把握，彰显的是中国共产党对"以人民为中心"价值理念的贯彻落实，昭示的是中国共产党对建设长期执政的马克思主义政党的规律性认识。两个答案锻造了始终走在时代前列的中国共产党，创造性解答了"如何保持政权不变质"这一世界社会主义运动史上的重大难题。[①]也有学者从新时代中国共产党自我革命话语体系建构方面进行研究，中国共产党自成立伊始就致力于构建革命话语，其语义依语境的嬗变而形成不同的话语样态，但始终承载着党的初心使命。新时代以来，中国共产党不断推进和拓新中国特色革命话语体系，而"自我革命"成为新时代革命话语表述的高频语汇。作为中国理论的话语呈现，自我革命话语既是党巩固执政地位的话语根基，也是马克思主义党建理论中国化时代化极具典范意义的话语创新和理论创造。[②]还有学者认为，自我革命是中国共产党的宝贵精神、优良传统和独特优势，是党在长期实践中接续奋斗积累而成的历史经验。自我革命既蕴含着深刻的内在逻辑，就理论逻辑而言，体现在马克思主义中国化的发展进程与21世纪的马克思主义发展进程中坚持和发展马克思主义的理论自觉，马克思主义深刻揭示了中国共产党坚持自我革命的主体逻辑；就历史逻辑而言，体现在协同推进自我革命和社会革命中形成引领中华民族走向伟大复兴的历史自觉；就实践逻辑而言，体现在管党治党中不断增强提升党的建设质量的实践自觉；就价值逻辑而言，体现在为人民谋幸福、为民族谋复兴中坚持以人民为中心的价值自觉。[③]

关于中国共产党的历史主动、历史自信与马克思主义中国化时代化研究，有学者认为，勇于并善于总结和运用历史经验，勇于并善于把握和运用历史规律，勇于并善于把历史自省、历史自觉、历史自信和历史主动性的体认发挥到淋漓尽致，是中国共产党区别于其他政党的鲜明特色和显著标志。在中国共产党百年历史的长时段中所诞生的三个具有里程碑意义的"历史决议"，就是我们党博大精深、炉火纯青的历史思维和历史智慧之

---

① 陈明凡、王娜：《论跳出历史周期率两个答案的内在统一性》，《思想理论教育导刊》2022年第8期。
② 王海军：《新时代中国共产党自我革命话语体系建构多维探究》，《中国人民大学学报》2022年第6期。
③ 张雷：《新时代中国共产党推进自我革命的四重逻辑》，《南京社会科学》2022年第5期。

历史结晶。这也是中国共产党过去能够成功、未来能够继续成功的重要秘诀和法宝。始终坚持"党史姓党""党史为党""党史党管"的指导思想和根本原则，是中国共产党独有的光荣传统和政治优势。[①]也有学者认为，历史主动精神是唯物史观的内在要求，是中国共产党精神品质的重要方面，也是党领导人民不断战胜艰难险阻、赢得伟大胜利的重要法宝与精神密钥。历史主动精神主要包含五方面的具体内涵：一是尊重历史规律的科学精神，二是尊重人民的主体精神，三是清醒自觉的主动精神，四是未雨绸缪的预见精神，五是勇毅前行的担当精神。走好新的赶考之路，必须继续弘扬历史主动精神。[②]还有学者认为，中国共产党是具有高度历史自信的马克思主义政党。坚定历史自信是党对自身在历史发展进程中的作用持有的肯定态度和高度认同感。对党的百年创造的历史成就、传承的奋斗精神、总结的历史经验、开辟的历史前景充满自信是中国共产党坚定历史自信的主要内涵。中国共产党坚定历史自信是新时代坚持和发展中国特色社会主义的必然要求，是实现中华民族伟大复兴历史使命的精神动力，也是在全社会形成正确的历史观、党史观的应有之义。在丰富历史认知、培养历史思维、把握历史主动中形成高度历史自信，对党在新时代赶考之路上交出更为优异的答卷、实现中华民族伟大复兴具有十分重要的意义。[③]

关于中国共产党善于总结经验的传统与马克思主义中国化时代化研究，有学者认为，百余年来，中国共产党在不同历史时期和重大历史节点上都注重总结党的历史经验，从历史中汲取继续前进的智慧和力量，形成了总结历史经验的优良传统，掌握了总结历史经验的科学方法。回顾和梳理中国共产党运用总结历史经验方法的百余年历程，站在新的历史起点上坚定历史自信、把握历史主动，我们必须正确认识根本经验、基本经验和具体经验之间的辩证关系，必须全面把握总结历史经验的不同维度，必须着力提高总结历史经验的基本能力。[④]也有学者认为，总结历史经验是中国共产党的一大优良传统。其思路与方法主要有：坚持经验来源于历史，

---

① 齐鹏飞：《"勇于并善于发挥历史主动性"——中国共产党之所以成功的秘诀和法宝》，《世界社会主义研究》2022年第1期。
② 侯衍社：《历史主动精神的科学内涵》，《马克思主义研究》2022年第4期。
③ 肖贵清、张鉴洲：《中国共产党坚定历史自信的理论探析》，《思想理论教育》2022年第4期。
④ 韩振峰、米亭：《总结历史经验：中国共产党取得重大成就的科学方法》，《世界社会主义研究》2022年第5期。

主张对党史上的一切感性经验和理性认识作历史的分析；认为教训可化为经验，强调成功的经验和失败的教训都是党的宝贵财富；认为经验有多种形态，党既要创造和汲取直接经验也要积累和运用间接经验，既要创造和汲取一时之经验也要积累和运用永久之经验；坚持从经验中求理论，强调通过历史分析、抽象概括和实践验证，从经验中抽象出理论来，实现对"理论"的创新。① 也有学者认为，纵观百年奋斗历程，中国共产党是在总结历史经验中逐渐成长和成熟起来的。而改革开放以来，经验总结的系统性、完整性显著增强，自觉意识逐渐显现。新时代以来，历史经验总结在自觉意识、问题意识和系统性、全面性方面达到一个新高度，以实现中华民族伟大复兴为立足点，从大历史观出发，将党的领导与党的建设、人民至上、理论和道路等方面的经验置于突出位置，同时增加了敢于斗争等经验，彰显了高度的历史自觉和历史自信。② 也有学者认为，马克思主义中国化的历史经验，应该包括坚持马克思主义和发展马克思主义相统一，马克思主义基本原理同中国具体实际相结合、同中华优秀传统文化相结合，以及中国化马克思主义同世界历史进程、同人类优秀文明成果相结合。在新时代传承这些历史经验，应深度把握这些历史经验蕴含的深意，理解对马克思主义的"坚持"与"发展"的具体所指，敢于并善于推进马克思主义的理论创新、理论创造，不断拓宽中国化马克思主义的时代维度和国际视野，在推进马克思主义中国化、时代化的同时，推进中国化马克思主义的国际化、世界化。③

关于中国共产党精神谱系研究与马克思主义中国化时代化研究，有学者认为，中国共产党精神谱系是我们党立党兴党强党的宝贵精神财富。就生成逻辑而言，其生成的现实基础是中国共产党波澜壮阔的百年伟大实践，思想指引是兼具科学性、人民性、实践性、开放性的马克思主义理论，文化根基则是历久弥新的中华优秀传统文化。探析中国共产党精神谱系的生成逻辑，有助于我们从形成源泉与主要因素等视角，抓主因、承主脉、理主线，在新时代奋力实现中华民族伟大复兴的征程上更好继承弘扬

---

① 周良书：《中国共产党总结历史经验的思路与方法》，《教学与研究》2022年第4期。
② 杨凤城、涂芝仪：《鉴往知来：改革开放以来中国共产党总结历史经验的考察》，《江苏社会科学》2022年第5期。
③ 陈培永、李茹佳：《马克思主义中国化的历史经验及其新时代传承理路》，《思想教育研究》2022年第5期。

这一宝贵精神财富，为实现既定目标提供强大精神力量。①也有学者从伟大建党精神与中国共产党人精神谱系的内在逻辑关系这个层面来看中国共产党人的精神谱系，伟大建党精神是中国共产党的精神之源，中国共产党人的精神谱系是以时间线为轴的复杂精神系统，具有整体性、层次性、协同性等特征。伟大建党精神与精神谱系构成历史传承关系和系统主导关系。历史传承关系是指伟大建党精神依托实现中华民族伟大复兴的历史主题，在党的精神发展史中传承精神特质、构建精神谱系。系统主导关系是指伟大建党精神作为精神谱系中最高层次的精神形态，在结构上构成主导脉络，在思想上树立主导观念。②

关于中国共产党建党纪念与马克思主义中国化时代化研究，有学者认为，中国共产党建党纪念是重要的政治仪式，有其独特的社会功能。从马克思主义中国化视域来看，中国共产党建党纪念从本体论、价值论、实践论等方面，对什么是马克思主义、如何评价马克思主义、怎样对待马克思主义作出了科学回答，树立了科学的马克思主义观；中国共产党建党纪念对毛泽东思想、中国特色社会主义理论体系、习近平新时代中国特色社会主义思想进行了科学概括，阐释了马克思主义中国化理论成果；中国共产党建党纪念为马克思主义中国化提供了强大动力、奠定了文本基础、夯实了群众根基，推动了马克思主义中国化的历史进程。③

关于中国共产党的伟大斗争与马克思主义中国化时代化研究，有学者认为，党的十八大以来，习近平反复强调，要"进行具有许多新的历史特点的伟大斗争"。关于"进行具有许多新的历史特点的伟大斗争"的时代意蕴，可以从四个角度进行理解和把握：一是新时代一以贯之地坚持和发展中国特色社会主义，既不走封闭僵化的老路，也不走改旗易帜的邪路，必须进行伟大斗争。二是在全面建设社会主义现代化国家新征程上，面对严峻而复杂的形势任务，应对和化解各种风险挑战，必须进行伟大斗争。三是深入推进新时代党的建设新的伟大工程，不断进行党的自我革命，把我们党建设得更加坚强有力，必须进行伟大斗争。四是在世界百年未有之

---

① 黄明伟：《中国共产党精神谱系的生成逻辑探析》，《思想教育研究》2022年第11期。
② 何虎生、张林：《论伟大建党精神与中国共产党人精神谱系的内在逻辑关系》，《思想理论教育导刊》2022年第2期。
③ 赵付科：《中国共产党建党纪念与马克思主义中国化》，《马克思主义理论学科研究》2022年第9期。

大变局的背景下，把握世界历史发展大势，推动构建人类命运共同体，必须进行伟大斗争。①也有学者认为，对新时代"伟大斗争"之"斗争"一词的理解，存在某种程度上的思想疑虑与误区，有必要加以阐明澄清。党中央之所以反复强调"进行具有许多新的历史特点的伟大斗争"，有其深刻必然逻辑所在，这是继承党的百年历史革命批判精神、应对民族复兴道路面临的复杂严峻局势、维护国内经济社会发展稳定和促进年轻干部增强风险意识与斗争能力的客观要求。正确理解新时代"伟大斗争"的理论内涵，要站在人类社会历史发展客观规律的层面加以运思，进而探究其本质，即在新的历史特点下，用一种攻坚克难、拼搏奋斗的实际行动战胜我国发展前进道路上的艰难险阻与风险挑战，并与之相应地保持一种斗志昂扬的精神状态和不惧自我革命的勇气担当。在具体实践方略上，既要坚持正确斗争方向和立场原则，也要科学把握斗争规律，善于运用斗争艺术，注重在重大斗争考验中淬炼斗争本领。②

4.中国特色社会主义重大理论和实践问题研究

2022年，在中国特色社会主义理论与实践的研究上，北京高校聚焦中华民族伟大复兴、人类文明新形态、中国特色社会主义制度、全过程人民民主等问题开展扎实研究，形成丰富成果。

关于中华民族伟大复兴的研究，一是探讨了全面推进中华民族伟大复兴的理论内涵和必然性。"中国特色社会主义是实现中华民族伟大复兴的必由之路"，"以中国式现代化全面推进中华民族伟大复兴"，"全面建设社会主义现代化国家、全面推进中华民族伟大复兴，关键在党"等，这一系列新观点新论断，是党对全面推进中华民族伟大复兴的新思考新认识新布局，初步回答了"实现什么样的中华民族伟大复兴，怎样实现中华民族伟大复兴"等一系列问题，具有重大的理论价值和深远的现实意义，也证明了中国共产党团结带领人民历尽艰辛，成功开辟出一条实现中华民族伟大复兴的正确道路。③二是论证了中国特色社会主义是实现中华民族伟

---

① 辛向阳：《深刻把握"进行具有许多新的历史特点的伟大斗争"的时代意蕴》，《党的文献》2022年第5期。
② 杨洋、唐爱军：《论新时代"伟大斗争"的必然逻辑、理论内涵与实践方略》，《山东师范大学学报（社会科学版）》2022年第2期。
③ 林绪武：《全面推进中华民族伟大复兴的理论内涵和路径指向》，《人民论坛·学术前沿》2022年第20期。

大复兴的必由之路。习近平总书记在党的二十大报告中指出:"中国特色社会主义是实现中华民族伟大复兴的必由之路。"这是深刻总结中国革命、建设和改革的发展历程得出的重要结论。中国特色社会主义作为科学社会主义理论逻辑和中国社会发展历史逻辑的辩证统一,是党团结带领全国人民在和平与发展成为时代主题的历史条件下,在总结国内外社会主义建设兴衰成败的历史经验基础上,依据中国国情和建设改革实践开辟的一条实现社会主义现代化和中华民族伟大复兴的必由之路,是党和人民历尽千辛万苦、付出巨大代价取得的重要成就。①

关于人类文明新形态的研究,一是阐明"人类文明新形态"的科学内涵。人类文明新形态作为中国共产党领导人民在百年奋斗中创造的伟大成果,蕴含着丰富的科学内涵。它是以"中国特色社会主义"为鲜亮底色、"五个文明"为主体要素、"以人民为中心"为价值内核、"中国共产党领导"为鲜明特征、"构建人类命运共同体"为世界治理目标的人类文明新形态。②二是探讨了人类文明新形态的基本特征与时代意蕴。人类文明新形态是中国共产党团结带领中国人民以高度的历史主动和文明自觉创造的。这一新型文明以"五大文明"进步为主要内容,以中国式现代化道路为现实依据,以全体人民共同富裕为本质要求,是全面均衡发展的文明形态,是彰显时代进步性的文明形态,也是彰显人民至上价值立场的文明形态。人类文明新形态的提出,进一步丰富和发展了马克思主义文明理论,促进了人类社会文明的开放性、包容性、多元性发展,彰显和弘扬了全人类共同价值,为积极构建人类命运共同体筑牢了文明基础。③三是分析了人类文明新形态的创造和世界意义。党中央团结带领人民创造的人类文明新形态是运用马克思主义基本原理解决中国问题和世界问题的创造,是马克思主义的时代精华,也是坚守中华文化立场解决中国问题的伟大创造,是中华优秀文化的时代精华。人类文明新形态是促进人的自由全面发展、实现人民美好生活向往的文明,是"五位一体"整体推进、协调发展的文明,是占领了真理和道义制高点的文明。人类文明新形态的伟大创造充分

---

① 闫志民、王寿林:《中国特色社会主义是实现中华民族伟大复兴的必由之路》,《人民论坛》2022年第21期。
② 邱吉、贾蕾:《"人类文明新形态"的科学内涵》,《马克思主义理论学科研究》2022年第4期。
③ 张凯:《人类文明新形态的基本特征与时代意蕴》,《思想理论教育导刊》2022年第4期。

彰显了当代中国马克思主义与21世纪马克思主义的科学性与人民性，深刻体现了习近平新时代中国特色社会主义思想的真理力量与道义力量，是人类文明发展的必由之路，具有重要的世界意义。①

关于中国特色社会主义制度的研究，一是对中国特色社会主义制度的原创价值进行研究，认为中国特色社会主义制度是中国共产党的伟大制度创造，是"人类文明新形态"的制度表现，相较于西方资本主义制度和苏联等社会主义国家的制度而言呈现出显著原创价值。具体体现在凸显中国共产党总揽全局、协调各方的领导核心作用，体现在贯穿以人民为中心的价值理念、保障全过程人民民主，体现在实现社会主义基本制度和市场经济的有机结合、发挥两方面突出优势，体现在坚持马克思主义在意识形态领域的指导地位。中国特色社会主义制度原创价值源于马克思主义基本原理同中国具体实际相结合、同中华优秀传统文化相结合的历史过程，既是"中国之制"较之其他制度模式的独特之处，更是比较优势的源头所在、关键所在。②二是新时代中国特色社会主义制度话语体系建构问题，有学者认为，新时代中国特色社会主义制度话语体系，是以习近平同志为核心的党中央关于中国特色社会主义制度的层级结构、显著优势、评价标准、治理效能等重大问题的话语表达。其继承发展了马克思列宁主义国家学说，转化吸收了中华优秀传统文化关于国家制度的思想精华，概括凝练了中国共产党领导政权制度建设的实践经验，具有坚实的理论根基、文化底蕴、实践基础。这一话语体系的建构有助于坚定中国特色社会主义制度自信，在驳斥西方话语攻讦中树立中国良好形象，进而在国家间制度竞争中更好赢得国际话语权。③三是以新型国家制度为中心，对中国式现代化道路的政治文明意蕴进行剖析，认为新型国家制度建设同社会主义文明探索相同步，贯穿于中国共产党的百年奋斗史，经历四个历史时期、五次历史性发展进程。新型国家制度是社会主义文明在政治维度的集中体现，以人民逻辑突破资本逻辑对现代国家制度建设的支配作用，以中国式民主批判和超越西式民主，它以自身成功实践确证人类制度文明和制度形式的多样

---

① 孙熙国、陈绍辉：《人类文明新形态的创造与世界意义》，《中国社会科学》2022年第12期。
② 车宗凯：《中国特色社会主义制度的原创价值论析》，《社会主义研究》2022年第2期。
③ 李永进：《论新时代中国特色社会主义制度话语体系建构》，《思想理论教育导刊》2022年第10期。

性，丰富人类政治文明形态，有着世界历史意义。[①]也有学者对中国特色社会主义制度优越性的对外传播策略进行研究，认为加强中国特色社会主义制度优越性的对外宣传是党的宣传工作的一项重要任务，是中国特色社会主义事业发展的现实需要，目前这一工作还比较薄弱，存在"有理说不出，说了传不开"的问题。要做好这一工作，必须以马克思主义的科学社会主义理论为指导，坚持理论与实际相结合、原则性与灵活性相结合，以中国特色社会主义制度优越性的理论解读为基础，聚焦中国特色社会主义制度优越性话语体系的建构，实现话语体系的对外转换，着眼对外传播实效，改进传播策略，进行全方位针对性的对外宣传，同时优化具体策略，使中国特色社会主义制度优越性的理念在国际社会更加深入人心。[②]

学者们还高度关注全过程人民民主的问题，有学者认为，将民主视为一种应然权利具有其现代进步性，但是"权利型民主"在当下西方遇到许多困境，中国全过程人民民主理念的提出实现了对现代民主理论的突破与创新。从民主评价的"四个更要看"与全过程人民民主的"四个相统一"中可以看出，全过程人民民主所要解决的核心问题是现代国家"民主权利缺乏能力保障"的困难。通过让政治运行摆脱资本束缚、强有力政党赋能人民民主，全过程人民民主实现了对权利的"名"与"实"、人民的"多"与"少"的统一，超越了"权利型民主"。从"全链条、全方位、全覆盖"中可以看出，全过程人民民主开拓了保障民主能力的三维路径，使得民主兼具时间连续与逻辑完整、实现领域协调与落实到位，从而建构出"权利－能力型民主"，这是全过程人民民主的理论突破，更是未来中国民主制度与实践不断完善的重要指向。[③]还有学者认为，全过程人民民主是我国社会主义民主政治的本质属性，发展全过程人民民主是中国式现代化的本质要求。民主要成为信仰、制度、习惯和生活方式，必然要从理想走向现实、从原则走向制度、从规划走向程序。全过程人民民主，既意味着人民享有充分的选举和投票的权利，也意味着人民能够广泛参与各

---

① 李应瑞：《中国式现代化道路的政治文明意蕴探析——以新型国家制度为中心》，《社会主义研究》2022年第6期。
② 韩强：《论中国特色社会主义制度优越性的对外传播策略》，《北京联合大学学报（人文社会科学版）》2022年第1期。
③ 林修能：《"权利－能力型民主"：全过程人民民主的理论突破》，《社会主义研究》2022年第4期。

种协商活动，协商民主是全过程人民民主的生动诠释。在新的历史起点推进全过程人民民主，要坚持党的领导、人民当家作主和依法治国的有机统一，充分挖掘和发挥协商民主的时代价值，将民主的原则要求与民主的发展规划结合起来，将民主的制度设计与民主的实践操作结合起来，将民主的理论思考与民主的经验总结结合起来，将中国的民主发展与人类的政治文明结合起来。[1]

5.中国式现代化研究

2022年，北京高校对中国式现代化的研究越来越多、越来越深入。在中国式现代化的研究上，北京高校聚焦中国式现代化新道路、中国式现代化话语体系、中国式现代化与人的维度、中国式现代化的文化意蕴、比较视野下的中国式现代化、共同富裕等方面，掀起现代化研究的新热潮，形成丰富研究成果。

关于中国式现代化新道路，有学者从中国式现代化的时代影响出发，认为党成立之初就坚信，只有在取得新民主主义革命胜利之后，中国的工业化和现代化才可能变为现实。新中国成立后，实现中国的现代化，是对社会主义道路作出的居于首要位置的战略擘画，成为党始终肩负的历史使命。新时期"中国式的现代化道路"的提出及其"核心"地位的认识，集中体现了党的历史自觉和时代担当。新时代展现了中国式现代化的新境界，全面建设社会主义现代化国家的新的历史进程，激奋了中国式现代化的全面跃升。习近平在党的二十大提出的"以中国式现代化全面推进中华民族伟大复兴"的思想，是党的历史主动和历史自信、时代担当和崇高理想的宣示。[2]也有学者对于推动各民族共同走向社会主义现代化的中国道路进行阐释，指出习近平总书记在党的二十大报告中提出以中国式现代化全面推进中华民族伟大复兴，也在2021年中央民族工作会议上指出要推动各民族共同走向社会主义现代化。我国的现代化是全体人民共同富裕的现代化，是物质文明和精神文明相协调的现代化。没有各民族共同团结奋斗就难以实现社会主义现代化，没有各民族共同繁荣发展也不是社会主义现代化。因此，推动各民族共同走向社会主义现代化，要针对存在的难点问题精准施策。推动各民族共同走向社会主义现代化作为新时代民族工作的

---

[1] 陈家刚：《协商民主与全过程人民民主的实践路径》，《中州学刊》2022年第12期。
[2] 顾海良：《中国式现代化的时代感召和理论伟力》，《经济学家》2022年第12期。

重要战略任务，为实现国家富强、民族复兴、全面建设社会主义现代化国家提供根本保障。梳理中国共产党带领各族人民共同走向社会主义现代化道路的历程，总结历史经验和建设成就，对于做好新时代党的民族工作、实现民族地区高质量发展具有十分重要的指导意义，也可为世界上其他多民族的发展中国家推动现代化进程、妥善解决民族问题提供中国智慧和中国方案。①

关于中国式现代化与人的现代化问题，有学者认为，党领导人民开创中国式现代化道路的基础是走自己的路、坚持和发展中国特色社会主义。中国式现代化道路具有自身的制度属性，彰显人民性的实质。中国式现代化道路与人的全面发展互为前提和基础，中国式现代化道路以促进人的全面发展为价值旨趣，而人的全面发展则是推进中国式现代化道路建设的主体动力。中国式现代化道路破除世界现代化进程中人与自然、社会以及人类之间的发展困境，为人的发展创建新的文明形态，即创建人与社会发展相统一的人类发展新形态、创建人与自然是生命共同体的人类发展新形态、创建人类命运共同体的人类发展新形态。②也有学者认为，中国式现代化是以人的现代化为主题，以人的自由全面发展和人类解放为根本价值追求的现代化，它在实践中开辟了一条以"人本"代替"物本"、"人—自然—社会"协同进步的现代化发展道路，创造了人类文明新形态。③还有学者从中国式现代化的人学向度分析出，中国式现代化的核心是人的现代化，从根本上破解了资本逻辑对人的价值的宰制，实现了"真正的人"的中国式生成。中国式现代化以实现人的自由全面发展和推动构建人类命运共同体为价值追求，高扬人民至上的价值旗帜，彰显了真正的人的价值，从而使人进入了理性的、自然的、和谐的、自由的发展阶段。中国式现代化对人的价值的现实关切和终极关怀，为人类实现现代化提供了新的选择，为建设一个真正属人的美好世界提供了中国智慧、中国方案、中国力量。④

关于中国式现代化的话语体系问题的研究，一是对"中国式现代化"

---

① 岳凤兰、赵曾臻：《推动各民族共同走向社会主义现代化的中国道路》，《中央民族大学学报（哲学社会科学版）》2022年第6期。
② 王婷、李少军：《中国式现代化道路与人的全面发展》，《理论视野》2022年第6期。
③ 赵义良：《中国式现代化的本质意蕴与价值追求》，《中国特色社会主义研究》2022年第1期。
④ 王虎学、凌伟强：《中国式现代化的人学向度》，《学术研究》2022年第11期。

话语体系的历史生成、现实构建与未来展望进行研究，认为"中国式现代化"既是中国共产党百年现代化思想发展的最新成果，也是对中国式现代化新道路的理论表达。在马克思主义中国化的三次伟大飞跃中，在现代化认识与实践中，中国共产党人逐步形成并发展完善了"从中国的特点出发"的思想方法，这构成"中国式现代化"话语体系的思想内核与建构原点。从新时期到新时代，随着中国式现代化新道路不断开拓，"中国式现代化"话语的概念形式逐渐明确、时代内涵日益丰富，实现了话语体系的初步构建。立足新时代，"中国式现代化"话语建构必须坚持"从中国的特点出发"，在增强文化自觉、坚定文化自信的基础上促进文明交流互鉴，在马克思主义中国化历史进程中实现现代化话语与民族复兴话语的有机融合，提高话语体系的世界影响力与理论说服力。① 二是对"中国式现代化"话语中历史自觉的学理意蕴的探讨：历史主体的学理特质，体现了对社会主义现代化道路、理论和实践的深刻把握，反映了全国各族人民的共同愿望；历史主动的学理彰显，展现了中国现代化发展的目标内涵和根本任务；历史自信的学理昭示，呈现为中国现代化发展的本质要求和根本原则。②

关于中国式现代化的文化意蕴，学者认为，改革开放以来，中国在坚持和发展中国特色社会主义的基础上，创造性地走出了一条中国式现代化道路，创造了人类文明新形态。中国式现代化道路突出彰显了物质文明与精神文明的协调发展，有效释放了中国和西方、传统与现代的文化张力，在人类文明新形态的意义上，中国式现代化道路为世界和平发展贡献出了可资借鉴的方案与智慧。③ 也有学者认为，中国式现代化道路根植于近代以来中国社会发展的全过程，离不开中华民族几千年来的文化积淀和海纳百川的文化借鉴，有其特定文化基因。这种文化基因受益于不同时代培育出来的中华民族优秀文化传统给养以及外部文化有益元素的汲取。发掘和解析中国式现代化发展道路的文化基因，有助于全面理解和把握中国式现代化道路中优秀传统文化、红色革命文化和社会主义先进文化以及外来有

---

① 肖政军、杨凤城：《论"中国式现代化"话语体系的历史生成、现实构建与未来展望》，《中国矿业大学学报（社会科学版）》2022年第6期。
② 顾海良：《中国式现代化的话语与学理探寻》，《理论视野》2022年第11期。
③ 邹广文：《中国式现代化道路的文化解析》，《求索》2022年第1期。

益文化融会贯通的三种文化传统。这三种"文化传统"分别构成了中国式现代化道路的根基、灵魂和催化剂。它们存在角色分工上的差异，却又具有内在逻辑关联，汇聚于中国式现代化道路的形成发展之中，共同锻造出中国式现代化道路的文化基因并彰显其精神质地。立足于文化角度来阐析中国式现代化道路，有助于从精神观念层面确立这条道路区别于其他现代化路径的关键标识。①

关于比较视野下的中国式现代化，有学者认为，中国式现代化道路，立足中国特色社会主义生产方式，致力于探索超越资本主义生产方式的真正创新机制，推动人类走向可持续发展；以人民立场为依托，彰显了执政党的根本价值遵循，致力于塑造和设计完备的制度系统来保障发展成果由人民共享、促进全体人民共同富裕以求实现人的自由全面发展；以世界情怀为人类发展共同价值理念，抛弃了狭隘的西方文明霸权逻辑，增加了现代化发展道路的多样选择，为后发国家实现自身发展提供了一条新的现代化可能路径。②也有学者认为，始终坚持以马克思主义为指导，以坚持和完善社会主义经济制度促进生产力发展，是中国式现代化区别于西方现代化的重要特征。摆脱狭隘的资本主义文明局限，开创社会主义的中华文明新形态是中国式现代化对人类进步的重大贡献。科学处理社会主义条件下政治和经济相互制约、相互促进的辩证关系，是中国式现代化的独特内涵。③还有学者认为，中国式现代化坚持中国共产党的领导，坚持社会主义方向，实行全过程人民民主，超越了西方政党的资本属性与利益集团化倾向，避免了西方民主治理不善的困境，实现了对资本的驾驭和管控，真正实现了人民当家作主。中国式现代化以人类命运共同体为价值追求，尊重世界文明多样性，超越了西方文明冲突论与文明优越主义，致力于建构共建共享、合作共赢、交流互鉴、绿色低碳的全球发展格局，创造了人类文明新形态，为全球发展贡献了中国样本。④

关于中国式现代化与共同富裕问题的研究，一是从实现共同富裕的思想源流、风险挑战与关键路径方面阐释了共同富裕作为社会主义的本质要

---

① 沈江平：《中国式现代化道路文化基因阐析》，《东南学术》2022年第3期。
② 沈江平：《比较视野下的中国式现代化道路》，《中国高校社会科学》2022年第3期。
③ 侯为民：《百年视野下中国式现代化的溯源与思考》，《上海经济研究》2022年第2期。
④ 孙帅：《比较视野下中国式现代化的人类文明新形态价值研究》，《中共中央党校（国家行政学院）学报》2022年第6期。

求、中国式现代化的重要特征，是当下马克思主义理论、哲学、经济学、法学等多学科共同关注和研究的重要理论和实践问题之一。把握好共同富裕的内涵与实质，需要基于科学社会主义理论发展历程的视域，梳理与条陈共同富裕提出和发展的源与流；阐释好共同富裕实现的目标性与过程性的统一，需要坚持实事求是的原则，基于我国经济发展不平衡、城乡收入差距以及已达基尼系数警戒线的客观实情，充分认识跨越"中等收入陷阱"的风险挑战；构建好共同富裕实现的关键路径，需要确立劳动、资本、权力的伦理限度，形成提升劳动收益、遏制资本掠夺、钳制权力扩张的三维协同框架。①二是阐明"共同富裕社会"坚持以人民为中心的发展思想，并论证了它反映社会主义的本质要求，体现中国式现代化特征，是人类文明发展过程中的一种新形态。其内涵立体而丰富，是一个以经济高质量发展为基础，国家富裕与人民富裕一致的共富社会；是以社会高质量发展为前提，社会全面进步与个体全面发展相互促进的和谐社会；是对小康社会的接续与跃升，是将静态规划与动态实践结合起来的阶梯式递进发展的社会。"共同富裕社会"的提出及其实践，反映了中华民族千百年来的共同追求，体现了马克思主义关于未来理想社会的价值目标，将进一步彰显社会主义道路的"中国特色"以及中国特色社会主义制度的优越性，为人类"大同"理想开拓更加广阔的前景。②三是对共同富裕理论内涵的审视，指出共同富裕是社会主义本质理论的重要内容，是"普惠性"与"差异性"的统一，是"稳定性"与"发展性"的统一，是"民族性"与"世界性"的统一。③四是论述实现全体人民共同富裕的主要障碍及创新路径。实现全体人民共同富裕，既是广大人民群众的共同价值诉求，也是中国共产党矢志不渝的奋斗目标。但居民收入差距较大、区域城乡发展不均衡、相对贫困治理困境突出等问题犹存，极大地制约着共同富裕目标的顺利实现。为此，需促进国家战略有效衔接，助推区域高质量协同发展；深化收入分配制度改革，形成公正、合理的收入分配格局；增强基本公共服务可及性，夯实共同富裕的民生基础；建立缓解相对贫困的长效机制，

---

① 王淑芹：《实现共同富裕的思想源流、风险挑战与关键路径》，《马克思主义研究》2022年第8期。
② 邱吉、杨秀婷：《论"共同富裕社会"的内涵及价值意蕴》，《教学与研究》2022年第5期。
③ 唐鑫：《正确理解共同富裕理论内涵的四维审视》，《社会主义研究》2022年第2期。

推动减贫战略平稳转型。①学者们对共同富裕的研究，对于深化拓展中国式现代化的研究具有重要意义，对于丰富发展马克思主义中国化学科内涵也具有重要意义。

2022年北京高校在马克思主义中国化研究上坚持以习近平新时代中国特色社会主义思想为研究重点，持续深化马克思主义中国化的基础理论问题研究，深入探讨中国共产党与马克思主义中国化时代化的关系，对中国特色社会主义重大理论和实践问题尤其是中国式现代化、共同富裕等重大问题进行了全面系统的研究，既有重大理论问题也有重大现实问题，既有学科基础问题也有学科前沿问题，为马克思主义中国化的学科发展奠定坚实基础。

总体看来，2022年北京高校马克思主义中国化研究呈现以下研究特点：一是紧紧围绕党的创新理论研究阐释的学理化体系化问题，深入开展习近平新时代中国特色社会主义思想研究，形成了一系列重要研究成果；二是紧密结合中国共产党历史深化马克思主义中国化研究，将中国共产党的百年历史视为一部不断认识和推进马克思主义中国化的历史，从百年党史这一视角透视党的理论创新，阐释中国共产党的百年历史、历史主动、自我革命、伟大建党精神与党的理论创新关系，进一步深入探讨马克思主义中国化时代化问题；三是紧扣中国特色社会主义这个主题开展广泛研究，对中华民族伟大复兴、中国式现代化、全过程人民民主、共同富裕等重大理论和实践问题开展研究，不断丰富拓展马克思主义中国化研究的论题、论域。

为了进一步推进马克思主义理论学科发展，马克思主义中国化研究还需在以下方面进一步努力：一是加强对党的最新理论创新成果即习近平新时代中国特色社会主义思想的研究阐释工作，注重在研究阐释的体系化和学理化上下功夫，以完备的体系、深刻的学理，让党的创新理论展现出更为强大、更有说服力的真理力量；二是加强对马克思主义中国化时代化的根本途径即"两个结合"的研究，研究阐释如何把马克思主义思想精髓同中华优秀传统文化精华贯通起来、同人民群众日用而不觉的共同价值观念融通起来，不断赋予马克思主义科学理论以鲜明的中国特色，不断夯实马

---

① 刘璇、杜方朝：《新时代实现全体人民共同富裕的主要障碍及创新路径》，《河北学刊》2022年第5期。

克思主义中国化时代化的历史基础和群众基础；三是加强对中国式现代化问题的研究，深入研究和探讨中国式现代化这一重大历史命题、时代课题，这是马克思主义中国化研究学科在新时代新征程上的重要使命和任务，要加强对中国式现代化新理念、新思想和新战略的研究阐释，构建中国式现代化学科体系、学术体系和话语体系。

（四）中国近现代史基本问题研究

2022年，中国近现代史基本问题研究在传统问题上精耕细作，围绕重要历史事件、重要会议、重要人物以及重要纪念活动展开，研究成果见仁见智，重点突出，主要体现为马克思主义在中国传播研究、中国共产党奋斗历程和基本经验研究、党和国家领导人生平思想研究、抗日战争研究、妇女运动和学生运动研究五个方面。

1.马克思主义在中国传播研究

其一，马克思主义中国化历史背景研究。有专家认为，大革命失败后，以毛泽东为主要代表的中国共产党人总结正反两方面经验，继续推进马克思主义中国化，深刻分析中国社会形态和阶级状况，弄清了中国革命的性质、对象、任务、动力，创造性地解决了团结最大多数人共同奋斗的统一战线的一系列重大问题，极大地丰富了马克思主义关于工农联盟的思想，形成了新民主主义革命理论，成功实现马克思主义中国化的第一次历史性飞跃。[1]有专家考察了《星期评论》创刊的语境与宗旨，认为戴季陶及其主编的《星期评论》不仅不能代表这一时期中国先进分子理解马克思主义学说的最高水准，甚至根本没有理解马克思主义的核心要义。[2]

其二，马克思主义概念引入和确立研究。有专家认为，严复所译《天演论》，至少从确立"物竞"观念、阐明"民惟安生乐业乃有以自奋于学问思索之中"的"唯物"思想、创译"乌托邦"和创译"事各视其所胜，养各给其所欲"等四个方面，为社会主义思想在中国的早期传播作了观念上的铺垫，在当时的中国思想界产生了广泛影响，也为近代中国先进分子

---

[1] 欧阳军喜：《中国共产党对马克思主义中国化的早期探索》，《历史研究》2022年第6期。
[2] 王宪明：《戴季陶主编〈星期评论〉"传播马克思主义"问题辨析》，《安徽大学学报（哲学社会科学版）》2022年第4期。

接受社会主义和马克思主义作了思想理论上的准备。①

2.中国共产党奋斗历程和基本经验研究

其一，中国式现代化探索实践和经验研究。有专家认为，中国式现代化的纵向历史坐标表现为中国共产党独立自主探索社会主义现代化建设的历史过程，其横向历史坐标体现为中国共产党秉持以人民为中心的发展思想，超越了西方以资本为中心的"串联式"现代化模式，成功走出了一条复合型的"并联式"现代化新道路。②

其二，领导文化教育事业的历史逻辑和经验研究。有专家认为，中国共产党的百年奋斗史是一部党领导中国人民救国、建国、富国、强国的壮丽诗篇，中国共产党的爱国主义经历了从新民主主义走向社会主义、从社会主义迈向中国特色社会主义、进入中国特色社会主义新时代的发展历程。中国共产党百年爱国主义的主题主线是坚持社会主义性质和方向，本质特征是爱国和爱党、爱社会主义高度统一，历史经验是没有共产党就没有新中国，只有社会主义才能救中国，只有社会主义才能发展中国，只有中国特色社会主义才能建成社会主义现代化强国。③有专家认为，在中国共产党百年奋斗的历程中，为人民服务的价值观始终服务于党的主要任务，始终为党作决策、定政策提供价值引领，始终关照着"培养什么样的人"的根本问题，始终推动全体党员和人民群众在理想信念、价值理念、道德观念上紧紧团结在一起，为中华民族迎来从站起来、富起来到强起来的伟大飞跃，凝聚起磅礴力量。④

其三，宣传思想工作的百年演进与经验研究。有专家认为，科学解答"中国向何处去"、推动实现中华民族伟大复兴是中国共产党引领社会思潮的历史主题。围绕这一主题，中国共产党以马克思主义引领社会思潮，完成历史任务，取得的成就和进步构成了历史主流。中国共产党引领社会思潮的历史，本质上就是同错误思潮作斗争、建设具有强大凝聚力和引领

---

① 王宪明、陈娟：《严译〈天演论〉对社会主义思想在中国早期传播的四大贡献及其影响》，《理论学刊》2022年第6期。
② 黄建军：《唯物史观视野下中国式现代化的历史坐标与世界意义》，《马克思主义研究》2022年第6期。
③ 王树荫：《坚持爱国主义的社会主义性质和方向——中国共产党百年爱国主义的主题主线》，《马克思主义研究》2022年第8期。
④ 吴潜涛、潘一坡：《中国共产党为人民服务价值观的历史发展》，《马克思主义与现实》2022年第2期。

力的社会主义意识形态。①有专家认为，中国共产党在百年奋斗历程中，不断推进和加强媒体管理，取得显著成效。其宝贵经验和重要启示是：要坚持把党管媒体作为意识形态工作的重要抓手，坚持党管媒体要以恪守党性原则作为根本遵循、要以服务党和国家中心工作作为主要任务、要以创新媒体管理体制机制作为关键环节，不断提升媒体管理的科学化水平。②有专家认为，延安时期为打破国民党污化宣传，澄清国际社会猜疑，中国共产党采取多样化对外话语叙事策略，设立专门外宣机构，打开对外话语传播"窗口"；领导创办外文期刊，架设对外话语传播直接平台；将外国记者"请进来""借口说话"，发挥对外话语建构中介作用；通过戏剧、电影、摄影等艺术形式传递对外革命话语；创建对外广播，让世界听到中国共产党的声音；发动民主人士及海外华侨推动话语传播。③

其四，党的作风建设的历史进程和经验研究。有专家认为，一百年来，中国共产党坚持理论联系实际、密切联系群众、批评与自我批评，不断推进作风建设。党在领导革命、建设、改革的历史进程中，积累了丰富的作风建设经验。坚持以人民至上的价值观引领作风建设，坚持以政治建设为统领强化作风建设，坚持围绕党的中心任务加强作风建设，坚持以思想教育和制度建设相结合推进作风建设。④有专家认为，进入新时代，以习近平同志为核心的党中央高度重视党内巡视监督，不断赋予其新的活力。在党的坚强领导下，新时代巡视工作取得了显著成效，积累了宝贵经验。其基本经验可以概括为：深化对党内巡视监督的政治巡视战略定位和本质内涵的认识；以严格的标准推动党内巡视监督高质量发展；将人民立场贯穿在党内巡视监督的全过程；不断提升党内巡视监督的制度化与规范化水平；切实增强党内巡视监督的系统性和协调性；遵循党内巡视监督规律以提升其科学化水平。⑤

---

① 陈月：《中国共产党百年引领社会思潮的主题主线和主流本质》，《马克思主义研究》2022年第9期。
② 郝潞霞、孙雪梅：《中国共产党"党管媒体"的历史考察及经验启示》，《思想理论教育导刊》2022年第12期。
③ 王海军：《"向世界讲好中国共产党的故事"——延安时期中共构建对外话语体系的多重叙事》，《马克思主义研究》2022年第2期。
④ 冯留建、江薇：《中国共产党作风建设的历史考察及主要经验》，《思想理论教育导刊》2022年第6期。
⑤ 赵付科、张亦弛：《新时代加强党内巡视监督的基本经验》，《科学社会主义》2022年第5期。

其五，党的历史决议研究。有专家聚焦三个历史决议与中国共产党马克思主义观，提出三个历史决议从本体论、实践论、价值论出发，集中诠释了马克思主义的科学内涵、实践路径、重要价值，整体上建构了中国共产党百年马克思主义观的基本要义。以科学的马克思主义观为指引，中国共产党在推进马克思主义中国化时代化大众化的过程中，推动中华民族迈向伟大复兴、21世纪社会主义迎来振兴、人类文明发展进入新阶段。[1]有专家认为，中国共产党历史上的三个"历史决议"，分别是在毛泽东、邓小平和习近平的主持下编写的。就历史意识而言，他们各有侧重、各具特色，但都坚持马克思主义的历史观，都接受中华优秀传统文化的滋养，所以在"历史决议"的编写中，表现出既一以贯之又一脉相承的共同点。一是用发展的与辩证的观点来看待历史；二是在特定历史条件下分析人物与事件；三是关注并尊重历史的整体性和连贯性；四是分析历史的联系、揭示其内在的规律。[2]有专家认为，第三个历史决议为新时代中共党史历史书写提供了重要启示，这就是把"世界"写入党的历史中，把"人民"写进党的历史中。[3]

其六，党的重要会议研究。有专家认为，党的七大系统总结了新民主主义革命24年的经验，大会通过的路线、方针和政策，为新民主主义革命的伟大胜利指明了方向。党的七大在深刻总结历史经验教训的基础上，确立毛泽东党的领袖和党中央核心地位，确立毛泽东思想为党的指导思想，在党的建设和攸关中国革命前途与命运的一系列问题上作出正确的战略决策，从而保证了新民主主义革命的最终胜利。[4]有专家认为，改革开放以来，中国共产党共召开九次"六中全会"，其中心议题虽然不尽相同，但有着一以贯之的逻辑主线，体现了中国共产党对"中国现代化"目标、中国特色社会主义的探索历程。在新的历史方位上，十九届六中全会以"历史决议"的方式总结党的百年奋斗历史，与十一届六中全会的"历史决

---

[1] 欧阳奇：《从三个历史决议看中国共产党的百年马克思主义观》，《马克思主义研究》2022年第5期。

[2] 周良书：《政治家的历史意识——从中国共产党三个"历史决议"的编写谈起》，《北京大学学报（哲学社会科学版）》2022年第1期。

[3] 欧阳军喜：《第三个历史决议与新时代中共党史历史书写》，《高校马克思主义理论研究》2022年第2期。

[4] 杨凤城：《党的七大与新民主主义革命的伟大胜利》，《思想理论教育导刊》2022年第9期。

议"相呼应,体现了党在深化改革的同时不断自我革命的历史自觉,指明了新时代中国特色社会主义的发展方向。①

其七,党的历史自信研究。有专家认为,深刻领会党百年奋斗的历史意义,要注重从整体上把握,树立大历史观,坚持系统观念,坚定历史自信,贯通历史、现在、未来,贯通把握党百年奋斗的历史逻辑、理论逻辑和现实逻辑。②有专家认为,历史自信是习近平深入总结中国共产党百年奋斗历程得出的深刻结论。历史自信源于中国共产党百年奋斗的伟大创造,蕴含着深刻的价值旨归,规定了新时代的实践要求。③有专家认为,中国共产党总结百年奋斗历史聚焦重大成就和历史经验、发挥历史主动精神、鲜明反对历史虚无主义、坚信历史昭示美好未来、大力弘扬奋斗精神等彰显了高度的历史自信。这一历史自信有着彪炳史册的伟大成就、客观科学的历史认知、勇立潮头的先进政党、正义崇高的光荣事业等充足理由。中国共产党坚定和彰显历史自信对于统一意志行动、走好赶考新路、展示高伟形象、扩大国际影响等具有重大理论和现实价值。④

3.党和国家领导人生平思想研究

其一,刘少奇生平思想研究。有专家认为,刘少奇在延安时期对推进党的政治建设进行了深入探索,主要体现为:必须制定和维护正确的政治路线,坚决执行建立最广泛的抗日民族统一战线,反对关门主义和右倾机会主义;必须坚决维护党中央权威与集中统一领导,反对党内各种错误倾向,以实际行动维护毛泽东在党中央的核心地位,推动确立毛泽东思想为党的指导思想;必须严肃党内生活,持续推进党的民主集中制建设,明确了民主集中制的内涵,并将其纳入党的制度建设,同时必须开展正确的党内斗争,严肃批评错误倾向,并将这些观点落实到根据地建设中;必须加强党员党性修养与锻炼,批评有违党性的各种错误思想意识,以身作则贯彻批评与自我批评。⑤

---

① 周良书、杨弟福:《改革开放以来中国共产党若干次"六中全会"研究》,《北京交通大学学报(社会科学版)》2022年第2期。
② 王炳林、石卓群:《从整体上把握党百年奋斗的历史意义》,《思想教育研究》2022年第5期。
③ 赵朝峰:《历史自信:产生源泉、价值旨归和实践要求》,《求索》2022年第3期。
④ 佘君、高正礼:《论中国共产党总结百年奋斗成就经验的历史自信》,《科学社会主义》2022年第3期。
⑤ 陈浩:《延安时期刘少奇对党的政治建设的探索》,《党的文献》2022年第2期。

其二，任弼时生平思想研究。有专家介绍了任弼时与西北局高干会的相关情况，指出任弼时受中共中央委托负责指导这次会议，为此次会议的成功召开和会议精神的贯彻落实做了大量工作。会前，他通过推动干部学习整风文件，确立正确思想方法，为会议召开奠定思想基础；围绕党政军民关系开展调查研究，为会议准备相关材料；查找边区经济建设存在的问题，为会议明确着力点。会上，他从理论上和思想上阐释党的集中统一领导原则，帮助党员干部克服不正确的思想和倾向；积极引导转变工作作风，把发展生产作为全部工作的中心一环；以实事求是精神推动陕北党的历史问题解决，促进党内团结，使会议顺利实现预定目标。会后，他推动会议精神贯彻，使陕甘宁边区党的集中统一领导得到进一步加强，大生产运动进一步深入。[1]

4.抗日战争研究

其一，持久战思想研究。有专家认为，抗日战争进入战略相持阶段后，国际上对日本侵华的绥靖政策与国内抗日民族统一战线内部的反共高潮相继出现。对此，中国共产党提出"反投降"的策略口号，将"反对投降和分裂"作为这一时期全党的核心任务。研究者基于马克思主义经典作家有关民主革命阶段无产阶级与资产阶级关系的理论，梳理了中国共产党"反投降"话语的生成及其理论依据，厘清了"反共即投降"这一口号的内在逻辑，明确了中国共产党的"反投降"话语实际上是在总结与回应"在民族革命战争中，中国无产阶级应当如何处理与以中国国民党为代表的大地主大资产阶级的关系"这一至关重要的问题。[2]

其二，八路军新四军研究。有专家剖析了1941年新四军第四师战略转移问题：1月底日军发动豫南攻势，中共中央大力鼓励四师西进发展新黄河地区，然而战场形势发生逆转，四师陷入敌顽夹击的不利境地。华中局为重点保障苏北地区安全，逐渐倾向于保存四师实力；中共中央则基于皖南事变后国共谈判及全国战略配合的考量，对四师坚持津浦路西仍抱有期待。此后日军动向变化改变了国共在涡河以南的兵力布置重心，四师主力被分割在涡河南岸地区，难以展开。加之豫皖苏边区群众基础有限、军队

---

[1] 王光鑫：《任弼时与西北局高干会》，《党的文献》2022年第3期。
[2] 王宪明、李玓：《马克思主义视域下中国共产党"反投降"话语的生成及其内在逻辑》，《马克思主义与现实》2022年第1期。

建制尚待完善，四师难以获得充分的补给和支持，最终作出由路西战略转移的决策。①

其三，全面抗战前期香港援华通道问题研究。有专家认为，1937年全面抗战爆发，日军对中国大陆海岸线的封锁及其他陆路援华通道的阻挠使得国民政府在战争之初便感受到了武器紧缺所带来的防御压力，香港的战略重要性凸显了出来。鉴于此，我国政府不仅采取了工程措施以努力维持相关交通线的运力，同时极尽可能地通过外交努力以维持香港对外沟通渠道的顺畅。日方亦向英国政府施加外交压力和军事威胁，试图切断中国香港同内地以及外界的联系。英国政府在日方施压之下尽力维持香港通道的畅通，实质是将其作为战时援华的重要方式以遮掩其在援助物资总量上的相对较少这一道义缺憾。②

5.妇女运动和学生运动研究

其一，妇女运动研究。有专家认为，百年来，在中国共产党的领导下，中国妇女运动不断发展，始终和党的中心任务相联系。在新民主主义革命时期，妇女运动与反帝反封建的任务相结合；在社会主义革命和建设时期，党积极动员妇女参加社会主义革命和建设；在改革开放新时期，妇女运动在改革开放的伟大实践中不断前行；新时代以来，党积极发挥妇女在家庭生活和社会生活中的两个独特作用，妇女运动为实现中华民族伟大复兴而奋斗。从反帝反封建到为实现中华民族伟大复兴而努力，妇女运动的时代主题与时俱进。③有专家认为，20世纪三四十年代，沂蒙革命根据地大批男性参军支前，为弥补农业生产劳动力的不足，沂蒙根据地党组织采取多种方式积极动员妇女参加生产。党通过强有力的组织，为根据地妇女参加生产提供制度保障；通过多样化的宣传方式，为妇女参加生产进行舆论引领；通过技能培训，为妇女参加生产创造条件。在共产党切实有效的动员之下，沂蒙妇女积极参与农业生产，直接助力革命。在这一过程中，广大妇女开始摆脱传统性别禁锢，其个人形象认知、婚姻家庭、政治实践、社会经济生活、精神文化生活、社会心理均发生了巨大转变，推进

---

① 张蓝天：《一九四一年新四军第四师战略转移问题再探》，《中共党史研究》2022年第6期。
② 毕文静：《全面抗战前期香港援华通道问题研究》，《党史研究与教学》2022年第3期。
③ 张春鹏、康沛竹：《中国共产党领导下的妇女运动时代主题的变迁》，《中华女子学院学报》2022年第6期。

了自身解放的进程。①

其二，五四运动研究。有专家聚焦江西地方社会的权势格局与五四运动的相互影响。五四运动前夕，江西地方社会格局内部的互动博弈相当复杂，形成了各自的运作策略。五四运动初期，军商教界都对学生行动给予了一定的支持和帮助，成为运动兴起发展的助力之一，学生的积极行动亦产生了深刻的社会影响。随着运动的深入，此前久已存在的米谷禁运、救济浔路两大议题被赋予了维护国权、公民联合等新的意义，但社会格局中已有的种种裂痕也逐渐浮现，学生界与商界、议会关系恶化，多方围绕自身利益展开角力，相关诉求难以实现，折射出学生现实行动和联合理想的困境。五四大潮也反过来影响了地方社会格局，学生界激烈反抗，国民意识及"赣人自治"观念成为主流，叠加以假该话语为名的各方运作，很大程度上冲击了江西军政教界的既有权势格局。②

其三，一二·九运动研究。有专家认为，1935年末，在日方策动与地方实力派配合下，"华北自治运动"达到最高潮，国民党南京政府与地方实力派间的博弈亦白热化。在此种复杂情势下，在中共地方组织领导下，爆发了一二·九运动。学运之初，基于不同政治考量，国民党南京政府与宋哲元对学运的态度存在分歧。然而，国民党当局既难以满足学生的政治诉求，其直辖区域的党政组织也无力领导学运。随着华北局势逐渐稳定，国民党南京政府与宋哲元对学运的态度最终达成一致。一二·九运动在双方合力制裁下最终陷入低潮，但国民党政府的权威和形象也因此受损，这客观上为平津等地的中共地下党恢复组织、扩大影响提供了契机。③

（五）国外马克思主义研究

2022年北京地区高校的国外马克思主义研究，总体呈现出三大特点：一是持续深化传统理论流派和问题研究，坚持理论反思和理论建构并重；二是聚焦重大现实问题研究，力图把握时代的总体脉搏和发展趋向；三是高度关注资本主义新变化，敏锐洞察数字与资本的结合对历史主体的

---

① 史春风、周昊：《中国共产党领导下的妇女解放路径探索——20世纪三四十年代沂蒙革命根据地妇女的生产动员与妇女解放实践》，《中华女子学院学报》2022年第6期。
② 张蓝天：《江西地方社会的权势格局与五四运动（1917—1920）》，《党史研究与教学》2022年第1期。
③ 肖政军：《再论一二九运动的历史走向及其成因》，《中共党史研究》2022年第3期。

影响。

1. 西方马克思主义的总体评判与反思

有学者从马克思主义传播的视角出发，对西方马克思主义的总体性质进行了反思和批判，指明了其内在的局限性。学者指出，"理论武器"是马克思主义传播的基本定位，它面对的主要对象是现代无产阶级及其政党。政治实践是马克思主义传播的重要领域，它反映着对马克思主义的理解方式。西方马克思主义总体上将马克思主义工具化的做法，实际上走上了"学术化马克思主义"之路。它消解了马克思主义的革命性，并将现代无产阶级定位为被拯救的对象而不是革命的主体，最终将马克思主义完全划入了"主体性"哲学的领域之内。[1]

有学者认为，对于马克思主义哲学的当代探索来说，在分析人本主义与结构主义阐释路径的基础上反思过去的研究思路和理论构架，是推进马克思主义哲学研究的一项重要的基础性工作。马克思主义哲学阐释中的人本主义思路发端于主体性哲学，在20世纪五六十年代成为该领域的一股重要思潮，与之相对的就是以阿尔都塞为代表的结构主义阐释路径，它对人本主义阐释路径展开了批判。虽然这一批判具有极强的颠覆性，但是并不妨碍后来者从人本主义角度重新理解马克思主义的思路，比如吉尔·德勒兹、安东尼奥·内格里等人。这也表明，结构主义的批判虽然触及了人本主义解释思路的重要根基，但仍然存在着理论缺陷。[2]

2. 国外马克思主义者研究的持续和深化

与往年一样，卢卡奇、布洛赫、阿多诺等国外马克思主义者的思想研究持续深入开展。

有学者梳理了从卢卡奇到法兰克福学派的理论进展及其对马克思批判理论的影响。学者认为，在从卢卡奇到法兰克福学派的理论进展中，马克思的批判理论得到了新的展开。卢卡奇从资本主义社会变迁中，看到了物化结构的形成以及这一结构对人的活动与心理、意识的影响，形成了系统的物化批判理论。早期法兰克福学派以批判理论为研究纲领，在哲学层面

---

[1] 郑伟、赵航：《马克思主义传播视域下的西方马克思主义评判》，《马克思主义哲学》2022年第2期。

[2] 仰海峰：《超越人本主义与结构主义——资本逻辑与马克思主义哲学构架的新探索》，《马克思主义与现实》2022年第4期。

批判实证主义与形而上学，在社会生活层面结合精神分析学等思潮，批判法西斯主义。在进入美国后，进一步发展了批判理论，以工具理性批判展开了对西方文化根基的反思。这种激进化的批判，一方面推进了批判理论的发展，另一方面，也使这一理论面临着自身难以解决的问题，这也是当代批判理论发展中需要面对的问题。①

另有学者研究认为，卢卡奇的"总体性辩证法"主要针对的是马克思主义的现代阐释及其与资本主义社会科学的关系问题，以此应对第二国际对马克思主义的经济决定论和修正主义的解读模式。卢卡奇的"总体性辩证法"偏重认识论领域中的方法论解读，在强调阶级斗争重要性的同时消解了实践的基础性地位。"总体性辩证法"所导致的问题是，它将马克思主义的模式解读凌驾于马克思理论的内容之上，造成了历史唯物主义逻辑与马克思、恩格斯具体思想的裂痕，最终使马克思主义对资本主义社会的超越简化为意识形态的对立。②

有学者认为，作为20世纪初世界政治变局的亲历者和参与者，卢卡奇重新构建以哲学方法、阶级基础、组织条件、国际局势和国家政权为理论框架的列宁革命观，为纾解欧洲无产阶级革命困局贡献了自己的理论思考。青年卢卡奇的列宁革命观不仅为其晚年社会主义民主观奠定了思想基础，还建立起西方马克思主义关于第二国际机会主义革命观的批判范式。此后，卢卡奇坚守革命道路的理论态度和强调行动的基本原则被当代西方左翼学者所继承，集中体现为他们在新的历史条件下思考如何激活革命能动性的问题。当今世界正处于百年未有之大变局，资本主义与社会主义的力量对比正在发生革命性变化，重新审视青年卢卡奇的列宁革命观为我们挖掘和运用当今资本主义危机中的革命因素提供了方法论指导。③

有学者专门研究了卢卡奇对"认识论的贵族主义"的批判。19世纪初，非理性主义持续侵蚀人们正确认识世界的能力和信心，"认识论的贵族主义"这一思想倾向在德国顺势而起。为了揭露贵族阶级利用认识论虚构政治合法性的实质，卢卡奇扛起理性主义大旗，展开关于"认识论的贵

---

① 仰海峰：《批判理论：从卢卡奇到法兰克福学派》，《思想理论战线》2022年第1期。
② 郑伟：《卢卡奇"总体性辩证法"的逻辑思路及局限》，《马克思主义理论学科研究》2022年第6期。
③ 陈文旭、刘涵：《论青年卢卡奇的列宁革命观》，《马克思主义理论教学与研究》2022年第1期。

族主义"历史、理论、现实三个层面的分析。在历史层面，德国贵族把持经济政治特权并寻求一种标榜阶级统治正当性的认识论，同时德国古典哲学不可知论的预设和僧侣性的民族传统成为"认识论的贵族主义"俘获德国群众的历史文化因素。在理论层面，谢林、叔本华、尼采、狄尔泰等人均对"认识论的贵族主义"有所继承与发展，基于此，卢卡奇批判考察"认识论的贵族主义"的流变形态和面向政治的外溢效应。在现实层面，卢卡奇追问在"认识论的贵族主义"的助推下德国走向法西斯主义的历史必然性和现实机理，并敲响了战后美帝国主义虚假民主的警钟。遵循上述三重维度的内在逻辑，卢卡奇从历史观、哲学观、政治观三个视角对"认识论的贵族主义"展开系统性批判。[1]

有学者研究了恩斯特·布洛赫的思想中的道德哲学。学者认为，无论是马克思主义对宗教"弥赛亚"的变革及其对现实的否定性批判，还是通过劳动和实践来从事乌托邦式的人道主义的现实化，抑或是在追溯天赋人权时对尊严、道德和自然法的人道主义阐明，无一不彰显了布洛赫作为一名马克思主义者所持有的以人为本的道德哲学，以及他对现实的人道主义的坚定信念。这种信念打破了传统马克思主义者在伦理价值问题上的固有论述方式，在坚持唯物史观的同时，将人道主义理想视为超越现实意识形态的道德形式，并将之置于希望的乌托邦之中，保留了马克思主义的道德观念对人类社会发展的现实引导作用。[2]

阿多诺将非同一性哲学思想贯穿于其批判物化现实的美学理论中。在突破观念论美学、考察艺术作品的真理性内容时，他着重阐释了真理性内容与哲学、抽象同一性与具体非同一性的关系问题，并表明艺术作品的真理性内容不同于哲学认识论所追求的形而上学真理。在批判介入艺术直接性的同时，阿多诺认为艺术能够通过模仿相对独立地介入社会，这是艺术获得真理性内容的前提。借助审美形式这一中介，阿多诺思考了艺术作品克服物化现实的可能性，并基于艺术与社会的非同一性关系，赋予艺术作品一种解放意图。

---

[1] 陈文旭、刘涵：《卢卡奇论"认识论的贵族主义"》，《河南社会科学》2022年第5期。
[2] 晏扩明：《乌托邦精神与现实的人道主义——布洛赫道德哲学的历程及其启示》，《现代哲学》2022年第3期。

3.西方左翼学者研究

哈特和奈格里的"非物质劳动"理论在其论著——《帝国》《诸众》《大同世界》和《集会》中占据着重要地位。他们认为非物质劳动是对当前资本主义社会生产方式变革的诠释，是帝国的主要生产方式，也是新的革命主体"诸众"的重要基础。一些西方学者认为哈特和奈格里的理论存在严重缺陷，这些学者对"非物质劳动"理论中价值量的决定和革命主体"诸众"进行了批判。然而，这些学者虽然在一定程度上坚持了马克思主义基本观点，发现了哈特和奈格里的理论缺陷，却囿于批判的领域和研究方法，缺乏对马克思主义理论的进一步发展，不能准确把握资本主义社会生产方式出现的新变化。①

有学者聚焦西方左翼新自由主义贸易理论。自20世纪七八十年代英美两国推行新自由主义以来，自由贸易理论重新成为西方国家贸易政策的理论指南。西方左翼学者普遍关注新自由主义贸易理论，探讨了新自由主义贸易理论的来源并剖析了新自由主义贸易的内在矛盾。随着美国新自由主义的贸易政策趋于保护主义，左翼学者的研究视角逐渐由自由贸易批判向贸易保护主义批判转换。他们分析了当前新自由主义贸易政策的属性、贸易走向保护主义的原因、贸易政策转变产生的影响以及后果，提出了应对贸易保护主义的方案。尽管西方左翼学者的研究具有一定的参考价值，但是他们在理论认识和方法论运用方面仍然存在不足之处。②

有学者研究了西方左翼加速主义。西方左翼加速主义的出现与当前资本主义社会的尖锐矛盾、新自由主义的盛行和传统左翼运动的没落息息相关。左翼加速主义主张打破科学技术发展的桎梏，加快社会发展的速度，从资本主义内部超越资本主义，建立一个普遍解放的后资本主义社会。左翼加速主义者在一定程度上把马克思主义作为其理论支撑，认为它蕴含着丰富的社会加速思想。左翼加速主义强调了技术对社会发展的推动作用，但是存在着错误地解读马克思主义的倾向，回避对革命主体的探讨，对未来社会的构建以逃离工作为中心，对当代资本主义社会矛盾缺乏深层次的

---

① 郑吉伟、周晓博：《西方学者对哈特和奈格里"非物质劳动"理论的批判及其局限》，《山东社会科学》2022年第5期。
② 郑吉伟、张晶：《评西方左翼对新自由主义贸易理论的研究》，《新视野》2022年第6期。

剖析，无法有效地指导未来社会变革的实践活动。①

有学者基于马克思主义审视麦克弗森对西方自由民主制危机根源探析的理论得失。自由主义政治理论家改写了现代民主的基本内涵，将人民民主替换为自由民主，在自由和民主之间实现了虚构的协调。而麦克弗森的分析指出，自由民主模式以能力最大化主张获得正当性，但却只实现功利最大化主张，其理论实质是维护占有性市场社会的运行和有产者阶级的权利，所以越来越受到质疑。因此，民主的出路在于建立非市场的民主社会，促进人的能力最大化，而参与式民主是可能促成这一转变的过渡方案。麦克弗森的分析揭示了自由民主理论的阶级性和遮蔽性，具有积极意义，但仍存在一定局限性和妥协性。马克思的民主思想则更彻底地说明了人民民主为什么必须以社会主义革命为前提，并指明了实现革命的科学路径。②

有学者的研究围绕维尔弗雷多·帕累托（Vilfredo Pareto）和贝奈戴托·克罗齐（Benedetto Croce）这两位意大利重要思想家对西方价值理论的批判而展开。年轻的克罗齐是一位意大利"社会主义"思想家，他在19世纪末提出了一种将"劳动价值论"与新"效用价值论"结合起来的新模式，试图超越马克思主义对于古典政治经济学的批判。同一时期，意大利自由主义思想家帕累托（他曾研究过马克思的《资本论》，并赞同所谓的"边际革命"思想）对古典政治经济学进行了批判，并根据马克思的分析结果提出了一种基于个人主义方法论的价值理论。把握典型的主观价值论与关注生产方式的劳动价值论之间的差异，对于我们理解当代消费社会非常重要。③

4.数字资本主义批判研究不断升温

在世界百年未有之大变局背景下，以数字技术赋能产业变革和社会治理已成为当代社会发展的主题。数字资本主义批判在近年学界研究中一直受到关注。例如算法逻辑批判。算法在资本主义社会的运作表现出不透明与模糊性、数据化、自动化以及工具理性等特征。这些特征是由数字资本

---

① 郑吉伟、周晓博：《西方左翼加速主义探析》，《前沿》2022年第3期。
② 王代月、訾玉洁：《麦克弗森对西方自由民主制危机根源探析的理论得失——基于马克思主义的审视》，《河南社会科学》2022年第12期。
③ ［意］皮耶尔吉奥·德拉·佩尔文：《价值理论与西方资本主义批判》，陈文旭译校，《马克思主义理论教学与研究》2022年第3期。

主义的内在结构性因素造成的，并进一步导致了问责制缺失、隐私侵犯和数字监视、中立假象下的权力关系强化、社会加速以及失业等一系列问题。针对这些新问题，有学者认为，为了发挥算法逻辑的积极效用，需要彻底变革其研发方式和使用目的，这在本质上意味着生成一种替代性的新型社会关系，并实现对数字资本主义强制性社会关系的全面超越。①

"元宇宙"作为一种指向未来的"叙事"，被界定为不受现实时空条件限制的极具临场感的数字空间，其中劳动被构想为带有最大的"非物质性"。根据"自治主义马克思主义"基于非物质劳动概念对诸众取得阶级斗争胜利的乐观推演，它应当是最适合诸众脱离资本逻辑、迈向理想未来的场所。而通过对作为当代资本逻辑之表达的元宇宙叙事中可能存在的劳动形态的分析，却发现其呈现出与自治主义的乐观推理相悖反的态势。出现这种悖反的原因，一方面在于自治主义对马克思资本与劳动思想的误读，一方面则在于他们没有把握马克思协作理论对资本主义管理机制的批判。在资本逻辑的分析框架中，非物质劳动概念本质上正是资本主义生产关系中劳动的特殊表现形式，而资本主义生产关系中劳动的协作形式依旧服务于价值自我增殖的内在动力，因此，可充分发展非物质劳动形态的元宇宙叙事不是劳动者的"绿洲"，而是他们的"囚笼"。②

另有学者研究了数字资本主义时代左翼主体理论的新样式（包括"认知无产阶级""用户无产阶级""被分离的人""赛博无产阶级""数字工人"等）。该学者认为，我们既不能因为数字资本主义引发的深度异化而将无产阶级神化，也不能因为数字资本主义制造了新穷人而将无产阶级抛弃，只要资本逻辑在场，其对立面就不会退场。③

5.生命政治理论研究再掀热潮

2022年，拉克劳的《解放》、利奥塔的《异识》等译著问世，学术界掀起了对阿甘本、齐泽克、朗西埃、德勒兹等激进左翼思想的研究热潮。其中，阿甘本的生命政治理论受到瞩目。此外，新冠病毒全球大流行的时代背景，促使学者对生命政治理论的演化逻辑进行深入研究。

---

① 詹纳吉·浦若迪尼克、陈文旭：《数字资本主义的算法逻辑》，《国外理论动态》2022年第6期。
② 夏莹、潘沈阳：《元宇宙叙事语境下的非物质劳动批判》，《华中科技大学学报（社会科学版）》2022年第3期。
③ 巩永丹：《数字资本主义时代无产阶级的形塑——当代西方左翼主体理论的样式、困境及矫正》，《马克思主义与现实》2022年第4期。

有学者认为，在生命政治理论的演化逻辑中，本身就存有两种不同的理解。在福柯那里，生命权力的运转模式是实现生与死的平衡，权力对人口的出生率、死亡率、寿命的关注表明，生命权力存在保护、扶植、培育生命的维度，即肯定生命的维度。而阿甘本关注的是例外状态下的生命，这也就决定了主权者活动的全部目的在于通过创造例外状态，生产出被用来消灭的赤裸生命，阿甘本建构的是一种否定性的生命政治理论。有学者指出，对于后疫情时代的国家治理而言，这两种代表不同反思方向的生命政治维度能够提供不同的启示。阿甘本的生命政治学提示人们在危机之下权力的无限制扩张的恶果，现代政治共同体中的人民可能沦为权力宰制之下的赤裸生命，这是阿甘本的生命政治理论在当代西方社会的语境下所敲响的警钟。而阿甘本的批评者则使人们认识到权力应该如何更好地对生命予以护持和肯定，避免因主权者的责任缺位而导致对于生命的更大的暴力。①

6.当代西方政治哲学

有学者通过对科恩著作的研读发现：第一，科恩对罗尔斯差别原则的批判不是指向差别原则本身，而是指向罗尔斯对差别原则的错误应用；第二，激励论证通不过人际检验，因为它预设一个非共同体的社会模式；第三，科恩反对将不严格解读的差别原则视为正义原则，但不拒绝将其作为公共政策的原则。②

有学者研究了赖特所提出的21世纪反对资本主义的新战略。赖特在其《如何成为 21 世纪的反资本主义者》一书中提出，人们反对资本主义的一个重要动机，是资本主义无法充分实现他们信奉的平等/公平、民主/自由和共同体/团结这些价值观。20 世纪反对资本主义的五种战略——摧毁资本主义、废除资本主义、驯服资本主义、抵制资本主义和逃避资本主义，都因为在不同程度上或者过时、或者面临严重的挑战而难以为继。21世纪出现的反对资本主义的新战略——侵蚀资本主义，将社会民主主义和民主社会主义从上层改变资本主义运作游戏规则的愿景，与无政府主义从下层创造解放的新经济关系的愿景结合在一起，为人们指出了一条反对资

---

① 李旸、王卓群：《新冠肺炎疫情下的生命政治学：论辩与重塑》，《湖北社会科学》2022年第1期。
② 段忠桥：《再论 G. A. 科恩对罗尔斯差别原则的批判》，《江海学刊》2022年第3期。

本主义并最终实现社会主义的新途径。①

7.西方女性主义

20世纪后半叶，西方女性主义者开始广泛地关注恩格斯对妇女问题的研究。恩格斯对于妇女受压迫的根源、妇女解放出路的分析及其研究妇女问题的理论资源和方法是西方女性主义者主要关注的议题。从近些年来西方女性主义者激烈地论争恩格斯的研究成果看，对恩格斯的解读呈现一种从"盲目排斥"到"理性批判"的转变，并逐渐削弱恩格斯的"邪恶成分"。这一转变让恩格斯被遮蔽的部分不断被展现出来。②

（六）思想政治教育研究

2022年10月，党的二十大报告明确指出，新时代新征程中国共产党的中心任务就是团结带领全国各族人民全面建成社会主义现代化强国、实现第二个百年奋斗目标，以中国式现代化全面推进中华民族伟大复兴。站在新征程上，为了更好地发挥思想政治工作的生命线作用，做好新时代思想政治教育守正创新，2022年学者们从思想政治教育基本理论研究、党的思想政治教育研究、网络思想政治教育研究、高校思想政治教育研究以及社会主义核心价值观研究等方面开展深入研究，取得一定的研究成果。

1.思想政治教育基本理论研究

随着思想政治教育学科的发展，在党中央的高度重视下，学者们越来越注重思想政治教育基本理论的研究，尤其是近年来思想政治教育学原理框架体系和知识结构日臻成熟，学术研究更加聚焦学科核心问题，密切关注现实，为思想政治教育实践发挥着越来越重要的指导作用。2022年学者们从多维度探讨思想政治教育内在规律，形成了一定的研究成果。

关于新发展阶段的思想政治教育研究。以质图强，让思想政治教育适应新发展阶段的现实需求，是学者们关注的重要课题。北京师范大学冯刚认为，促进新时代思想政治教育学科高质量发展，必须把握和遵循新时代思想政治教育学科发展规律，提出要增强思想政治教育学科发展的理论蕴涵、坚持思想政治教育学科发展的实践导向以及顺应多学科交叉融合的发

---

① 段忠桥：《侵蚀资本主义——赖特论21世纪反对资本主义的新战略》，《国外理论动态》2022年第2期。
② 郑吉伟、张晶：《论西方女性主义者对恩格斯的研究》，《理论界》2022年第5期。

展趋势。①《思想政治教育学学科发展新论域》一书也提到，要立足于思想政治教育学学科在新时代的使命任务与自身发展逻辑，在多学科视野下探索思想政治教育学学科。②北京理工大学张毅翔等认为，在新时代历史方位中，思想政治教育依然面临着复杂多变的外部环境与交织激化的风险压力，因而要以战略思维统观时局变迁及环境剧变、以系统思维审度内在机理及运行规律、以创新思维激发改革动力及发展活力，不断增强新时代思想政治教育的主导性与主动性、整体性与协同性、适应性与有效性。③北京大学钟启东从四个方面阐述了习近平新时代中国特色社会主义思想蕴含的思想政治教育理念，这些理念科学指明了新时代意识形态工作和思想政治教育深化发展的前进方向与规律遵循。④北京师范大学吴林龙通过分析党的二十大报告文本，从本质维度、内容向度、实践路向三个方面，提出并分析得出推动凝心铸魂是新时代思想政治教育的根本职责。⑤

关于思想政治教育学原理研究。一是思想政治教育及其学科发展问题研究。针对对思想政治教育学科独立性存在的质疑和疑惑，中国人民大学刘建军从本源上对思想政治教育学科独立性展开了探究，认为思想政治教育学科不是可有可无的，它有其自身的独立性存在和独特性价值，因为它的学科对象、学科基础、学科地位、学科体系、学科价值，都是独特而不可替代的。⑥北京师范大学冯刚等认为内生动力是破解思想政治教育发展问题的关键所在，它既是思想政治教育主体性激发的关键要素，也是思想政治教育理论深化的重要着力点，更是思想政治教育可持续发展的力量源泉。⑦二是思想政治教育的研究方法、视角的扩展研究。首都师范大学李基礼运用功能系统分析法研究思想政治教育现代化，认为思想政治教育功能分化导致系统分化是思想政治教育现代化的一个重要方面。在社会系统压力、功能多元化需求和维持系统稳定的共同驱动下，思想政治教育分化

---

① 冯刚：《推动新时代思想政治教育高质量发展》，《学校党建与思想教育》2022年第7期。
② 冯刚等：《思想政治教育学学科发展新论域》，中山大学出版社2022年版。
③ 张毅翔：《新时代思想政治教育的发展际遇、基本态势与实践要求》，《思想教育研究》2022年第8期。
④ 钟启东：《新时代思想政治教育理念的创新性发展》，《思想理论教育导刊》2022年第6期。
⑤ 吴林龙：《推动凝心铸魂：新时代思想政治教育的根本职责》，《思想政治教育研究》2022年第6期。
⑥ 刘建军：《思想政治教育学科独立性探源》，《教学与研究》2022年第12期。
⑦ 冯刚等：《思想政治教育内生动力的理论审思》，《马克思主义理论学科研究》2022年第6期。

为不同子系统，这一过程中思想政治教育系统可能产生功能异化、自我膨胀和专业化封闭等问题。①中国石油大学（北京）杨东杰等认为利用认知科学的研究方法可以对思想政治教育"入耳入脑入心"的认知形成规律、心理接受规律以及认同规律等微观问题进行精细化研究，为思想政治教育实效性研究从思辨研究到实证研究、从宏观研究到微观研究提供技术支撑。在认知科学理论的基础上运用便携式近红外脑功能成像系统、多模态学习分析技术等测评思想政治教育实效性，有助于其科学性更具体地实现。②此外，华北电力大学王栋梁将行为经济学助推理论运用到思想政治教育领域，在分析思想政治教育助推机制的特征、价值以及要点后，提出要通过减少直觉迷惑、设置自动触发行为、加强及时反馈等实践路径完善和发展思想政治教育助推机制。③

关于思想政治教育与经典文本研究。近年来，学界非常注重经典文本的研究，挖掘经典文本中的思想政治教育理论。中国人民大学刘建军从思想政治教育的视阈考察《共产党宣言》文本，认为从产生背景来看，它适应了无产阶级思想政治教育的需要；从文本性质来看，它具有与无产阶级政党相关的多方面的思想政治教育功能；从具体内容来看，它蕴含着思想政治教育的主体、客体、内容、原则、方法、资源等丰富的思想政治教育思想；从历史地位来看，它标志着马克思主义思想政治教育的正式形成。④北京师范大学康永久梳理马克思《1844年经济学哲学手稿》等经典著作中的相关论述，得出教育与生产劳动相结合主要是现代教育与现代生产的结合，并称其为教育与生产劳动的"内部结合"。⑤北京大学钟启东考察《神圣家族》文本，认为它是马克思恩格斯思想政治教育理念形成发展的关键环节，蕴含着思想政治教育在本质上是群众工作、根源于物质利益并致力于改造环境以及观念冲突等哲学理念，初步奠定了马克思主义思想政

---

① 李基礼：《基于功能系统分析法的思想政治教育现代化探究》，《思想教育研究》2022年第6期。
② 杨东杰等：《认知科学视阈下思想政治教育实效性测评探索》，《新疆师范大学学报（哲学社会科学版）》2022年第5期。
③ 王栋梁：《思想政治教育助推机制研究》，《学校党建与思想教育》2022年第17期。
④ 刘建军：《思想政治教育视阈中〈共产党宣言〉的文本考察》，《中国人民大学学报》2022年第2期。
⑤ 康永久：《教育需要与何种生产劳动相结合》，《山西大学学报（哲学社会科学版）》2022年第3期。

治教育的基本立场、观点和方法。①他通过考察《〈黑格尔法哲学批判〉导言》文本，得出它是马克思主义思想政治教育具有"原则高度"的理论开端，其中内在建构了马克思意识形态概念的核心要素与理论逻辑。②

2.党的思想政治教育理论研究

思想政治工作作为党的优良传统、鲜明特色和突出政治优势，伴随着党的百年来的发展历程。中国共产党百年来的奋斗历程蕴含着丰富的思想政治教育思想精华和经验智慧，展现了丰厚的历史底蕴，是全党全社会研究总结、学习借鉴的重要宝库。学者们在总结百年党史中的思想政治教育经验的同时，也在探索如何更好地将党史学习教育融入思想政治教育之中。

关于百年党史中的思想政治教育经验研究。一是关于党史中思想政治教育图像叙事经验的研究。北京交通大学何玉芳等对中国共产党百年以来的思想政治教育图像叙事历史实践进行了回顾和梳理，并概括总结了其基本经验：坚持文本叙事与图像叙事相结合，提升思想政治教育叙事动力；坚持历史与现实相结合，促进思想政治教育生活化；坚持广泛覆盖与分类教育相结合，提高思想政治教育针对性；坚持情感输入与叙事相结合，增强思想政治教育感染力。③二是关于党史中思想政治教育比喻说理经验的研究。北京工业大学董静择取毛泽东关于"小石头"与"大水缸"、"箭"与"的"、"洗脸"与"扫灰尘"、"下山摘桃子"、"毒蛇"与"农夫"、"糖衣炮弹"等六个经典比喻，领悟中国共产党在新民主主义革命时期开展的具有浓厚时代特点的思想政治教育。④北京邮电大学张瑞芬对邓小平关于"不管白猫黑猫，会捉老鼠就是好猫"、"摸着石头过河"、物质文明和精神文明要"两手抓"、思想战线不能搞"精神污染"和江泽民关于文艺是民族精神的"火炬"以及胡锦涛"送温暖"活动等生动比喻展开分析，得出思想政治教育在服务保障改革开放和现代化建设中

---

① 钟启东：《〈神圣家族〉中的思想政治教育理念》，《思想政治教育研究》2022年第6期。
② 钟启东：《〈黑格尔法哲学批判〉导言中的思想政治教育理念》，《吉首大学学报（社会科学版）》2022年第5期。
③ 何玉芳等：《中国共产党百年来思想政治教育图像叙事的历史实践及其基本经验》，《思想理论教育导刊》2022年第5期。
④ 董静：《新民主主义革命中的比喻说理》，《思想教育研究》2022年第4期。

具有不可替代的重要功能的结论。①

关于党史学习教育融入思想政治教育研究。认真总结党史学习教育的成功经验，建立常态化长效化制度机制，不断巩固拓展党史学习教育成果，这就要求党史学习教育融入思想政治教育之中。北京大学宇文利认为党的最新历史决议是新时代思想政治教育的优质教材，具有目标导向和价值引领、思想鼓舞和精神激励、组织整合和行动协调、社会发展和文明进步等价值，而充分实现其价值需要把贯彻《决议》精神融入新时代思想政治工作体系中；着力抓好习近平新时代中国特色社会主义思想的学习教育和贯彻落实；实现《决议》教育与"四史"教育相结合。②北京交通大学吴琼等认为党史是新时代大学生进行爱国主义教育的重要载体，党史教育可以增强大学生爱国主义教育的理论深度、历史厚度和感染力度。在开展党史学习教育过程中，可以通过加强课堂教学、丰富教育实践、创新教育载体、优化育人氛围等路径提高爱国主义教育效果。③此外，北京信息科技大学张景波等对党史学习教育融入高校思想政治教育的价值评价、逻辑证成进行了梳理，提出要以提升素养为核心，融入队伍建设；以学做结合为导向，融入教学实践；以激发活力为关键，融入日常教育；以精准施策为重点，融入管理服务。④

3. 网络思想政治教育研究

随着网络强国的推进，党中央站在党和国家事业的全局高度，提出要重视互联网、发展互联网、治理互联网的要求。凝聚共识、推动党和国家事业的发展，加强网络思想政治教育研究成为紧迫且重要的课题，这也成为学者们关注的重要内容。主要包括：

关于网络思想政治教育理论研究。北京师范大学王天民等分析了智能媒体在思想政治教育中的正反面双重功能，认为智能媒体既具有场景全面覆盖、内容全息呈现、主体全员上线、功能全效实现等积极效果，也具有突出表现为信息茧房、技术黑箱、网络圈群、媒介焦虑等问题，因而要通

---

① 张瑞芬：《改革开放和社会主义现代化建设中的比喻说理》，《思想教育研究》2022年第4期。
② 宇文利：《党的最新历史决议的思想政治教育价值及其实现》，《思想理论教育导刊》2022年第1期。
③ 吴琼等：《运用党史对大学生进行爱国主义教育研究》，《学校党建与思想教育》2022年第1期。
④ 张景波等：《党史学习教育融入高校思想政治教育的价值评价、逻辑证成与路径选择》，《重庆大学学报（社会科学版）》2022年第2期。

过价值引领、媒介升级、素养教育以及制度完善来推动智能媒介的思想政治教育功能优化和效用提升。①中国石油大学（北京）杨东杰等认为，人工智能推动大学生思想政治教育生态变革，是基于"生态"概念下，大学生思想政治教育在思维和理念上与人工智能特征逻辑互嵌、深度适配的应然结果。思想政治工作者要充分借助人工智能全面、精准、即时的技术优势，以"工具理性"优化大学生思想政治教育生态；更要紧紧围绕思想政治教育政治性、思想性、教育性的本质，实现"工具理性"的同时，确保"价值理性"，主动变革教育主体、客体、介体和环境。②北京体育大学秦彪生等认为，网络思想政治教育主客体互动呈现出互动形式由直接转为间接、公开转为隐蔽、一元主导转为多元参与、同时域转为全时域等新变化，这些变化导致了主客体互动的"异化"、"无序化"、"去中心化"以及"滞后化"，因而要提高网络参与者的文明素养，利用网络信息技术创新互动方式，推动网络空间管理的制度化和法治化。③北京邮电大学赵玉枝等分析了网络思想政治教育融合拓展新趋势，其具体表现为教育覆盖范围的全员、全时、全域，教育主客体关系的自主、平等、互动，教育内容供给的精品化、精准化、生活化，教育学习方式的自主自由式、体验感悟式、零存整取式。因而思政工作者需要冷静思考，更要积极行动。④

关于网络思想政治教育实践研究。针对近年网络中存在的一些亚文化现象，学者们从思想政治教育的视角进行分析研究。北京航空航天大学孙润南关注网络中的电竞文化及其挑战，提出要立足价值引领、加强青年主体性建设和制度约束等，将青年的现实需求与思想政治教育的目标相结合，形成对于个人、家庭乃至学校、社会、国家的稳固认同，发挥思想政治教育对青年亚文化的引导作用。⑤北京劳动保障职业学院冯宝晶等研究近年来中国青年网民发起的针对海外社交媒体的网络爱国集体行动，即为"网络出征"现象，提出网络思想政治教育要善于走"网络群众路线"，要适应青年人爱国表达方式的转变，鼓励和引导网民创作丰富多样的网络

---

① 王天民等：《智能媒介的思想政治教育功能及其优化》，《思想教育研究》2022年第10期。
② 杨东杰等：《人工智能推动大学生思想政治教育生态变革：逻辑、取向与路径》，《中国政法大学学报》2022年第6期。
③ 秦彪生等：《网络思想政治教育主客体互动探析》，《北京教育（高教版）》2022年第1期。
④ 赵玉枝等：《论网络思想政治教育融合拓展新趋势》，《思想理论教育导刊》2022年第9期。
⑤ 孙润南：《电竞文化影响下的青年社会化引领》，《思想教育研究》2022年第2期。

亚文化承载形式，以独特的网络亚文化符号厚植爱国主义情怀，把推动网络发声、引领网络舆论作为网络思想政治教育实践的重要形式。①与此同时，学者们对当前网络思想政治教育工作提出了具体的建议。北京林业大学铁铮等认为，在国际国内形势快速变革和互联网技术的冲击影响下，当代大学生网络思想政治教育需求发生剧烈转变，面临许多不稳定、不确定因素。高校网络思想政治教育应秉承新发展理念，积极构建新发展格局，将工作重心从基本建设尽快转向攻坚克难，从面上推进全面转向高质量发展。②北京科技大学于宝库等认为新媒体时代下的网络思政教育已经成为当下辅导员开展大学生思想政治教育的重要平台，辅导员做好网络思想政治工作需要提升思想认识、搭建示范平台、加强技能培训、完善政策和机制、创新形式内容等。③此外，近年来高校面临互联网舆情所带来的维稳风险，北京科技大学杜嘉庆通过分析新时代高校网络舆情事件呈现的基本特征和舆情工作的潜在风险，提出要加强制度建设、加强队伍建设以及加强阵地建设来应对舆情风险。④

4.高校思想政治教育研究

高校始终是意识形态工作的前沿阵地。新时代正确处理好高校的意识形态问题，贯彻落实好立德树人根本任务，必须加强高校思想政治工作。对此，北京师范大学冯刚等认为加强新时代高校意识形态工作要抓住夯实高校意识形态工作的队伍建设基础、筑牢高校意识形态工作的阵地建设基础、厚植高校意识形态工作的内容建设基础。具体而言，要加强高校意识形态工作队伍建设、强化高校意识形态工作责任落实以及推动高校意识形态工作激励评价体系构建；要充分发挥课堂教学的主渠道作用、加强日常思想政治教育主阵地建设以及广泛开展校园文化与网络文化阵地建设；坚持理论创新、推动内容创新以及加强方法创新。⑤中国地质大学（北京）

---

① 冯宝晶等：《思想政治教育视域中青年网民"网络出征"现象探析》，《思想政治教育研究》2022年第4期。
② 铁铮等：《高校网络思想政治教育的新形势、新特点和新任务》，《中国高等教育》2022年第2期。
③ 于宝库等：《新时代高校辅导员网络思想政治教育路径探析》，《北京教育（高教版）》2022年第11期。
④ 杜嘉庆：《新时代高校网络舆情的特征、风险和对策》，《北京教育（高教版）》2022年第6期。
⑤ 冯刚等：《新时代高校意识形态工作的三个着力点》，《北京教育（高教版）》2022年第3期。

万胜等则从辅导员的视角，提出要通过深化角色认知，优化辅导员角色学习与实践机制等加强高校思想政治教育。①

做好高校思想政治教育，离不开有效的教育载体。北京大学柴玥儿等认为冬奥志愿服务与大学生思政教育内涵形成高度契合，要用好北京冬奥遗产加强大学生思想政治教育：把握北京冬奥精神，摸清大学生发展规律；抓住重大活动与机遇，讲好冬奥志愿故事；利用志愿服务等载体，丰富思政教育形式；加强思政队伍建设，提升高校管理水平。②北京化工大学张馨等认为，要充分运用红色资源，将其融入高校思想政治教育，要遵循以情入知、以知促情、以情化行的价值实现过程，要坚持价值性与知识性相统一、理论性与实践性相统一、历史性与时代性相统一的基本原则，更要在理论升华、环境滋养和行为养成中推动红色资源与高校思想政治教育的生长互促落在实处。③北京工业职业技术学院郑兴认为要将劳模精神、劳动精神、工匠精神与高职院校思想政治工作有效融合。④

5.思想政治教育专题研究

思想政治教育研究需要紧跟时代脉搏，抓住现实问题，切实发挥思想政治教育学科的优势价值。2022年学界主要围绕新时代爱国主义教育、劳动教育等展开研究。

关于爱国主义教育研究。北京大学宇文利认为以爱党、爱国、爱人民和爱社会主义为价值支点，中国共产党的爱国主义教育在阶级道义、社会理性、政党治理和国家道路上实现了以义制利、以德胜力、以理驭欲、以合治分的扬弃、升华和超越。同时还强调新时代爱国主义教育要坚持并促进爱党爱国爱社会主义相统一，爱国主义、集体主义和社会主义相统一，党的领导、人民当家作主与依法治国相统一，国家富强、民族振兴和人民幸福相统一，中华文明创造、西方文明变革和人类文明进步相统一。⑤北

---

① 万胜等：《角色理论在高校辅导员工作中的价值与应用》，《学校党建与思想教育》2022年第1期。
② 柴玥儿等：《以冬奥志愿服务作为"教材"推动高校思想政治教育实践走深走实》，《北京教育（高教版）》2022年第6期。
③ 张馨等：《论红色资源融入高校思想政治教育的有效途径》，《北京教育（德育版）》2022年第12期。
④ 郑兴：《高职院校"三种精神"有效融合对策研究》，《北京教育（高教版）》2022年第2期。
⑤ 宇文利：《中国共产党爱国主义教育中的道德价值冲突及其超越》，《思想政治教育研究》2022年第6期。

京师范大学温静等以退伍大学士兵群体为例，研究青年爱国主义教育的朋辈引领，认为这一群体可以从价值认知、情感、意志和行动等四个维度对青年群体进行朋辈引领：在朋辈学习中塑造国家观念、在朋辈互助中升华家国大爱、在朋辈激励中坚定理想信念、在朋辈示范中投身报国事业。①北京交通大学周陶霖等则分析网络空间青年爱国主义教育的现实梗阻，主要包括当前青年爱国主义教育在话语传播、意义沟通与价值触达维度上面临着的话语表达多元杂糅并存、叙事框架多样互嵌共在、群体特质多向迭代更移的梗阻。对此要以传播渠道升级与话语布局优化为支点，增强主流表达传播力；以表意方式拓展与议程设置细化为落点，增拓内容呈现感染力；以统筹强制性硬法与引导性软法为基点，增进网络治理保障力。②首都师范大学蔡倩等认为政治性是新时代爱国主义教育的根本，教师是爱国主义教育固本培元的关键，落实爱国主义教育固本培元的路径为：打造一支可信、可敬、可靠的教师队伍；增强思想政治理论课的思想性和亲和力；联动家庭与社会，主动构建爱国主义教育生态环境。③北京化工大学郑艳阳等从制度自信视域下探析大学生爱国主义教育，认为要从认知上着力提升大学生的国家认同感，情感上着力培养大学生的爱国意识，实践上引导大学生升华爱国主义精神的路径。④

关于劳动教育研究。北京师范大学檀传宝认为存在"有劳动无教育"的现象，这是因为对"劳动教育"的概念内涵、逻辑定位以及"劳动"与"教育"的关系等理论问题缺乏深入的思考。与德育、智育、体育、美育等边界明确的概念不同，"劳动教育"其实是一个复合性的教育概念，是一般素养培育走向劳动实践的中介环节。与之相应，让"劳动"成为"劳动教育"命题的实现，就是要让劳动实践与德、智、体、美诸素养的培育建立起自觉、自然、有机的关联。⑤北京科技大学姜晶花也对劳动何以使

---

① 温静等：《青年爱国主义教育的朋辈引领研究——以退役大学生士兵群体为例》，《学校党建与思想教育》2022年第19期。
② 周陶霖等：《网络空间青年爱国主义教育的现实梗阻与增效路径》，《当代青年研究》2022年第2期。
③ 蔡倩等：《论新时代爱国主义教育的固本培元》，《北京教育（高教版）》2022年第10期。
④ 郑艳阳等：《制度自信视域下大学生爱国主义教育路径研究》，《北京教育（德育版）》2022年第2期。
⑤ 檀传宝：《如何让"劳动"成为一种"教育"？——对劳动与劳动教育的概念之思》，《华东师范大学学报（教育科学版）》2022年第6期。

教育可能进行了研究，认为当下劳动教育在实施中应注意：把握通过劳动教育改造客观世界的目的、在劳动教育过程中注重逻辑的关联以及在劳动过程中注重现代化的社会化大生产趋势等。①北京师范大学班建武则在论劳动教育与德智体美四育的关系的同时，对基于生活逻辑的劳动教育独立性进行了辩护。他认为劳动教育能够培养人的对象化实践意识和能力，这是其余四育做不到的，劳动教育由于其教育目标的特殊性而获得了与德智体美四育在逻辑上并列的学理基础。②此外，北京师范大学王晖等梳理和分析了国际上关于学生劳动素养评价的最新进展，从内涵要点、评价指标、评价方式上进行了比较分析，提出要加强价值体认情况考核，以评价促进劳动素养提升；建立系统化测评工具，提高评价的可操作性；运用增值性评价结果，衡量劳动素养培养成效。③北京第二外国语学院李岁月梳理总结了习近平劳动观的理论渊源、理论蕴含，认为这是为巩固党的执政地位提供思想武器、为构建和谐劳动关系提供价值支撑、为完善社会主义基本分配制度提供理论依据以及为构建德智体美劳全面培养的教育体系提供根本遵循。④

6.社会主义核心价值观研究

随着对社会主义核心价值观研究的不断深入，近年来学者们或从新的发展阶段、或从世界文明的视角，更关注大时代背景下社会主义核心价值观研究。从群体来看，更多注重对大学生践行社会主义核心价值观的教育研究。

关于新发展阶段社会主义核心价值观研究。北京大学宇文利认为，社会主义核心价值观体现社会主义文化精神和社会主义制度文明，支撑社会主义社会的发展进步和人类文明新形态的构建。伴随着中华民族的复兴和社会主义现代化强国的建设，应通过培育和践行社会主义核心价值观，为人类文明进步提供价值参考，为构建人类命运共同体作出更大贡献。⑤北

---

① 姜晶花：《劳动何以使教育可能？——基于实践的哲学史立场》，《国家教育行政学院学报》2022年第5期。
② 班建武：《基于生活逻辑的劳动教育独立性辩护——兼论劳动教育与德智体美四育的关系》，《思想理论教育》2022年第4期。
③ 王晖等：《中小学生劳动素养评价的国际经验及启示》，《北京大学学报（社会科学版）》2022年第4期。
④ 李岁月：《习近平劳动观的理论蕴含及其时代价值》，《学术探索》2022年第8期。
⑤ 宇文利：《价值观与人类文明进步》，《思想教育研究》2022年第11期。

京林业大学朱红等认为，与西方"普世价值"不同，在性质上，社会主义核心价值观具有中国特色社会主义性质；在特点上，社会主义核心价值观具有人民性、民族性和自主性；在实践前景上，社会主义核心价值观可以助推中华民族伟大复兴中国梦的实现。[1]清华大学吴潜涛等主编的《社会主义核心价值观研究前沿问题聚焦——社会主义核心价值观协同创新哈尔滨峰会文萃》紧紧围绕疫情防控与社会主义核心价值观建设研究的前沿性、实践热点问题，探讨疫情防控背景下坚定"四个自信"、疫情防控与新时代中国精神、疫情防控背景下社会主义核心价值观的功能与作用、疫情防控与社会主义核心价值观培育、疫情防控背景下大国担当与构建人类命运共同体等。[2]

关于大学生社会主义核心价值观教育研究。北京航空航天大学陈萌等通过调查发现，当前大学生社会主义核心价值观认同整体处于较高水平，但大学生社会主义核心价值观认同教育仍存在针对性不强、融入性不足等问题。对此，要发挥大数据海量性、高速性、预测性等优势，推动社会主义核心价值观认同教育改革。[3]北京工商大学杨春花关注大学生的社会心态和价值观的培养与认同的内在关联，认为当前大学生对主流价值观的认同度比较高，但不同心态的大学生对价值观的渴望与认同具有明显的差异，因而要针对不同类型心态的大学生，探索不同的主流价值观教育路径。[4]北京大学白彦等围绕管理类专业课程探讨如何引导大学生社会主义核心价值观培育，针对现实存在的困境提出要促进理论学习、加强教学研究、编写本土教材、强化师资建设、创新教学手段、探索评价方式。[5]北京理工大学李洁聚焦本科阶段四门思想政治理论课，立足教材体系向教学体系转化的内在逻辑，重点研究社会主义核心价值观融入高校思想政治理

---

[1] 朱红等：《区别社会主义核心价值观与西方"普世价值"的三重维度》，《社会主义核心价值观研究》2022年第4期。
[2] 吴潜涛等：《社会主义核心价值观研究前沿问题聚焦——社会主义核心价值观协同创新哈尔滨峰会文萃》，人民出版社2022年版。
[3] 陈萌等：《大数据视域下大学生社会主义核心价值观认同教育探析》，《思想教育研究》2022年第3期。
[4] 杨春花：《价值观视域下当代大学生社会心态分析及引导路径探究》，《社会主义核心价值观研究》2022年第8期。
[5] 白彦：《管理类专业课程引导大学生社会主义核心价值观培养的理论构建》，《中国高等教育》2022年第23期。

论课教学体系，力求促进社会主义核心价值观不仅进教材、进课堂，并且真正做到入脑、入耳、入心。①

此外，还有的学者从其他的视角进行探讨。北京大学梁巧云从中华优秀传统文化的视域，挖掘明代典籍《了凡四训》的文化资源，认为它能够深度诠释社会主义核心价值观的部分精神内蕴，尤其是爱国、敬业、诚信、友善等方面的相关内容，对于培养群众高尚品质、树立良好社会风尚、创造美好社会环境都有积极作用。②中国石油大学（北京）赵秀凤采用多模态话语的社会认知研究路径，对300幅社会主义核心价值观海报中包含的多模态隐喻进行了分析，提出此类海报在构建与传播方式上应该更加多元，以进一步提升其传播和培育社会主义核心价值观的效果。③

总的来说，学者们始终围绕党和国家的事业，紧跟时代潮流的步伐，紧密关注社会现实问题，积极回应时代之需。从研究成果的内容来看，许多研究仍然保持着连续性且研究持续深入。学者们非常强调学术研究与教学实践相结合，主张以学科支持教学，许多的理论研究都与思想政治理论教学相结合，有助于提升思想政治教育工作的科学化水平。当然，在全面建设社会主义现代化国家新征程上，还有许多新问题、新挑战亟待学者们作进一步深入挖掘和探索。

（七）党的建设研究

本年度党的建设研究主要集中于党的建设基本问题研究、党内法规制度体系研究、党的建设学科建设研究以及党的建设其他相关研究。学者们围绕党的二十大精神形成了一系列具有时代性和理论价值的研究成果。

1.党的建设基本问题研究

党的二十大对党的建设提出了新部署新要求，围绕这些方面，北京高校马克思主义理论学科的专家学者进行了广泛深入讨论，进一步深化了对党的建设基本问题的研究，形成了一系列有益的学术成果。

在坚持和加强党中央集中统一领导方面。有学者回顾了列宁关于维护

---

① 李洁：《社会主义核心价值观融入高校思想政治理论课教学研究》，人民出版社2022年版。
② 梁巧云：《〈了凡四训〉的劝善思想及其对社会主义核心价值观培育的启示》，《领导学科论坛》2022年第4期。
③ 赵秀凤：《社会主义核心价值观海报中的多模态隐喻》，《北京第二外国语学院学报》2022年第2期。

党中央权威和集中统一领导的思想和启示。强调列宁在继承马克思恩格斯关于无产阶级政党建设思想的基础上，在俄国社会主义革命、建设实践过程中形成和发展了维护党中央权威和集中统一领导的思想。列宁认为，俄国之所以能取得革命的最终胜利并顺利推进社会主义建设，关键在于有效维护了党中央权威和集中统一领导。列宁这一思想及其成功实践，无疑对于当前提升党对一切工作的领导力和权威性、顺利实现党的奋斗目标有很大的参考价值和借鉴作用。①有学者回顾了维护党中央权威和集中统一领导的历史，认为维护党中央权威和集中统一领导是马克思主义经典作家政党建设思想的题中应有之义；维护党中央权威和集中统一领导是中国共产党百年奋斗得出的宝贵历史经验；新时代维护党中央权威和集中统一领导，要坚定对马克思主义的信仰、对社会主义和共产主义的信念，最关键的是维护习近平同志党中央核心、全党的核心地位，要靠完善的制度规定和坚决的制度执行。②有学者强调，中国共产党的核心领导地位，可以从纵向和横向两个维度去理解。纵向维度是指党是最高政治领导力量，横向维度是指党的全面领导，这两者密切联系、相互促进。"两个确立"的决定性意义有其理论逻辑、历史逻辑和现实逻辑。在继续推进新时代党的建设新的伟大工程中，我们要坚决维护"两个确立"，以党的自我革命引领伟大社会革命。③

在思想建设方面。有学者总结了习近平对毛泽东"思想建党"理论的继承与发展。在继承方面，习近平坚持了毛泽东关于思想建党功能定位的基本论断，沿用了毛泽东关于实事求是思想路线的科学内涵，吸收了毛泽东关于马克思主义理论教育的重要思想，继承了毛泽东关于党内思想斗争的主要观点和基本方法。在创新与发展方面，习近平首次将坚定理想信念确立为党的思想建设的首要任务，创造性地提出了加强党内政治文化建设的重大命题，结合时代要求创新了党管网络意识形态工作新方法，发展了关于思想建党与制度治党相结合的重要思想。在新时代推进党的思想建设理论

---

① 韩笑、宇文利：《列宁关于维护党中央权威和集中统一领导的思想及启示》，《理论视野》2022年第12期。
② 方闻昊：《维护党中央权威和集中统一领导的历史考察及现实思考》，《马克思主义与现实》2022年第1期。
③ 汪亭友：《深刻认识党的核心领导地位和"两个确立"的决定性意义》，《世界社会主义研究》2022年第10期。

创新的重要价值方面，这是完善党建理论体系、提高党的建设科学化水平的内在要求，是推动全面从严治党、发扬党的自我革命精神的实践需要，是解决党内突出问题、不断提升党的思想引领力的必然要求。①

在制度建设方面。党的二十大报告提出"完善自我革命制度规范体系"的重要命题。有学者指出，自我革命制度规范体系的发展阶段，萌芽期是从中国共产党成立到新中国成立，探索期是从新中国成立到党的十一届三中全会，初创阶段是从党的十一届三中全会到党的十八大，从党的十八大到中国共产党成立一百周年，是党的自我革命制度规范体系形成阶段。党的自我革命制度规范体系建设的基本遵循，一是以中国共产党的领导为根本保证，二是以党章为根本，三是以民主集中制为核心。党的自我革命制度规范体系的内在结构，包括两个体系，即以自我革命为逻辑起点的党内法规体系，党统一领导、全面覆盖、权威高效的监督体系。四个机制，即坚持真理、修正错误的机制，权力监督制约机制，执纪问责机制，"三不腐"一体推进机制。②

在干部队伍建设方面。有学者回顾了中国共产党好干部标准的百年历史演进：新民主主义革命时期强调对党忠诚、英勇善战、不怕牺牲，社会主义建设时期强调懂政治、懂业务、又红又专，改革开放和社会主义现代化建设新时期强调政治强、有知识、懂专业、为民务实清廉，中国特色社会主义新时代强调信念坚定、为民服务、勤政务实、敢于担当、清正廉洁，并在此基础上又提出了"忠诚、干净、担当"的标准。总的来看，诸多认识是一以贯之的：第一，讲政治始终是摆在第一位的；第二，组织路线（干部路线）始终是为政治路线服务的；第三，不同时期党的好干部标准和要求是一脉相承的；第四，新时代好干部标准和要求日益细化；第五，始终坚持敢于斗争。③

在组织建设方面。有学者指出，中国共产党的组织优势体现在高度严密的组织体系、高度严明的组织纪律和高度有效的组织原则上，这一优势在不断加强组织建设的过程中逐步形成并巩固，要从不断加强党的基层组

---

① 杨浩、李晓光：《论习近平对毛泽东"思想建党"理论的继承与发展》，《思想教育研究》2022年第7期。
② 李霞：《完善党的自我革命制度规范体系》，《暨南学报（哲学社会科学版）》2022年第12期。
③ 刘海飞：《党的好干部标准的百年历史演进》，《新疆社会科学》2022年第2期。

织建设、切实加强干部队伍建设、始终坚持党的集中统一领导等方面进一步发挥党的组织优势。①有学者总结了新时代党的组织路线的内涵，强调中国共产党着眼于"两个一百年"的奋斗目标，对党的组织本质特性、行为主体、价值取向进行规律性总结，对组织路线的内涵进行了丰富和完善。新时代党的组织路线的人民性、全局性、服务性、创新性的特征更加鲜明。人民性是新时代党的组织路线的鲜明底色；全局性回应了新时代党的建设的总要求，继而夯实党的全面领导的组织基础，确保了新时代党的建设的总方向；服务性是实现民族复兴的有力支撑，不仅是推进党的伟大自我革命的行动指南，更是实现党的伟大社会革命的有力遵循；创新性是新时代党的组织路线对马克思主义建党学说的创造性发展，它实现了指导思想的新变化、选贤任能的新概括、人才工作的新格局，形成"一体两翼"新布局。新征程上，要系统认识、全面把握，更好地贯彻落实党的组织路线，把党建设得更加强劲有力。②

在作风建设方面。有学者回顾了中国共产党作风建设的历史，指出新民主主义革命时期党在革命的实践及对马克思主义中国化的不断探索中，逐步形成了党的三大优良作风；社会主义革命和建设时期，党的作风建设进行了许多新的探索，实现了重大发展，同时也积累了正反两方面的经验；改革开放和社会主义现代化建设新时期，党的作风建设也在正确思想路线的指导下实现了理论和实践的开拓创新；党的十八大以来，以习近平同志为核心的党中央高度重视党的作风建设，坚持把作风建设纳入党的建设总布局，积极探索加强作风建设的新途径新办法，逐步走出了具有鲜明时代特色的作风建设新路子，使党风政风焕然一新。中国共产党推进作风建设的主要经验有坚持以人民至上的价值观引领作风建设，坚持以政治建设为统领强化作风建设，坚持围绕党的中心任务加强作风建设，坚持思想教育和制度建设相结合推进作风建设。③

在反腐败斗争方面。有学者指出，党的二十大报告做出坚决打赢反腐败斗争攻坚战持久战的新部署，体现了党在新时代跳出旧史治乱兴衰周期

---

① 张润枝：《中国共产党组织优势的形成及其动能转化》，《人民论坛》2022年第9期。
② 陈静、刘兰：《新时代党的组织路线的内涵》，《理论与改革》2022年第2期。
③ 冯留建、江薇：《中国共产党作风建设的历史考察及主要经验》，《思想理论教育导刊》2022年第6期。

率的理性新自觉。党的二十大报告将腐败视为危害党的生命力和战斗力的最大毒瘤，划清了与腐败正效能论的界限。只要存在腐败问题产生的土壤和条件，反腐败斗争就一刻不能停，必须永远吹冲锋号，体现了新时代的"反腐持久论"。马克思和恩格斯的不断革命论是新时代的"反腐持久论"的理论依据。中国社会发生的腐败现象的历史性特点，决定了必须深入持久反腐败。党的二十大报告洞察腐败新动向，提出新的"反腐动向论"，坚决惩治政治问题和经济问题交织的腐败、"权力集中、资金密集、资源富集"领域的腐败等新型腐败和隐性腐败。党的二十大报告提出了跳出旧史治乱兴衰周期率的协同反腐新方略，进一步加强"两个答案"相结合，制度和教育协同发力，坚持受贿行贿一起查，深化反腐败国际合作。①

2.党内法规制度体系研究

党内法规制度建设是中国共产党实现政党治理现代化的重要基础，本年度学者们相关研究主要集中在党内法规的整体性研究和党内法规的具体研究。

关于党内法规建设的整体研究。有学者回顾了党内法规建设的历程、成就与经验。历程为新民主主义革命时期是积极探索与初具轮廓时期，社会主义革命和建设时期是发展健全与遭遇挫折时期，改革开放和社会主义现代化建设新时期是改革创新和体系初成时期，中国特色社会主义新时代是优化完善和成熟定型时期；伟大成就主要是形成了较为系统成熟的党内法规体系，推进了党的建设新的伟大工程，加强和巩固了党的领导地位，提升了党依法执政的本领；主要经验有加强党内法规建设是管党治党的重要手段，要围绕党的中心任务展开，要立足党的建设整体要求，要坚持依规治党与以德治党相结合，要坚持继承性和发展性、自主性和开放性的统一，要坚持问题导向和目标导向的统一。主要启示是要以习近平总书记关于党内法规建设重要论述精神为指导推进党内法规建设，要以党为核心、按照民主集中制原则推进党内法规建设，要以程序优化为抓手增强党内法规的执行力，要以自觉遵循为目标加强全党的党内法规教育，要协调处理

---

① 王传利：《跳出旧史治乱兴衰周期率的理性新自觉》，《北京大学学报（哲学社会科学版）》2022年第6期。

好党内法规同国家法律的关系。①有学者指出,党内法规体系是由若干党内法规相互联系而构成的一个有机统一体,该体系功能效益提升的关键在于结构的优化配置。党内法规体系多维复合型结构在优化配置中呈现出独特的优越性,使党内法规体系在内部逻辑合理、外部联结合理、运行动态有序的结构样态中实现长效发展。党内法规体系的多维复合型结构有力推动了党的自我管理效能提升、法治理念不断内化和制度优势转化升级,为推进全面从严治党、实现依规治党与依法治国有机统一和全面建成"法治中国"提供了重要的制度保障。②

关于党内法规建设的具体方面研究。有学者总结了党内法规视角下的基层党组织组织力建设,指出在中国共产党的组织体系中,基层组织是贯彻落实党的路线方针政策和重大决策的基础,是密切联系群众的纽带,是党的坚强战斗堡垒。基层党组织包括党的基层委员会、总支部委员会和支部委员会三种组织形式。基层党组织的组织力如何,直接影响党的全面领导能否落实、党的自身建设能否推进、党的长期执政地位能否巩固。基层党组织的组织力建设,关键在于建构规范、有效、权威性的制度体系。在中国共产党的百年奋斗历程中,党章以及党的组织法规、领导法规、自身建设法规和监督保障法规为组织力建设构筑了多维的制度支持体系。党内法规制度建设为新时代党的基层组织的组织力建设提供了稳定的制度基础,保证了党的基层组织的组织力建设方向明确、支撑有力、实践规范、动力强大。③有学者论述了党内法规学的学科独立,认为对由社会需要主导学科形成的交叉学科应当采取集合内外双重标准优势的"新内外双重标准说"。依据这一学说进行判断,党内法规学形成了系统完善的内在理论体系,外在的制度支撑已颇具规模,具备独立学科的特征,符合现代学科范式下学科独立标准的各项要求,党内法规学已经实现实质独立。④

3.党的建设学科建设研究

学科是专门化、系统化的知识体系,是规律性认识的集中体现,应提高党建理论的科学化、系统化、规范化水平,以更好指导实践。围绕党的

---

① 赵淑梅、周明宽:《中国共产党党内法规建设的历程、成就与经验》,《求索》2022年第2期。
② 赵娜:《论党内法规体系的多维复合型结构》,《理论探索》2022年第4期。
③ 陈家刚:《党内法规视角下的基层党组织组织力建设》,《江汉论坛》2022年第1期。
④ 刘俊杰:《论党内法规学的学科独立》,《马克思主义理论学科研究》2022年第6期。

建设学科体系建设，学者从多方面展开了研究。

有学者探讨了中共党史党建学科建设的基本问题，认为首先应该把党史和党建有机融合。党史和党建同根同源，目标一致，应该整合研究力量，优化研究布局，不断推出高质量研究成果，培养全面发展的高层次专门人才。其次应该科学设置中共党史党建的二级学科，二级学科不宜过多，要稳中求进，应考虑设置以下六个研究方向，即马克思主义政党理论、中国化马克思主义党建理论体系、中国共产党历史、新中国史和改革开放史、党的领导的理论和实践、党的建设的理论和实践。再次应把握好学科建设的基本要求，坚持守正创新、坚持知行合一、坚持大历史观、坚持恰如其分。最后应该着力构建中共党史党建学科的学科体系、学术体系和话语体系。①有学者认为，抓好中共党史党建一级学科的建设，要在中共党史、党的建设两个二级学科建设提供的比较好的基础之上追求高质量发展，着重抓好师资队伍、人才培养和学术研究建设。通过落实顶层设计，师资规模坚持内涵式发展，注重质量兼顾数量，扩大学术表达空间，为师资队伍创造良好氛围；统筹本、硕、博一体化人才培养，建好课程体系和教材体系，提高人才培养的数量和质量；开展有组织的学术研究、融合多学科的学术研究和进行整体性的学术研究，提升学术研究水平和质量，追求学术精品力作。通过三位一体的建设，实现中共党史党建学科的高质量发展。②

有学者总结了中共党史党建学科与思想政治理论课建设之间的关系，认为思想政治理论课教学研究内容与中共党史党建学一级学科知识体系在内在逻辑上高度契合，这直接决定了中共党史党建学科的发展有赖于思想政治理论课。思想政治理论课的高质量发展同样离不开中共党史党建学科的支撑和引领。把思想政治理论课建设与中共党史党建学科建设有机结合起来，科学认识、把握和研究二者之间的相互关系，有助于构建符合时代发展需要和学科建设规律的中共党史党建学一级学科的学科体系、学术体系和话语体系。同时，以中共党史党建学自主知识体系建构为依托，在思

---

① 王炳林：《中共党史党建学科建设的基本问题探析》，《北京师范大学学报（社会科学版）》2022年第4期。
② 林绪武：《中共党史党建学科建设的思与行》，《北京师范大学学报（社会科学版）》2022年第4期。

想政治理论课教学研究实践中有效衔接、整合和融入中共党史党建学研究成果，对于推进思想政治理论课高质量发展具有十分重要的意义。①有学者从三螺旋理论的视角出发，认为新时代党建学科建设，应该强调多元建设主体参与，凝聚大学、党政机构和企业三大建设主体，以大学为核心，由党政机构提供保障，企业发挥协同支撑作用，三方主体打破原有的组织边界，共同助力党建学科长远发展。其中，基于学术研究的大学主体应侧重学术研究、人才培养、学科理论研究、学科体系构建和学科自身建设；基于政策支持的党政机构主体应侧重政策支持、体制机制架构和提供实践平台；基于应用情境的企业主体应侧重人才实践基地建设和推动知识持续创新。②有学者指出，加强党的建设学科建设，必须拓宽国际视野，加强国际交流。为此，必须开阔研究世界视野，深化学科认识水平；借鉴有益研究成果，丰富学科研究方法；加强话语体系建设，增强学科国际影响；树立研究世界情怀，强化学科使命担当，不断提升党的建设学科的科学化水平，增强回应和解决理论及现实问题的能力，从而为新时代推进党的建设新的伟大工程提供有益养分和学术支持。③

4.党的建设其他相关研究

本年度北京高校马克思主义专家围绕高校党建、基层党建、企业党建等方面，形成了一系列学术研究成果，推动了党的建设向纵深和宽领域方向前进。

关于高校党建研究方面。有学者回顾了新时代10年加强和改进高校党建工作的主要举措和重要经验：坚持思想铸魂，强化习近平新时代中国特色社会主义思想特别是习近平总书记关于教育的重要论述的科学指引；强化政治领导，完善坚持和加强党对高校全面领导的体制机制；增强教育自信，坚定不移走中国特色社会主义高等教育发展道路；落实立德树人，健全高校立德树人落实机制；办好关键课程，深化新时代高校思想政治理论课改革创新；推动守正创新，构建高质量思想政治工作体系；夯实基层基

---

① 宋学勤、杨宗儒：《中共党史党建学科与思想政治理论课建设关系刍议》，《思想理论教育导刊》2022年第12期。
② 王久高、赖信添、陈熠舟：《新时代党建学科建设主体探析——基于三螺旋理论的视角》，《思想教育研究》2022年第8期。
③ 刘兰炜、陈明凡：《新时代党的建设学科的国际视野与国际交流》，《高校马克思主义理论研究》2022年第3期。

础，增强高校基层党组织政治功能。①有学者指出，党的十八大以来，高校党建的基本经验包括：坚持以习近平新时代中国特色社会主义思想为指导，落实立德树人根本任务；坚持以新时代党的建设总要求和组织路线为遵循，提升基层党组织组织力；坚持以党的教育方针为行动指南，构建高效协同育人体系。时代特征主要有高校党建原则更加突出政治引领，高校党建组织更加注重系统协同，高校党建载体更加强调创新发展，高校党建质量更加注重科学实效。实践理路主要是以价值引领加强新时代高校党的政治建设和思想建设，以守正创新加强新时代高校党的组织建设，以问题导向加强新时代高校党的作风建设和纪律建设。②

关于基层党建研究方面。有学者总结了中国共产党基层组织力的强化逻辑，指出中国共产党强化基层组织力，就是强化基层党组织的组织化程度，把党员和群众"组织起来"，形成落实重大任务的集中合力，打通落实党中央重大战略部署的"最后一公里"。这符合马克思主义政党学说的基本原理；体现于百年来党一以贯之地增强基层党组织堡垒作用的历史过程之中；是党建引领基层治理的应有之义，加之基层治理又是国家治理的基石，因而，强化党的基层组织力也是推进国家治理体系和治理能力现代化的内在要求。③有学者探究了党建在农民农村共同富裕中的作用，指出党建赋能农民农村共同富裕，体现了马克思主义政党执政的内在要求，源于中国共产党百年经验的内生赓续，是农民农村共同富裕的现实需要。在实践中，党建发挥政治引领作用，以增强自身政治建设为统领促进农民农村共同富裕，发挥思想引领作用，以加强理论学习能力、理想信念教育和作风建设为抓手促进农民农村共同富裕，发挥组织引领作用，以激发农民积极性、主动性和创造性为重点促进农民农村共同富裕，发挥社会引领作用，以调动一切积极因素为方针促进农民农村共同富裕。④

关于企业党建方面。有学者总结了党的十八大以来国有企业党的建设

---

① 刘贵芹、王永杰：《新时代10年加强和改进高校党建工作的主要举措和重要经验》，《思想教育研究》2022年第8期。
② 王玉平：《党的十八大以来高校党建的时代特征与实践理路》，《学校党建与思想教育》2022年第15期。
③ 柯绍清、周家彬：《论中国共产党基层组织力的强化逻辑》，《思想战线》2022年第1期。
④ 王琳：《党建赋能农民农村共同富裕：核心要义、内生逻辑与实践策略》，《甘肃社会科学》2022年第5期。

研究进展，认为其整体呈现出多学科切入、多维度展开的特点。学界相关研究成果，进一步明晰了国有企业党的建设在政治价值和经济价值上的重要性，进一步明晰了国有企业党组织在企业重大决策、思想政治工作、选人用人、内部监督等方面的相应权责。指出未来应该深化国企党建经济价值的研究，深化国企党建史的研究，深化国企党建的对策性研究。①有学者回顾了国有企业领导体制的变迁与启示，指出我国社会主义的国家性质，决定了党必须在国有企业中发挥领导作用。新中国成立以来，国企领导体制经历了从"一长制"、党委领导下的厂长负责制、厂长（经理）负责制、"三句话"，到健全体现党对国企全面领导的公司治理结构的深刻变化。强调党的十八大以来，坚持党对国有企业的全面领导，体现在对国有企业党组织功能定位认识的深化，建立了党对国有企业全面领导的公司治理结构。②

综上，2022年北京高校党的建设研究方面取得了丰富的研究成果，呈现出以下特点：第一，问题意识鲜明，诸多研究都紧密结合重大理论和现实问题，能深入挖掘之前学者尚有待研究的重要问题，力图从理论和实践两方面予以学理阐释；第二，具有较强的传承性，诸多研究都承接往年学术研究成果，并在新的时代背景下不断推进，为指导新时代党的建设学科发展提供了可供借鉴的方向；第三，具有系统性，诸多研究都呈现出宏观与微观、理论与实践、历史与现实相结合的特点，具有鲜明的学科意识。

三、主要问题与对策建议

2022年，北京市马克思主义理论学科发展继续保持稳健态势。北京高校始终深入贯彻落实习近平总书记关于"大思政课"的重要指示批示和重要讲话精神，贯彻落实中共中央、国务院《关于新时代加强和改进思想政治工作的意见》，中共中央办公厅、国务院办公厅印发的《关于深化新时代学校思想政治理论课改革创新的若干意见》和中共中央办公厅《关于加强新时代马克思主义学院建设的意见》精神，坚持不懈用习近平新时代中国特色社会主义思想铸魂育人。2022年，北京高校充分发挥其学科属性和价值引领的示范作用，紧密围绕党的二十大精神、教育部印发的《新时代

---

① 柯绍清：《党的十八大以来国有企业党的建设研究述评》，《思想理论教育导刊》2022年第1期。
② 杨丽、张金才：《国有企业领导体制的变迁与启示》，《理论视野》2022年第8期。

马克思主义理论研究和建设工程教育部重点教材建设推进方案》有关马克思主义理论研究和建设工程（以下简称马工程）的重点教材建设批示以及教育部等十部门印发的《全面推进"大思政课"建设的工作方案》有关新时代思想政治教育的总体要求，进一步推动马克思主义理论学科建设和教学课程改革创新，不断强化学科支持、完善政策保障体系，出台一系列旨在进一步推动新时代高校马克思主义宣传教育新发展的重要举措，为学科的进一步发展奠定了坚实的基础。

基于此，北京高校马克思主义理论学科科学研究在原有的基础上取得了重大进展。2022年，北京高校马克思主义理论学科共发表论文2372篇，比2021年调研发表的2437篇少65篇。其中，部属高校2022年度发表论文总数与2021年的1912篇相比，增加21篇，增幅为1.10%；其次是市属本科高校发表论文总数比2021年减少56篇；高职专科院校发表论文总数比2021年减少30篇。在发表的论文种类上，分别有CSSCI来源期刊论文、CSSCI扩展版来源期刊论文、全国中文核心期刊论文、《人民日报》理论文章、《光明日报》理论文章、《经济日报》理论文章和国（境）外学术期刊发文等类别。总体来看，北京高校马克思主义理论学科持续体现引领、示范、带动、辐射等作用，北京高校马克思主义理论学科建设和思想政治理论课建设始终走在全国各省市的前列。但也必须注意到，北京高校马克思主义理论学科在科研创新发展方面仍需改进，一些问题面临长期存在的风险。然而，从当前的发展形势来看，这些问题已经得到了一定程度的改善，主要表现在广大科研工作者们的学术科研能力、学术素养和学术自信不断增强。

（一）强化顶层设计，持续健康发展

新的时代背景之下，社会快速变革对马克思主义理论学科的发展提出了新的要求。同时，学科发展的复杂性、动态性和竞争性也在不断增加。因此，顶层设计在学科发展中的重要性越发突出。加强顶层设计是确保其取得更好的发展成果和社会影响力的必要手段。它不仅能够帮助学科明确发展方向，制定切实可行的实施策略，还能够在协调各方利益、提高竞争力、推动创新、加强合作与交流以及培养人才等方面发挥关键作用。通过顶层设计的全面规划和部署，马克思主义理论学科能够更好地应对外部环

境的变化，抓住发展机遇，实现可持续的健康发展。从2022年的调研数据来看，北京高校在马克思主义理论学科研究实力的分布上，变化相对幅度较小，基本维持了以往的格局，但仍然存在一定的差异。这表明，尽管有一些细微的调整，但整体的科研实力分布情况依然如故。具体来说，北京高校马克思主义理论学科存在学科整体、校际之间以及二级学科的科研实力差异。北京市部属高校马克思主义理论学科的研究实力相对较强，而市属本科高校、高职（专科）院校则相对较弱。从调研数据上也可以发现，在北京市内，一级学科博士点、一流大学建设高校和一流学科建设高校仍然是马克思主义理论学科科研的中坚力量。就北京市而言，部属高校年度发表论文总数、出版著作数仍然呈现上升态势，在学科研究和发展中发挥着至关重要的作用，为该学科的发展提供了强大的支撑。然而，市属本科高校、高职（专科）院校在综合科研实力上与部属高校相比还存在较大的差距。这意味着这些高校在马克思主义理论学科的研究和发展方面还有很大的提升空间。因此，为了促进马克思主义理论学科的均衡发展，需要进一步加强学科建设和科研投入，特别是在一些相对较弱的高校中。

2022年的数据显示，北京高校整个2022年发表的CSSCI来源期刊论文大部分来源于部属高校。2022年度发表论文数量最多的前三名高校都拥有马克思主义理论一级学科博士点，也都是全国重点马克思主义学院。不仅北京部属高校在全年发表的最大值（1933）远超过其他院校，在平均值方面，部属高校（66.66）也遥遥领先，展现了部属高校以及一级学科博士点雄厚的整体科研实力。根据统计数据，本学科有影响的高水平成果，包括国家级科研项目、省部级科研奖励、高被引学术著作和论文，主要集中在这些一级学科博士点和"双一流"部属高校上，主要因为这类单位拥有雄厚的师资队伍，学科平台全、科研基础好，整体综合实力较强。而其他市属本科高校、高职（专科）院校研究成果的绝对量虽然也不少，但是高水平的论文、著作、科研课题获批和科研成果奖励等方面从人均数上看明显偏少，高质量成果比重有待提高。从博士点的分布上看，2022年度发表论文数量较多的高校大多拥有一级学科博士学位点，与该校本学科的整体实力基本吻合。虽然近年来教育主管部门通过政策手段调整博士点的分布，北京市属部分高校持续加强建设一级学科博士点和二级学科博士点，但仍然与部属高校的学科点建设实力存在差距，这是学科发展的客观事实。从马克思主义理论二级学科的发展来看，科研成果的学科点分布也不太均匀。目前，马克思主义基本原理、思想政治教育、马克思主义中国化等二级学科是研究的热点，而对中国近现代史基本问题、马克思主义发展史、国外马克思主义等方向的研究相对较少。这一现象在科研成果方面表现得尤为明显，许多科研人员片面追求学术热点，使科研成果过度集中在少数几个热门学科之中。这种情况在一段时间内自然会导致某些二级学科的研究成果显著增加。然而，这种情况并不利于马克思主义理论一级学科的整体发展。为了促进该学科的均衡发展，需要关注那些研究成果产出率较低的学科点，并鼓励高校教师提高研究质量，增加科研成果的引用、转载和采纳次数，从而扩大成果的社会影响力。同时，一些行业高校，尤其是理工农医艺类高校，在马克思主义理论学科建设方面存在明显不足。这些高校本可以结合自身发展优势打造特色学科和品牌，但实际上大多数行业高校在马克思主义理论学科方面的发展相对乏力。因此，需要加强对这些高校的指导和支持，促进其马克思主义理论学科的建设和发展。

北京市马克思主义理论学科的发展与建设需要兼具"增量"和"质量"的双重关切，最为重要的则是对于后者的追求。可以说，质量不仅是学科发展的内在驱动力，更是促进学科健康发展的重要保障。目前，北京市各高校应坚持引导学科走内涵式发展路线，以科研成果质量为核心，实现适度的深度发展。北京市部属高校已集中了大量的一级学科博士点和二级学科博士点，而其他市属本科高校也在努力建设中。学科点布局在一定程度上反映了院校的科研实力。对于下一阶段的科研发展任务，重点应放在推动这些学科的内涵式发展上。例如，从北京市高校而言，针对市属本科高校和理工农医艺等高校科研实力较弱的现实，应加强精准合作帮扶，让实力雄厚的学校与弱校对接，通过精准帮扶实现精准发力，进而提升整体科研实力。北京市部属高校需要帮助其明确学科定位和方向，帮助这些院校充分认识到学科的定位和方向对于学科发展的重要性，明确学科的核心领域和研究方向，以加强学科的特色和优势，提高学科的知名度和影响力。同时，部分市属本科高校需要加强学科基础建设，包括师资队伍、教学设施、科研平台等方面。要引进和培养高水平的教师和科研人员，加强教学设施和科研平台的建设和管理，提高学科的科研水平和教学质量。从教育部门而言，教育行政主管部门可适时向市属本科高校加大马克思主义理论学科科研经费投入和课题立项，帮助其深化教学改革，更新教学理念和方法，加强课程建设，完善课程体系，注重培养学生的创新精神和实践能力，提高教学质量和效果。并帮助其加强科研工作，提高科研水平和创新能力。此外，国家层面应发挥督查作用，加强对学科点的督查，组织专家检查学科点建设和发展状况，还应定期培训学科带头人、业务骨干、青年教师等优秀人才，以培养具有创新精神和实践能力的高素质人才为目标，加强人才培养工作。同时，建立健全学科管理机制、马克思主义理论学科科研规范，加强学科管理的规范化、制度化建设，提高学科管理的效率和水平。总之，推动学科的内涵式发展需要全方面的努力和措施，需要政府、高校、教师、学生等各方的共同参与和努力。只有不断提高学科的核心竞争力和创新能力，才能使学科始终保持领先地位并为社会作出更大的贡献。

（二）夯实学科根基，增强学术创新

创新是引领发展的第一动力。实现马克思主义的发展创新以及充分发挥其引领作用，是马克思主义理论学科未来建设的重要指向。党的十八大以来，以习近平同志为核心的党中央高度重视精神文明建设、意识形态工作和思想政治工作，将其提升到国家治理体系和治理能力现代化建设的战略高度，并强调全面从严治党的重要性。这一举措极大地丰富了党的思想政治工作理论，为在新时代推进思想政治教育学科发展提供了强大的理论指导和科学的原则遵循。党的二十大报告又进一步从党和国家整体发展、中华民族伟大复兴的战略全局出发，强调新征程中思想政治教育的重要性，并指明了思想政治教育的使命。报告指出，"加强党外知识分子思想政治工作，做好新的社会阶层人士工作，强化共同奋斗的政治引领""完善思想政治工作体系，推进大中小学思想政治教育一体化建设""建设具有强大凝聚力和引领力的社会主义意识形态"。[①]目前，北京市高校马克思主义学科话语体系的系统建构仍然处于发展之中，而马克思主义理论学科话语体系的建构要坚持以发展的观点审视理论的时代性，坚持以联系的观点突出发展的重要性，坚持以实事求是的观点准确把握发展与联系的辩

---

① 习近平：《高举中国特色社会主义伟大旗帜 为全面建设社会主义现代化国家而团结奋斗——在中国共产党第二十次全国代表大会上的报告》，人民出版社2022年版，第40、44、43页。

证统一。同时，需要夯实其学科基础、学术基础和话语基础，需要基于大局观念构建国家所关注的理论与实践范畴，避免出现对其他理论范式和话语体系简单移植的现象。

本次调研数据显示，2018—2022年高校马克思主义理论学科CSSCI来源期刊论文发表情况为：2018年马克思主义理论学科共发表696篇，2019年马克思主义理论学科共发表667篇，2020年马克思主义理论学科共发表884篇，2021年马克思主义理论学科共发表853篇，2022年马克思主义理论学科共发表740篇。从2018—2022年北京高校马克思主义理论学科全国中文核心期刊发表论文情况来看，2018年本学科共发表559篇，2019年本学科共发表740篇，2020年本学科共发表652篇，2021年本学科共发表889篇，2022年本学科共发表530篇。可以看出，2018—2022年北京高校马克思主义理论学科全国中文核心期刊论文数量整体呈现不断增加的趋势，2021年就比2020年多237篇，增幅达36.35%。可见，虽然北京地区高校马克思主义理论学科对科研的质量意识明显提升，更高水平的期刊论文占比也逐步提升，但是相较于高校马克思主义学科在引领哲学社会科学发展方向、推进党和国家主流意识形态建设、支撑高校思政课教育教学等方面的重要作用，其应有的学科优势与现实情况仍存在一定差距。当前，北京地区高校本学科有影响力的研究成果仍然稀缺，多数研究成果存在主题重复、质量低下、缺乏创新等问题。统计数据显示，许多研究成果的论证逻辑、结构安排和核心内容大致相似，缺乏实质性创新，只是对已有理论的简单重复或阐述，而没有提出新的观点或理论。部分成果只是对马克思主义理论进行抽象的阐述或推理，缺乏实证研究。同时，马克思主义理论学科与许多学科都有交叉，如政治学、经济学、社会学等，但是部分研究成果只是对马克思主义理论进行单一的解读或阐述，而缺乏与其他学科的交叉研究。

在21世纪的历史交汇点上，中国正逐渐成为世界舞台的中心，增强话语权、扩大学术视野、提升学术影响力，已成为中国学术界的重要任务。马克思主义理论学科，作为学科中的佼佼者，其优势地位是由其学科性质所决定的。它系统地研究中国问题及成功经验，紧密关联时代发展。可以说，马克思主义理论学科是随着时代的发展而不断发展的，推动其创新发展可以更好地适应时代的需求，为解决现实问题提供更有效的理论指导和思想武器。因此，本学科应充分发挥自身优势，打造学术精品，向世界展示中国的特色学术成果。同时，通过传播中国文化、主张和价值观，让世界更全面地了解发展中的中国。在研究过程中，既要保持传统精髓，又要勇于创新。科研工作者需结合理论与实践，拓宽学术视野，积极学习借鉴国内外先进学术成果和优秀思想，建立现代化的实践创新机制，创造更多现实价值，从而不断提升本学科的学术影响力。并且，推动马克思主义理论学科的发展需要不断地总结实践经验，通过实践经验的总结来不断完善和发展理论，推动理论创新和实践创新。此外，马克思主义理论学科是一个科学性的学科，其理论和方法需要不断地接受实践的检验和修正，推动创新发展可以更好地保持学科的科学性和时代性。总之，推动马克思主义理论学科创新发展是时代发展的必然要求，也是学科自身发展的需要。这不仅有助于培养更多具有创新精神和实践能力的人才，为党和国家事业的发展提供人才保障，而且对于推进中国特色社会主义事业、实现中华民族伟大复兴具有重要意义。

（三）加强问题意识，凸显实践特质

在新时代的背景下，面对学科专业的发展、课程改革以及教材编写等方面的需求，应加快推进马克思主义理论学术研究，以解决现实中提出的问题，这是马克思主义理论学科建设的首要使命和任务。当前面临复杂多变的国内外环境，各种新情况、新问题层出不穷。其中，非马克思主义思潮和形形色色的反马克思主义思潮时有出现，对意识形态的安全提出挑战和冲击。这些思潮可能对马克思主义的指导地位产生影响，甚至可能导致思想混乱和社会动荡。基于这一现实背景，马克思主义理论学科的发展应当紧密关注人民群众的思想动态，致力于解决他们所面临的困惑。学科的研究成果应当深入人心，真正为人民群众所接受和理解。只有这样，才能产生经得起人民和历史检验的学术成果，从而推动马克思主义理论学科的持续发展。这是学科发展的核心使命和必然要求。正如习近平总书记指出的："马克思主义之所以具有跨越国度、跨越时代的影响力，就是因为它植根人民之中。"[①]从数据来看，2022年，北京高校的绝大多数马克思主

---

① 习近平：《在纪念马克思诞辰200周年大会上的讲话》，人民出版社2018年版，第8页。

义理论学科的论著、论文和科研项目都紧密围绕学科领域的理论和现实问题展开。这些研究不仅满足了服务中国特色社会主义伟大事业的时代要求，还积极宣传并贯彻落实党和政府的重大方针政策。它们在解答人民群众普遍关心的社会热点和难点问题、深化学科基础理论等方面发挥了重要作用。然而，从北京地区高校的平均水平来看，已有的研究成果尚未能直接、有力地回应我国当前面临的时代问题和未来亟须解决的现实问题。这不仅削弱了马克思主义理论学科的核心功能，也未能充分发挥马克思主义在政治生活中的指导作用。因此，需要进一步加强学科建设，提高研究质量，更好地回应时代和现实的需求。

马克思主义理论学科应以促进人的全面发展和构建人类命运共同体为目标，致力于学术创新和社会影响力的提升。应密切关注并科学解读时代的重要议题，确保其理论与当代中国现实和时代发展紧密相连。这有助于推动理论和实践的共同创新，增强学科话语体系的解释力和影响力。此外，该学科还应反映人类对未来美好社会的追求，与时俱进，与人民共享命运。作为我们党的旗帜和灵魂，马克思主义理论在新时代背景下发挥着至关重要的作用。马克思主义理论学科的研究成果是对马克思主义中国化、大众化、时代化的深入阐述和总结，对社会进步和发展具有重大意义。从2018—2022年北京高校马克思主义理论学科获批立项的国家社会科学基金项目来看，五年间本学科获批国家社会科学基金项目数量大体呈上升趋势。2018年本学科国家社会科学基金项目立项68项；2019年本学科国家社会科学基金项目立项87项；2020年本学科国家社会科学基金项目立项83项；2021年本学科国家社会科学基金项目立项78项；2022年本学科国家社会科学基金项目立项102项。但是，马克思主义理论学科的研究仍有潜力和上升空间，可以主要从以下两个方面入手：一是学科领域的专家学者应当积极参与中央文件起草、国家标准制定和编写工作，提高本学科领域的参与度；二是避免将马克思主义理论与现实问题割裂开来，注重将学术研究与现实实际相结合，深入探索并提出有思想性的见解。并且也要避免将原理绝对化、机械化，注重原理之间的内在联系，防止实用化的错误做法。通过以上措施，可以进一步推动马克思主义理论的发展和运用，更好地服务于中国特色社会主义事业。

此外，2022年的调研数据显示，在北京高校现有的马克思主义理论学科的部分研究成果中，仍然存在一些诸如学科边际不清晰、论证逻辑有缺漏、个别观点有待商榷等现实问题。为了适应现实需要，解决上述问题，马克思主义理论研究学者可以采取以下更为深入的解决方案。首先，加强学科建设与规范。制定明确的学科标准和评价体系，明确学科的边界和核心内容，并强化马克思主义理论学科与其他相关学科的互动与合作，但要确保研究成果的学科属性。其次，提升研究方法与技能，引入更多的跨学科研究方法，如社会学、历史学、政治学等，增强研究的多元性和综合性。加强研究者的方法论培训，提升其实证研究、量化分析等技能。再次，强化研究的实践导向：将研究成果更多地应用于实际问题的解决，如社会治理、经济发展等。加强与政策制定者、实践者的合作与交流，确保研究成果的实践价值。最后，建立严谨的学术评价体系。除了传统的学术评价标准，还应引入实践效果的评价，确保研究的实际价值。对于存在明显错误的观点或研究，应建立学术批评与纠正机制。通过以上行动，马克思主义理论研究者可以更好地聚焦于我国发展和党执政面临的重大理论和实践问题，提出正确的解决措施，为党和人民事业发展作出更大的贡献。

习近平总书记在纪念马克思诞辰200周年大会上的讲话中指出："马克思主义是实践的理论，指引着人民改造世界的行动。马克思说，'全部社会生活在本质上是实践的'，'哲学家们只是用不同的方式解释世界，问题在于改变世界'。实践的观点、生活的观点是马克思主义认识论的基本观点，实践性是马克思主义理论区别于其他理论的显著特征。"[①]实践性是马克思主义鲜明的理论特质，这就决定了马克思主义理论学科应以实践性为核心特征，致力于解决社会热点和难点问题，主动满足社会需求，提升科研对教学和社会的贡献。马克思主义理论学科在解决治党、治国、治理社会等重大问题上起到了关键作用。为了进一步推动理论和实践的发展，研究者需要开拓多学科的视野，为这一领域注入新的活力。在构建学科话语体系时，需要用发展的眼光审视理论的时代性，强调理论与实践之间的紧密联系，并实事求是地把握发展与联系的辩证统一。同时，面对我国改革发展的艰巨任务、突出的矛盾风险以及治国理政的严峻考验，理论研究人员应深入社会生活，倾听民声民意，全面了解社会发展现状，让马

---

① 习近平：《在纪念马克思诞辰200周年大会上的讲话》，人民出版社2018年版，第9页。

克思主义理论学科能够在实践中体现其科学性。只有结合实践，理论研究者才能产生强烈的社会责任感，自觉承担起历史使命，使马克思主义理论学科更加具有时代特色，确保马克思主义理论学科的稳定发展。

（四）壮大人才队伍，促进学术繁荣

马克思主义理论学科教师队伍建设在高校中具有多重目标，但最重要的是培养一批信仰马克思主义、研究马克思主义、传播马克思主义的教师，从而培养出优秀的马克思主义理论教育家。这对发挥高校在马克思主义理论教学、研究、宣传和人才培养中的阵地作用，以及在办好高校思想政治理论课中的战斗堡垒作用至关重要。在新时期，进一步加强高校马克思主义理论教师队伍建设，对于提高马克思主义理论课的教学水平，推进马克思主义理论课的教学改革，搞好马克思主义理论学科建设，培养新世纪有理想、有道德、有素质、有文化的接班人，具有重要的现实意义。具体来说，提升高校马克思主义理论课教师的政治理论素养和知识储备是推进马克思主义理论教师队伍建设的重中之重。针对新时期知识量丰富的高校大学生，教师需要具备更高的政治理论素养和知识储备，才能更好地推进马克思主义理论的教学改革和学科建设。此外，高校还需要认真贯彻落实学校党委行政大力引进高层次人才的决策部署，认识到马克思主义理论学科建设和思政课教学高质量发展关键在教师队伍，在"引""育""用""稳"上下足功夫，齐心协力做强做优教师队伍，推动教师队伍高质量发展。

马克思主义理论学科的教师队伍，需要由德才兼备的领军人物、经验丰富的中坚力量以及充满活力的年轻学者共同构成。然而，当前北京许多高校在该学科的教师队伍配置上仍需加强改进。一些资深学者因年龄问题逐渐退出教学和科研一线，而年轻的学术骨干尚未成熟，无法独当一面，导致人才断层现象的出现。对于北京地区新设马克思主义理论学科的高校而言，青年教师构成了学科队伍的主力军，但他们缺乏学术带头人和中坚力量的引导，团队的核心凝聚力有待加强。为了解决这些问题，高校应积极探索培养优秀青年骨干人才的途径。通过引进、选拔和培养等多种方式，提升青年骨干的科研实力，从而推动科研队伍的建设。同时，应促进不同年龄段研究人员的互补性，形成年龄结构合理、知识体系丰富的科研

团队。北京地区高校可以借助国家社会科学基金课题和校级项目课题等平台，组织科研团队集体攻关，使青年教师在研究过程中不断提升自己的科研水平。此外，北京地区高校应采取多种形式，如学术会议、课题研讨等，促进青年教师快速融入学科建设，形成各年龄段研究人员相互补充、协同发展的良好格局。

从目前来看，学科交叉与融合已成为一种趋势，研究方法的交流互鉴也越发频繁。基于此背景，北京高校马克思主义理论学科的研究者需要更加积极主动地与其他相关学科进行学术合作，借鉴其他学科的优秀理论成果和科学研究方法，以拓宽自身的学术视野，提升学术素养，推动本学科的创新发展。与其他学科进行学术合作，不仅可以共享资源和知识，还可以促进不同学科之间的交流与融合，产生更多的学术创新。通过与相关学科的合作，马克思主义理论学科可以更好地吸收其他学科的优点和长处，完善自身的理论体系，提升研究水平。并且，马克思主义理论学科的研究者需要保持开放的心态，尊重其他学科的知识体系和研究成果，积极学习借鉴其他学科的理论和方法。同时，也要保持对其他学科的批判性思维，不盲目接受其他学科的观点和理论，保持本学科的独立性和自主性。北京高校马克思主义理论学科的研究者可以采取如下措施，促进与其他学科的合作。首先，建立跨学科的研究团队，鼓励不同学科的专家学者共同组建研究团队，共同开展相关研究，促进不同学科之间的交流与合作。其次，开展跨学科的学术交流活动，举办学术会议、研讨会等学术交流活动，邀请不同学科的专家学者进行交流，促进学科交叉与融合。再次，建立跨学科的研究平台，提供跨学科的研究环境，鼓励不同学科的研究者共同开展研究，促进学科之间的合作与协同创新。最后，加强与其他学科的学术合作，积极与其他学科的研究者合作开展项目，共享资源，共同探索问题，推动学科之间的交流与合作。此外，还需要培养跨学科的人才，鼓励高校开设跨学科的课程，培养具有跨学科背景的人才，为学科之间的合作提供人才支持。通过以上措施的实施，可以促进其他学科与马克思主义理论学科的合作，推动学术研究的创新发展，为解决复杂问题提供更多思路和方法。并且，通过与其他学科的合作还可以促进跨学科的研究和发展，推动整个学术界的进步。

总之，新的时代背景之下，北京高校马克思主义理论学科建设已然迎来了新的发展阶段,并被赋予了新的使命。从目前来看,北京高校马克思主义理论学科的学术研究已进入平稳的发展期。但是学科建设工作需要长时间的积累和努力,并需要尊重学科发展规律,充分发挥主观能动性,持续优化科研管理体制,同时也要考虑到相关的制度建设和更完善的资源配置。只有在学科建设中坚持人民至上、自信自立、守正创新、问题导向、系统观念、胸怀天下,才能更好地推动北京地区高校的发展和马克思主义理论的传播,而与此同时,马克思主义理论学科也必将迎来更加美好的未来。

第四章

人才培养

党的二十大报告指出，"教育、科技、人才是全面建设社会主义现代化国家的基础性、战略性支撑"，提出"深入实施人才强国战略。培养造就大批德才兼备的高素质人才，是国家和民族长远发展大计"。北京高校认真学习贯彻二十大报告关于教育、科技、人才的重要论述，围绕马克思主义理论人才培养，开展了一系列卓有成效的工作。

一、数据展示与解读

北京具有马克思主义理论学科点的高校共计37所，其中一流大学建设高校8所、一流学科建设高校19所、非双一流建设高校10所。按学科点类别统计，一级学科博士点高校16所，其中15所通过申请—审核制（或称"申请—考核制"）选拔博士生。一级学科硕士点高校20所，二级学科硕士点高校1所。开设马克思主义理论类本科专业的高校共有10所，其中5所开设马克思主义理论专业（中国人民大学亦开设中共党史专业），7所开设思想政治教育专业。以上37所高校参加了人才培养方面的调研。

（一）实际招收的博士研究生基本情况

参加调研的北京高校2022年实际招收博士研究生373人，比2021年增招18人。

1.来源

参加调研的一级学科博士点高校实际招收的博士研究生的来源情况如图4-1所示。

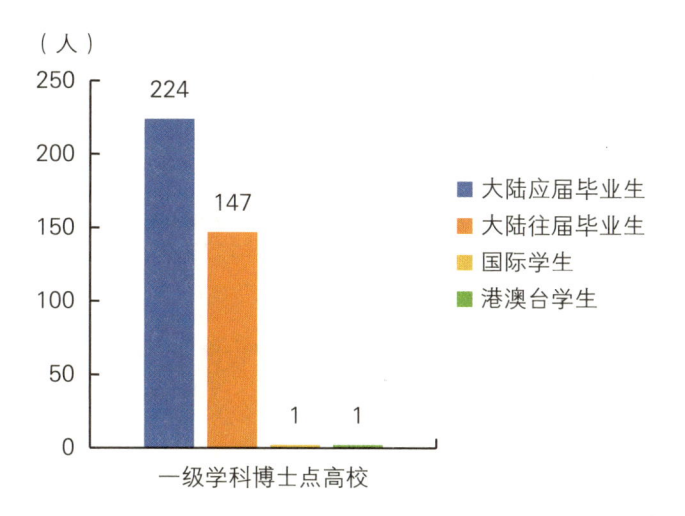

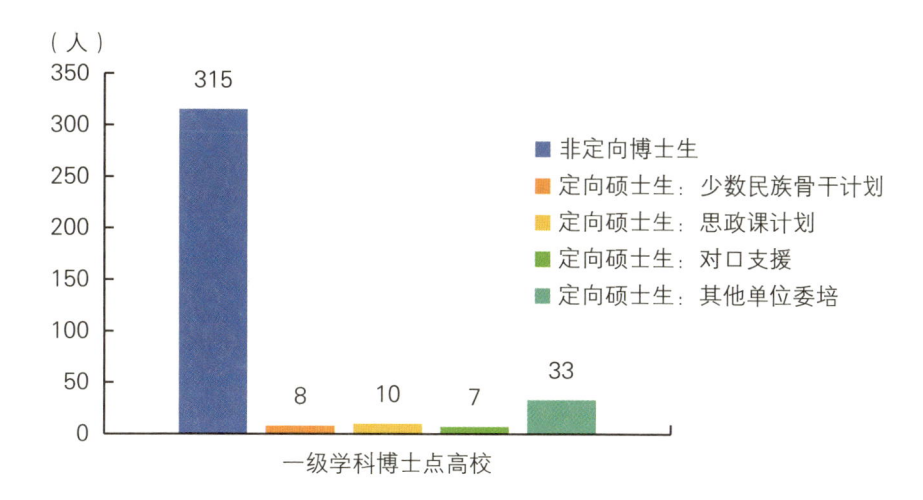

图4-1 一级学科博士点高校实际招收博士研究生的来源分布

调查显示，参加调研的一级学科博士点高校实际招收博士研究生373人。其中大陆应届毕业生224人，占60.05%；大陆往届毕业生147人，占39.41%；国际学生1人，占0.27%；港澳台学生1人，占0.27%。

2.类别

参加调研的一级学科博士点高校实际招收博士研究生的类别情况如图4-2所示。

图4-2 一级学科博士点高校实际招收博士研究生的类别分布

调查显示，参加调研的一级学科博士点高校实际招收博士研究生373

人。其中非定向博士生315人，占84.45%；定向博士生58人，占15.55%。定向博士生中，少数民族骨干计划8人，占一级学科博士点高校实际招收博士研究生总数的2.14%；思政课计划10人，占一级学科博士点高校实际招收博士研究生总数的2.68%；对口支援7人，占一级学科博士点高校实际招收博士研究生总数的1.88%；其他单位委培33人，占一级学科博士点高校实际招收博士研究生总数的8.85%。

3.硕士专业

参加调研的一级学科博士点高校实际招收博士研究生的硕士专业情况如图4-3所示。

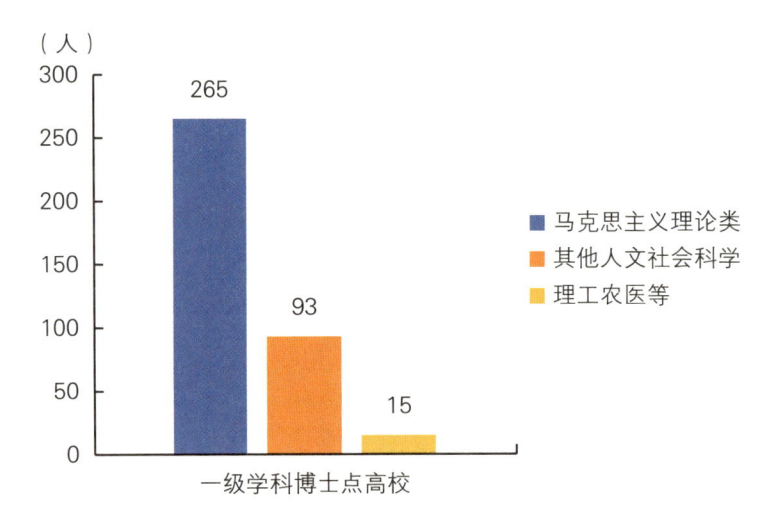

图4-3 一级学科博士点高校实际招收博士研究生的硕士专业分布

调查显示，参加调研的一级学科博士点高校实际招收博士研究生373人。从硕士专业来看，马克思主义理论类265人，占71.05%；其他人文社会科学93人，占24.93%；理工农医等15人，占4.02%。

4.本科专业

参加调研的一级学科博士点高校实际招收博士研究生的本科专业情况如图4-4所示。

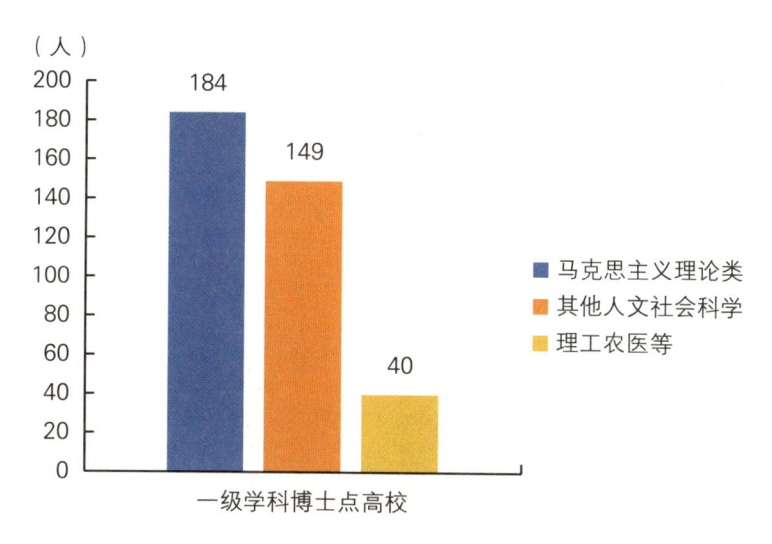

图4-4 一级学科博士点高校实际招收博士研究生的本科专业分布

调查显示，参加调研的一级学科博士点高校实际招收博士研究生373人。从本科专业来看，马克思主义理论类184人，占49.33%；其他人文社会科学149人，占39.95%；理工农医等40人，占10.72%。

5.硕士毕业院校

参加调研的一级学科博士点高校实际招收博士研究生的硕士毕业院校情况如图4-5所示。

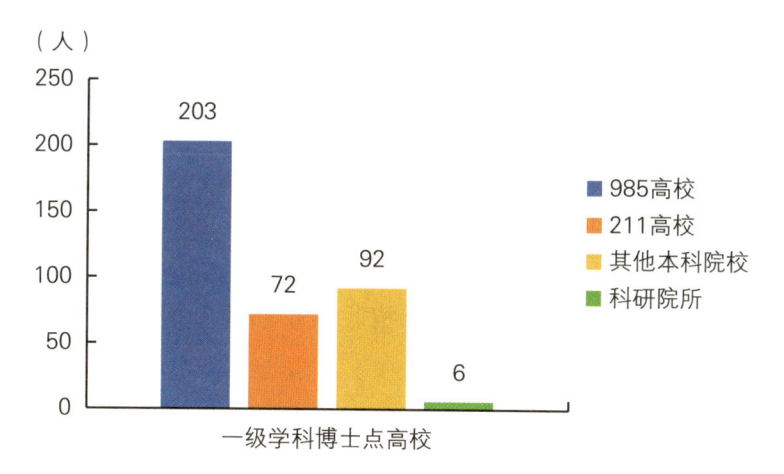

图4-5 一级学科博士点高校实际招收博士研究生的硕士毕业院校分布

调查显示，参加调研的一级学科博士点高校实际招收博士研究生373人。从硕士毕业院校来看，985高校203人，占54.42%；211高校72人，占

19.30%；其他本科院校92人，占24.67%；科研院所6人，占1.61%。

6.大学毕业院校

参加调研的一级学科博士点高校实际招收的博士研究生本科毕业院校情况如图4-6所示。

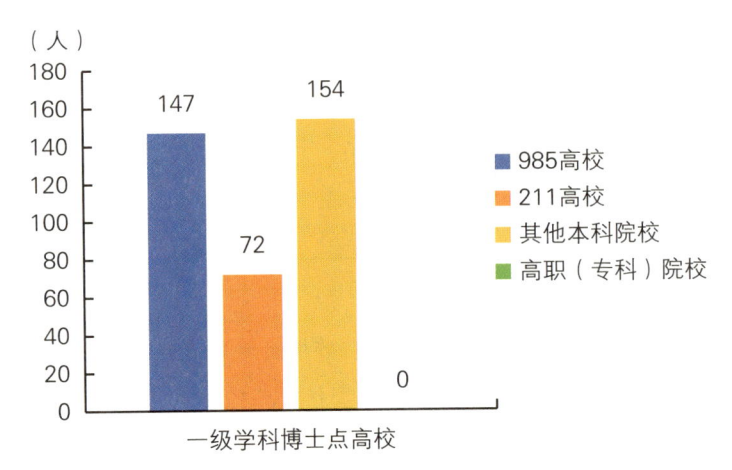

图4-6　一级学科博士点高校实际招收博士研究生的大学毕业院校分布

调查显示，参加调研的一级学科博士点高校实际招收博士研究生373人。从本科毕业院校来看，985高校147人，占39.41%；211高校72人，占19.30%；其他本科院校154人，占41.29%；高职（专科）院校0人，占0。

（二）实际招收的硕士研究生基本情况

据统计，参加调研的北京高校2022年实际招收硕士研究生1255人，比2021年增招155人。其来源、类别、专业背景、毕业院校的基本情况如下。

1.来源

参加调研的各学科点高校实际招收硕士研究生的来源情况如图4-7所示。

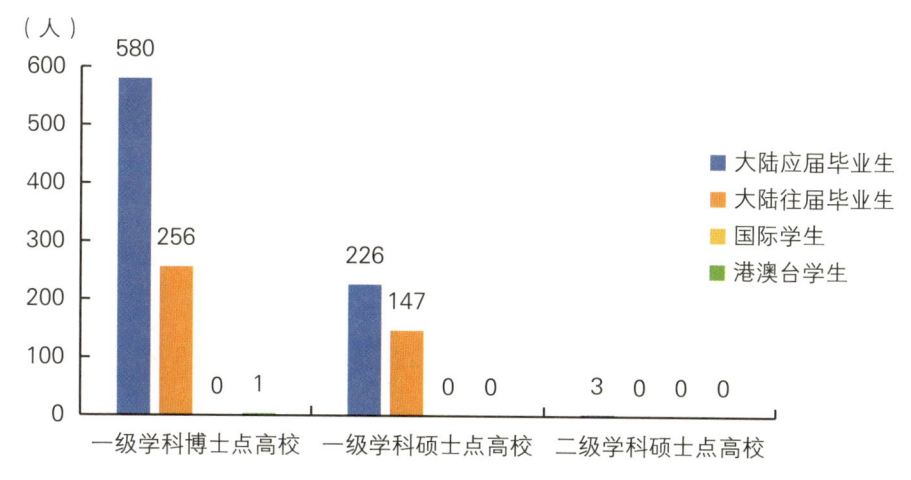

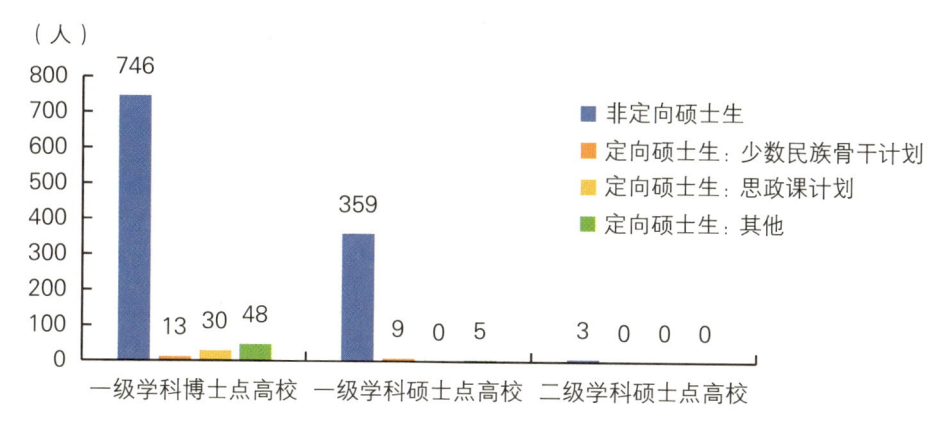

图4-7 各学科点高校实际招收硕士研究生的来源分布

调查显示，参加调研一级学科博士点高校实际招收硕士研究生837人。其中大陆应届毕业生580人，占69.30%；大陆往届毕业生256人，占30.58%；港澳台学生1人，占0.12%。

参加调研一级学科硕士点高校实际招收硕士研究生373人，其中大陆应届毕业生226人，占60.59%；大陆往届毕业生147人，占39.41%。

参加调研二级学科硕士点高校实际招收硕士研究生3人，其中大陆应届毕业生3人，占100%。

2. 类别

参加调研的各学科点高校实际招收硕士研究生的类别情况如图4-8所示。

图4-8 各学科点高校实际招收硕士研究生的类别分布

调查显示，参加调研的一级学科博士点高校实际招收硕士研究生837人。其中非定向硕士生746人，占89.13%；定向硕士生中的少数民族骨干计划13人，占硕士生总数的1.56%；思政课计划30人，占3.58%；其他48人，占5.73%。

参加调研的一级学科硕士点高校实际招收硕士研究生373人，其中非定向硕士生359人，占96.25%；少数民族骨干计划9人，占2.41%；其他5人，占1.34%。

参加调研的二级学科硕士点高校实际招收硕士研究生3人，其中非定向硕士生3人，占100%。

3.大学专业

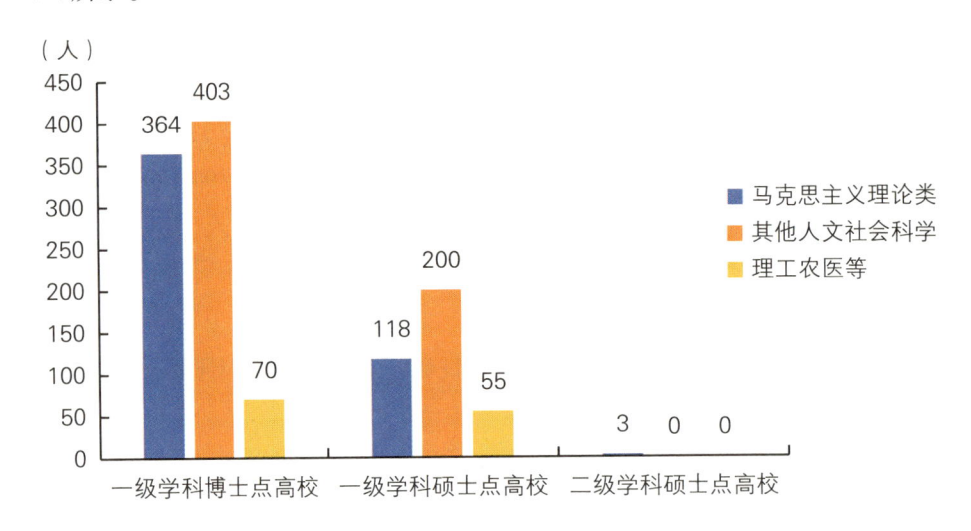

参加调研的各学科点高校实际招收硕士研究生的大学专业情况如图4-9所示。

图4-9 各学科点高校实际招收硕士研究生的大学专业分布

调查显示，参加调研的一级学科博士点高校实际招收硕士研究生837人，从大学专业来看，马克思主义理论类364人，占43.49%；其他人文社会科学403人，占48.15%；理工农医等70人，占8.36%。

参加调研的一级学科硕士点高校实际招收硕士研究生373人，从大学专业来看，马克思主义理论类118人，占31.64%；其他人文社会科学200人，占53.62%；理工农医等55人，占14.74%。

参加调研的二级学科硕士点高校实际招收硕士研究生3人，从大学专业来看，马克思主义理论类3人，占100%。

4.大学毕业院校

参加调研的各学科点高校实际招收硕士研究生的大学毕业院校情况如图4-10所示。

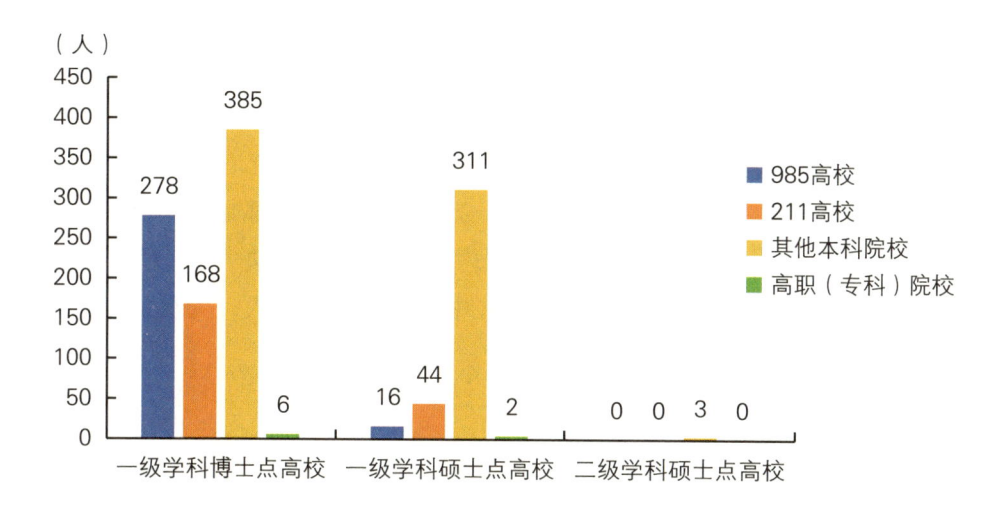

图4-10 各学科点高校实际招收硕士研究生的大学毕业院校分布

调查显示，参加调研的一级学科博士点高校实际招收硕士研究生837人，从大学毕业院校来看，985高校278人，占33.21%；211高校168人，占20.07%；其他本科院校385人，占46.00%；高职（专科）院校6人，占0.72%。

参加调研的一级学科硕士点高校实际招收硕士研究生373人，从大学毕业院校来看，985高校16人，占4.29%；211高校44人，占11.79%；其他本科院校311人，占83.38%；高职（专科）院校2人，占0.54%。

参加调研的二级学科硕士点高校实际招收硕士研究生3人，其他本科院校3人，占100%。

（三）实际招收的本科生基本情况

调查显示，参加调研的北京高校具有马克思主义理论类（包括马克思主义理论专业、思想政治教育专业和中共党史专业）本科生招生资格的高校共有10所，分别为北京大学、中国人民大学、清华大学、北京科技大学、北京师范大学、首都师范大学、对外经济贸易大学、北京体育大学、中国政法大学、中国石油大学（北京）。其中，北京大学、中国人民大学、清华大学、首都师范大学和北京体育大学这5所高校招收马克思主义理论专业本科生；北京科技大学、首都师范大学、对外经济贸易大学、中国政法大学、中国石油大学（北京）、中国人民大学、首都师范大学这7所高校招收思想政治教育专业本科生。这10所高校2022年共招收马克思主义理论类本科生519人，均为大陆学生。其中，马克思主义理论本科专业招收了154人，北京大学53人，为提前批次招生；首都师范大学25人，为大类招生；北京体育大学30人，为大类招生；中国人民大学24人，为提前批次招生；清华大学22人，为提前批次招生。思想政治教育专业招收了365人，其中，北京师范大学120人，为大类招生；首都师范大学86人，为大类招生；对外经贸大学16人，为大类招生；中国政法大学30人，为大类招生；中国石油大学60人，为其他；中国人民大学24人，为提前批次招生；北京科技大学29人，为其他。

（四）学制

1.博士研究生标准学制

（1）普通博士研究生标准学制

参加调研的一级学科博士点高校普通博士研究生标准学制情况如图4-11所示。

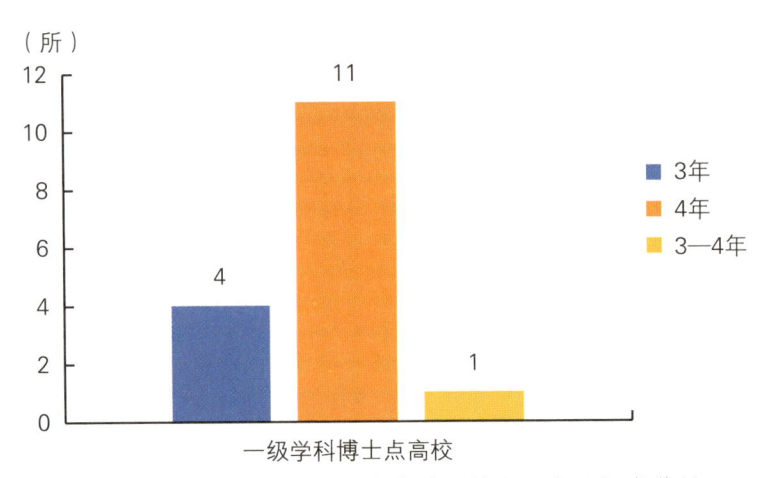

图4-11 一级学科博士点高校普通博士研究生标准学制

参加调研的一级学科博士点高校共16所，其中普通博士研究生标准学制为3年的有4所，4年的有11所，3—4年的有1所。

（2）直博研究生标准学制

参加调研的一级学科博士点高校直博研究生标准学制情况如图4-12所示。

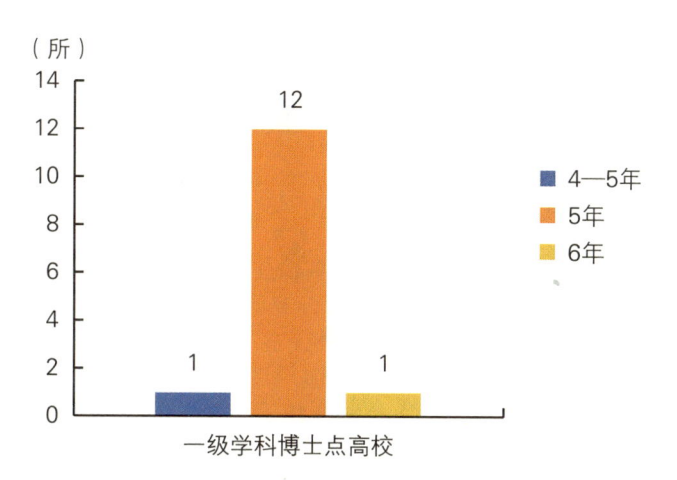

图4-12　一级学科博士点高校直博研究生标准学制

参加调研的一级学科博士点高校共16所，其中14所高校设有直博研究生，直博研究生的标准学制为4—5年的有1所，5年的有12所，6年的有1所。

2.硕士研究生标准学制

参加调研的各学科点高校硕士研究生标准学制情况如图4-13所示。

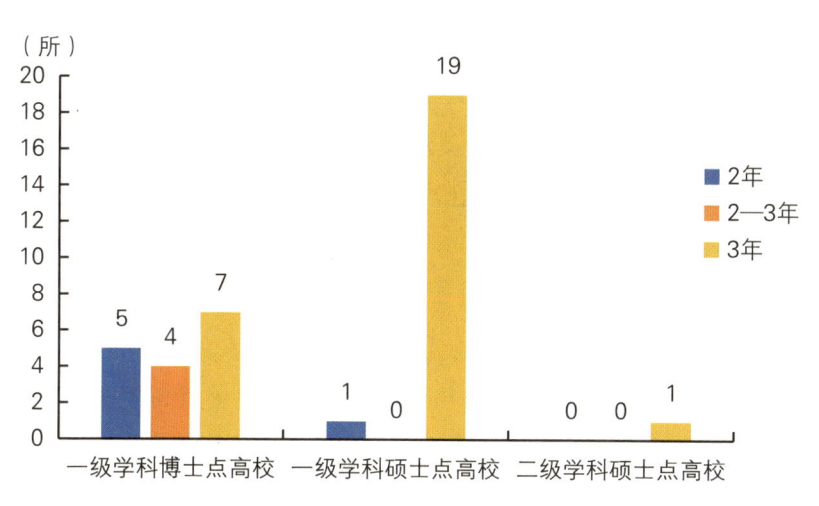

图4-13　各学科点高校硕士研究生标准学制

（1）博士点高校硕士研究生标准学制

参加调研的一级学科博士点高校共16所，其中硕士研究生标准学制为2年的有5所，3年的有7所，还有4所为2—3年。

（2）硕士点高校硕士研究生标准学制

参加调研的一级学科硕士点高校共20所，硕士研究生标准学制为2年的有1所，3年的有19所。参加调研的二级学科硕士点高校共1所，硕士研究生标准学制为3年。

3.本科生学制

参加调研高校马克思主义理论类本科生学制一般为4年。

（五）研究生导师

1.博士研究生导师（简称博士生导师）专兼职人数

参加调研的一级学科博士点高校共16所，共有博士生导师260人。其中专职博士生导师239人，占91.92%；兼职博士生导师21人，占8.08%。具体情况如图4-14所示。

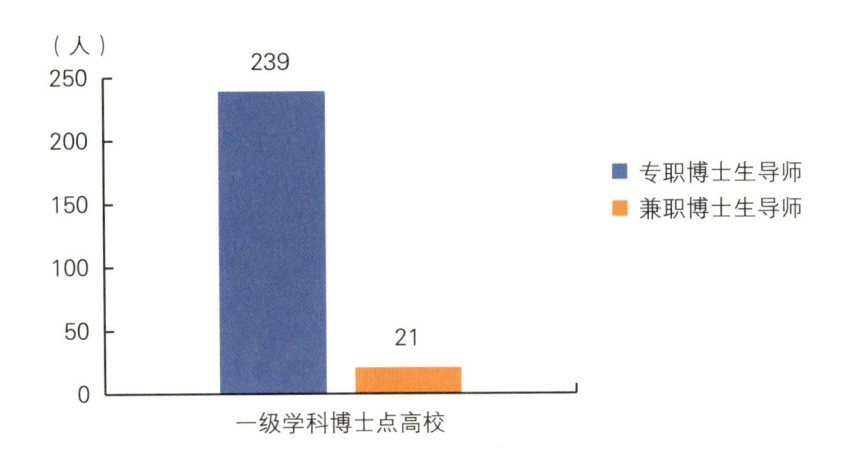

图4-14 一级学科博士点高校2022年博士生导师专兼职人数

2.硕士研究生导师（简称硕士生导师）专兼职人数

2022年，参加调研的16所博士点高校和21所硕士点高校共有硕士生导师906名，包括869名专职硕士生导师和37名兼职硕士生导师。具体情况如图4-15所示。

第四章　人才培养

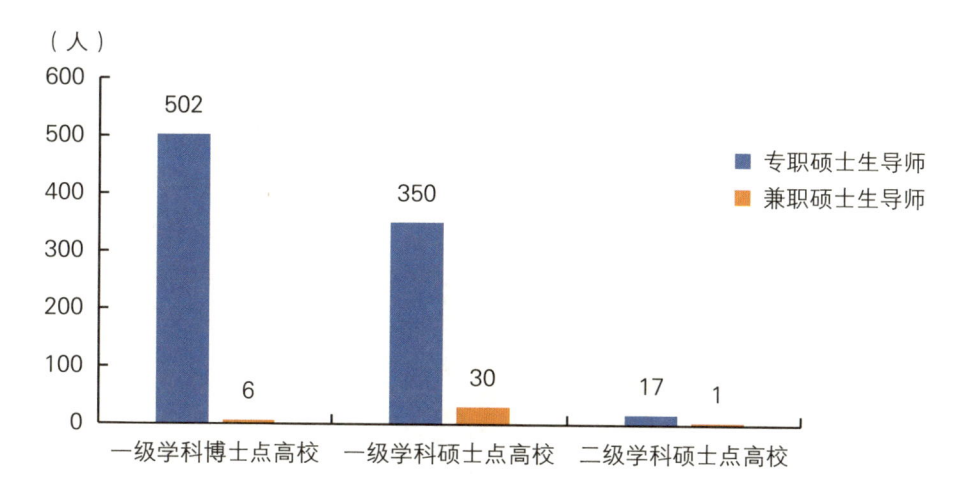

图4-15　各学科点高校2022年硕士生导师专兼职人数

参加调研的一级学科博士点高校共16所，共有硕士生导师508人。其中专职硕士生导师502人，占98.82%；兼职硕士生导师6人，占1.18%。

参加调研的一级学科硕士点高校共20所，共有硕士生导师380人。其中专职硕士生导师350人，占92.11%；兼职硕士生导师30人，占7.89%。

参加调研的二级学科硕士点高校共1所，共有硕士生导师18人。其中专职硕士生导师17人，占94.44%；兼职硕士生导师1人，占5.56%。

（六）科学研究

1.2022年毕业的博士研究生在读期间发表论文

根据统计，参加调研的一级学科博士点高校2022年毕业的博士研究生在读期间发表学术论文总计568篇，其中核心期刊论文122篇，占21.48%；CSSCI来源期刊论文192篇，占33.80%；非CSSCI来源非核心期刊论文254篇，占44.72%。参加调研的一级学科博士点高校2022年毕业的博士研究生在读期间发表论文情况如图4-16所示。

图4-16 一级学科博士点高校2022年毕业的博士研究生在读期间发表论文分布

2.2022年毕业的硕士研究生在读期间发表论文

根据统计，北京高校2022年毕业的硕士研究生在读期间共发表论文687篇，其中核心期刊篇数为30；CSSCI期刊篇数为31；非CSSCI来源非核心期刊篇数为626。

参加调研的各学科点高校2022年毕业的硕士研究生在读期间发表论文情况如图4-17所示。

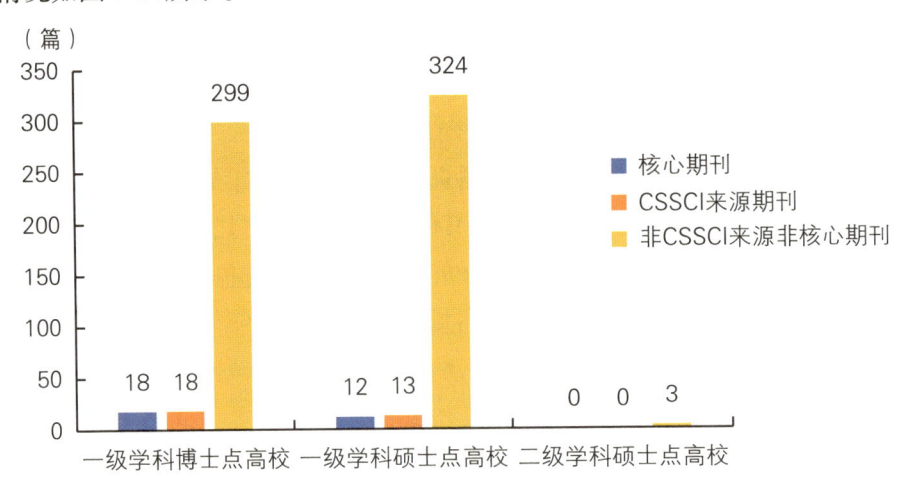

图4-17 各学科点高校2022年毕业的硕士研究生在读期间发表论文分布

调查显示，参加调研的一级学科博士点高校2022年毕业的硕士研究生在读期间发表论文335篇，其中核心期刊论文18篇，占5.37%；CSSCI来源期刊论文18篇，占5.37%；非CSSCI来源非核心期刊论文299篇，占89.26%。

参加调研的一级学科硕士点高校2022年毕业的硕士研究生在读期间发表论文349篇，其中核心期刊论文12篇，占3.44%；CSSCI来源期刊论文13篇，占3.72%；非CSSCI来源非核心期刊论文324篇，占92.84%。

参加调研的二级学科硕士点高校2022年毕业的硕士研究生在读期间发表论文3篇，均为非CSSCI来源非核心期刊论文。

（七）毕业去向

1.博士研究生就业去向

调查显示，2022年参加调研的北京高校马克思主义理论专业博士毕业生总人数为169人，参与就业统计的有154人，其中在高等院校就业的有99人，占参与就业统计人数的64.29%；在科研院所就业的有4人，占参与就业统计人数的2.60%；在党政机关就业的有23人，占参与就业统计人数的14.94%；在企事业单位就业的有18人，占参与就业统计人数的11.68%；自主创业的有2人，占1.30%；未就业的有8人，占5.19%。参加调研的一级学科博士点高校2022年毕业的博士研究生就业去向如图4-18所示。

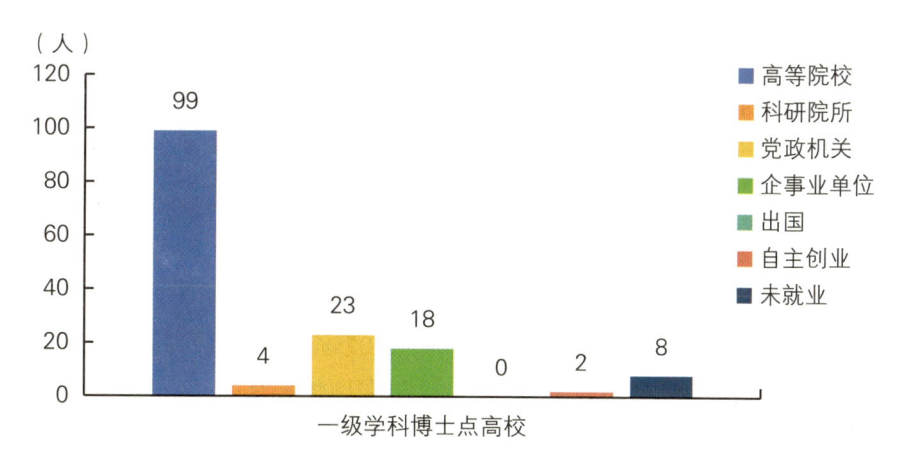

图4-18 一级学科博士点高校2022年博士毕业生就业去向分布（不含肄业生）

2.硕士研究生就业去向

调查显示，2022年参加就业统计调研的北京高校马克思主义理论专业硕士毕业生总人数为797人（其中北京师范大学数据缺失，因此不计算在内），其中在高等院校就业的有194人，占24.34%；在科研院所就业的有23人，占2.89%；在党政机关就业的有140人，占17.56%；在企事业单位就业的有384人，占48.18%；出国的有1人，占0.13%；自主创业的有11人，占1.38%；未就业的有44人，占5.52%。参加调研的北京高校硕士毕业生就业去向分布如图4-19所示。

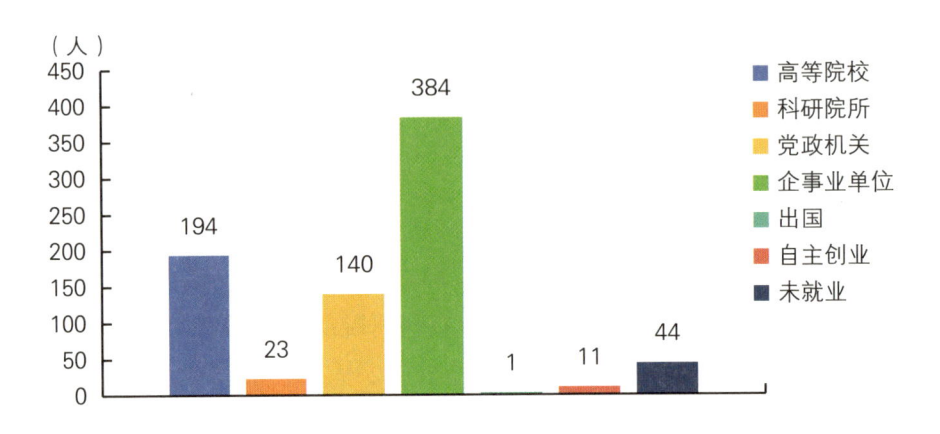

图4-19　北京高校2022年硕士毕业生就业去向分布（不含肄业生）

二、主要成绩

北京高校高度重视马克思主义理论学科人才培养，在招生质量、人才培养、学术交流、本科生人才培养等方面取得较好成绩。

（一）招生规模稳步增长

北京各高校通过扩大本科生规模、创新招生项目等方式，确保马克思主义理论专业学生的规模稳步提升，2022年本科、硕士、博士的招生人数比2021年分别增长了10.66%、14.09%、5.07%。参加调研高校2021年、2022年本硕博招生人数对比情况和2022年本硕博招生人数增长幅度如图4-20和图4-21所示。

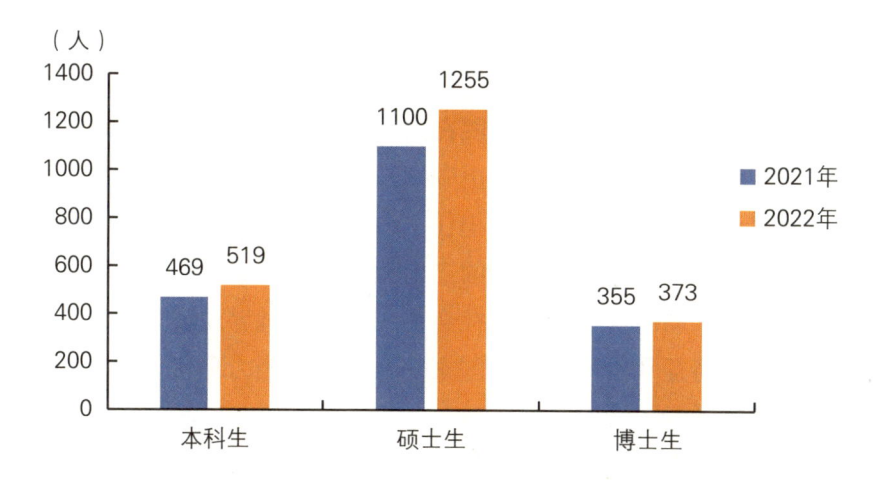

图4-20　2021年、2022年本硕博招生人数对比

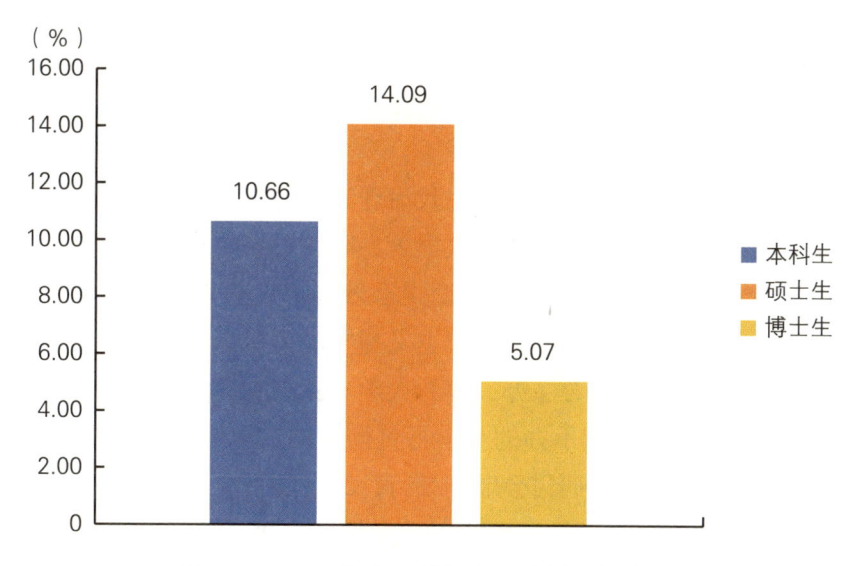

图4-21　2022年本硕博招生人数增长幅度

（二）将党的二十大精神及时全面地融入人才培养全过程

党的二十大是在全党全国各族人民迈上全面建设社会主义现代化国家新征程、向第二个百年奋斗目标进军的关键时刻召开的一次十分重要的大会，北京高校马克思主义学院坚决落实中央和北京市委相关要求，全力抓好党的二十大精神的研究阐释和教育教学工作，切实把思想和行动统一到党的二十大精神上来。

1.推动党的二十大精神进教材、进课堂、进头脑

为推动党的二十大精神融入思想政治理论课教学，2022年10月19日下午，中国人民大学马克思主义学院在人文楼10层会议室召开2022—2023学年秋季学期集体备课会，备课会由中国人民大学习近平新时代中国特色社会主义思想研究院院长秦宣教授担任主讲。集体备课会历经两个小时，讨论热烈、气氛融洽。老师们就党的二十大报告中马克思主义中国化时代化新境界、习近平新时代中国特色社会主义思想的世界观和方法论、中国式现代化的基本特征和本质要求、国家安全体系和能力现代化等一些重大理论和实践问题进行了研讨。

为深入学习贯彻党的二十大精神，北京大学马克思主义学院于2022年10月23日在北京大学英杰交流中心举办学习贯彻党的二十大精神理论座谈会。与会学者围绕"深入学习贯彻党的二十大精神"进行理论座谈，就中国式现代化、马克思主义中国化时代化等重要议题展开研讨，努力推动习近平新时代中国特色社会主义思想进教材、进课堂、进头脑，着力培养担当民族复兴大任的时代新人。

2022年10月29日，由高校思想政治理论课思想道德修养与法律基础国家教材建设重点研究基地（清华大学）、高校思想政治理论课毛泽东思想和中国特色社会主义理论体系概论国家教材建设重点研究基地（北京大学）和高校思想政治理论课马克思主义基本原理概论国家教材建设重点研究基地（南开大学）联合主办，南开大学马克思主义学院、《马克思主义理论教学与研究》期刊承办的"学习贯彻党的二十大精神 推进高校思政课教材建设"高端学术研讨会顺利举行，20余位马克思主义理论学科著名专家学者围绕学习宣传贯彻党的二十大精神，推动党的二十大精神进教材、进课堂、进头脑，推进高校思政课教材建设高质量发展等问题展开深入研讨。

2.以党的二十大为主题开展特色主题党日活动

2022年北京大学马克思主义学院2021级博士生2班党支部联合南开大学商学院会计人力硕士党支部、中国人民大学商学院2021级硕博连读班党支部、天津大学管理与经济学部2022级硕士生第五党支部和山东大学管理学院硕士第三党支部，以线上线下相结合的方式开展了"学思践悟二十大 踔厉奋发新征程"主题党日活动，共同学习领会党的二十大精

神。各支部共同学习党的二十大报告中习近平总书记给青年的寄语。大家纷纷表示，要坚定不移听党话、跟党走，怀抱梦想又脚踏实地，敢想敢为又善作善成，立志做有理想、敢担当、能吃苦、肯奋斗的新时代好青年，努力练就过硬本领、堪当时代重任，让青春在祖国和人民最需要的地方绽放绚丽之花。

3. 开展党的二十大精神宣讲活动

习近平总书记在党的二十大报告中指出，广大青年要坚定不移听党话、跟党走，怀抱梦想又脚踏实地，敢想敢为又善作善成，立志做有理想、敢担当、能吃苦、肯奋斗的新时代好青年。大会召开后，为认真学习宣传贯彻党的二十大精神，服务校内外理论学习需求，北京大学马克思主义学院研究生讲师团围绕"学习二十大，永远跟党走，奋进新征程"推出系列主题宣讲活动。党的二十大召开至今，讲师团面向校内外党团支部、校外企事业单位，开展"学习二十大，永远跟党走，奋进新征程"主题系列宣讲共计80余场，直接受众累计近6000人，不断推动党的二十大理论学习入脑、入心、入行。并同步推进团内集体备课会和院内支部联学共建活动，多次与学院党团骨干、党团支部围绕学习党的二十大精神开展研学交流和宣讲活动，不断深化理论认识，提高宣讲质量。讲师团的宣讲活动受到人民日报、人民论坛网、央视网等主流媒体广泛关注和报道。

（三）开展丰富多彩的研究生学术交流活动

经过多年探索，北京高校马克思主义理论学科在研究生培养方面逐步形成一系列具有鲜明特色的学术品牌，主要包括已连续举办多届的"未名论坛暨全国马克思主义理论及相关学科博士研究生高级研讨班""'清北人师'四校马克思主义学院博士生学术论坛""首都五所高校马克思主义学院研究生学术论坛""全国高校马克思主义理论学科研究生学术论坛"等，研究生学术交流进一步增加。2022年的系列重要学术活动主要有：

1. 北京大学第十二届未名论坛暨全国马克思主义理论及相关学科博士研究生高级研讨班

2022年1月10—12日，北京大学第十二届未名论坛暨全国马克思主义理论及相关学科博士研究生高级研讨班在线举行。这届未名论坛的主题是"百年中国共产党与21世纪马克思主义"。论坛线上报名听众超过3000人，累计参会达1万多人次。这届论坛由北京大学马克思主义学院、中国高等教育学会马克思主义研究分会、北京大学中国特色社会主义理论大众化与国际传播协同创新中心、北京大学中国文化发展研究中心联合主办。

未名论坛的初衷是为马克思主义理论学科的青年学者搭建一个高品质交流平台。十几年来，主办方坚守初心、精心组织、认真筹备，未名论坛在学界产生了广泛的影响力，已成为一项品牌学术活动。立足时代背景，这届论坛确立了"百年中国共产党与21世纪马克思主义"的主题。各位学员共同回顾中国共产党百年奋斗的历史经验，一起学习党的十九届六中全会决议，展望全面建设社会主义现代化国家的新征程。

2.第三届京沪汉五校马克思主义学院研究生学术论坛

2022年5月28日，第三届京沪汉五校马克思主义学院研究生论坛暨第一届十校马克思主义学院研究生论坛开幕式在线上举行，这届论坛入选论文的作者来自全国32所高校，涵盖了本硕博不同年级，也涵盖了10所主办高校以及东部、中部、西部的许多重点院校。这届主论坛主题是"百年未有之大变局与 21 世纪马克思主义"，分为两个半场。讲座间隙，专家们还展开了精彩的学术讨论。在持续三个半小时的主论坛过程中，四位重量级学者为与会师生带来的精彩报告，极大地开阔了同学们的问题意识，也拓展了同学们对马克思主义与时代精神、时代问题的理解。

3.第二十三届"北大、清华、人大、北师大"马克思主义学院博士生学术论坛

2022年6月12日，由中国人民大学马克思主义学院主办的第23届"人北清师"四校马克思主义学院博士生论坛在云端顺利举行。这届论坛的主题为"马克思主义与中国式现代化道路"。四校马克思主义学院博士生论坛是由中国人民大学、北京大学、清华大学和北京师范大学四所高校的马克思主义学院轮流主办的重要学术论坛。在习近平总书记提出加快构建中国特色哲学社会科学、建构中国自主的知识体系的要求这一背景下，论坛旨在推进马克思主义理论学科的知识创新、理论创新、方法创新，加强对马克思主义的研究阐释和创新运用，进一步推动马克思主义理论学科的建设、改革与发展，同时为提高研究生的学术能力和创新意识提供一个交流的平台。

4.第六届"社会主义生态文明与社会生态转型"博士生论坛

2022年6月24—26日，由北京大学马克思主义学院、北京大学"研究生教育创新计划"、北京大学"海外名家讲学计划"和德国罗莎·卢森堡基金会共同举办的第六届"社会主义生态文明与社会生态转型"博士生论坛以线上方式举行。来自北京大学、中国人民大学、中共中央党校（国家行政学院）、中央党史和文献研究院、复旦大学、同济大学、南开大学、山东大学、吉林大学、北京师范大学、华东师范大学、中国政法大学、上海交通大学、北京航空航天大学、北京邮电大学、北京林业大学、中央财经大学、中国农业大学、中国石油大学（北京）、上海财经大学、山西大学、海南师范大学、西安电子科技大学、西安交通大学、南京师范大学、山东师范大学、东北林业大学、南京理工大学、南京师范大学、扬州大学、黑龙江大学、哈尔滨师范大学、美国纽约州立大学、维也纳大学等国内外高校和研究机构的60多位师生代表，围绕国家"十四五"规划贯彻落实视域下的"社会主义生态文明理论与实践"这一主题进行了深入探讨和交流。

5.马克思主义经典读书会名师讲堂暨开学迎新学术讲座

2022年8月31日晚，马克思主义经典读书会名师讲堂暨开学迎新学术讲座以线上方式顺利举行。这次讲座由北京大学马克思主义学院、中国高等教育学会马克思主义研究分会联合主办，讲座共吸引了来自全国高校600余名师生的参与。这次讲座围绕学习读书会主题，同时涵盖了读书方法、论文写作、学术积累等问题，既有丰富的理论知识，又有前沿的研究方法。在嘉宾与谈环节，各位老师的精彩分享和观点交流也给与会成员留下了深刻印象，激发了大家的理论兴趣与学术热情，为与会成员带来了一场启迪人心的学术盛宴。

6.第五届全国高校马克思主义理论及相关学科研究生学术论坛

2022年12月24日，由中国人民大学马克思主义学院主办的"党的二十大精神与马克思主义中国化时代化"——第五届全国高校马克思主义理论及相关学科研究生学术论坛在线上顺利举行。校内外300余名研究生参加论坛。当天下午，五个分论坛分别围绕"党的二十大精神与新时代伟大成就和变革""马克思主义中国化时代化的重大问题""中国式现代化与人类文明新形态""高质量发展与全面建成社会主义现代化强国""新时代党的建设与自我革命"开展研讨。全国高校马克思主义理论及相关学科研究生学术论坛是中国人民大学马克思主义学院组织筹办的重要学术论坛,论坛旨在进一步深入贯彻落实党史学习教育动员大会、庆祝中国共产党成立100周年大会、党的十九届六中全会、党的二十大等重要会议精神,促进马克思主义理论及相关学科青年学子之间的学术交流,提升马克思主义理论研究的学术水平,进一步推动马克思主义理论学科的建设、改革与发展。全国高校马克思主义理论及相关学科研究生学术论坛一贯秉持中国人民大学尊崇学术的优良传统,为推动学风建设、提高研究生的学术能力和创新意识搭建了一个广阔的学术交流平台。

7.第十届首都高校马克思主义学院研究生"五马论坛"暨学生理论社团学术研讨会

2022年12月10日,第十届首都高校马克思主义学院研究生"五马论坛"暨学生理论社团学术研讨会召开。来自清华大学、北京大学、中国人民大学、北京师范大学、中共中央党校(国家行政学院)、中央团校(中国青年政治学院)等77所高校和单位的马克思主义学院师生、团干部、专家学者等共同围绕"建团百年与党的青年工作"这一主题,云端连线,共探学术、共议发展。17位优秀论文作者代表分别从百年青运史不同时期重大事件、共青团的作用及其和党的关系、青年运动历史人物、青年工作著作文本、新时代青年工作的意义和青年的精神力量等维度分享交流,充分彰显了当代青年学子对建团百年和党的青年工作独特的学术视角。2013年以来,"五马论坛"的活跃度和影响力不断扩大,正成为全国性马克思主义理论学科研究生学术交流的品牌活动。这次论坛共收到155篇论文,其中博士研究生投稿36篇,硕士研究生投稿113篇,45%的投稿来自双一流高校。

8.第二届全国马克思主义理论学科学生《资本论》论坛

2022年12月24日,"第二届全国马克思主义理论学科学生《资本论》论坛"成功举办。这次论坛由中国高等教育学会马克思主义研究分会(以下简称"马研会")、北京大学马克思主义学院、南开大学马克思主义学院、中国《资本论》研究会、首都经济学家论坛联合主办,《当代经济研究》编辑部、《政治经济学评论》编辑部、《马克思主义理论教学与研究》编辑部联合协办。这届论坛的主题为"《资本论》与中国式现代化"。论坛以线上会议的形式举行并对外开放。来自全国各地的师生以极大的热情高度关注、齐聚云端参加会议，累计参会听众近4000人次。

在分论坛研讨环节，来自全国64所高校的117名在读本、硕、博优秀青年学子围绕着《资本论》从不同角度展开专题研讨。共设12个分论坛，分论坛主题广泛，覆盖马克思主义理论所有二级学科的讨论范围。分论坛研讨环节采取学生发言、教师点评的方式进行，组委会一共邀请了12位青年教师担任主持人、24位从事《资本论》研究和教学工作的青年学者担任点评教师。

这次论坛以"《资本论》与中国式现代化"为主题展开研讨，紧扣党的二十大精神，充分彰显了马克思主义经典著作的力量，体现了经典与现代的有机结合。这次论坛推动青年学生深入研读《资本论》等马克思主义经典著作，引导学生不断提升马克思主义理论素养，更好地坚持和发展中国化时代化的马克思主义。

（四）继续评选研究生"双百奖学金"

为深入学习贯彻习近平总书记关于教育的重要论述，特别是在学校思想政治理论课教师座谈会上的重要讲话精神，深入推进北京高校思政课"质量提升年"任务部署，不断提高马克思主义理论专业人才培养质量，加强北京高校思政课教师后备人才储备，市委教育工委、市教委开展2022年度北京高校马克思主义理论专业研究生新生奖学金、学术奖学金评审工作。"新生奖学金"面向学院2022级全日制优秀研究生新生申报。"学术奖学金"面向学院具有正式学籍、在基本学制年限内、全日制、有较强理论功底、学术成果突出的二年级及以上优秀研究生申报。

（五）进一步推动就业工作

北京各高校通过就业工作座谈会、就业动员会、就业指导会等多种形式更加深入地了解毕业生当前就业现状、服务需求与困难困惑，为师生共同探讨毕业生就业问题搭建服务平台，进一步推动马克思主义学院就业工作。

2022年中国人民大学马克思主义学院召开2023届毕业生就业工作会。马克思主义学院分团委书记和全体2023届毕业生参加了此次座谈会。会议首先介绍了就业工作的基本环节、学校就业政策和网签平台签约流程，提醒大家及时关注学校、学院的就业信息，认真了解就业政策，及时与学院沟通就业动态。这次工作会旨在搭建就业工作的师生沟通平台，深入了解毕业生当前的就业动态、服务需求和困难困惑，促进毕业生更充分更高质量就业。

2022年北京师范大学马克思主义学院举办博士生就业指导交流会。学院2020级、2021级全体博士生参加。会议以腾讯会议平台形式召开。会上详细讲解了求职简历制作的要点和规范，具体分析指正了部分同学的简历内容。同时，还就同学们关心的职业生涯规划、就业前景、就业形势、就业去向等问题进行分类解答，帮助同学们进一步了解当前就业面临的机遇与挑战。最后，与同学们交流了实习实践及就业方面的其他问题，回答了同学们的提问。这次就业指导交流会有效提升了同学们的简历制作能力水平，为正处于就业迷茫期的同学们指明了方向，解决了同学们在求职就业方面的困惑和疑虑，有助于同学们在今后以更加积极的心态和更全面的准备应对就业求职的挑战。

（六）加强本科生人才培养体系建设

北京高校重视马克思主义理论及相关专业本科生培养，通过创新本科生培养方案、开展新生入学教育、举办文献研读活动等，进一步完善本科生培养体系，提高学生的理论和实践能力。

1.创新本科生培养方案

北京大学2022年面向全国高考生招收马克思主义理论专业本科生25名，不断创新培养理念、规范培养程序、加强培养渠道建设、搭建辅助培养体系，努力建设一流本科专业。学校从党政领导、职能部门负责人、机关干部中选拔产生第二班主任，发挥了同学们成长路上贴心人和引路人的作用，目前已成为北大学生思政工作的一支重要力量。

中国人民大学马克思主义学院对马克思主义理论和中国共产党历史两个专业培养方案进行了大幅改革。按照新的人才培养目标，举办本科专业主文献研读实践课与新生研讨课建设，实现优化升级。围绕如何实现文献课和研读课、新生研讨课的联动，如何实现线上导读资源和线下导读课程的有机结合，如何在传授知识的同时培养学生的学习能力以及如何让学生更好地参与等问题开展研讨。

2. 开展本科生新生入学教育

北京大学马克思主义学院组织2022级本科生沿着习近平总书记2018年5月2日考察北京大学马克思主义学院时的路线,集体参观了"共命运,同前进——北京大学与马克思主义"主题展览,重温了习近平总书记重要讲话精神,召开"燕园启航,共话初心"主题班会。2022级本科生代表作为学生代表发言,与现场师生分享了入学两周来的见闻和感受,以及选择马克思主义理论专业的初心和理想信念。

2022年清华大学马克思主义学院正式启动本科招生,马克思主义理论专业在提前批次招生,共招收22位有理想、有本领、有担当的青年马克思主义者。校长王希勤和日新书院2022级马克思主义理论专业全体本科生围坐一堂,围绕班会主题"求至真至善之学,做又红又专新人"进行交流探讨。在主题班会上,2022级马克思主义理论专业本科生围绕"从愿景到现实""着眼当下,学在清华之我的初体会""展望未来,做有清华特色的马克思主义者"三个方面展开交流讨论。

3. 举办本科生文献研读活动

学原理、读原著是接触马克思主义的最佳方式,也是学习马克思主义方法论最有效的方式。中国人民大学马克思主义学院面向学院全体本科生开展本科专业文献研读活动,邀请学院教师领读经典文本,与本科生专业文献课有效整合和衔接,为同学们搭建阅读、研讨、交流的平台,提高同学们的学习效率。活动贯穿两个主题:主题一是新时代马克思主义的鲜明特征,旨在引导马克思主义理论专业本科生在新的历史条件下从整体上把握马克思主义的理论精髓与发展线索,理解新时代马克思主义的科学性、人民性、实践性和发展性等鲜明特征;主题二是中国共产党和中国革命,旨在引导中国共产党历史专业本科生掌握中共党史党建领域的基本文献和基本知识,更为深入地理解中共党史党建领域的重大实践探索及其背后的理论逻辑,增强对党的奋斗历程的整体把握。通过本科专业文献研读活动,同学们学习热情高涨,认真聆听,仔细思考,通过学院老师的讲解更深刻地理解了文本。同学们从马克思的伟大一生中汲取了人生力量,对马克思和马克思主义有了整体上的把握、对专业学习有了更深的体悟。

三、主要问题和对策建议

调查发现，尽管北京高校马克思主义理论人才培养不断取得佳绩，但也仍然存在一些问题，需要进一步提高生源质量、加强学科教材建设、建设专业性就业信息平台以及构建一体化的培养体系。

（一）进一步提高生源质量

在"研究生招生中存在的问题"方面，共设计"招生指标偏少""报考人数不多""生源质量不高"3个选项，可多选并排序。根据调查结果，参加调研的16所博士点北京高校有8所将"生源质量不高"排在首位，另有6所将该选项排在第二位。参加调研的21所硕士点北京高校有12所将"生源质量不高"排在首位，另有3所将该选项排在第二位。

首先，增设马克思主义理论本科专业。目前，已经有北京大学、清华大学、中国人民大学、北京师范大学等10所高校招收马克思主义理论本科专业学生，一些学校探索建立马克思主义理论学科本科、硕士、博士一体化人才培养体系，但是目前所招收的本科生数量还是偏少。与马克思主义理论相关的思想政治教育、中共党史、科学社会主义三个本科专业招生人数也不多。就"提高马克思主义理论专业研究生培养质量的意见建议"，共设11个选项，可多选并排序。16所博士点高校中，有7所将"增设马克思主义理论本科专业"排在首位。北京的22所硕士点高校有8所选择将"增设马克思主义理论本科专业"排在首位，另有1所将该选项排在第二位。应该鼓励更多具备条件的高校申请增设马克思主义理论本科专业，同时增加马克思主义理论类本科生招生数量。

其次，适度增加马克思主义理论专业的本科招生指标。北京的10所招收马克思主义理论类本科生的高校中，有7所高校认为本科生培养方面存在的主要问题是"招生指标偏少"。除了2017年教育部批准包括中国人民大学、北京体育大学在内的8所高校以外，2022年清华大学、北京科技大学首次招收马克思主义类本科生，截止到2022年，招收马克思主义类本科生的高校由之前的8所增至10所。虽然招收的高校数量增多，但是招收指标仍然有限，未来需进一步按需适度增加马克思主义理论学科本科生的招生指标。

最后，还需要进一步提高马克思主义理论类硕士研究生的培养质量，为博士研究生招生储备优秀生源。

（二）构建高质量教材体系

就"提高马克思主义理论专业研究生培养质量的意见建议"，共设计7个选项，可多选并排序。参加调研的16所博士学位点的北京高校有7所将"规范的研究生教材偏少"排在首位，另有2所将该选项排在第二位；参加调研的21所硕士学位点的北京高校有10所将"规范的研究生教材偏少"排在首位，另有3所将该选项排在第二位。参加调研的21所硕士点的北京高校有4所将"统编马克思主义理论各专业的核心课程专业教材"排在首位，有3所将该选项排在第二位，另有1所将该选项排在第三位。由此可见，规范性马克思主义理论教材成为制约马克思主义理论学科人才培养的重要因素，党的二十大报告首次提出"加强教材建设和管理"，未来有关部门应结合马克思主义理论的学科特点，增强学科教材的政治性与现实感，加强教材规划与立项，确保习近平新时代中国特色社会主义思想和党的二十大精神进教材落实到位，发挥铸魂育人实效。

（三）建设专业性就业信息服务平台

随着马克思主义理论学科研究生招生数量的增加，每年的毕业生也在增加，就业问题受到较多关注。根据调查结果，参加调研的16所博士点的北京高校有8所将"缺乏全国性的统一就业信息平台"排在"就业中存在的问题"的首位，另有3所将该选项排在第二位；有2所将"就业面窄"排在首位，另有6所排在第二位。参加调研的21所硕士点的北京高校有11所将"缺乏全国性的统一就业信息平台"排在首位，另有3所将该选项排在第二位；有9所将"就业面窄"排在首位，另有5所将该选项排在第二位。解决研究生就业面窄的问题，需要帮助学生做好职业规划，增强职业技能训练，提高学生的专业素养和综合素质。针对马克思主义理论学科特点和主要就业方向，建设马克思主义理论学科的就业信息服务平台，引导学生提早做好职业规划，普及就业知识和技能，及时发布就业信息。

（四）构建一体化的马克思主义理论学科本硕博人才培养体系

当前，马克思主义理论学科人才培养已经步入高质量发展阶段，应当构建一体化的马克思主义理论学科本硕博人才培养体系。本硕博一体化日渐成为我国大学培养拔尖创新人才的宝贵模式，可以最大化地提升人才培养数量与质量。而构建本硕博一体化的马克思主义理论学科的人才培养体系，可以为马克思主义理论学科和高校思想政治理论课培养出一支理论实践兼备、人才数量充足的后备人才队伍。鼓励学科实力强的马克思主义学院在建设马克思主义理论学科本硕博一体化人才培养体系方面"先试先行"，全面探索可以推广的有益经验。

第五章

教学方法改革

2022年是党的二十大胜利召开的一年，认真学习领会党的二十大精神，既是全党思想建设和理论学习的中心任务，也是北京市高校思想政治理论课推进"三进"的工作重心。围绕这一重心任务，北京各高校持续探索"大思政课"改革，取得了新的进展。本报告在对北京57所高校调研的基础上，考察北京高校思想政治理论课课堂教学方法改革的成就和不足，以期为进一步推动思想政治理论课教学改革创新提出改进建议。

一、数据展示与解读

（一）教学方法采用情况

教学方法改革旨在解决如何教、如何学的问题，辩证处理教法与学法的关系，是提升教学效果的关键。在教与学的矛盾运动中，教学双方的地位不是一成不变的，随着教学理念的变化，教学双方的角色、地位会发生转换。然而最终的教学目标是不变的，不仅是知识的增长和能力的提高，更主要的是情感态度、价值观的确立和养成，因此，好的教法和学法应该遵循"因材施教"的教育规律，通过相互匹配做到"有的放矢"，释放二者对于教学目标的达成空间。教学主体（即教师）选择教法时，还应尊重青年大学生的成长规律，设计符合教学客体（即学生）需求的学法，否则会因缺乏针对性和可行性而降低教学目标的达成度。好的教法不是单一固定的，而应是灵活多样的。适度多样的教学方法可避免教学过程中的枯燥和单调，增加学生对课程的喜爱，但只是起到吸引学生目光，增添学习兴趣的作用，只是提高教学效果的第一步，最终效果要看学生的获得感。实践表明，学生的参与度越高、互动性越强，越能调动学生学习的积极性，增加学生的获得感。因此教师应从学生的学习特点出发，通过实施多样化的、参与互动性强的教学方法和手段，来调动学生的主体性。

本报告按照学生在教学活动中参与互动的程度及其主体性发挥的程度，由低到高将教学方法划分为七大类，依次为参与互动式（如讨论、演讲、辩论等）、问题专题式、传统讲授式（教师讲、学生听为主，又称灌输式）、案例式、情境体验式（如情景模拟、角色扮演、游戏法等）、研究式、大思政课（将思想政治理论课堂搬到生动的现实生活中和广阔的社会实践中，用好社会大课堂）。

调查显示，2022年，大思政课新增为北京高校较常使用的教学方法，在北京57所高校中，21.05%的高校采用过上述7种教学方法；22.81%采用了6类教学方法，比2021年降低了约10个百分点；21.05%的高校采用了5类教学方法，比2021年提升3.5个百分点；24.56%的高校采用了4类教学方法，比2021年下降8.77个百分点；10.53%的高校采用了3类教学方法，比2021年减少3.51个百分点；57所高校都采用了2类以上教学方法。同2021年相比，采用5类教学法的高校多了，采用3类、4类、6类教学法的高校少了，仅采用2类教学方法的高校占比下降至0（如图5-1所示），值得注意的是，近2/3高校开展了"大思政课"教学改革，还有个别高校尝试将访谈引入思想政治理论课堂。

图5-1　2014—2022年偶数年份北京高校采用多样化教学方法的比例

注：括号内数值代表高校数量，下同。

图5-2证明了2022年北京高校教学方法多样化的程度较2021年有所提升。2022年采用3类及以上教学方法的高校为57所，9年来首次达到100%

的比重，比2021年提升了1.75个百分点；采用4类以上教学方法的高校占89.47%，比2021年提升5.26个百分点；采用5类以上教学方法的高校占64.91%，比2021年增加了14.03个百分点；采用6类以上教学方法的高校从2021年的33.33%增加到43.86%，比2021年提升了约10个百分点。

图5-2　2014—2022年偶数年份北京高校教学方法多样化程度对比情况

在这些教学方法中，各高校较常采用的教学方法连续几年基本相同，但在排序上发生细微变化。2022年各教学方法使用的频率由高到低依次是参与互动式、问题专题式、传统讲授式、案例式、"大思政课"，上述五类教学法的选择系数均大于1。其中参与互动式教学法于2022年位居首位，占比96.49%。传统讲授式教学法2014—2017年一直位居第二，2018年开始降为第四位，位于案例式、问题专题式教学法之后，2019年至2022年又升至第三位，2022年占比92.98%。采用问题专题式与案例式的高校数量在2022年有所减少，但占比仍旧较大。"大思政课"教学改革在七大类教学方法中首次尝试，使用频率跃居第五（选择系数1.02），此外，北京高校思想政治理论课首次引入了访谈教学法。（见表5-1）

表5-1 2014—2022北京高校较常采用的教学方法

（2014—2017：$n=60$，2018：$n=55$，2019：$n=54$，2020—2022：$n=57$）

较常采用的教学方法	采用该教学方法的高校数量（所）2014/2015/2016/2017/2018/2019/2020/2021/2022	占总样本量的百分比（%）2014/2015/2016/2017/2018/2019/2020/2021/2022	选择系数*2014/2015/2016/2017/2018/2019/2020/2021/2022
参与互动式	59/57/58/56/53/54/57/54/55	98.33/95.00/96.67/93.33/96.36/100/100/94.74/96.49	1.17/1.23/1.21/1.20/1.22/1.24/1.23/1.22/1.48
问题专题式	52/57/51/53/52/50/56/55/54	86.67/95.00/85.00/88.30/94.54/92.59/98.25/96.49/94.74	1.03/1.12/1.07/1.14/1.20/1.14/1.21/1.24/1.45
传统讲授式	57/55/53/53/46/48/53/51/53	95.00/91.67/88.30/88.30/83.64/88.89/92.98/89.47/92.98	1.13/1.19/1.11/1.14/1.06/1.10/1.14/1.15/1.43
案例式	55/54/50/51/48/45/47/50/45	91.67/90.00/83.30/85.00/87.27/83.33/82.46/87.72/78.95	1.09/1.17/1.05/1.10/1.10/1.03/1.01/1.13/1.21
情境体验式	38/38/37/32/32/32/35/31/27	63.33/63.33/61.70/53.33/58.18/59.26/61.40/54.39/47.37	0.75/0.82/0.77/0.69/0.74/0.73/0.76/0.70/0.73
研究式	41/22/38/35/30/33/30/25/24	68.33/36.67/63.30/58.33/54.44/61.11/52.63/43.86/42.11	0.81/0.47/0.79/0.75/0.69/0.76/0.65/0.56/0.65
"大思政课"	0/0/0/0/0/0/0/0/38	0/0/0/0/0/0/0/0/66.67	0/0/0/0/0/0/0/0/1.02
访谈式	0/0/0/0/0/0/0/0/1	0/0/0/0/0/0/0/0/1.75	0/0/0/0/0/0/0/0/0.03

注：选择系数是每项选择次数和平均选择次数的比，平均选择次数为各项总选择次数除以选项总数，选择系数大于1，表示属于使用较多的教学方法。

2022年北京高校最常使用的教学方法同往年一样，依次是传统讲授式、问题专题式、案例式。其中73.68%的高校最常使用的教学方法是传统讲授式，同2021年持平；17.55%的高校最常使用的教学方法是问题专题式，一直稳居第二，较2021年增加了3.51个百分点；最常使用案例式的高校比例与去年相比有所降低，占比5.27%；最常使用参与互动式教学方法的高校数量下降至0，与最常使用研究式教学方法的高校数量相同；最常采用情境体验式的高校数量为1，占比1.75%，同2021年持平；2022年"大思政课"只成为1所高校最常使用的教学方法，占比1.75%。（见表5-2）可见多数高校最常使用的教学方法仍旧是传统讲授式，少数高校最常使用问题专题式的教学模式，最常使用案例式教学法的高校有所减少，情境体验式、"大思政课"是极个别高校常用的教学方法，暂无高校将发挥学生主体性与探究能力的参与互动式、研究式教学方法作为首选。

表5-2 2015—2022年北京高校最常采用的教学方法

（2015—2017：n=60，2018：n=55，2019：n=54，2020—2022：n=57）

最常采用的教学方法	采用的高校数量（所） 2015/2016/2017/2018/ 2019/2020/2021/2022	百分比（%） 2015/2016/2017/2018/ 2019/2020/2021/2022
传统讲授式	37/35/30/35/ 32/35/42/42	61.67/58.33/50.00/63.64/ 59.26/61.40/73.68/73.68
问题专题式	12/17/15/14/ 11/18/8/10	20.00/28.33/25.00/25.45/ 20.37/31.58/14.04/17.54
参与互动式	7/4/8/1/ 1/2/2/0	11.67/6.67/13.33/1.82/ 1.85/3.51/3.51/0
案例式	3/3/6/5/ 9/2/4/3	5.00/5.00/10.00/9.09/ 16.67/3.51/7.02/5.26
研究式	1/1/1/0/ 0/0/0/0	1.67/1.67/1.67/0/ 0/0/0/0
情境体验式	0/0/0/0/ 1/0/1/1	0/0/0/0/ 1.85/0/1.75/1.75
"大思政课"	0/0/0/0/ 0/0/0/1	0/0/0/0/ 0/0/0/1.75
合计	60/60/60/55/ 54/57/57/57	100/100/100/100/ 100/100/100/100

（二）教学手段运用情况

教学手段是教师为实现预期教学目标，辅助教学方法，完成教学任务所使用的媒体或设备等工具。多样化的教学手段可以避免教学过程中的枯燥和单调，先进的教学手段还能增强教学方法的使用效果。本报告将目前较为常见的现代化教学手段按信息化程度分为11种：运用多媒体技术进行形象化教学（如在课堂上播放音频视频等）、公共邮箱、QQ群、思政网站、网络教学平台（如Black Board）、微信平台、微课、手机互动软件、MOOC（大规模开放网络在线课程）、网络直播公开课、VR（虚拟现实技术）。

图5-3显示，2022年使用2种、3种、4种、6种现代化教学手段的高校比例比2021年增加，运用7种、8种、9种现代化教学手段的学校比例有所下降，使用5种现代化教学手段的高校数量同去年持平。其中，1所高校采

用了10种现代化教学手段，占1.75%；采用9种现代化教学手段的高校数量与2021年相比下降幅度最大，降低了8.77个百分点；运用6种现代化教学手段的高校比例比2021年增加了约7个百分点，增长幅度最大。总体看来，2022年北京高校采用多样化教学手段的高校数量比2021年有所减少，这与秋季学期疫情集中暴发有关。

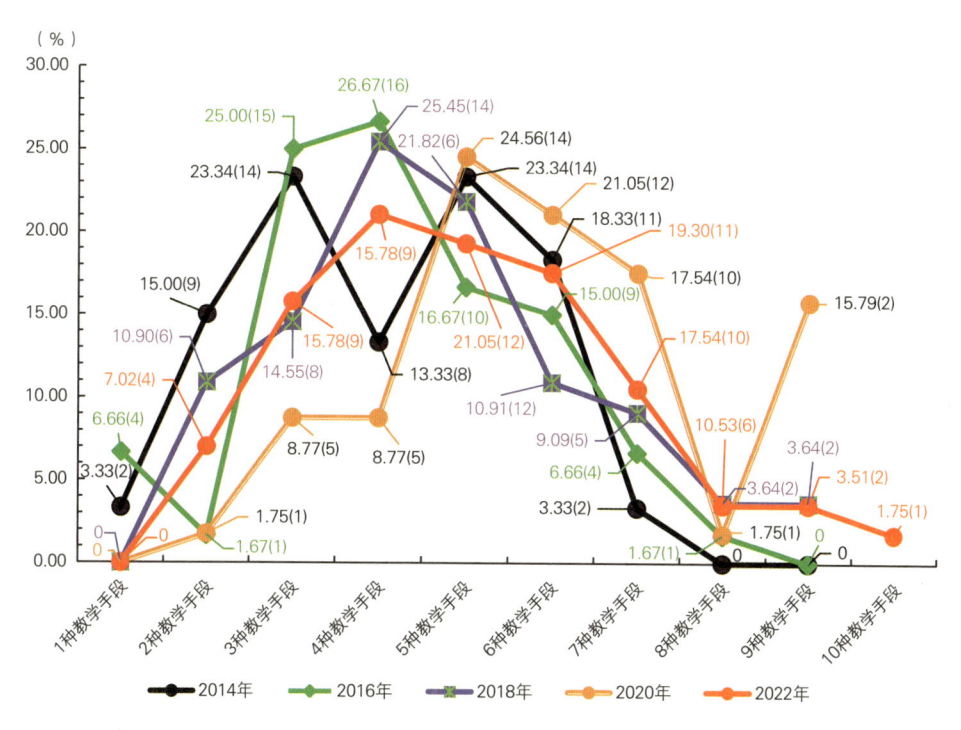

图5-3 2014—2022年偶数年份各高校采用多样化教学手段的比例

图5-4进一步证明2022年北京高校采用多样化教学手段的程度比2021年有所降低。其中采用3种以上现代化教学手段的高校比2021年降低1.76个百分点；采用4种以上现代化教学手段的高校比2021年下降7.02个百分点；采用5种以上现代化教学手段的高校比2021年下降8.77个百分点；采用6种以上现代化教学手段的高校比2021年下降8.77个百分点；采用7种以上现代化教学手段的高校数量比2021年降低15.79个百分点；采用8种以上现代化教学手段的高校比例较2021年下降了10.53个百分点；采用9种以上现代化教学手段的高校比2021年减少7.02个百分点。

图5-4　2014—2022年偶数年份北京高校教学手段多样化程度对比情况

2022年北京高校使用较多的教学手段比往年增多，按选择系数排列依次为多媒体形象化教学、微课、慕课、手机互动软件，共4种，选择系数均大于1。其中运用多媒体技术进行教学的手段一直以来位居第一，且使用比例逐年递增，2022年采用这一教学手段的高校增加了1所，占98.25%，比2021年增加了1.76个百分点；结合微信平台进行教学的高校数量与去年持平，占84.21%；购买或制作慕课（大规模网络在线课程）的高校数量在2022年大幅下降，较常使用这一教学手段的高校为25所，占43.86%，比2021年下降了17.54个百分点；使用VR（虚拟现实技术）的高校也减少了4所，比2021年下降了7.01个百分点。网络直播平台在2019年以前几乎没有高校使用，2020年受新冠肺炎疫情的影响，微课和网络直播公开课这两种教学手段被广泛应用，成为北京高校较常使用的教学手段。2022年微课依然受到欢迎，使用这一教学手段的高校数量为37所，占64.91%，比2021年上升约10个百分点；而手机互动软件、公共电子邮箱、思想政治理论课网站、网络直播公开课、QQ群、网络教学平台自2020年起使用比例逐年下降，微课逐步成为广大思想政治理论课教师的新宠。（见表5–3）

表5-3　2014—2022年北京高校较常采用的教学手段

（2014—2017：$n=60$，2018：$n=55$，2019：$n=54$，2020—2022：$n=57$）

较常采用的教学手段	采用该教学手段的高校数量（所）2014/2015/2016/2017/2018/2019/2020/2021/2022	占总样本量的百分比（%）2014/2015/2016/2017/2018/2019/2020/2021/2022	选择系数 2014/2015/2016/2017/2018/2019/2020/2021/2022
多媒体形象化教学	54/54/57/56/53/54/54/55/56	90.00/90.00/95.00/93.33/96.36/100.00/94.74/96.49/98.25	1.77/1.99/2.03/1.76/1.63/1.88/1.74/1.88/2.17
微信平台	37/38/48/54/48/50/49/48/48	61.67/63.33/80.00/90.00/81.71/87.27/85.96/84.21	1.21/1.40/1.71/1.69/1.48/1.74/1.58/1.64/1.86
手机互动软件	0/0/5/40/27/35/38/33/32	0/0/8.33/66.67/49.09/64.81/66.67/57.89/56.14	0/0/0.18/1.25/0.83/1.22/1.22/1.13/1.24
微课	9/18/22/22/25/21/35/31/37	15.00/30.00/36.67/36.67/45.45/38.89/61.40/54.39/64.91	0.30/0.66/0.78/0.70/0.77/0.73/1.13/1.06/1.43
慕课	7/7/11/15/21/30/34/35/25	11.67/11.67/18.33/25.00/38.18/55.56/59.65/61.40/43.86	0.26/0.26/0.39/0.47/0.65/1.04/1.09/1.20/0.97
思想政治理论课网站	33/32/27/25/24/25/31/27/21	55.00/53.33/45.00/41.67/43.64/46.30/54.39/47.37/36.84	1.08/1.18/0.96/0.78/0.74/0.87/1.00/0.93/0.81
网络直播公开课	0/0/0/0/0/22/31/30/23	0/0/0/0/0/40.74/54.39/52.63/40.35	0/0/0/0/0/0.77/1.00/1.03/0.89
公共电子邮箱	49/45/41/39/31/39/26/25/18	81.67/75.00/68.33/65.00/56.36/72.22/45.61/43.86/31.58	1.61/0.86/1.66/1.46/1.22/1.36/0.84/0.86/0.70
QQ群	32/24/22/19/12/20/19/13/7	53.33/40.00/36.67/31.67/21.82/37.04/33.34/22.81/12.28	1.05/0.89/0.78/0.60/0.37/0.70/0.61/0.45/0.27
网络教学平台	23/25/20/17/17/15/19/14/11	38.33/41.67/33.33/28.33/30.91/27.78/33.34/24.56/19.30	0.75/0.92/0.71/0.53/0.52/0.52/0.61/0.48/0.43
VR	0/0/0/0/0/5/6/10/6	0/0/0/0/0/9.26/10.53/17.54/10.53	0/0/0/0/0/0.17/0.19/0.34/0.23

注：选择系数是每项选择次数和平均选择次数的比，平均选择次数为各项总选择次数除以选项总数，选择系数大于1，表示属于使用较多的教学手段。

利用多媒体技术进行形象化教学依然是大多数高校最常使用的教学手段，占78.95%，比2021年增加8.76个百分点；最常使用微课进行教学的高校比2021年增加了3.51个百分点；2022年最常利用网络直播公开课和手机互动软件进行思想政治理论课教学的高校比例同去年持平，比例分别为5.26%和1.75%；最常使用微信和思想政治理论课网站教学的高校比例有所降低，都比2021年减少1.75个百分点；公共电子邮箱、购买或制作慕课、网络教学平台、QQ群、虚拟现实技术（VR）在2022年并未被任何高校选为较常使用的教学手段（见表5-4）。

表5-4　2015—2022年北京高校教学最常采用的教学手段

（2015—2017：n=60，2018：n=55，2019：n=54，2020—2022：n=57）

最常采用的教学手段	采用的高校数量（所） 2015/2016/2017/2018/ 2019/2020/2021/2022	百分比（%） 2015/2016/2017/2018/ 2019/2020/2021/2022
多媒体技术形象化教学	32/29/29/42/37/36/40/45	53.33/48.33/48.33/76.36/ 68.52/63.16/70.18/78.95
手机互动软件	0/0/1/2/2/7/1/1	0/0/1.67/3.63/3.70/12.28/1.75/1.75
公共电子邮箱	6/7/5/4/2/4/1/0	10.00/11.67/8.33/7.27/3.70/7.02/1.75/0
慕课	1/1/3/2/3/3/4/0	1.67/1.67/5.00/3.63/5.56/5.27/7.02/0
网络教学平台	10/11/5/2/2/2/0/0	16.67/18.33/8.33/3.63/3.70/3.51/0/0
网络直播公开课	0/0/0/0/3/2/3/3	0/0/0/0/5.56/3.51/5.26/5.26
微信	3/3/10/0/3/1/3/2	5.00/5.00/16.67/0/5.56/1.75/5.26/3.51
QQ群	0/0/1/0/0/1/0/0	0/0/1.67/0/0/1.75/0/0
微课	0/0/0/0/0/0/1/3	0/0/0/0/0/0/1.75/5.26
虚拟现实技术（VR）	0/0/0/0/0/0/1/0	0/0/0/0/0/0/1.75/0
思政网站	8/8/6/2/2/1/3/2	13.33/13.33/10.00/3.63/3.70/1.75/5.26/3.51
合计	60/60/60/55/54/57/57/57	100/100/100/100/100/100/100/100

（三）考核方式改革情况

考核方式是考察教学成果的重要环节，具有导向、检验、总结、激励等功能。调查将大学课堂较常使用的考核方式分为7种：根据课堂表现评定学生学习成绩（包括出勤情况和发言情况），完成课程作业（包括结合所学专业的创作作品、调查报告和课程论文等），开卷考试，随堂测试，闭卷考试（机考），闭卷考试（纸考），以及结合大学期间的表现进行综合考察。

2022年北京高校的考核评价方法不如2021年灵活多样。使用2种、5种、7种考核方式的高校少了，其中使用5种考核方式的高校比例下降幅度最大，减少了21.06个百分点。2022年采用4种考核方式的高校数量最多，达到了35.09%。使用3种、6种考核方式的高校数量比2021年增长了1倍，分别占比24.56%、10.53%。采用全部上述7种考核方式的高校仅占3.51%。（见图5-5）

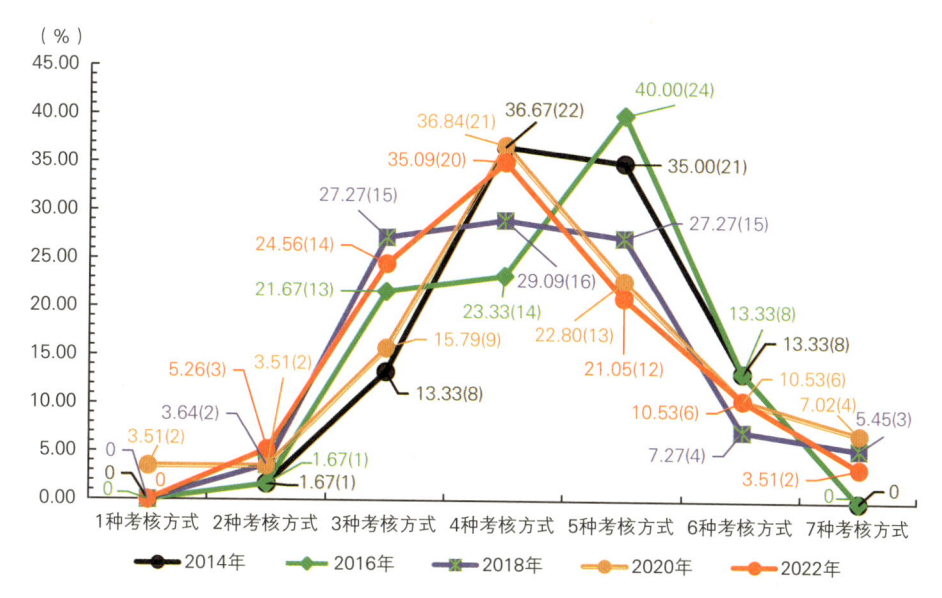

图5-5 2014—2022年偶数年份北京高校采用多样化考核方式的比例

图5-6进一步证明2022年考核方式的多样化程度总体下降。由于疫情防控的相关要求，部分考核方式可能会受到限制。绝大部分高校（94.74%）都采用了3种以上的考核方式，较2021年比例有所上升。但采用4种、5种以上考核方式的高校均比2021年降低了约10个百分点，采用6种以上考核方式的高校比例与2021年持平，占14.04%。

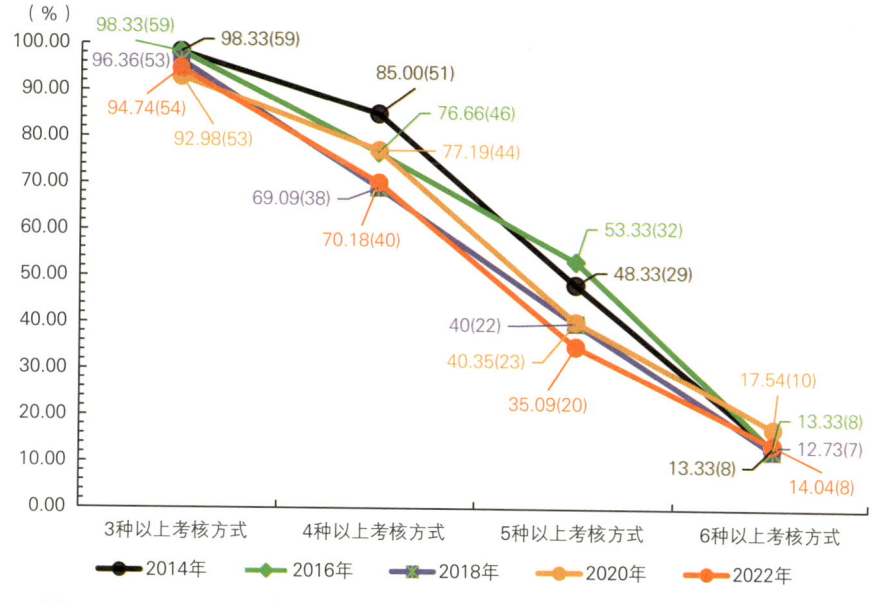

图5-6 2014—2022年偶数年份北京高校考核方式多样化程度对比情况

表5-5显示，2022年较常使用的考核方式依次是课程作业、课堂平时考查、闭卷考试（纸考）3种，选择系数均大于1。结合专业的创作作品、调查报告、课程论文等的课程作业在2022年不再是高校广泛使用的考察方式。其中课程作业、闭卷考试（纸考）这两种考核方式所占比例有所下降，分别下降了3.51个百分点、8.77个百分点，分别占96.49%、70.18%。选择课堂平时考察的比例有所上升，占91.23%，比去年提高1.76个百分点。采用开卷考试的高校比例自2020年起逐年上升，2022年较去年又提高了3.6个百分点，占57.89%，越来越多的高校将开卷考试作为考核学生的主要方式之一。而随堂测试、综合考察行为表现、闭卷考试（机考）的考核方式所占比例都呈现下降趋势，分别占57.89%、21.05%、22.81%。无纸化考核在近几年依旧在高校考核方式中占有较为重要的地位，既符合信息化发展的趋势，又符合节约型社会倡导的绿色发展理念，还减少了人力、物力的投入，解放了教师的劳动，保证了考核方式的公平有效，受到了高校教师和学生的欢迎，线上考试的方式也适应了疫情防控的政策要求。

表5-5 2014—2022年北京高校较常采用的考核方式

（2014—2017：$n=60$，2018：$n=55$，2019：$n=54$，2020—2022：$n=57$）

较常采用的考核方式	采用的高校数量（所） 2014/2015/2016/2017/ 2018/2019/2020/ 2021/2022	占总样本量的百分比（%） 2014/2015/2016/2017/ 2018/2019/2020/ 2021/2022	选择系数 2014/2015/2016/2017/ 2018/2019/2020/ 2021/2022
根据完成课程作业情况进行考核	59/58/58/58/ 53/53/54/57/55	98.33/96.67/96.67/96.67/ 96.36/98.15/94.74/100/96.49	1.33/1.53/1.47/1.59/ 1.59/1.56/1.55/1.55/1.62
根据课堂表现进行考核	59/59/58/56/ 50/50/52/51/52	98.33/99.33/96.67/93.3/ 90.91/92.59/91.23/89.47/91.23	1.33/1.55/1.47/1.54/ 1.50/1.47/1.49/1.38/1.53
闭卷考试（纸考）	40/37/45/36/ 40/39/43/45/40	66.67/61.67/75.00/60.00/ 72.73/72.22/75.44/78.95/70.18	0.90/0.97/1.14/0.99/ 1.20/1.15/1.23/1.22/1.18
随堂测试	45/41/46/41/ 38/38/35/42/33	75.00/68.33/76.67/68.33/ 69.09/70.37/61.40/73.68/57.89	1.02/1.08/1.17/1.13/ 1.14/1.12/1.00/1.14/0.97
开卷考试	49/47/49/48/ 26/31/30/31/33	81.67/78.33/81.67/80.00/ 47.27/57.41/52.63/54.39/57.89	1.02/1.24/1.24/1.32/ 0.78/0.91/0.86/0.84/0.97
结合大学期间的表现进行综合考察	14/19/18/12/ 15/15/17/18/12	23.33/31.67/30.00/20.00/ 27.27/27.78/29.82/31.58/21.05	0.32/0.50/0.46/0.33/ 0.46/0.44/0.49/0.49/0.35
闭卷考试（机考）	0/2/2/4/ 11/12/13/14/13	0.00/3.33/3.33/6.67/ 20/22.22/22.81/24.56/22.81	0/0/0.05/0.05/0.11/ 0.34/0.35/0.37/0.38/0.38

2022年接近半数的高校最常采用的考核方式是闭卷考试（42.11%），比2021年下降8.77个百分点。最常使用课程作业进行考核的高校有所增加，比2021年增加8.77个百分点，达到35.09%，居第2位；最常采用闭卷考试（机考）和开卷考试的高校数量都增加了一所，分别占5.26%和15.79%；最常使用课堂平时考查的高校比例有所下降，比2021年减少了3.51个百分点；暂无北京高校将日常表现综合考查与随堂测试作为较常使用的考核方式。（见表5-6）

表5-6　2015—2022年北京高校思想政治理论课最常采用的考核方式
（2015—2017：n=60，2018：n=55，2019：n=54，2020—2022：n=57）

最常采用的考核方式	采用的高校数量（所） 2015/2016/2017/2018/ 2019/2020/2021/2022	百分比（%） 2015/2016/2017/2018/ 2019/2020/2021/2022
闭卷考试（纸考）	15/12/15/17/23/27/29/24	25.00/20.00/25.00/30.91/ 42.59/47.37/50.88/42.11
课程作业	18/18/19/20/16/14/15/20	30.00/30.00/31.67/36.36/ 29.63/24.56/26.32/35.09
开卷考试	23/25/23/8/7/9/8/9	38.33/41.67/38.33/14.55/ 12.96/15.79/14.03/15.79
课堂平时考查	3/4/1/4/4/3/3/1	5.00/6.67/1.67/7.27/ 7.41/5.26/5.26/1.75
闭卷考试（机考）	0/0/0/5/4/3/2/3	0/0/0/9.09/7.41/5.26/3.51/5.26
结合大学期间的表现进行综合考查	1/1/0/1/0/1/0/0	1.67/1.67/0/1.82/0/1.75/0/0
随堂测试	0/0/2/0/0/0/0/0	0/0/3.33/0/0/0/0/0
合计	60/60/60/55/54/57/57/57	100/100/100/100/ 100/100/100/100

二、主要成绩

2022年北京高校在北京市教委的领导下，深入学习贯彻党的十九大和十九届历次全会精神，认真贯彻落实习近平总书记关于教育的重要论述，坚持以习近平新时代中国特色社会主义思想铸魂育人，在思想政治理论课教学方法改革方面，取得了新的进展。

（一）教学方法多样化程度提高，思政课品牌案例影响广泛

2022年北京高校思想政治理论课采用教学方法多样化的程度有很大提高。特别是采用6类以上教学方法的高校占43.86%，比2021年提升了10个百分点。"大思政课"教学改革在七大类教学方法中选择频率跃居五大较常使用的教学方法之一（选择系数1.02），近2/3的北京高校实施"大思政课"教学改革，还有个别高校首次尝试将访谈教学法引入思想政治理论课堂。在较常使用的教学手段中，多媒体、微信、微课、手机互动软件广受思想政治理论课老师欢迎。在最常使用的教学手段中，多媒体的选择比例比去年增加了8个百分点，微课选择比例比去年增长3个百分点，成为思想政治理论课教师的新宠。

2022年12月27日，以"新时代·新征程加快建设高质量高等教育体系"为主题的人民网2022大学校长论坛在吉林长春举行。论坛发布了《2022年高校思政课改革创新情况分析报告》（以下简称《报告》），《报告》根据各高校思想政治理论课程的社会反响、信息传播量、主流媒体关注度、舆论反馈情况等维度，在全国选出18个典型案例。其中，北京高校占据了半壁江山，9所高校入选的思想政治理论课案例分别是北京大学"乡村振兴"主题实践思想政治理论课、清华大学"乡村振兴工作站"建设、中国政法大学"1502"新时代青年知行社思政实践活动、中国石油大学（北京）"风华传薪"多元立体网络"大思政课"平台、北京师范大学"电影下乡——新时代大学生美育支教行"活动、北京航空航天大学载人航天精神专题课程、北京理工大学思想政治理论课虚拟仿真体验教学、对外经济贸易大学"师说·青听"系列微课、华北电力大学"电力思政"系列品牌课程。在入围的思政品牌和成功案例中，超过一半属于"大思政课"改革方面的成果。

（二）"大思政课"全面推开，成为高校常用教学方法

2021年3月，习近平总书记看望参加全国政协会议的医药卫生界、教育界委员时，对讲好抗疫等"大思政课"表示高度赞许，强调"思政课不仅应该在课堂上讲，也应该在社会生活中来讲。""'大思政课'我们要善用之，一定要跟现实结合起来"。2022年7月25日，针对一些地方和学

校对思想政治理论课建设存在的例如理论联系实际不够，开门办思想政治理论课、调动各种社会资源的意识和能力不强，教师数量不足，对实践教学认识不足、重视不够，大中小学思想政治理论课一体化建设亟须深化，以及课程思政存在"硬融入""表面化"等问题，教育部等十部门印发了《全面推进"大思政课"建设的工作方案》，提出改革创新主渠道教学、善用社会大课堂、搭建大资源平台、构建大师资体系、拓展工作格局等要求，鼓励高校开门办思想政治理论课，强化问题意识，突出实践导向，充分调动全社会力量和资源，建设"大课堂"、搭建"大平台"、建好"大师资"，建设全国高校思想政治理论课教研系统，设立一批实践教学基地，推出一批优质教学资源，做优一批品牌示范活动，支持建设综合改革试验区，推动思政小课堂与社会大课堂相结合，推动各类课程与思想政治理论课同向同行。

2022年北京高校以"首善之区"的标准，认真落实教育部关于推进"大思政课"建设工作方案。在2021年积极探索的基础上，将"大思政课"改革作为思想政治理论课改革的重要抓手和突破口。在57所高校中，有38所高校推动了"大思政课"教学改革，占被调查高校的2/3。同传统思政课堂相比，各高校的"大思政课"改革主要在以下几个方面有所突破：

一是紧密结合社会现实。"大思政课"之"大"，在于其聚焦社会现实之大问题。首先是上好抗击疫情"大思政课"。2022年是保持疫情防控成果的关键一年，大学生群体是关键。2022年5月15日，北京大学马克思主义学院党委书记孙蚌珠教授进行了一场"坚定信心 同心抗疫 共克时艰"——马克思主义学院全体学生同上一堂疫情防控"大思政课"。其次是创新北京冬奥"大思政课"形式。北京市作为历史上首座"双奥之城"，在2008年成功举办夏季奥运会、残奥会之后，于2022年春节期间又成功举办了冬季奥运会、冬残奥会，受到国际组织、国际人士的高度赞扬。4月8日，习近平总书记在人民大会堂召开的北京冬奥会、冬残奥会总结表彰大会上，深刻总结举办冬奥会、冬残奥会的成功经验，概括了"胸怀大局、自信开放、迎难而上、追求卓越、共赴未来"的北京冬奥精神。为深入学习习近平总书记在北京冬奥会、冬残奥会总结表彰大会上的重要讲话精神，传承和弘扬北京冬奥精神，2022年4月16日，教育部社科司组织北京体育大学、清华大学、中国农业大学教授与武大靖、苏翊鸣、任子威、齐广璞等北京冬奥冠军为全国高校师生进行"同上一堂冰雪大思政课"公开课，产生了良好的社会影响；2022年5月4日，北京市委教育工委组织中央财经大学马克思主义学院冯秀军教授与运动员、建设者、科研工作者、志愿者一同登台，联合讲授"弘扬北京冬奥精神"大思政课。北京冬奥精神主题"大思政课"有力地推动了北京冬奥精神融入思想政治理论课，充分发挥了体育思政以体育人的功能和价值。再次是聚焦党的二十大精神。国庆节前夕，北京高校开展了"喜迎二十大"行走的"大思政课"。国庆节早晨，千名学生观看了升旗仪式，香山革命纪念馆、北大红楼、中国共产党历史展览馆也成为高校师生参观学习的打卡地。中央美术学院举办了"行走中华大地，感悟思想伟力"主题创作展，集中展示了30多所高校140多件优秀作品，以线上线下相结合的方式在各个高校巡展，吸引了多所高校学生参观学习；清华大学马克思主义学院特聘教授郭建宁在周末理论大讲堂导读《求是》文章"为实现党的二十大确定的目标任务而团结奋斗"，为高校教师推进党的二十大精神融入思想政治理论课提供了参考；各高校思想政治理论课教师利用集体备课讨论党的二十大精神与各门思想政治理论课教学大纲的结合点，探讨融入的方法和形式。

二是扩展了教学主体。"大思政课"之"大"，还在于其教学主体之"广"。"大思政课"的教学主体不再仅仅是一线专职的思想政治理论课教师，还邀请了案例的主人公、当事人、亲历者、旁观者亲口讲授，增强了教学感染力，特别是邀请各个行业的专家、领导、政策制定者亲口讲授，增强了教学的说服力、吸引力。以体育行业院校为例，北京体育大学的思政课教师与奥运冠军同讲思政课经过多年开发，已打造成具有鲜明体育特色的思政课品牌，2022年5月，思政课教师邀请武大靖、徐梦桃、范可欣等北京冬奥冠军共同登上电视荧屏，与中央电视台教育频道联合开设"冠军说"栏目，吸粉流量上千万，充分发挥了奥运冠军的朋辈引领和励志作用，奥运冠军已成为体育院校一支独特的思政课兼职队伍。各高校组建了以思想政治理论课教师为主、社会广泛参与的"大思政课"团队，形成了"大思政课"教学师资库，国家党政机关干部、地方领导、学校党政干部、行业精英、社会楷模、学术大师等优秀人才走进了大思政讲堂，扩大了"大思政课"师资队伍。

三是拓宽了教学场域。"大思政课"之"大",更在于其教学场域之"宽"。突破教室课堂的空间局限,把思想政治理论课堂搬到广袤的社会实践大课堂,搬到火热的现实生活大课堂,是"大思政课"破解理论与实践脱节的密码和优势。北京高校积极打造大思政教育中心,作为大思政建设的平台和载体,成为引导大学生思想政治教育的基地、大学生党员受教育受洗礼的精神家园、习近平新时代中国特色社会主义思想生动实践的中心。结合校史和专业开办具有鲜明行业特色的大思政展览,全方位、全景展示党领导下的教育事业和行业发展伟大历程。"大思政课"将思想政治理论课堂从线下扩展到了云端,从教室小课堂扩展到社会实践大课堂,把思想政治理论课堂搬到了田间地头、工厂车间、服务窗口、训练场、博物馆、展览馆,让学生感受到理论学习的重要性,认识到专业学习的出发点和落脚点。

四是大力开发"大思政课"实践教学基地。2022年7月29日,教育部办公厅等八大部门公布了"大思政课"实践教学基地入选名单。其中北京交通大学交通运输科学馆、北京体育大学"使命在肩 奋斗有我"高校思想政治理论课实践教学基地两所高校入选教育部、科技部办公厅联合设立的科学精神专题实践教学基地名单;清华大学北京协和医院、北京大学第三医院入选教育部、卫健委联合设立的抗击疫情专题实践教学基地名单;北京作为全国首批"大思政课"综合改革试验区,充分利用红色教育资源,把实践教学基地建到博物馆。"大思政课"实践教学基地不断扩展,除中国农业大学"科技小院"外,还增加了首都博物馆、北京中轴线遗产保护中心、北京艺术博物馆、北京古代艺术博物馆,开发丰富的博物馆课程,鼓励学生走进博物馆,参加讲解实践。 此外,还充分利用京外红色资源开展云端实践教学。2022年11月,北京理工大学启动了"延安精神云课堂",学生足不出户就参观了延安革命纪念馆"伟大历程——中共中央在延安13年历史陈列展览"。

(三)利用新媒体传播,创新思政课呈现方式

现代化信息技术打开了思想政治理论课的呈现方式,使传播渠道得到更新换代。新媒体时代抖音、快手、B站、头条等网络平台已成为现代人每天离不开的精神快餐获取途径,最初多以衣食住行、娱乐内容为主,偶

有传播红色革命文化正能量也多是个人为主。如今，高校大学生正能量的信息正逐渐成为新媒体的一股清流。思想政治理论课与电视台的联系和合作也越来越紧密，例如新华网的课程思政平台与北京多家高校合作，举办的课程思政交流研讨平台在全国产生了较大影响；北京高校思政专家多次被邀请在中央电视台亮相开讲，加上社会其他行业具有影响力的人物，配合与主题相关的细节故事、历史照片、实物画面、旁证采访等内容，做到以故事感人、以情动人、以理服人，使新媒体下的思想政治理论课增强了渗透力，更加快了思想政治理论课的传播速度，放大了思想政治理论课的教学实效，使整个社会充满了积极向上的正能量。

（四）依托"数字马院"联盟，推动数字思政建设

加快思政课信息化建设是新时代大学生网络原住民学习行为特点的必然要求，为进一步提升北京高校思政课信息化建设，教育部鼓励数字思政开发项目申报和成果评选，有效地放大了思政教育效果空间。2021年中国高等教育学会启动的首批"高校数字思政精品项目"极大地推动了全国高校的思政课信息化建设。在13所高校20个项目中，中央民族大学、中央戏剧学院、中国地质大学等获得立项，并陆续展开了项目建设，对北京高校思政课数字化、信息化建设起到了带动作用。一些院校结合本校实际，利用电影、话剧、体育等行业资源开发数字思政资源，有望产出一批高水平改革成果。与此同时，北京市委教育工委充分发挥"数字马院"联盟推动、共建共享的作用。高校"数字马院"联盟是为学习落实2020年深化新时代学校思想政治理论课改革创新现场推进会精神，促进成员单位思政课教学经验和马克思主义学院数字化建设经验交流，于2020年底由全国高校马克思主义学院数字化信息平台、《思想教育研究》编辑部、人民网组建的，北京数字思政信息技术研究院也是联盟重要成员。该联盟通过发展理事单位的方式团结了全国高校马院力量，为推动马院数字化建设和思政课信息化建设提供了广泛的交流互鉴平台，北京科技大学、北京邮电大学、北京理工大学等北京高校成为这一平台的改革先锋、活跃力量，充分发挥了北京高校对全国思政课教学方法与现代化信息技术深度融合的推动作用。

三、主要问题和对策

（一）增强教学参与互动性，激发学生主体性

2022年使用教学主体性强的教学方法的高校比例有所回落。调查显示，北京高校在教学方法改革面临的问题中，最大的问题仍是学生的参与度有待提高，互动性有待增强，占82.46%。（见图5-7）73.68%的高校最常使用的教学方法仍是传统讲授式，与2021年相比没有变化。最常采用学生讨论、辩论、参与讲课的参与互动式教学法的高校数量为0。这一方面与师生比大、课堂规模大有关，另一方面还与未充分应用全员参与、高效互动、即时反馈的手机互动软件有关，也与疫情线上教学的限制有关。特别是疫情期间的线上教学毕竟隔空传播，常用的课堂平台不支持学生发言回答问题，打字发弹幕间接互动毕竟不如语言交流式的直接互动，更多是教师单向的信息传播，与腾讯会议平台结合后，虽然解决了传播信道单向的问题，但能够支持的视频人数有限，超过60人平台容易崩溃，最终无法了解学生的听课状态究竟是否在线，从期末考核结果看，教学效果很不理想。

教学主体性作用发挥不够，直接导致思想政治理论课吸引力下降、获得感减弱，成为阻碍思想政治理论课教学质量提升的瓶颈。为解决这一问题，应支持各高校申报成立教育部、北京市教学方法改革专项工作室，鼓励教师围绕主体性教学方法开展研讨、创新和实践，尝试访谈式、对话式等更加新颖更加多样化的参与互动式的教学方法，告别传统讲授式教学法。

（二）探索"大思政课"教学模式，打造"大思政课"特色品牌

调查显示，"大思政课"尚未形成特色模式或品牌是2022年北京高校思政课教学方法改革面临的第三大问题。近半数高校首次提出当前思政课教学方法改革面临的问题是"大思政课"的改革探索尚未形成特色模式或品牌，占42.11%。（见图5-7）自2021年3月习近平总书记看望参加全国政协会议的医药卫生界、教育界委员时提出"上好大思政课"重要指示以来，北京高校经过一年的初步探索，2022年虽已全面推开，但还尚未总结

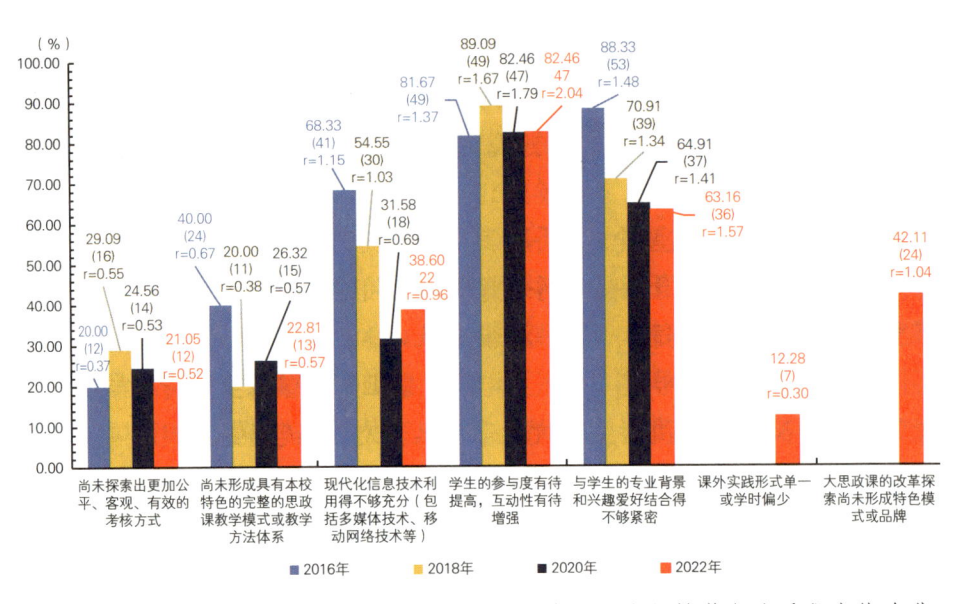

图5-7 2016—2022年偶数年份北京高校思想政治理论课教学方法手段有待改进的问题

注：r为选择系数，即每项选择次数和平均选择次数的比，平均选择次数为各项总选择次数除以选项总数，选择系数大于1表示该项是较为普遍的问题。

出结合各校专业实际和行业实际组织教学的成功经验，尚未摸索出"大思政课"的教学规律，出改革模式、成特色品牌还需要一定时间。

2022年教育部等十部门印发的《全面推进"大思政课"建设的工作方案》要求推动教材编写、加强师资培养、重视理论阐释、教研双轮驱动，全面推进"大思政课"建设，积极营造全社会努力办好思政课、教师认真讲好思政课、学生积极学好思政课的良好氛围。为鼓励"大思政课"改革出经验、出成果，建议把"大思政课"建设作为"十四五"时期推动思政课高质量发展的重要抓手，由教育部、北京市教委、各高校同步推进"大思政课"精品项目，作为一流课程评选的专门赛道，组织国家级、省部级、校级"大思政课"金课评选。鼓励思想政治理论课教师备好现实这本教科书，引导大学生关心首都建设，在火热的京华大地"大思政课"的生动实践中，做积极的参与者和建设者。

（三）加快大中小幼思政课一体化建设，打造纵向协同共同体联盟

大中小幼德育一体化建设是进一步拓展大思政课的突破口和主要方向，也是贯彻落实习近平总书记重要论述和教育部关于协同育人的要求。2019年3月18日，习近平总书记在学校思想政治理论课教师座谈会上强调，要把统筹推进大中小学思政课一体化建设作为一项重要工程。为此，教育部于2020年底成立了大中小学思政课一体化建设指导委员会。北京市委教育工委、市教委于2021年8月印发了《北京市大中小幼一体化德育体系建设指导纲要》，提出在"十四五"期间，北京市将整体优化全市大中小幼一体化德育目标、内容、方法、队伍、评价体系，完善纵向衔接、横向协同的工作机制，建立德育要素融通一体、学段衔接一体、各方协同一体的德育工作新格局。强调发挥思政课主渠道作用，结合不同年龄段学生认知特点，建立纵向各学段层层递进、横向各课程相互配合、必修课选修课相互协调的思政课体系，实现课程目标、课程设置的有效贯通。着力加强高校课程思政和中小学学科德育，深入挖掘各类课程和教学方式中蕴含的思想政治教育资源，逐步构建起全面覆盖、类型丰富、层次递进、相互支撑的课程思政体系。系统开展一体化主题教育活动，深化"三同四起来"工作模式，每年聚焦党和国家重大主题，紧扣"知—情—意—行"教育规律，面向全市大中小学和幼儿园开展贯穿全年的主题教育活动。

北京各高校应充分发挥在大中小幼思想政治教育共同体当中的带动作用。青少年思想政治教育应从幼儿抓起，实现大中小幼学段循序渐进和有序衔接。北京市教委、北京市委教育工委发挥引导组织作用，根据院校办学特色搭建大中小幼思想政治教育共同体平台，充分利用高校马克思主义学院思政课教师的研究专长，发挥其引领作用。形成的共同体联盟应通过开展研讨交流，挖掘融入大中小幼德育一体化的特色思政资源和共同元素，定期组织工作推进会加强联系，保持沟通顺畅。首先要接通大中小幼不同学段之间的断点，实现无缝衔接；其次要打通大中小幼不同学段之间的堵点，实现有效对接；再次要缓解大中小幼不同学段之间的痛点，化解协同瓶颈；最后要解决大中小幼不同学段之间的难点，找到应对方式。

总之，近十年的跟踪调查显示，北京高校思政课教学方法改革逐年进步、不断发展的趋势十分明显，这与北京市教委、北京市委教育工委对思

政课教学方法改革的支持密不可分，也与各高校党委领导的重视分不开，更离不开马克思主义学院思政课教师的积极探索，相信在大家的共同努力下，推动教学方法改革不断迈向新台阶，把思政课讲透、讲实、讲活、讲新，让其不仅有理，更加有魂、有情、有趣。

第六章

社会实践

理论性与实践性相统一是思政课建设的基本原则。优化思政课实践教学，充分发挥课堂外丰富多元的实践场域的思政育人效能，实现"课程思政"与"思政课程"的同向同行，是高校落实"立德树人"根本任务的重要途径。

2021年全国"两会"期间，习近平总书记在看望参加全国政协会议的医药卫生界、教育界委员时指出："思政课不仅应该在课堂上讲，也应该在社会生活中来讲。""'大思政课'我们要善用之，一定要跟现实结合起来。"2022年7月25日，教育部等十部门印发《全面推进"大思政课"建设的工作方案》，再次强调了思政课实践教学的重要性与必要性，提出要"坚持开门办思政课，强化问题意识、突出实践导向，充分调动全社会力量和资源，建设'大课堂'、搭建'大平台'、建好'大师资'，建设全国高校思政课教研系统，设立一批实践教学基地，推出一批优质教学资源，做优一批品牌示范活动，支持建设综合改革试验区，推动思政小课堂与社会大课堂相结合，推动各类课程与思政课同向同行，教育引导学生坚定'四个自信'，成为堪当民族复兴重任的时代新人"，为我们进一步推动思政课改革创新提出了明确的工作思路和实践着力点。为此必须把思政小课堂同社会大课堂结合起来，不断探索思政课实践育人的长效机制，推动实践教学往深里走、往实里走、往心里走。一方面，实践教学要进行深入的调研，向学生生动展示当前形势下的世情、国情、党情，帮助学生深入理解马克思主义基本原理与马克思主义中国化的最新理论成果，引导青年学生立足"两个大局"，胸怀"国之大者"，坚定捍卫"两个确立"，坚决做到"两个维护"；另一方面，实践教学要促进学生的全面发展，让青年学生在亲身参与中锤炼品格、增长才干、奉献社会，成长为德智体美劳全面发展的社会主义合格建设者和可靠接班人。

本报告集中梳理总结了2022年度北京高校思政课社会实践的开展情况，需要说明的是，本报告中作为研究对象的"社会实践"，指的是按照教育部相关文件设置的、有正式学时和学分要求的、作为思政课教学有机组成部分的学生社会实践。本报告所依据的数据和资料，主要来自课题组对包括部属高校、市属本科高校及高职（专科）院校在内的北京市57所高校所进行的调查问卷，部分院校2022年度思政课社会实践工作情况介绍和中共北京市委教育工作委员会相关文件、通知等。

一、数据展示与解读

（一）本科生实践

调研取样的57所高校中，有一流大学建设高校8所、一流学科建设高校24所、非双一流建设高校25所。其中有马克思主义理论学科点的高校共计37所，有马克思主义理论一级学科博士点高校16所、一级学科硕士点高校20所、二级学科硕士点高校1所、无学科点高校20所。如图6-1和图6-2所示，双一流建设高校开展本科生思政课社会实践的共计30所，占比93.75%；非双一流建设高校开展本科生思政课社会实践的有21所，占比84.00%。

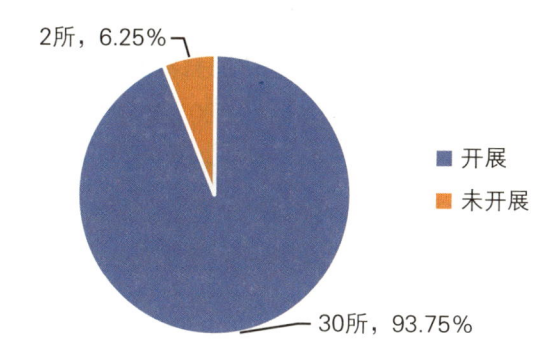

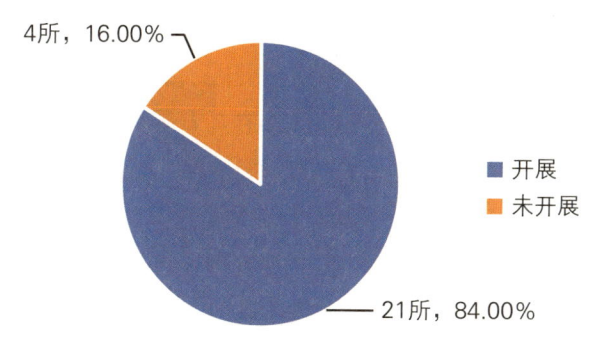

图6-1 双一流建设高校开展本科生思政课社会实践的分布情况

图6-2 非双一流建设高校开展本科生思政课社会实践的分布情况

1.本科生社会实践的学分、学时

在开展本科生思政课社会实践的51所高校中,社会实践学分的设定情况不一。其中,规定学分最高的为5学分,2学分的居多,也有部分高校没有规定相应学分。具体学分设置情况如图6-3所示。

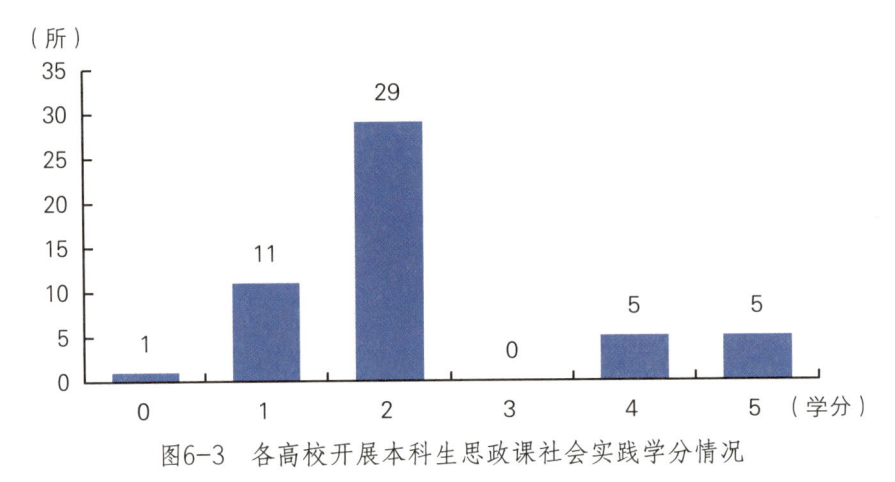

图6-3 各高校开展本科生思政课社会实践学分情况

在思政课社会实践学时设置方面,如图6-4所示,实践学时为0—35学时的高校有37所,36—71学时的高校有8所,72—107学时的高校有4所,108学时及以上的高校有2所。

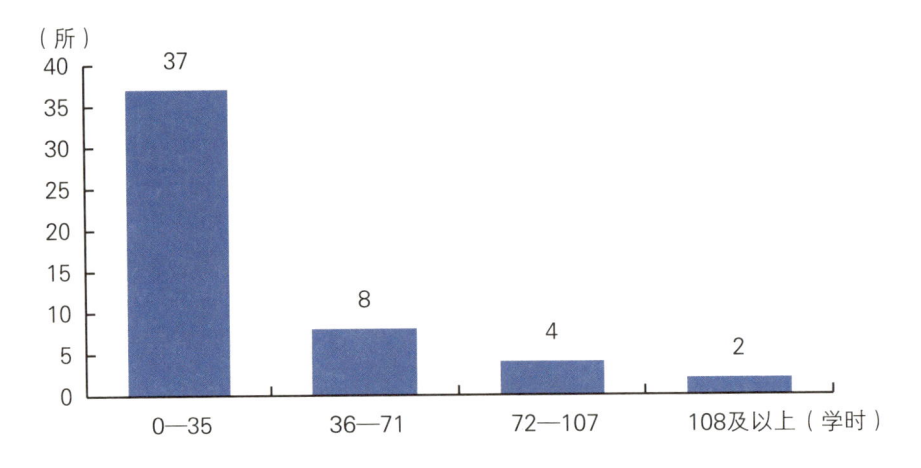

图6-4 各高校开展本科生思政课社会实践学时情况

教育部印发的《高等学校思想政治理论课建设标准》以及《新时代高校思想政治理论课教学工作基本要求》中明确规定,思想政治理论课的实践教学占2学分比重。通过此次调研发现,大多数高校能够按照相关要求，保障社会实践的学分和学时，但也存在个别高校没有设置学分或学分、学时不足的情况，需要进一步按照文件要求改进课程实施方案。

2.本科生社会实践的时间

在参与调研的高校中，本科生思政课社会实践的时间安排不尽相同。如图6-5所示，开展本科生思政课社会实践的51所高校均在暑假安排了社会实践活动，安排在寒假的有31所高校，安排在学期内业余时间的有45所。其中，所有高校都选择了2个及以上的时间段来开展社会实践活动，有25所高校在寒暑假以及学期内的业余时间持续开展社会实践活动，时间比较灵活。

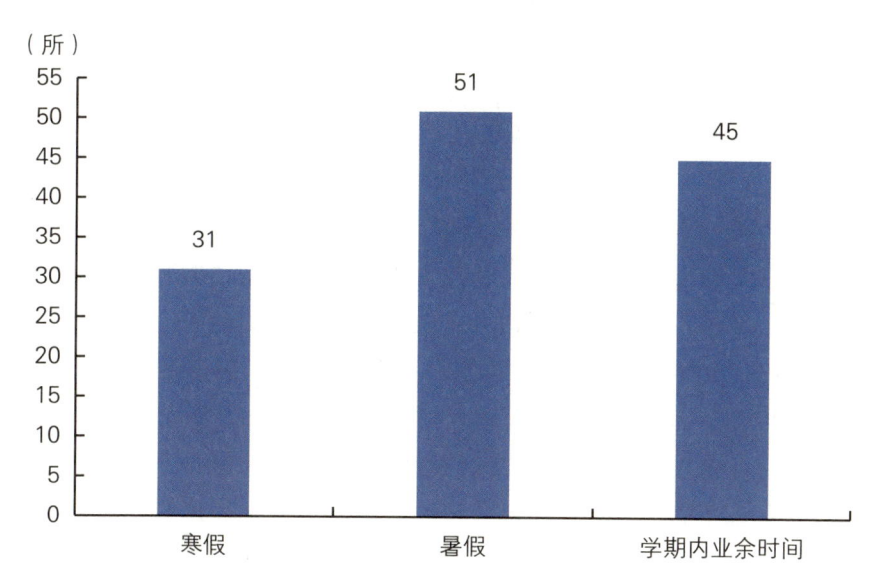

图6-5 各高校开展本科生思政课社会实践的时间安排情况

3.本科生社会实践的活动形式

在参与调研的高校中，本科生思政课社会实践开展的形式丰富多样。总体而言，如图6-6所示，选择社会考察/调查形式的最多，有51所，选择志愿服务形式的有42所，选择支教形式的有15所，其他形式的有11所。选择社会考察/调查形式的高校最多，可能是受到高校思政课社会实践强调的预期成果的影响。高校思政课社会实践的开设目的更多是希望学生通过亲身实践，围绕某一问题得出较为深刻的理论分析，撰写出一份理论和实践相结合的调研报告，这与传统的体验式、志愿服务式社会实践有所不同。此外，受新冠疫情防控等因素影响，部分高校灵活采用"经典著作阅读""微电影展示""大学生讲思政课展示活动"等形式进行。

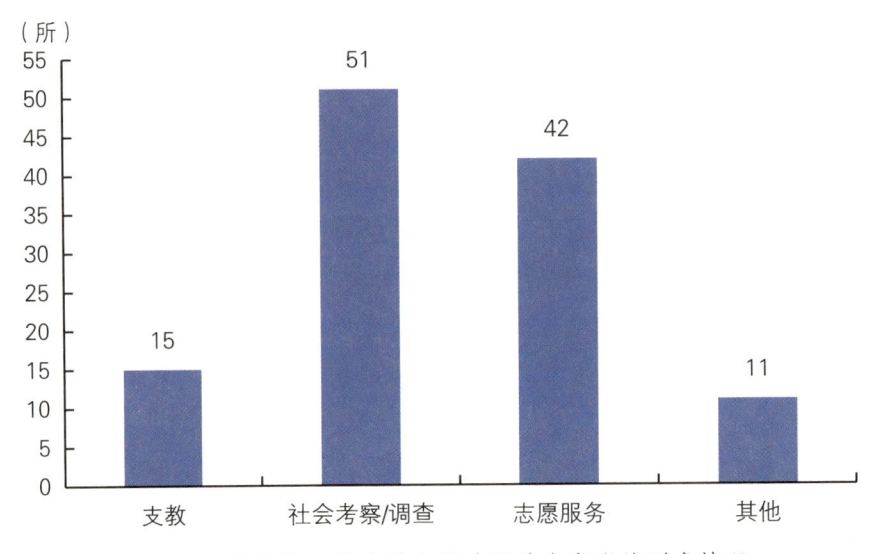

图6-6　各高校开展本科生思政课社会实践的形式情况

以上主要是校外实践，思政课社会实践也有一些是采取助教、助研、助管方式在校内展开的。通过调查发现，校内实践活动中，参与助管的人数最多，占比54.08%；其次是助教，占比34.81%；最少的是助研，占比11.11%，如图6-7所示。设置思想政治理论课"三助"岗位，一方面有助于学生更为直接和具体地了解思政课教学科研情况，另一方面也能借此获取一部分生活补助。由于现在各高校思政课专任教师普遍存在数量不足的情况，因此，为更好地完成教学、科研任务，设置一些"三助"岗位，成为各高校普遍采用的一种做法。

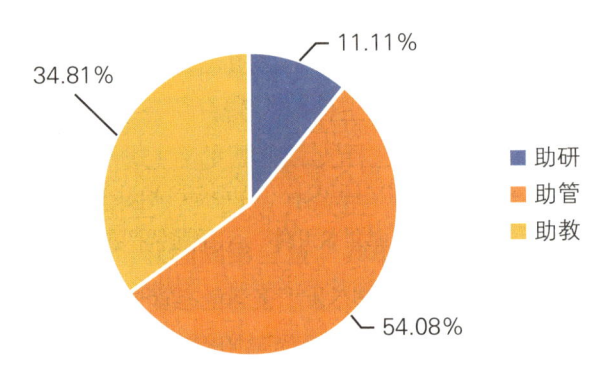

图6-7　本科生"三助"的分布情况

4.本科生社会实践的组织方式

调查显示，在本科生思政课社会实践组织形式方面，如图6-8所示，多数高校采取的是集体组织与自主实践相结合的方式，占比76.48%，单一选择集体组织的占比11.76%，单一选择自主实践的占比11.76%。与2021年相比，单一采取自主实践的比例有所上升，单一选择集体组织的比例有所下降（2021年，单一选择自主实践的占比8.77%，单一选择集体组织的占比12.28%），这说明高校思政课社会实践的灵活度、自由度和学校给予的支持和保障力度都有所提升。

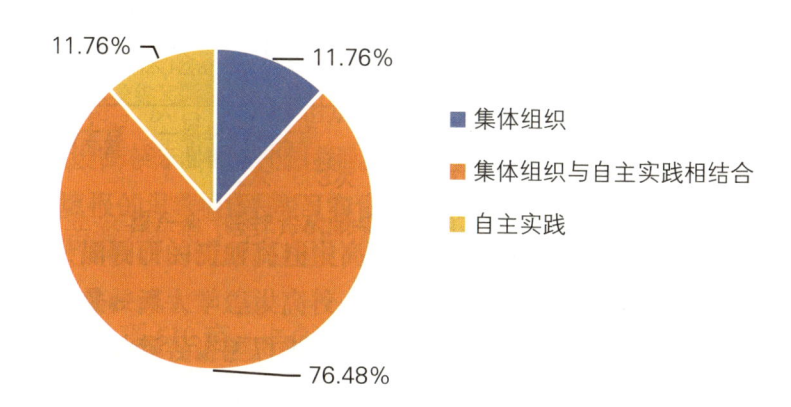

图6-8 各高校开展本科生思政课社会实践的组织形式分布情况

5.本科生社会实践的参与人数

从本科生四门思政课社会实践参与人数来看，人数由高到低分别为"概论""基础""纲要""原理"课程，人数分别为88190人、74379人、70046人、67689人，占比分别为29.36%、24.77%、23.33%、22.54%，如图6-9所示。这种分布状态与课程内容有着密切联系。"基础"课、"概论"课讲授内容更加贴近学生实际和当下社会发展实际；"原理"课侧重于马克思主义的基本理论，"纲要"课主要是通过讲授中国近现代历史进而揭示历史发展和选择的必然性，这两门课程与学生日常生活和社会发展现实稍有距离。因此，各学校在设置思想政治理论课课程实践教学环节时，更倾向于在"基础"和"概论"课程中配合课堂教学来进行课外延伸。

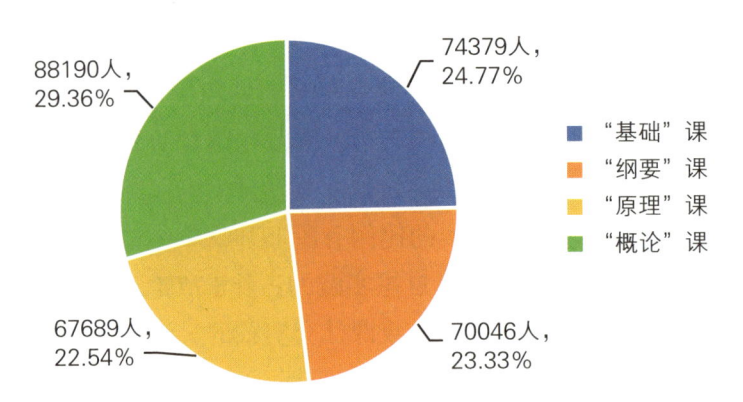

图6-9　各高校本科生思政课各门课程社会实践参与人数分布情况

（二）研究生实践

相比高校开展的本科生思政课社会实践而言，研究生思政课社会实践的开展稍显不足。在所抽样的57所高校中，开展研究生思政课社会实践的高校数相较于2021年有所增加，但总数仍较为有限，仅有30所，占比52.63%（2021年，有27所高校开展研究生思政课社会实践）。未开展研究生思政课社会实践的高校有27所，占比47.37%。其中，双一流建设高校中开展研究生思政课社会实践的有14所，占参与调研的双一流建设高校总数的43.75%；非双一流建设高校中开展研究生思政课社会实践的有16所，占比64.00%。如图6-10和图6-11所示。

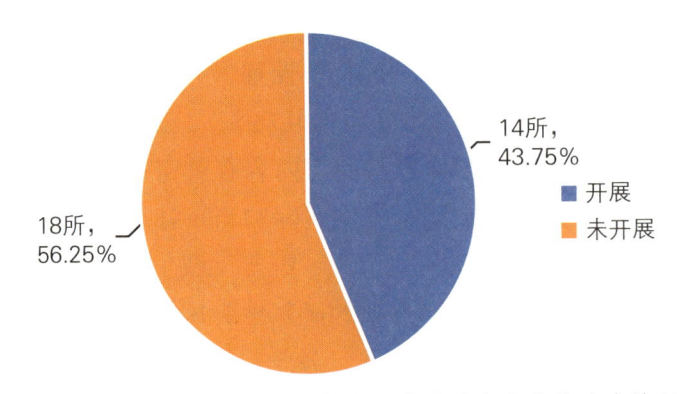

图6-10　双一流建设高校开展研究生思政课社会实践的分布情况

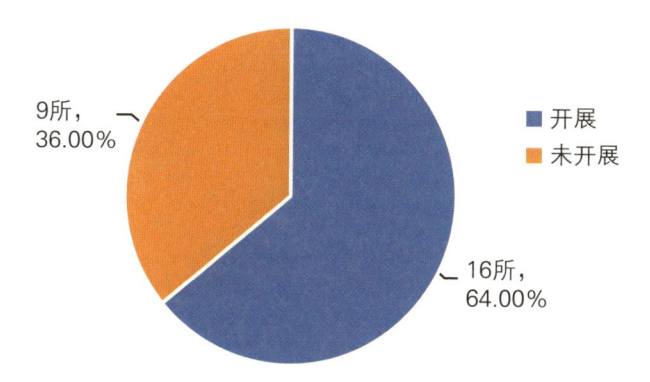

图6-11 非双一流建设高校开展研究生思政课社会实践的分布情况

1.研究生社会实践的学分、学时

如图6-12所示,在30所开展研究生思政课社会实践的高校中,规定学分的有16所,其中规定2学分及以上的有5所,规定1学分的有11所,另外14所高校没有学分规定。

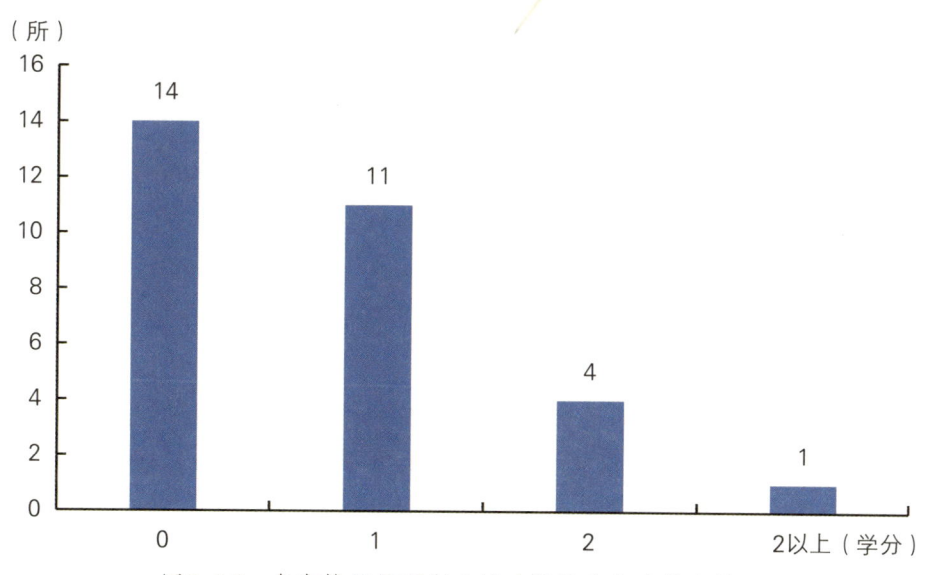

图6-12 各高校开展研究生思政课社会实践学分情况

在学时方面,如图6-13所示,设置了学时的高校有20所,设置学时最高的高校为96学时,最少的为1学时,另有10所高校没有设置学时。无论在学分还是学时的设置上,研究生思政课社会实践都与本科生思政课社会实践的开展情况存在较大的差距,各个高校之间的差异也十分明显,这说明部分高校虽然开展了研究生思政课社会实践,但并没有相应的学分与足够的学时来保障落实。

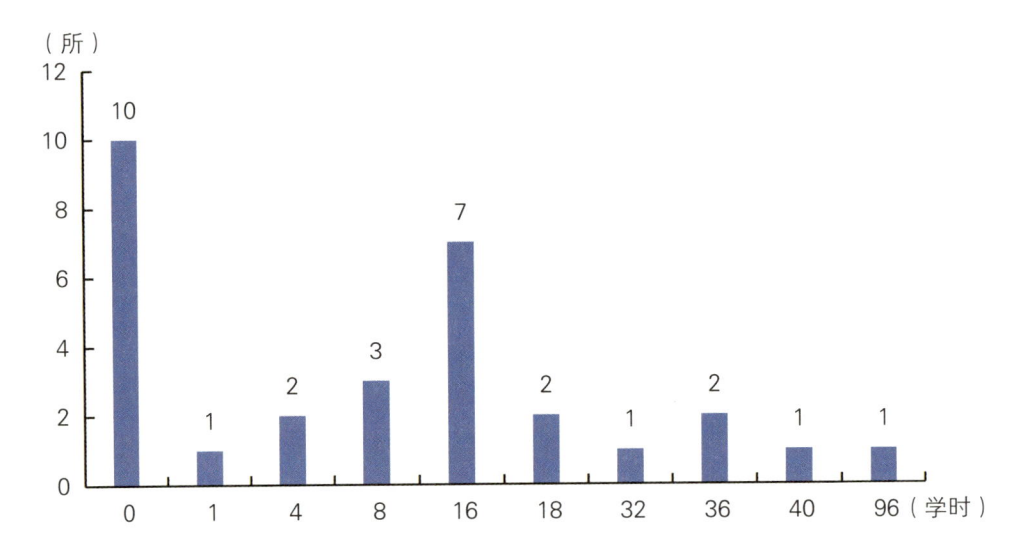

图6-13 各高校开展研究生思政课社会实践学时情况

2.研究生社会实践的时间

调查显示，在开展研究生思政课社会实践的30所高校中，寒假开展思政课社会实践活动的有18所，暑假开展思政课社会实践活动的有28所，学期内业余时间开展思政课社会实践活动的有27所。所有高校都安排了两个及以上的时间段开展社会实践活动，有13所高校选择在寒暑假以及学期内的业余时间等多个时间段开展社会实践活动。与本科生思政课社会实践时间选择不同，高校更多将研究生社会实践安排在学期内业余时间而不是固定时间段进行，这在一定程度上与研究生阶段的学习特点有关：相对于本科生而言，高校对于研究生理论研究的要求更高，在此种情况下，研究生需要花更大量并且更集中的时间在理论研究上，从而使高校开展研究生思政课实践活动的时间总量相对较少，难以安排固定的时间段，如图6-14所示。

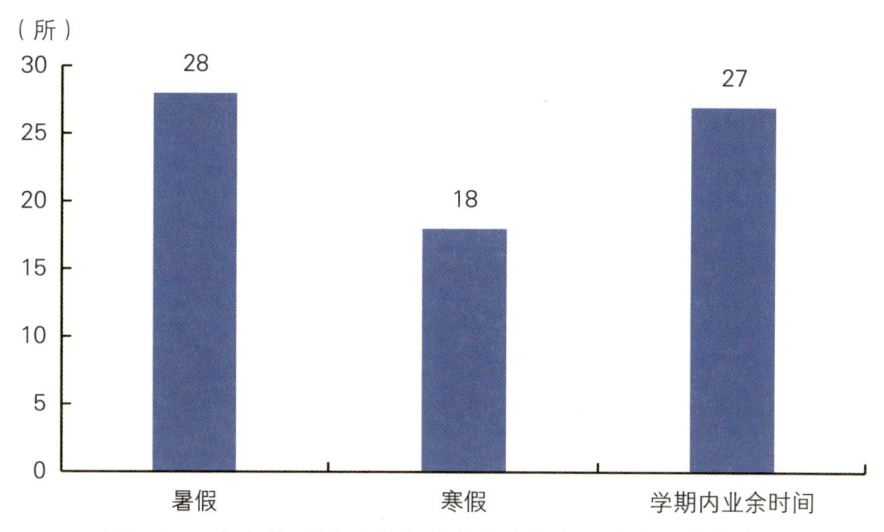

图6-14 各高校开展研究生思政课社会实践的时间安排情况

3.研究生社会实践的活动形式

如图6-15所示,在开展研究生思政课社会实践的30所高校中,所有高校都采取了多种社会实践形式相结合的方式。其中,开展了研究生思政课社会实践的30所高校全部都采取了社会考察/调查形式。另外,分别有23所高校采取了志愿服务形式,9所高校采取了支教形式,7所高校采取了其他形式。这同样与研究生思政课社会实践所强调的预期成果密不可分。

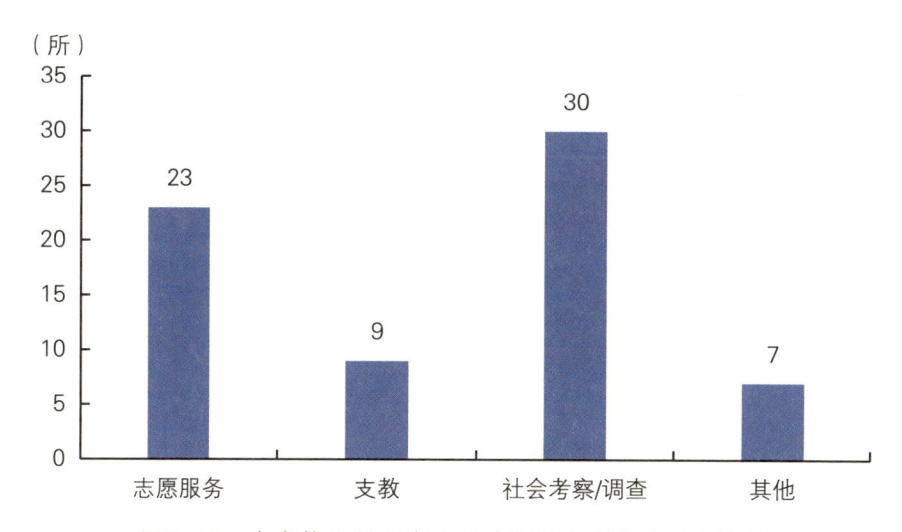

图6-15 各高校开展研究生思政课社会实践的形式情况

除了在校外开展的社会实践活动以外,研究生校内实践的主要形式也是担任助教、助管、助研。调查结果显示，2022年研究生思政课校内实践活动中，参与助研的人数最多，占55.25%；其次是助教，占28.43%；最少的是助管，占16.32%，如图6-16所示。研究生助研和助教人数高于助管，这与学校在设置"三助"岗位时对招募对象的要求有直接关系。研究生具备了一定的知识储备，也具备了一定的生活阅历和经验，因此学校更愿意招募研究生担任项目助研和课程助教工作。而对知识储备相对要求较低的助管工作，则更多由本科生来承担。助研比例高于助教，一方面反映了近年来研究生培养模式的转变和培养质量的提高，研究生指导教师让学生通过参与课题的方式培养和锻炼其研究能力的意识逐渐形成，使研究生的研究能力有了一定的提升；另一方面也在一定程度上反映了研究生指导教师对于研究生课堂教学和课堂管理能力的重视程度稍有不足。

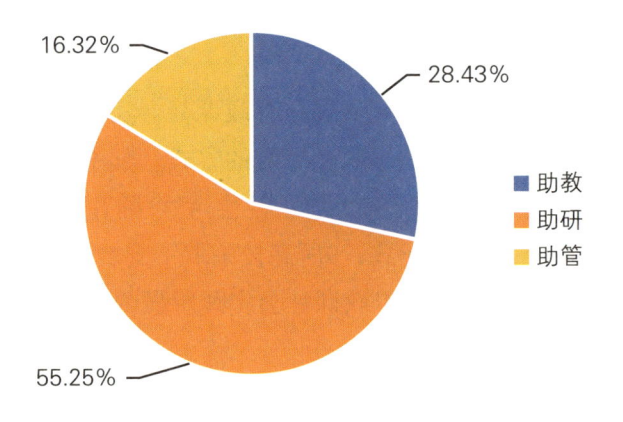

图6-16 研究生"三助"的分布情况

4.研究生社会实践的组织方式

如图6-17所示，在组织研究生社会实践的30所高校中，有19所高校采取的是集体组织与自主实践相结合的方式，占比63.33%；4所高校选择集体组织，占比13.33%；7所高校选择自主实践，占比23.34%。这说明高校对于研究生思政课社会实践的重视程度与日俱增。

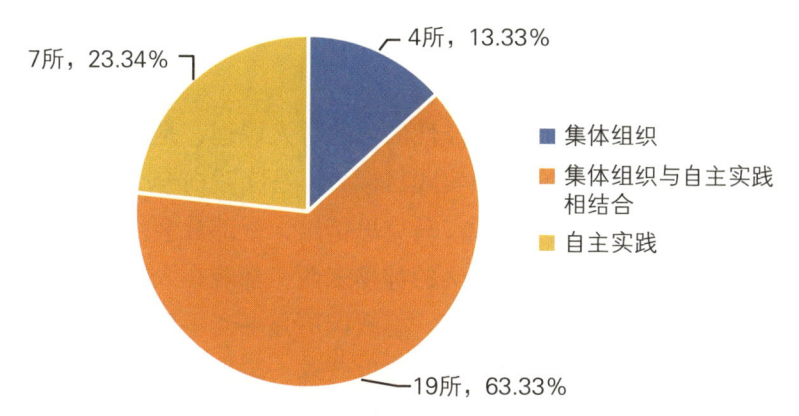

图6-17 各高校开展研究生思政课社会实践的组织形式

5.研究生社会实践的参与人数

调查显示，22所高校的23566名硕士研究生参与了"中国特色社会主义理论与实践"课程的社会实践，其中人数最少的为14人，最多的为8258人；13所高校的7103名博士研究生参与了"中国马克思主义与当代"课程的社会实践，其中人数最少的为14人，最多的为4700人。相较于2021年的调查数据，2022年研究生参与思政课社会实践的总人数略有上升。此外，硕士生参与社会实践人数要显著高于博士研究生，各高校研究生参与社会实践的人数存在较大差异。部分高校研究生思政课各门课程社会实践参与人数分布情况如图6-18所示。

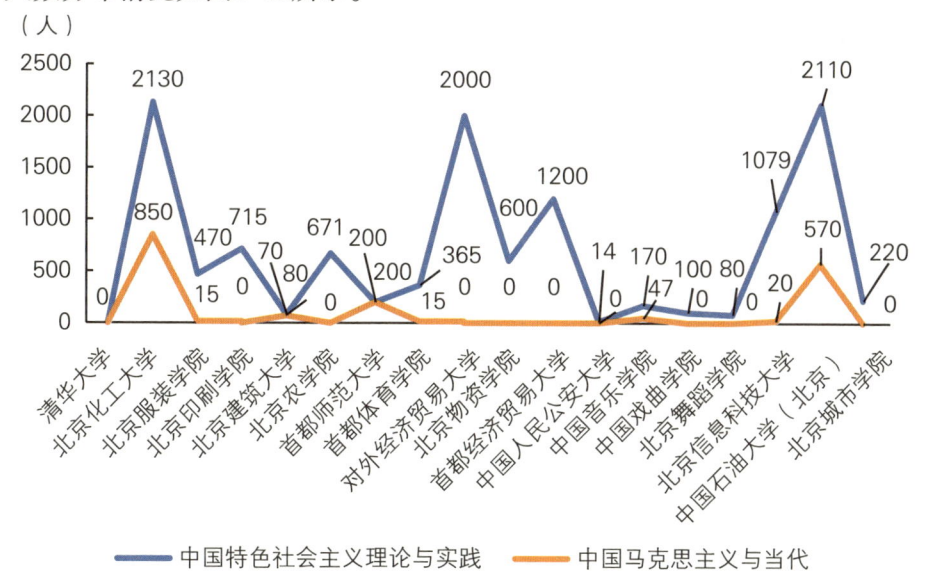

图6-18 部分高校研究生思政课各门课程社会实践参与人数分布情况

二、主要进展与成就

思政课社会实践既是一门显性的思政育人课程，是"课程思政"的重要组成部分，也是一项有明确实践目标、丰富实践内容、多种实践形式、广阔实践平台的活动育人实践。马克思指出，全部社会生活在本质上是实践的。凡是把理论引向神秘主义的神秘东西，都能在人的实践中以及对这个实践的理解中得到合理的解决。思政课不是书斋里的学问，不能没有生命、干巴巴的，必须从现实社会中获取营养。习近平总书记强调：要坚持理论性和实践性相统一，用科学理论培养人，重视思政课的实践性，把思政小课堂同社会大课堂结合起来，教育引导学生立鸿鹄志，做奋斗者。这为我们善用社会大课堂，讲好"大思政课"提供了重要的方向指引。社会实践是为了深化学生对理论教学内容的理解与认同而拓展的教学环节，是将思政小课堂融入社会大课堂的重要抓手，是培养和造就青年学生人生观、价值观和思想意识的有效手段，是行走的思政课。因此，高校应将社会实践作为"大思政课"的重要环节，充分挖掘社会实践教学中的思政元素，打通理论讲授与信仰塑造的"任督二脉"，使思政课实践教学与理论教学同向同行。

习近平总书记到中国人民大学考察调研时，勉励广大青年"用脚步丈量祖国大地，用眼睛发现中国精神，用耳朵倾听人民呼声，用内心感应时代脉搏，把对祖国血浓于水、与人民同呼吸共命运的情感贯穿学业全过程、融汇在事业追求中"。为深入贯彻高校"大思政课"建设方案，充分发挥课外思政教育资源的铸魂育人功能，打造课内课外相贯通、教学实践相衔接的"大思政课"，北京市各高校紧紧围绕"培养什么人、怎样培养人、为谁培养人"的根本问题，将思政课的场域从学校小课堂延伸至社会大舞台，有计划地组织学生走出校门、走向社会，深入基层、深入生活，通过丰富多彩的下乡支教、社会调查、志愿服务、理论宣讲等社会实践，实现理论和实践的"融圈破壁"。

与2021年相比，2022年北京市各高校思政课实践教学成果颇丰，形式多样；从实践规模上看，开展思政课社会实践的北京高校数量占比较高，且开展研究生思政课社会实践的高校数相较于2021年有所增加，参与思政课社会实践的人数也有所增长。从实践形式上看，北京市各高校在思政课社会实践的形式上有所创新,除了传统的下乡支教、社会调查、志愿服务、理论宣讲等,部分高校还灵活采用"经典著作阅读""微电影展示""大学生讲思政课展示活动"等形式。从实践效果上看,北京市高校思政课社会实践的灵活度、自由度和学校给予的支持保障力度都有所提升,思政课社会实践的成果数量也得到显著提升。越来越多的大学生走出了"象牙塔",走进了生活的"试验田"。这有助于青年学生用科学真理滋养信仰、用辩证思维剖析现实、用伟大实践夯实自信、用责任担当砥砺梦想,在新时代社会大课堂中认识新时代的伟大成就和伟大变革,进而在回望历史、体悟真理、观察社会、参与实践中坚定理想、淬炼意志、增长才干。

(一)强化顶层设计,构筑全员全过程全方位育人格局

2022年7月25日,教育部等十部门印发《全面推进"大思政课"建设的工作方案》,北京获批全国首批"大思政课"综合改革试验区,明确高校应该善用社会大课堂,着力"构建实践教学工作体系""落实思政课实践教学学时学分""组织开展多样化的实践教学""建好用好实践教学基地"等。为贯彻落实教育部深化以实践教学为主题的"大思政课"综合改革的任务部署,北京市各高校坚持"开门办思政",强化顶层设计,全面统筹各领域、各环节、各方面的育人资源和育人力量,努力形成全员全过程全方位育人格局,推动社会实践规范化常态化长效化。

作为一项涉及学校多职能部门的系统工程,实践育人需要上下联动、协调有序的组织保证,常态性、规范化的制度保障以及"人财物"的资源支撑。如果不同职能部门之间总体设计和资源整合不够,不能形成工作合力,必然降低思政课社会实践的育人成效。在顶层政策设计的推动下,北京市各高校着眼实践育人制度化规范化建设,广泛对接首都各行各业各界,整合优化全市社会实践资源,认真贯彻落实和健全完善"党委统一领导,马克思主义学院积极协调,教务处、宣传部、学工部、团委等职能部门密切配合的思政课实践教学工作体系"的实践育人协同体系,建立高校、地方、企业、社会相互联动的实践统筹机制,形成纵向贯通、横向联通、点面直通、前后融通的育人格局,不断促进实践育人工作各环节、各要素达到结构合理、功能完整、关系和谐、程序严密、运行持久的

发展状态。

为了确保思政课社会实践的正规性、有效性和可持续性，北京市各高校紧扣实践育人总体目标，精心设计思政课社会实践大纲和实施方案，与校外有关单位建立常态化交流机制，实现多类别实践项目整体设计和有效衔接，规范社会实践全过程管理、协调建设社会实践育人基地、提供社会实践专家资源、协同开发社会实践项目等。作为全国首批"大思政课"综合改革试验区，北京在全国率先探索以实践教学为主题的"大思政课"综合改革，北京市委教育工委积极建设"大思政课"实践教学基地，北京市各高校广泛整合各类资源，积极搭建实践育人平台。在教育部公布的首批453家"大思政课"实践教学基地中，北京占据22家。

为切实发挥思政课社会实践的育人功能、深化拓展社会实践的育人格局，锤炼青年成长成才的"真本领"，北京市各高校坚持假期集中实践与日常实践相结合，在做好假期集中社会实践组织的基础上，设计了贯穿全年的工作载体，推动了高校思政课社会实践的常态化、规模化、集群化开展，在时间维度上实现了阶段性与长期性的结合。北京团市委联合北京市委教育工委、北京市委宣传部、首都文明办、北京市教委、北京市学联组织开展2022年"青年服务国家"首都大学生社会实践活动，面向重点领域实施"四大专题行动"，围绕首都"四个中心"功能建设推出"四个专项计划"，引领和帮助广大首都青年学生上好与现实相结合的"大思政课"。2022年，共有20万余名首都大学生参与该项社会实践活动，其中包括13865支实践队伍、113548名学生和5000余名专家学者，充分展现了首都青年学生扎根基层、躬身实践、青春建功的责任担当和精神风貌。

（二）社会实践途径丰富，激励青年担当复兴使命

2022年是中国共产党第二十次全国代表大会胜利召开之年，是全党全国各族人民迈上全面建设社会主义现代化国家新征程、向第二个百年奋斗目标进军的关键之年，是中国共产主义青年团成立100周年，是北京冬奥会和冬残奥会胜利举办之年，也是全面推进乡村振兴之年。值此重要历史节点，北京市高校紧紧围绕教育部相关要求，不断深入推进思想政治理论课实践教学改革，广泛开展主题丰富、形式多样的思政课社会实践活动，结合高校特色和北京发展实际谋划推动实践育人体系建设，探索构建志愿

服务、社会调查、理论宣讲、创新创业、职业见习等有机结合的"大实践"格局。

1.服务保障冬奥赛事，讲好冬奥"大思政课"

北京冬奥会、冬残奥会是在全党全国各族人民向第二个百年奋斗目标迈进的关键时期举办的重大标志性活动，我国克服各种困难挑战向世界奉献了一届简约、安全、精彩的奥运盛会，全面兑现了对国际社会的庄严承诺，体现了世界情怀和大国担当。当前高校思想政治教育工作的一项重要任务，就是深入挖掘运用成功举办冬奥的思想政治教育元素和资源，讲好上好北京冬奥"大思政课"，充分发挥北京冬奥"大思政课"的育人作用，引导学生坚定理想信念，全面发展、健康成长，努力成为堪当民族复兴重任的时代新人。在2022年冬奥会1.8万多名赛会志愿者中，共有1.4万名是来自清华大学、北京大学、中国人民大学等66所首都高校的大学生。入驻驻地当天，首都高校志愿者共上一堂"冰雪上的思政课"，世界冠军王春露以"我和我的祖国"为主题，普及冰雪运动常识，讲述为国争光的拼搏故事。

北京冬奥会、冬残奥会的顺利举办及其留下的丰富物质遗产、宝贵精神财富、浓郁环境氛围为各类思政教育场景构建、内容讲述、思想传导提供了多样可能与便利。北京冬奥会、冬残奥会圆满落幕之后，北京许多高校纷纷利用冬奥会、冬残奥会重大教育契机与冬奥资源讲起"冰雪思政课"。清华大学博士生讲师团精心遴选20余名优秀讲师组建成立"冬奥志愿宣讲队"，以"小切口""小故事"讲述办奥历程与青年担当，围绕"冬奥与中国之制""冬奥与生态文明"等主题筹备了10万余字的宣讲备课资料库，形成了14门冬奥主题精品课程，面向校内外开放预约。中国人民大学在北京2022年冬奥会闭幕后的第一时间成立师生宣讲团，全面开展"我和我的冬奥故事"系列宣讲活动，鼓励志愿者们以宣讲的方式，鼓足干劲、乘势而上，通过服务保障冬奥盛会的亲身经历，用心用情把志愿服务精神传递到校园中。中央民族大学精心策划录制"燃情冰雪美美与共"系列冬奥"微思政课"，邀请蒙曼、黄志辉等多名专家学者和服务保障冬奥的一线师生代表共同讲述"踔厉奋发笃行不息"的冬奥故事，引导广大学生弘扬奥运精神、汲取奋进力量。中国石油大学（北京）制作了原创歌曲——《冬日焰火》，歌曲中表达了中石大冬奥志愿者燃烧自我、服务他人的奉献精神，鼓励大家学习理解、友谊、团结和公平竞争的冬奥精神，传达了努力突破自己、绽放冬日里最美焰火的美好祝愿。

2.开展社会调查实践，学思践悟党的创新理论

实践是检验真理的唯一标准。思想政治教育唯有付诸实践，在实践中检验和探索，才能更加深入人心。思政课社会实践推动思政小课堂同社会大课堂有机结合，推动了思想政治教育理论教学和实践教学的深度融合，助力学生在社会实践中深刻体验国家在经济、社会、文化、科技、生态等方面的重大战略需求、战略部署，精准锚定人生发展方向，有利于引导学生深刻体悟党的创新理论的实践伟力，充分理解中国特色社会主义的制度优势，深刻感悟"两个确立"的决定性意义。

党的二十大报告中强调，"当代青年生逢其时，施展才干的平台无比广阔"。为深入开展学习贯彻习近平新时代中国特色社会主义思想主题教育，落实习近平总书记关于实践育人的重要指示，深刻学习领会习近平总书记在庆祝中国共产主义青年团成立100周年大会上的重要讲话精神和习近平总书记关于调查研究的重要论述，北京市各高校立足学校专业优势与特色，广泛对接首都各行各业各界，统筹用好全市社会实践资源，紧密围绕党和国家的中心工作以及首都和家乡的经济社会发展实际设置选题、发现问题、破解难题，鼓励学生参与基层社会调研，引导学生在调查研究中深刻感知新时代十年伟大成就，学思践悟党的二十大精神，在亲身参与中认识国情、了解社会，受教育、长才干。

为深入学习贯彻习近平总书记关于基层治理的重要论述，上好服务乡村振兴的首都特色"大思政课"，2022年9月中国地质大学（北京）马克思主义学院研究生实践团前往北京市门头沟区永定镇，开展关于基层治理的相关学习调研。在多村走访调研过程中，团队成员深刻感受到了永定镇党建引领多元主体治理格局释放的新活力，并从居民生活改善所带来的幸福感以及参与社区治理的成就感中真正体会到了党建引领基层治理的蓬勃生机和力量，这既是乡村振兴战略背景下基层治理现代化的生动写照，也是京华大地上"行走的大思政课"。社会实践是生动鲜活的教育素材。通过开展社会调查研究，可以引导学生在实践过程中了解基层实际情况和运作方式，学习基层治理，增长基层历练经验，树立对人民的感情、社会的责任、国家的忠诚，从而将新时代十年的生动实践转化为坚定青年学生

"四个自信"的鲜活课堂，充分实现"思政小课堂"与"社会大课堂"的协同育人作用。

3. 发挥文化育人功能，提升思想政治教育亲和力

习近平总书记指出，"文化是一个国家、一个民族的灵魂"，"中国特色社会主义文化积淀着中华民族最深层的精神追求，代表着中华民族独特的精神标识，是中国人民胜利前行的强大精神力量"，"没有中华文化繁荣兴盛，就没有中华民族伟大复兴"。习近平总书记的重要论述，为高校更好担负起新时代新的文化使命，进一步推动思政课守正创新提供了科学指引。北京市高校积极践行以文化人、以文育人理念，肩负"举旗帜、聚民心、育新人、兴文化、展形象"使命任务，推动中华文化融入"大思政课"建设。中国戏曲学院与国家大剧院签订战略合作协议并联合主办"大美舞台"中国戏曲学院舞台美术教学成果展，充分发挥各自优质资源，在戏曲艺术创作展演、师生实习实践、戏曲艺术普及教育、戏曲艺术研究、戏曲文化产品推广等多个领域展开交流合作，为服务首都文化中心建设、推进文化自信自强贡献力量。

同时，北京市高校致力于实现红色文化资源与"大思政课"实践教育的深度融合，力求发挥红色文化铸魂育人的价值效应。党的二十大报告指出："弘扬以伟大建党精神为源头的中国共产党人精神谱系，用好红色资源，深入开展社会主义核心价值观宣传教育，深化爱国主义、集体主义、社会主义教育，着力培养担当民族复兴大任的时代新人。"北京是中国政治文化中心，是红色文化的发源地，拥有市级以上的爱国主义教育示范基地207家，其中国家级爱国教育示范基地42家。

为了贯彻落实习近平总书记"讲好红色故事，让红色基因代代相传"指示精神，充分挖掘和实现北京红色文化资源的育人功能，北京市高校着力探索红色文化育人新载体，搭建红色文化育人新平台，创新红色文化育人新机制，主动对接博物馆、纪念馆等实践基地，以重大纪念日和历史事件为契机开展丰富多样的红色文化主题实践活动。此外，北京市各高校积极鼓励学生前往中国共产党人精神谱系发源地和党史重大事件发生地，追溯红色记忆、访谈红色人物、挖掘红色故事、体悟红色文化，寻访革命故事、体悟革命精神、传承革命理想。2022年暑期，北京交通大学"寻独秀旧迹·扬红色精神"安徽实践团的团员们前往怀宁，通过访谈调查、知识

宣讲、参观红色景点等形式来探寻一代伟人对于建团建党的贡献，在重温先辈伟大事迹中传承忠诚爱党的红色精神。

（三）社会实践成果丰硕，实践育人成效显著

调查数据表明，在北京市参加调研的57所高校中，共设立社会实践项目15369项，形成调研成果102516篇（部），总体上比2021年有大幅度的增加。其中，著作21部，占比0.02%；社会实践报告/总结67794篇，占比66.13%；社会实践论文34701篇，占比33.85%。如图6-19和图6-20所示。

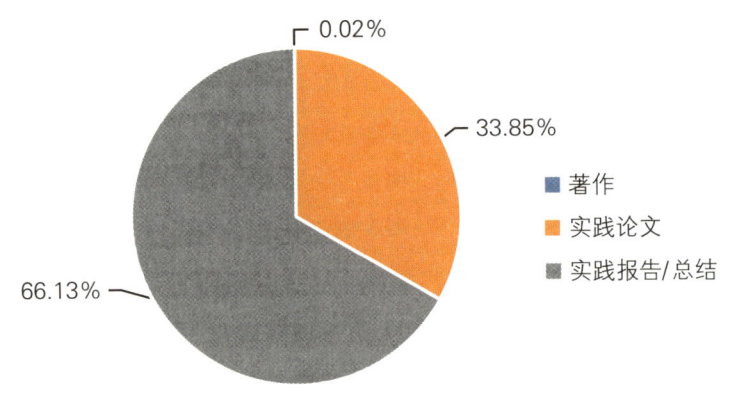

图 6-19 高校各类社会实践成果分布情况

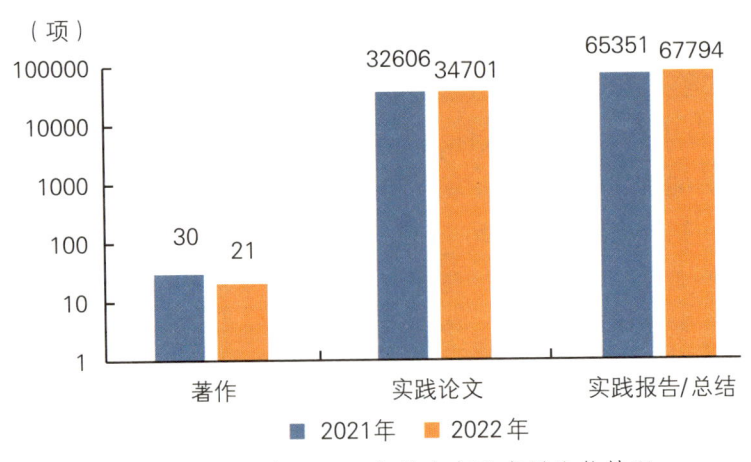

图6-20 2021年、2022年社会实践成果比较情况

社会实践是大学生向实践学习、向人民群众学习的最佳途径，而在实践的基础上经过研究分析，撰写有分量的总结报告，则有助于提升认识，

形成更具规律性的分析与思考。初期成果在展现形式、内容深度、社会影响等方面仍处于"量"这一层级，不能直接代表社会实践的本质，具有较大的可挖掘空间。通过开展实践成果的转化和巩固，对初期成果进行总结归纳，可以进一步完善成果内容，丰富成果形式，提升成果内涵，用最直接、最生动的形式和途径表现最核心、最具有代表性的社会实践成果，提高传播力和影响力。

社会实践的成果转化与巩固，是大学生由实践向认识升华的过程。在这一过程中，学生需要从纷繁杂乱的经历以及材料中凝练出最精华的优质成果，可充分锻炼学生的创新思维、探索意识以及实践能力，能使大学生把所学的理论内化为自身智慧，形成自身的理论思维，逐步实现从思想、政治、道德认识到行为的转变，切实发挥社会实践的育人功能。这种育人模式将传统的以教师为主体、学生为客体的灌输式教学，变为以教师为主导、学生为主体的体验、感悟式教学，是学生运用所学的理论知识发现、分析与解决实际问题的过程，能提升大学生"学会做事、学会共处、学会生存"的能力。

为深入总结交流经验、选树典型宣传、推动引领示范、激励广泛参与、发挥育人实效，共青团中央青年发展部通报表扬一批在2022年"三下乡"社会实践活动中表现突出的优秀集体、个人和项目。经基层申报、省级团委审核推荐、组织评议等环节，最终确定290个"三下乡"社会实践优秀单位、379个"三下乡"社会实践优秀团队、198名"三下乡"社会实践优秀个人、58个"三下乡"社会实践优秀品牌项目。其中北京市共有11个优秀单位、16个优秀团队、8个优秀个人、3个品牌项目榜上有名。此外，在涌现的一批优秀社会成果中，北京航空航天大学、中国传媒大学、中国地质大学（北京）这三所学校的三项成果被相关党政机关所采纳，这表明这些成果具有较强的真实性、价值性、准确性和创新性。

表6-1　2022年思政课社会实践成果被相关单位采纳情况

学校名称	成果名称	采纳单位
北京航空航天大学	《部属高校思政课课程体系建设研究》	工信部
北京航空航天大学	《"中国式现代化的本质要求"：基本属性、根本立场与世界意义》	教育部社科司
中国传媒大学	《如何更好推进民族地区党的创新理论传播》	教育部智库专刊

续表

学校名称	成果名称	采纳单位
中国传媒大学	《当前社会舆情的苗头性、倾向性、潜在性风险分析及对策建议》	求是杂志社研究部，中央办公厅信息综合室
中国传媒大学	《当前我国社会公众对******片面认识分析及对策建议》	教育部
中国传媒大学	《新时代大学生更要继承和弘扬雷锋精神》	教育部
中国传媒大学	《关于有效应对"网课爆破"的对策建议》	教育部
中国地质大学（北京）	《河北省宁晋县乡规民约在乡村振兴中的作用调研报告》	河北省宁晋县农业农村局

（四）重视实践育人特色品牌建设，搭建"大思政课"大资源平台

习近平总书记在全国高校思想政治工作会议上指出要重视和加强第二课堂建设，重视实践育人，坚持教育同生产劳动和社会实践相结合，广泛开展各类社会实践，让学生在亲身参与中认识国情、了解社会，受教育、长才干。作为课堂理论教学的有益拓展和延伸，实践教学在促进课堂教学内容入脑、入心、入行的过程中，发挥着无可替代的作用。2022年，许多北京高校继续深化对思政课实践教学的探索，把课程思政作为落实立德树人的基础性和全面性工作，积极开展思想政治理论课教育教学改革创新工作，在扎实推动思政课实践教学的高质量发展中落实立德树人根本任务。

1.重视思政课实践教学课程体系建设，打造实践育人特色品牌

为实现思想政治教育理论教学与实践教学的有机"链接"，探索第一课堂与第二课堂协同育人机制，2022年北京市许多高校着力从实践育人管理平台、思政课实践教学方案设计、实践活动组织、实践基地拓展、实践育人特色品牌建设等方面进行积极探索、大胆尝试和改进提升，形成了一批具有可示范性、可引领性、可辐射性、可推广性、可持续性的先进经验和典型做法。

中国人民大学创新"千人百村""街巷中国"社会实践育人模式，组织开展以"问道新时代"为主题的思想政治理论课学生社会实践活动，围绕"用脚步丈量祖国大地，用眼睛发现中国精神，用耳朵倾听人民呼声，用内心感应时代脉搏"的要求，让新时代的生动实践成为生动教材，让广大青年学生在脚踏实地的行动中思考与感受"中国式现代化"的深刻内涵，实现了思政课从单向输入到价值内生的路径转化。同时，通过开设本

年度"毛泽东思想和中国特色社会主义理论体系概论"实践课程，引导学生把课堂上学习的理论知识和社会实际相结合，在实践中掌握和运用马克思主义基本原理，进一步体会习近平新时代中国特色社会主义思想的真理伟力。清华大学秉承将学生社会实践与思想教育、专业学习、集体建设、志愿公益、就业选择相结合的"五个结合"实践育人理念，坚持服务乡村振兴国家战略，于全国首创"乡村振兴工作站"模式，并入选2022年高校思想政治工作精品项目。北京中医药大学以"大医精诚"为指引，建设"5+3+N"特色思政课程体系，"5"即为5门思想政治理论主干课，"3"即为具有实践性质、关注实际的思想政治理论实践课，"N"即为数量不断增加的思想政治理论拓展课。

2. 运用数字化技术赋能"大思政课"，搭建"大思政课"大资源平台

随着信息技术的迅速发展，互联网已逐渐成为学生获取知识与信息的重要渠道，网络的发展既为高校思政教育工作带来挑战，同时也为进一步推进"大思政课"建设提供了新的机遇。为使"大思政课"真正做到课堂大起来、内容活起来、视野广起来，要守好互联网这片思政教育工作的重要阵地，要充分利用当代青年大学生好奇心强、思想活跃、思维敏捷等特点，运用数字化技术赋能"大思政课"，有效整合汇集各类教学素材和学习资源，搭建全方位、立体化的思政教学资源平台。

当前，数字化技术正在深刻影响人们生产生活的各领域和全过程。思政课是落实立德树人根本任务的关键课程，要更好地担负起为党育人、为国育才的重任，就必须抓住数字化发展新机遇，通过数字化的放大、叠加、倍增效应，全面提升思政课实践教学的质量和水平。北京科技大学牵头成立了"全国高校思想政治理论课实践教学联盟"和全国高校"数字马院"联盟，分别有310所和427所高校加盟。为了更好地实现思想政治教育传统优势同信息技术的高度融合，北京科技大学整合各类实践资源，逐步探索形成课堂实践、校园实践、社会实践、虚拟实践"四位一体"的思政课实践教学与"形势与政策"课立体化教学模式，自主研发"精准扶贫"虚拟仿真项目改革，建成线上、线上线下混合、社会实践、虚拟仿真等四类一流课程。北京青年政治学院成立"大思政课"虚拟仿真体验教学中心，试点成立了以马克思主义学院（高精尖分中心）为主的"虚拟仿真教学教研室（组）"，着力探索"虚拟技术+思政课"的讲授方式，通过思

政课程交互式、沉浸式的学习平台建设，让学生在"视听触"的虚拟仿真实践体验中体验思政课的理论学习。

三、相应问题与对策

社会实践是思政课课堂教学的有效延伸，也是青年大学生了解国情、砥砺情怀、磨炼本领的重要方式，对于提升大学生思想政治工作质量、培育德智体美劳全面发展的社会主义建设者和接班人具有重要作用。学思用贯通，知信行统一。在高校全面深入开展思政课社会实践，有利于充分调动社会资源，引导大学生在亲身实践的过程中关注现实问题、培育家国情怀，自觉接受马克思主义的立场、观点、方法，加强对党和国家重大方针政策的内在认同，坚决做到"两个维护"，进一步增强道路自信、理论自信、制度自信、文化自信。2022年北京市高校在思政课社会实践方面取得了显著成绩，但从调研结果看也仍然存在一定的问题，其中部分问题之前便存在，仍未得到实质性改观。基于此，充分总结既有的经验教训，深入探讨不同形式的实践方式在"三全育人"中的重要作用，分析当下实践育人中存在哪些问题并制定相应的改进措施，对于提升思政育人实效、落实立德树人根本任务具有重要的现实意义。

（一）落实基本要求，推动社会实践规范化发展

2018年4月，教育部印发《新时代高校思想政治理论课教学工作基本要求》，明确要求制定实践教学大纲，整合实践教学资源，拓展实践教学形式，注重实践教学效果。其中要求严格落实学时、学分，从本科思政课现有学分中划出2个学分，从专科思政课现有学分中划出1个学分，开展思政课实践教学。2022年8月，教育部等十部门印发《全面推进"大思政课"建设的工作方案》，也再次明确高校要严格落实本科2个学分、专科1个学分用于思政课实践教学的要求，精心设计实践教学大纲，坚决避免实践教学娱乐化、形式化、表面化，并鼓励有条件的高校开设专门的实践教学课。

然而，通过本次调研可以发现，参与调研的57所高校中，仍有6所高校尚未组织开展本科生思政课社会实践。在开展本科生思政课社会实践的51所高校中，仍有1所尚未设置本科生社会实践的学分、学时，有11所本

科高校仅设置1个学分，这与教育部的相关要求仍有较大差距。而研究生思想政治理论课社会实践的开展情况更不乐观，参与本次调研的高校中仅有30所开展了研究生思政课社会实践，与本科生存在较大差距。在开展研究生思政课社会实践的30所高校中，有14所高校未设置学分，10所高校未设置学时。虽然教育部没有明确规定研究生社会实践的学分、学时，但社会实践作为思想政治理论课堂教学的必要延伸，确实需要相应的学分、学时加以保证。

从调研结果看，部分高校没有贯彻落实教育部的相关要求，导致思政课社会实践无法开展或流于形式。这可能有多方面的原因：部分高校对思政课和思政课实践教学没有足够重视，认识存在偏差，将实践教学置于可有可无的从属地位；部分高校存在"重专业课、轻公共课"的倾向，功利化思维导致对社会实践的投入不足；还有部分高校受到客观条件的制约，参与学生人数多、师资力量有限、配套设施无法保障等因素也限制了高校思政课社会实践的开展。

基于此，各高校应更加重视中央和北京市的相关规定要求，将社会实践视为思想政治理论课的必修环节，严格按照相关规定和要求编写统一的教学大纲，对学分学时、指导教师、教学内容、经费支持、基地建设、评价考核机制、协同部门等方面加以明确，并且通过规章制度的方式将之固定化、规范化，从而切实保障社会实践的顺利进行。

（二）改进工作体系，加强资源统筹与部门协同

目前多数高校由于没有形成统一的组织领导，没有制定规范的教学大纲导致实践教学中的各项活动没有较为统一的目标和要求，只能由教师根据自己的能力、条件和责任心等来自行决定，从而停留在比较随意和即兴的水平，这也在一定程度上影响了实践教学的效果。调查表明，北京各高校主管思想政治理论课社会实践的部门和方式主要体现如下：马克思主义学院/思政课教研部、团委、学生工作部、教务处及其他部门单独负责，或者多个部门共同负责。

从调研结果看，参与思政课社会实践的部门当中参与最多、最重要的是马克思主义学院思想政治理论课教研部，开展社会实践的52所高校中，有50所高校的马克思主义学院思想政治理论课教研部参与配合了思政课社

会实践活动的开展，占比96.15%；其次是团委，共有45所高校的团委参与配合了思政课社会实践活动的开展，占比86.54%；再次是学生工作部，共有40所高校的学生工作部参与配合了思政课社会实践活动的开展，占比76.92%；此外，还有31所高校的教务处参与配合了思政课社会实践活动的开展，占比59.62%；也有个别学校的党委宣传部、组织部或二级学院参与组织了思政课社会实践活动。

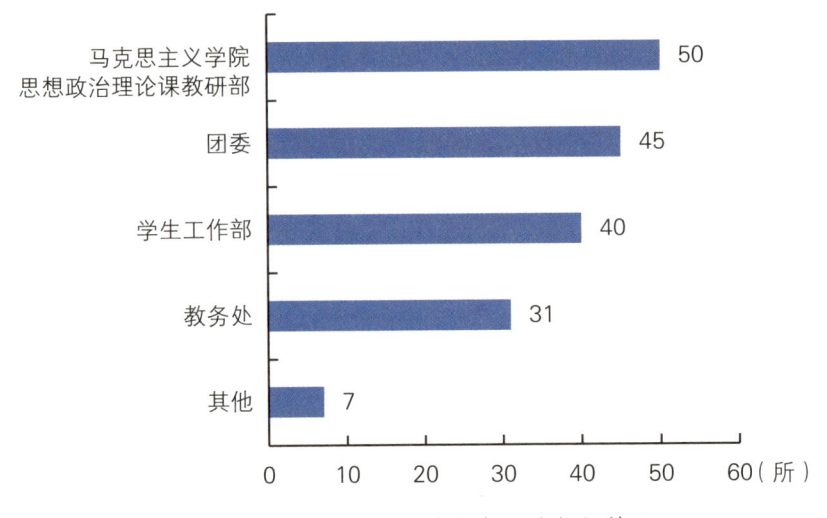

图6-21 各高校配合社会实践的部门情况

思想政治教育是一项系统工程，要从整体着眼、从大局出发、把握内在联系。思政课社会实践由多方管理、多主体参与，要提高资源配置效率和实践育人实效，必须积极改进工作体系，协调各方力量，加强资源统筹与部门协同。高校应将深化社会实践育人作为思想政治工作的重要载体，探索建立党委统一领导，马克思主义学院积极协调，教务处、宣传部、学工部、团委等职能部门密切配合的思政课实践教学工作体系，加强工作主体、实践内容和实践资源的协同，形成资源共享、多元开放、齐抓共管的社会实践育人格局，为大学生开展社会实践活动创造条件、搭建平台，不断提高思政课社会实践的育人效果。

（三）健全评价机制，重视过程考核与监督反馈

考核评价作为考察思政课实践教学成果的重要环节，集中反映着思政课实践的育人成效，并对学生参与社会实践的主动性、积极性、投入程度

起着导向作用。调查表明，北京高校思想政治理论课社会实践评定方式主要包括"等级评定""分数评定"和"综合评定"三种。在开展社会实践的高校中，有30所采取"等级评定"，有33所采取"分数评定"，有47所采取"综合评定"。考核评定后，将社会实践成绩计入各门思想政治理论课程总成绩的有27所，占比51.92%；单独计社会实践成绩的有25所，占比48.08%。如图6-22、图6-23所示。

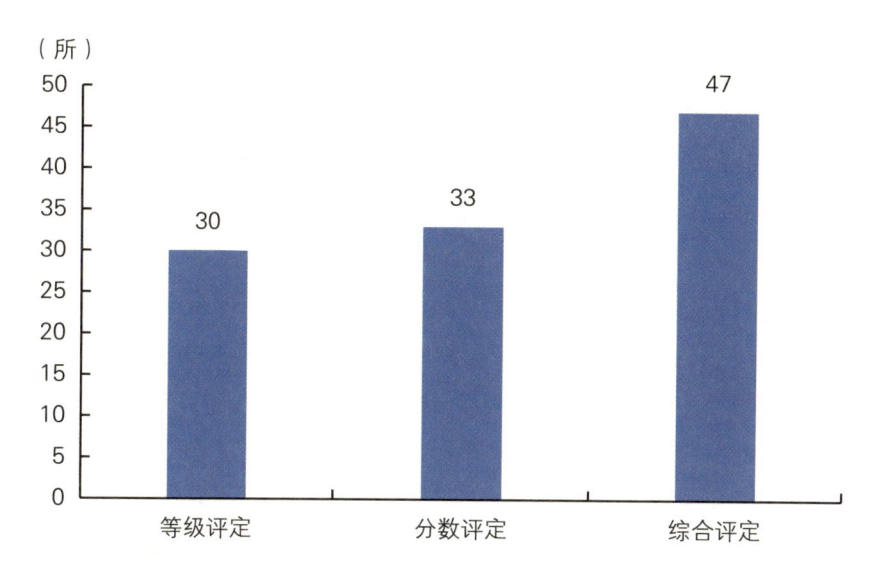

图6-22 高校思想政治理论课社会实践评定形式

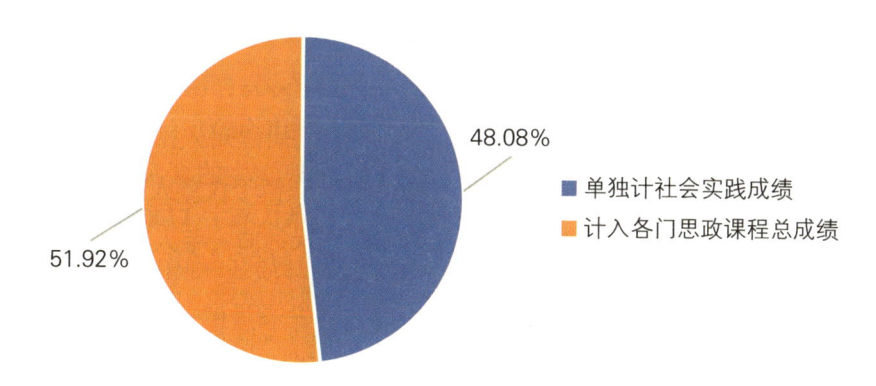

图6-23 高校社会实践成绩与思想政治理论课成绩的分布

目前来看，在思想政治理论课社会实践的考核评价上，主要存在三个问题：

一是考核评价的标准有待进一步细化统一。本次调研结果反映出，部分高校尚未形成客观、统一的考核标准，评价指标较为笼统主观、评价方法科学性不足、评价内容不够全面等问题限制着评价体系充分发挥其作用。尤其是从价值导向看，思政课的考核评价内容不仅应包括理论知识的掌握情况，还应该包括对专业技能、个人修养和思想政治素质等多方面的综合考察，但在实际考核中评分依据往往只包含实践报告，没有对实践教学的全过程进行具体评估。这样的考核内容难以全面体现学生在实践教学中的实际收获和学生能力素养的变化，还可能对学生参与社会实践的积极性、投入度产生消极影响。

　　二是考核评价忽视学生主体地位。在由学校统一计划和管理的实践教学活动中，教师、个人、学校、小组成员及同学都是实践教学的共建者与参与者。其中，最为关键的学生既是受教育者，同时也肩负着自我教育、自我学习的任务。实践教学应以教师为主导，学生为主体，但在当前的考核评价中，对于学生的评价考核主要是教师对学生的评价，学生仅有较少的自评和互评的机会，结论性的考核结果往往来自教师评价。思政课教师每学期面对的学生往往是两三百人，在管理和考评上难以全面兼顾到每一位学生具体的学习情况。单一的考核评价主体不能客观准确地对学生进行评价，也无法调动学生参与实践教学的积极性，可能导致实践教学的目的无法较好实现。

　　三是考核评价偏重于结果，忽视过程。在目前大多数高校的实践考核体系中，考查学生社会实践成效的主要依据是学生撰写的实践报告，往往形成将实践报告等同于学生全部收获的片面认识，导致多数高校的评价考核仅注重结果，忽视了学生在实践中处理问题的能力、道德素养等方面的系统考核。这种评价方式难以客观公正地反映学生的真实学习状况，还可能导致一些学生在实践过程中不够认真，简单应付，只关注实践报告的撰写。忽视过程的结论性评价既不利于实践教学质量的提高，更会错失通过社会实践活动培养锻炼学生的实践能力、提升学生的道德修养的良机。

　　基于此，构建更为科学合理的思政课社会实践考核评价体系应成为各高校在未来完善思政课实践教学工作的一项重要内容。一方面应构建包含学校、教师、学生的多元化评价主体，充分调动学生参与实践教学的积极主动性，提高实践教学的实效性；另一方面应构建知识、能力、素质相结合的考核内容体系，坚持过程性评价和终结性评价相结合、定性评价与定量评价相结合，使实践教学的评价更具客观性和全面性。

（四）完善保障机制，提升思政课实践育人质量

图6-24展示了开展社会实践的52所高校对现存困难与问题的评估。调查显示，在开展社会实践的52所高校中，有27所高校选择"社会实践基地不足"，这成为最首要的限制高校思政课社会实践开展的问题。此外，有26所高校选择"社会实践的激励机制不健全"，有25所高校选择"社会实践经费不足"，有20所高校选择"缺乏特色实践品牌与项目"，有19所高校选择"学生人数过多，无法实现全员参加"，有18所高校选择"社会实践形式单一"，有17所高校选择"能够参与社会实践的思政课教师有限"，有11所高校选择"实践资源拓展和整合缺位"，有8所高校选择"学校对思政课社会实践重视不够"，有6所高校选择"社会实践效果一般"，有2所高校选择"思政课教师懒于组织社会实践"。配套的保障机制不健全是目前高校思政课社会实践面临的主要困难之一，由此导致的社会实践学生参与率低、专业指导师资力量匮乏、实践基地和经费不足等问题也成为阻碍高校思政课社会实践发挥育人实效的重要因素。因此，建立健全保障机制，优化师资配备、经费使用与基地建设，是提高思想政治理论课社会实践效果的重要举措。

困难与问题	所数
实践资源拓展和整合缺位	11
实践内容与课堂教学内容关联性低	0
缺乏特色实践品牌与项目	20
社会实践形式单一	18
社会实践效果一般	6
社会实践的激励机制不健全	26
社会实践经费不足	25
社会实践基地不足	27
学生人数过多，无法实现全员参加	19
能够参与社会实践的思政课教师有限	17
思政课教师懒于组织社会实践	2
学校对思政课社会实践重视不够	8

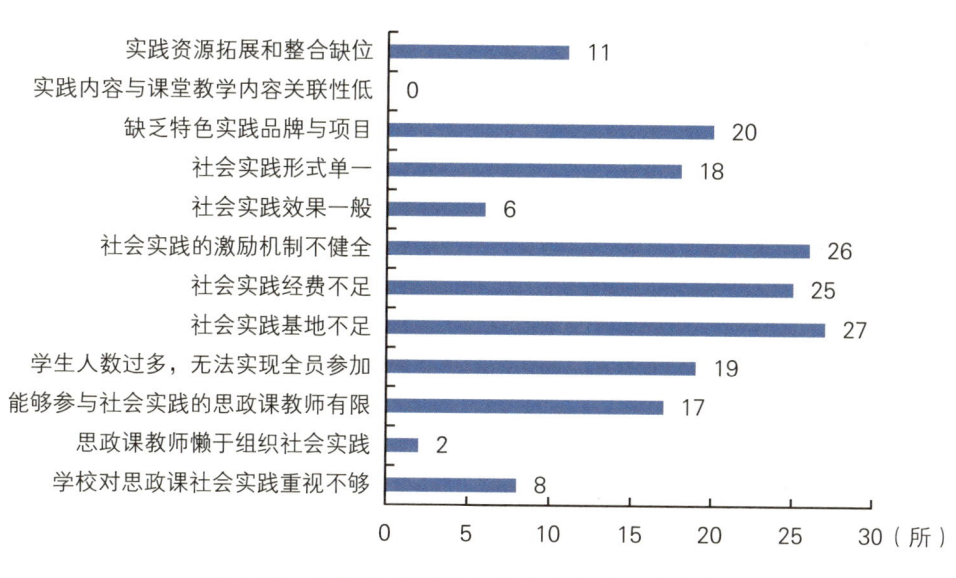

图6-24 高校思政课社会实践存在的困难与问题

首先，加强专业思政课教师队伍建设。从调研结果看，思政课社会实践在思政课教师配备方面还存在较大缺口。思政课社会实践要实现既定目标，使学生最大化地获得实践锻炼和思想提升，离不开高素质的专职思政教师适时予以学术性指导与帮助。与2021年相比，思政课教师参与本科生和研究生社会实践的比例均有所上升，但仍有17所高校将"能够参与社会实践的思政课教师有限"作为阻碍思政课社会实践开展的主要因素。尽管在本科生思政课社会实践当中，思政课教师的参与度比较高，但是由于教师队伍的总量不足，每位教师指导的学生过多，指导效果也会因此受到影响。而在研究生社会实践中，思政课教师的参与比例更低，仍具有较大的提升空间。除数量上的不足外，思政课教师对于实践教学重要性的认识以及从事实践教学的能力和素质从整体上看也还需要不断提高。

其次，加强社会实践经费支持。如图6-25所示，在开展社会实践的52所高校中，明确划定了社会实践经费的高校有41所，占比78.85%。各高校投入思想政治理论课社会实践的经费数量差距很大，投入最多的有180万元，最少的没有经费投入。2022年投入社会实践的经费总计825.6万元，平均经费15.88万元，高校数量最多的经费投入区间为1万—9万元。相较于全校学生都参与社会实践的要求而言，现有的经费投入是较为短缺的。如前所述，在高校所认为的"思想政治理论课社会实践存在的问题和困难"中，社会实践经费不足是一个重要因素。针对这一问题，高校应设立社会实践专项经费，以确保思想政治理论课社会实践正常进行，发挥其育人功

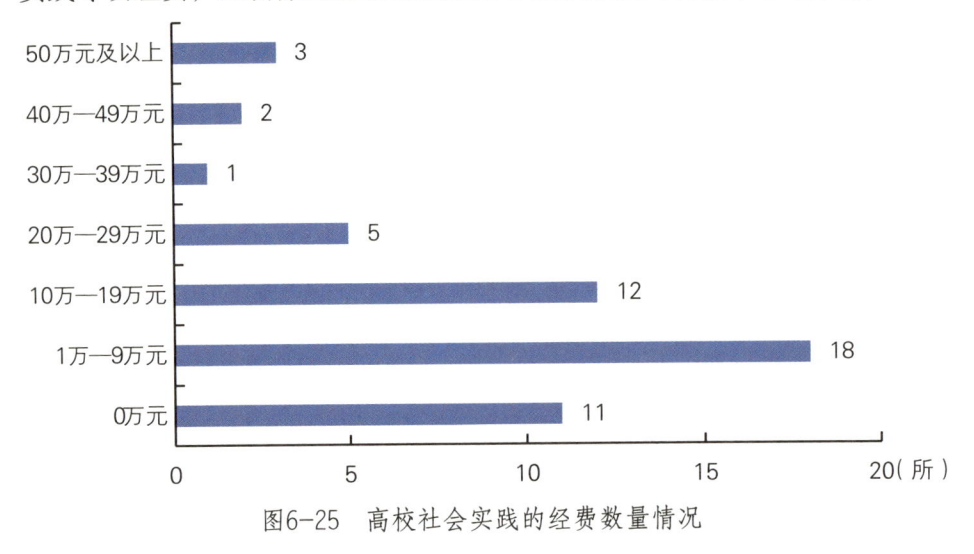

图6-25 高校社会实践的经费数量情况

能。同时在经费的使用上，可以加大对参与学生以及指导教师的激励力度，并给予获奖学生及指导教师适当的奖励。

最后，加强社会实践基地建设。校外实践基地是大学生进行实践活动的主要场所，也是其走向社会、了解社会、服务社会的重要平台。如图6-26所示，在开展社会实践的52所高校中，根据调查数据，共有508个校外学生社会实践基地，其中京内基地252个，占比49.61%，京外基地256个，占比50.39%。与2021年的225个京内基地、281个京外基地相比，2022年京内基地数量有所上升，但京外基地数量回落，建设还需要加强。其中，有28所高校没有建设京外社会实践基地，17所高校没有建设京内社会实践基地，14所高校在京内外都没有建设实践基地（如图6-26和图6-27所示）。鉴于此，当前高校的实践基地建设存在数量少、不稳定的问题，有限的实践条件难以满足大学生整体的实践需要，在一定程度上难以实现实践育人的目标。各高校思政课除了充分利用校内的实践基地外，还应整合校外的各种资源，建立功能明确、特色鲜明的实践锻炼基地。具体而言，首先要明确建设方向，坚持需求导向，既要发挥学生的特色专业优势，依托行业背景建立具有专业特色的社会实践基地，也要关注学生的实践需求，积极推动校地对接、校社衔接、校企联动、校际协同，为思政课社会实践提供长效稳定的平台支持。其次也要加强基地自身的建设，在规章制度、配套设施、资金支持等多方面保证基地的健康可持续发展，同时也要

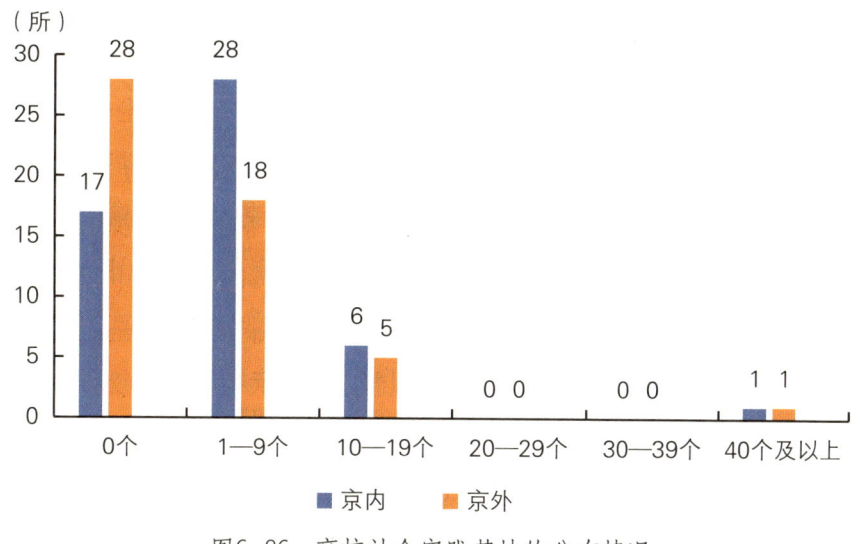

图6-26 高校社会实践基地的分布情况

设立合理的管理考核体制,将实践基地建设纳入制度化轨道,充分有效地发挥出基地汇聚多方社会资源的优势。

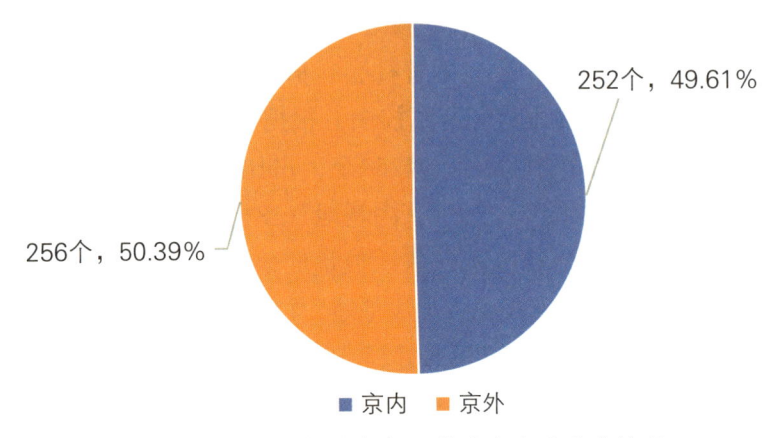

图6-27 高校社会实践基地京内外分布情况

- 京内:252个,49.61%
- 京外:256个,50.39%

图6-28是对各高校有关思政课社会实践优化建议的调查结果,从侧面也能反映出当前思政课社会实践存在的突出问题和未来可以完善提升的方向。其中有34所高校选择"加强相关部门的协同与合作",位列第一,这说明当前高校思政课社会实践管理机制还有待改进,校企合作、校地合作亟待加强已成为高校思政工作者的共识。此外,有31所高校选择"完善社会实践激励机制",有29所高校选择"开辟新的实践基地",有27所高校选择"创新社会实践的方式与方法",有26所高校选择"加强社会实践经

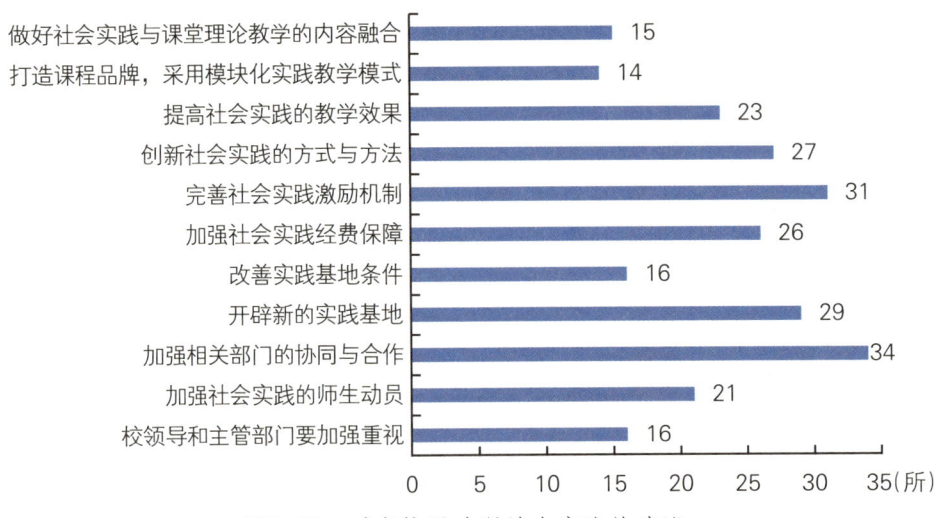

图6-28 对高校思政课社会实践的建议

建议	所数
做好社会实践与课堂理论教学的内容融合	15
打造课程品牌,采用模块化实践教学模式	14
提高社会实践的教学效果	23
创新社会实践的方式与方法	27
完善社会实践激励机制	31
加强社会实践经费保障	26
改善实践基地条件	16
开辟新的实践基地	29
加强相关部门的协同与合作	34
加强社会实践的师生动员	21
校领导和主管部门要加强重视	16

费保障"。随后，就是"提高社会实践的教学效果""加强社会实践的师生动员""改善实践基地条件"和"校领导和主管部门要加强重视"，分别有23所、21所、16所和16所高校选择，这意味着健全保障机制，加大投入，从而充分调动师生积极性，也是推动思想政治理论课社会实践发展的有效措施。

与2021年的调查结果相比，各高校提出的优化建议有所更新，反映出部分高校的思政课社会实践建设逐年向好，正在不断解决现实问题的过程中提升进步。但近年来的调查结果也表明，各高校在反映最为突出的问题上存在共性，部门协同存在壁垒、实践激励机制不完善、实践基地与资金支持不足是长期亟待解决而难以彻底解决的问题，未来还需要各高校坚持问题导向，继续摸索创新，加强资源统筹，有针对性地解决好现存问题，探索建立科学有效的实践育人机制，切实落实好立德树人的根本任务。

综上所述，与2021年相比，2022年北京高校思政课社会实践工作取得了较大成效，上述调研数据反映了各高校在思政课社会实践上存在的一些共性问题，而各高校在实际工作过程中还可能存在一些个性问题，这就需要各高校依据党中央、教育部以及北京市的相关文件要求，结合自身办学特色、专业特征与学生特点以及思政课实践教学现状，有针对性地制定改进方案。各高校应充分重视将社会实践纳入高校思政课教学领域，在"大思政课"建设中扩展教学空间、强化理论武装、彰显价值引领、提升育人实效，打通课堂教学与社会实践、第一课堂与第二课堂、专业教学与思政教育的壁垒，真正让思政小课堂步入广阔的社会大天地，形成课程、实践、文化互通互融的三维育人立体格局，引领广大青年大学生在亲身参与社会实践的过程中增强"四个意识"、坚定"四个自信"、做到"两个维护"，自觉用党的创新理论武装头脑、指导实践，努力成长为不负时代、不负韶华、不负党和人民的新时代好青年。

第七章 教学保障建设

为学习贯彻习近平总书记关于教育的重要论述特别是在学校思想政治理论课教师座谈会上的重要讲话精神，贯彻《深化新时代教育评价改革总体方案》和《北京市新时代学校思想政治理论课改革创新行动计划》要求，在北京市教委、教育工委领导下，2022年北京高校思想政治理论课的教学保障有力推进了思想政治理论课高质量发展。

一、数据展示与解读

参加调研的高校共计57所，其中一流大学建设高校8所、一流学科建设高校24所、非双一流建设高校25所；有马克思主义理论学科点的共计37所，其中马克思主义理论一级学科博士点高校16所、一级学科硕士点高校20所、二级学科硕士点高校1所。

（一）领导体制和工作机制

教学保障中的领导体制和工作机制主要包括学校思想政治理论课建设领导小组，学校党政领导听课，学校党政领导授课，思想政治理论课纳入学校重点建设课程4个方面的内容。

1. 高校思想政治理论课建设领导小组

参加调研高校思想政治理论课建设领导小组的设立情况如图7-1和图7-2所示。

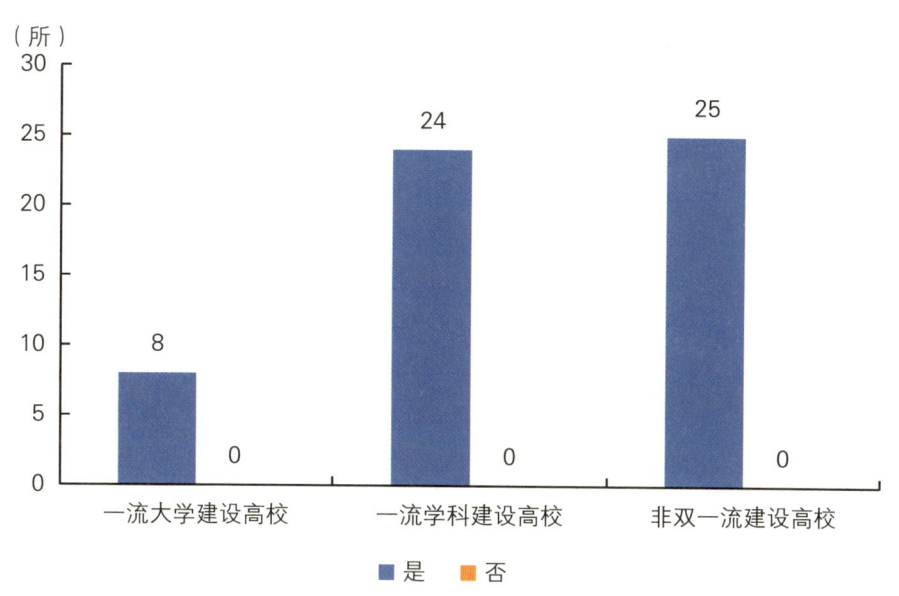

图7-1 思想政治理论课建设领导小组设立情况1

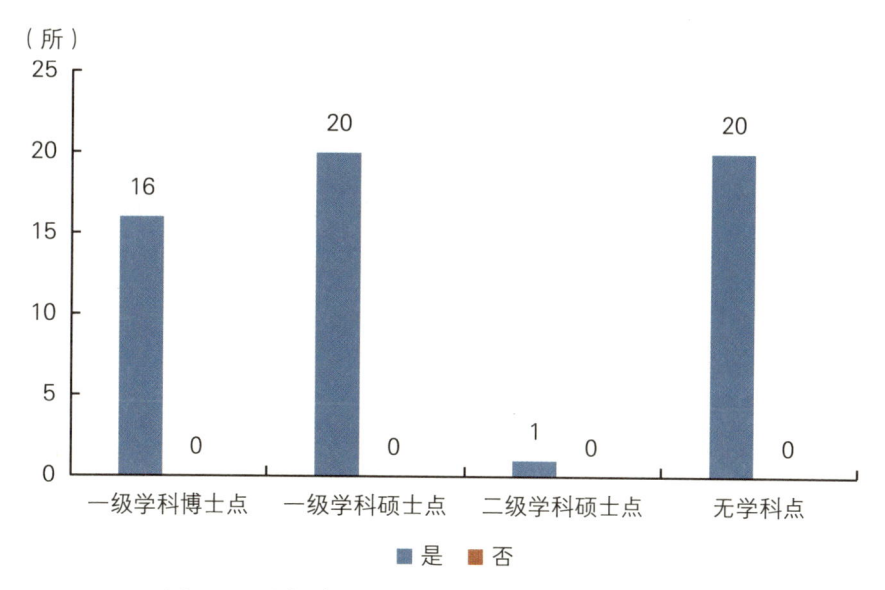

图7-2 思想政治理论课建设领导小组设立情况2

调查显示，参加调研的57所高校和所有学科点全部设立思想政治理论课建设领导小组。相比2021年，各高校保持思想政治理论课建设领导小组的全覆盖。

2.高校党政领导听课

参加调研高校党政领导听课情况如图7-3所示。

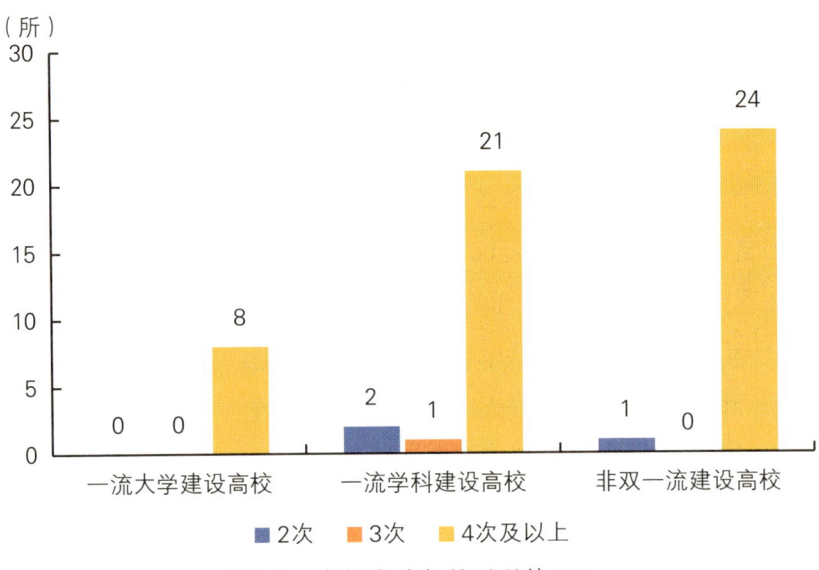

图7-3 高校党政领导听课情况1

调查显示，参加调研的57所高校中，党政领导听过4次及以上的思想政治理论课的高校有53所，达到92.98%。其中一流大学建设高校8所，达到100%；一流学科建设高校21所，达到87.50%；非双一流建设高校24所，达到96.00%。

如图7-4所示，从学科点来看，一级学科博士点高校党政领导听课4次及以上的16所，占100%。一级学科硕士点党政领导听课2次的2所，占10.00%；3次的1所，占5.00%；4次及以上的17所，占85.00%。二级学科硕士点高校党政领导听课4次及以上的1所，占100%。无学科点高校党政领导听课2次的1所，占5.00%；3次的0所；4次及以上的19所，占95.00%。

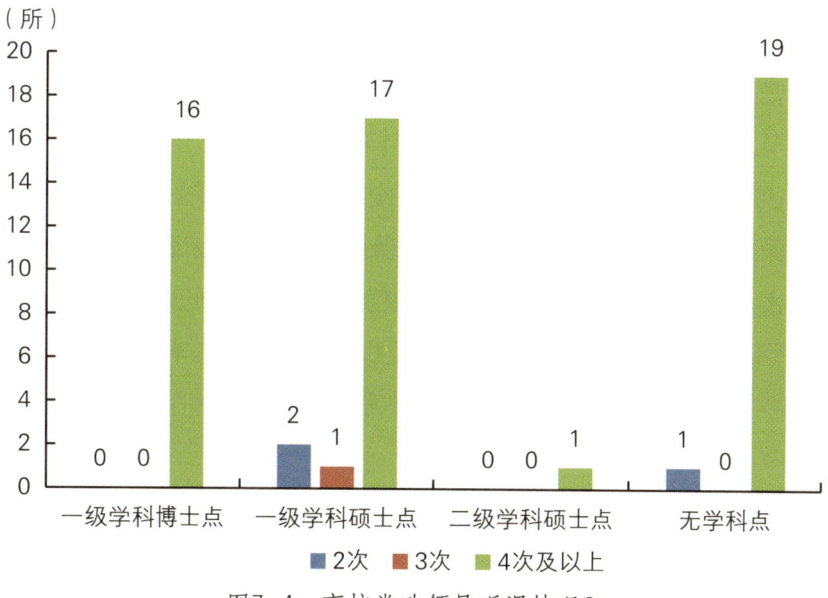

图7-4 高校党政领导听课情况2

3. 高校党政领导授课

参加调研高校党政领导讲授思想政治理论课情况如图7-5所示。

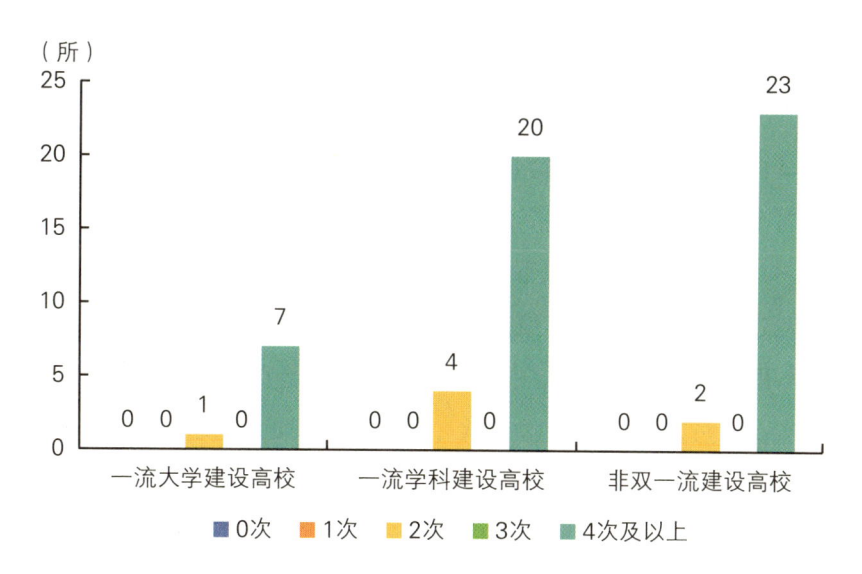

图7-5 高校党政领导讲授思想政治理论课情况1

调查显示，参加调研的57所高校中，党政领导讲授思想政治理论课达到全覆盖。党政领导讲授思想政治理论课4次及以上的最多，有50所，达到87.72%。其中一流大学建设高校7所，达到87.5%；一流学科建设高校20所，达到83.33%；非双一流建设高校23所，达到92.00%。

另外，党政领导讲授思想政治理论课2次的较多，共有7所高校，占比12.28%。其中一流大学建设高校1所，占12.50%；一流学科建设高校4所，达到16.67%；非双一流建设高校2所，达到8.00%。

如图7-6所示，从学科点来看，一级学科博士点高校党政领导讲授思想政治理论课0次的0所；1次的0所；2次的2所，占12.50%；3次的0所；4次及以上的14所，占87.50%。一级学科硕士点高校党政领导讲授思想政治理论课0次的0所；1次的0所；2次的3所，占15.00%；3次的0所；4次及以上的17所，占85.00%。二级学科硕士点高校党政领导讲授思想政治理论课4次及以上的1所，占100%。无学科点高校党政领导讲授思想政治理论课0次的0所；1次的0所；2次的2所，占10.00%；3次的0所；4次及以上的18所，占90.00%。

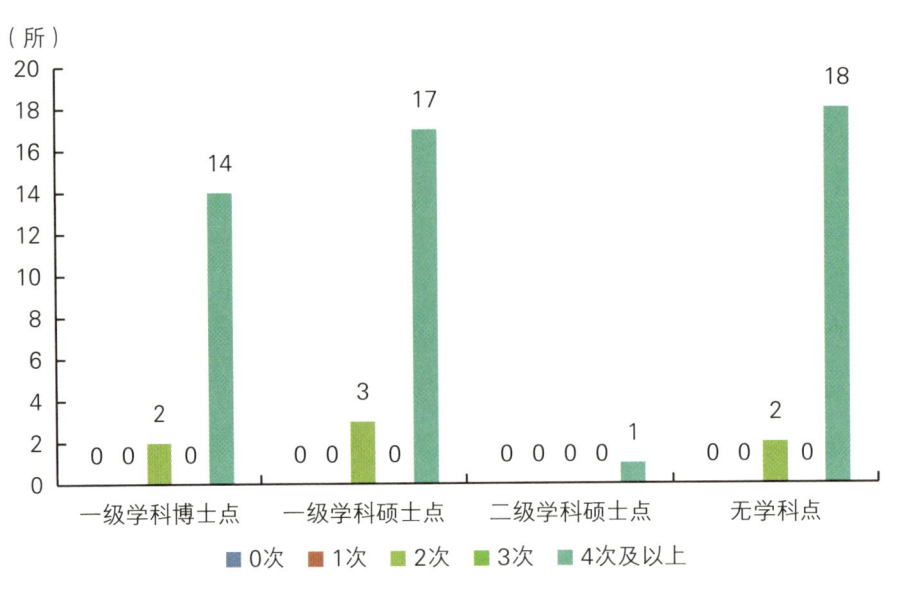

图7-6 高校党政领导讲授思想政治理论课情况2

4. 思想政治理论课纳入学校重点建设课程

参加调研高校思想政治理论课纳入学校重点建设课程情况如图7-7所示。

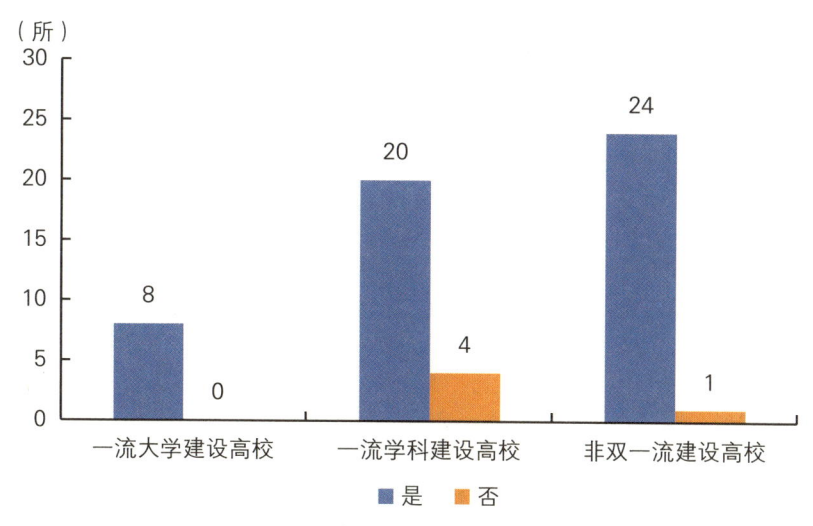

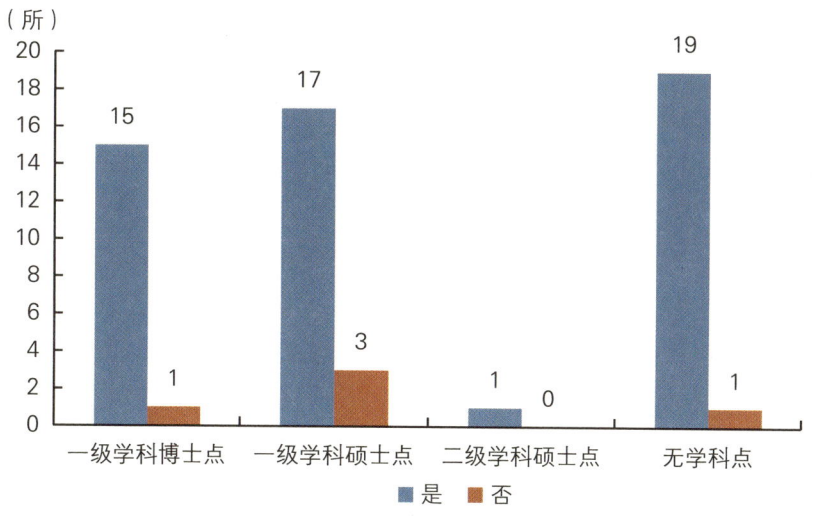

图7-7 思想政治理论课纳入学校重点建设课程情况1

调查显示，参加调研的57所高校中，52所高校都将思想政治理论课纳入学校重点建设课程，占比91.23%。其中一流大学建设高校8所，占比100%；一流学科建设高校20所，占比83.33%；非双一流建设高校24所，占比96.00%，有5所高校未将思想政治理论课纳入学校重点建设课程。

如图7-8所示，从学科点来看，一级学科博士点高校将思想政治理论课纳入学校重点建设课程的15所，占93.75%；一级学科硕士点将思想政治理论课纳入学校重点建设课程的17所，占85.00%；二级学科硕士点将思想政治理论课纳入学校重点建设课程的1所，占100%。无学科点的高校将思想政治理论课纳入学校重点建设课程的19所，占95.00%。

图7-8 思想政治理论课纳入学校重点建设课程情况2

（二）二级机构建设

二级机构建设是教学保障的基础，主要包括独立的二级机构的设立、图书资料室设立、订阅国内外社科期刊、购买图书资料经费、教师办公室条件等。

1. 独立的二级机构设立

参加调研高校独立的二级机构设立情况如图7-9所示。

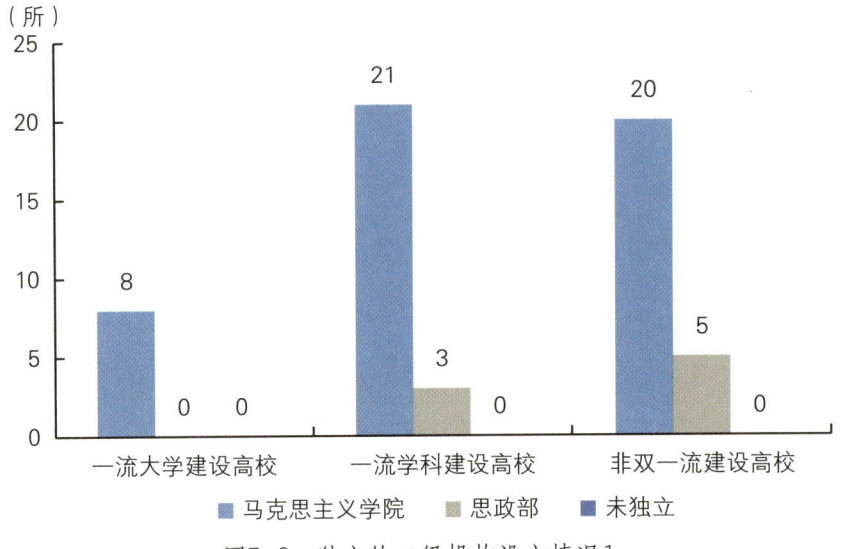

图7-9 独立的二级机构设立情况1

调查显示，参加调研的57所高校中，所有高校均已设立独立的二级机构。参加调研的一流大学建设高校8所，均将独立的二级机构设为马克思主义学院，占100%。参加调研的一流学科建设高校24所全部设立了独立的二级机构，其中设为马克思主义学院的21所，占87.50%；设为思政部的3所，占12.50%。参加调研的25所非双一流建设高校设为马克思主义学院的20所，占80.00%；设为思政部的5所，占20.00%。

如图7-10所示，从学科点来看，一级学科博士点16所高校均将独立的二级机构设为马克思主义学院，占100%；一级学科硕士点20所高校均将独立的二级机构设为马克思主义学院，占100%；二级学科硕士点1所高校将独立的二级机构设为马克思主义学院，占100%。无学科点12所高校将独立的二级机构设为马克思主义学院，占60.00%；8所高校将独立的二级机构设为思政部，占40.00%。

图7-10　独立的二级机构设立情况2

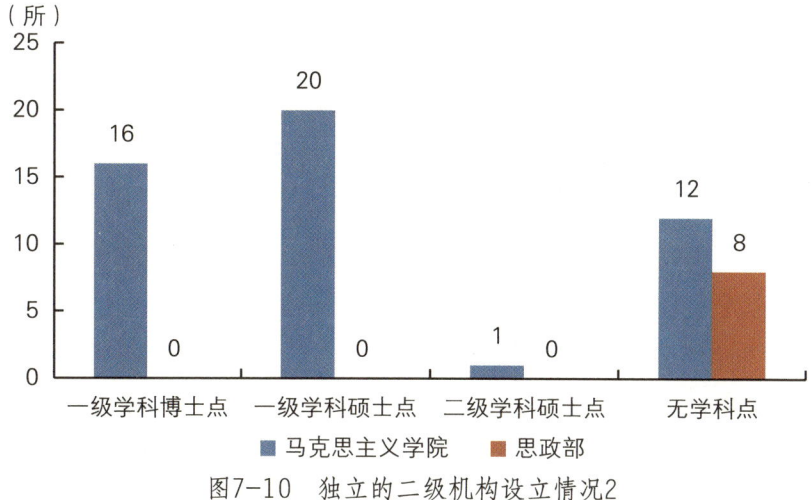

2. 图书资料室设立

参加调研高校图书资料室设立情况如图7-11所示。

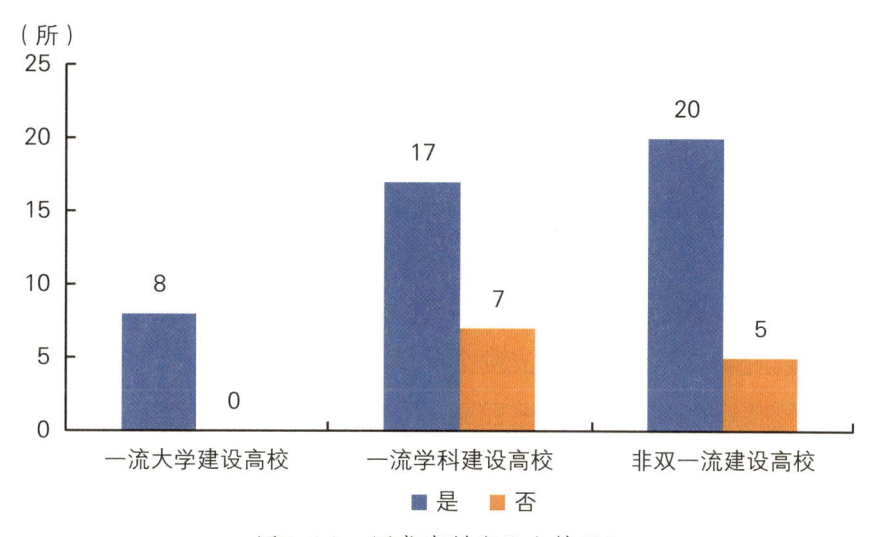

图7-11　图书资料室设立情况1

调查显示，参加调研的57所高校中，45所高校设立图书资料室，占比78.95%。一流大学建设高校8所，均设立图书资料室，占比100%。一流学科建设高校24所，其中设立图书资料室的17所，占70.83%；未设立图书资料室的7所，占29.17%。25所非双一流建设高校中有20所设立图书资料室，占80.00%；5所未设立图书资料室，占20.00%。

如图7-12所示，从学科点来看，一级学科博士点16所高校中有15所设立图书资料室，占93.75%；1所未设立，占6.25%。一级学科硕士点20所高校中16所高校设立图书资料室，占80%；4所未设立，占20%。二级学科硕士点1所高校设立图书资料室，占100%。无学科点20所高校中13所高校设立图书资料室，占65.00%；7所未设立，占35.00%。

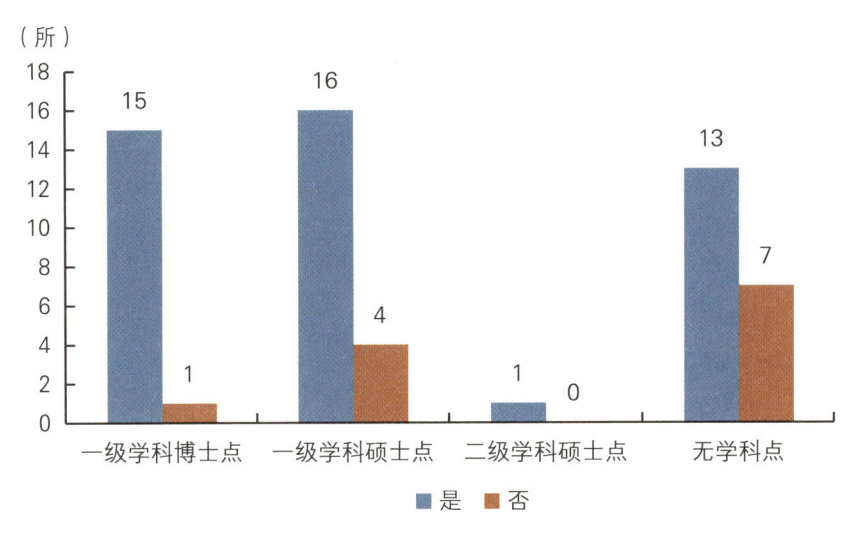

图7-12　图书资料室设立情况2

3. 订阅国内外社科期刊

参加调研高校订阅国内社科期刊情况如图7-13所示。

图7-13　订阅国内社科期刊种类分布1

调查显示，参加调研的57所高校中，25所高校订阅国内社科期刊21种及以上，占比42.11%。一流大学建设高校8所，其中订阅国内社科期刊10种及以内的1所，占12.50%；11—20种的2所，占25.00%；21种及以上的5所，占62.50%。一流学科建设高校24所，其中订阅国内社科期刊10种及以内的7所，占29.17%；11—20种的7所，占29.17%；21种及以上的10所，占41.67%。非双一流建设高校25所，其中订阅国内社科期刊10种及以内的10所，占40.00%；11—20种的6所，占24.00%；21种及以上的9所，占36.00%。

如图7-14所示，从学科点来看，一级学科博士点16所高校，其中订阅国内社科期刊10种及以内的3所，占18.75%；11—20种的4所，占25.00%；21种及以上的9所，占56.25%。一级学科硕士点20所高校，订阅国内社科期刊10种及以内的2所，占10.00%；11—20种的7所，占35.00%；21种及以上的11所，占55.00%。二级学科硕士点1所高校，订阅国内社科期刊21种及以上的1所，占100%。无学科点20所高校，其中订阅国内社科期刊10种及以内的13所，占65.00%；11—20种的4所，占20.00%；21种及以上的3所，占15.00%。

图7-14 订阅国内社科期刊种类分布2

参加调研高校订阅国外社科期刊情况如图7-15所示。

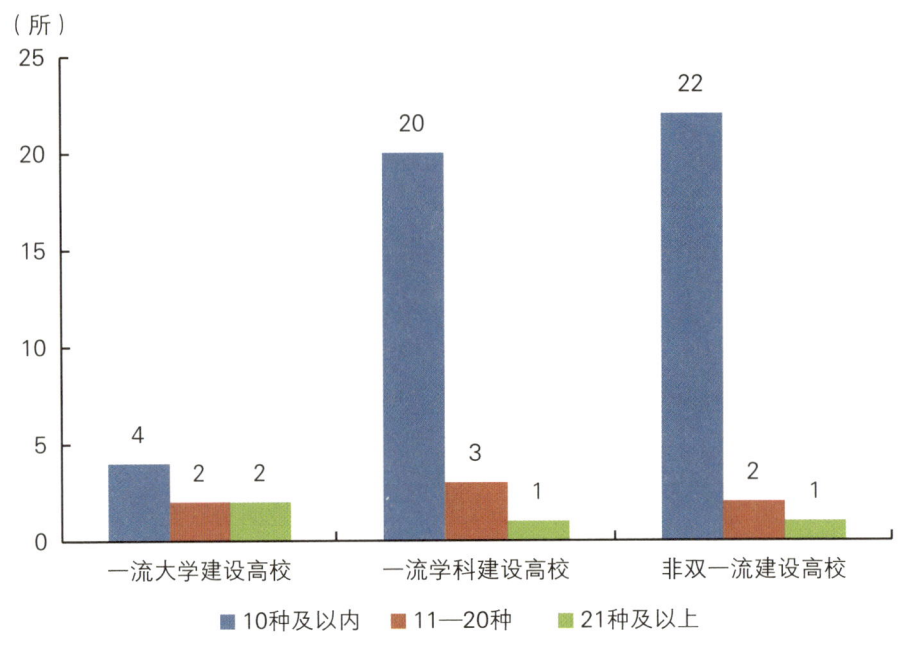

图7-15　订阅国外社科期刊种类情况1

调查显示，参加调研的57所高校中，订阅国外社科期刊主要在10种及以内，有38所高校，占比66.67%。

一流大学建设高校8所，其中订阅国外社科期刊10种及以内的4所，占50.00%；11—20种的2所，占25.50%；21种及以上的2所，占25.50%。

一流学科建设高校24所，其中订阅国外社科期刊10种及以内的20所，占83.33%；11—20种的3所，占12.50%；21种及以上的1所，占4.17%。

非双一流建设高校25所，其中订阅国外社科期刊10种及以内的22所，占88.00%；11—20种的2所，占8.00%；21种及以上的1所，占4.00%。

如图7-16所示，从学科点来看，一级学科博士点16所高校，其中订阅国外社科期刊10种及以内的10所，占62.50%；11—20种的3所，占18.75%；21种及以上的2所，占12.50%。一级学科硕士点20所高校，订阅国外社科期刊10种及以内的12所，占60.00%；11—20种的4所，占20.00%；21种及以上的2所，占10.00%。二级学科硕士点订阅国外社科期刊10种及以内的1所，占100%。无学科点20所高校，其中订阅国外社科期刊10种及以内的15所，占75.00%；11—20种的0所；21种及以上的0所。

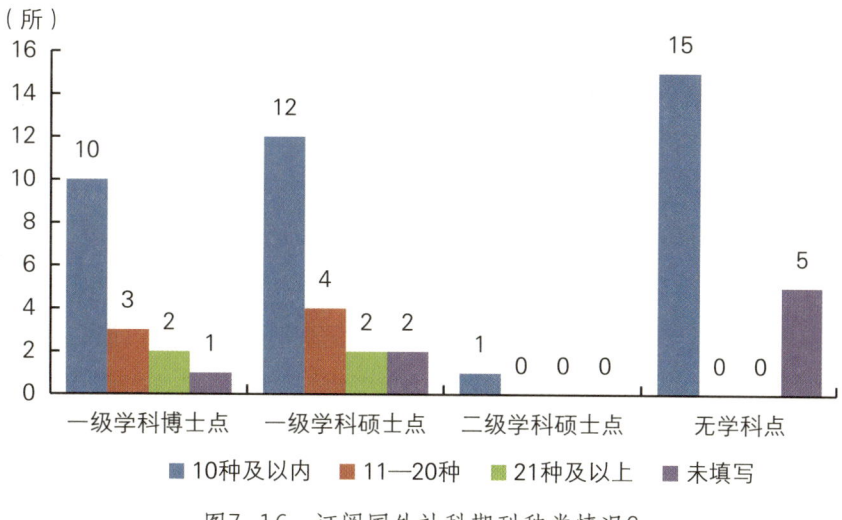

图7-16 订阅国外社科期刊种类情况2

4. 购买图书资料经费

参加调研高校购买图书资料经费情况如图7-17所示。

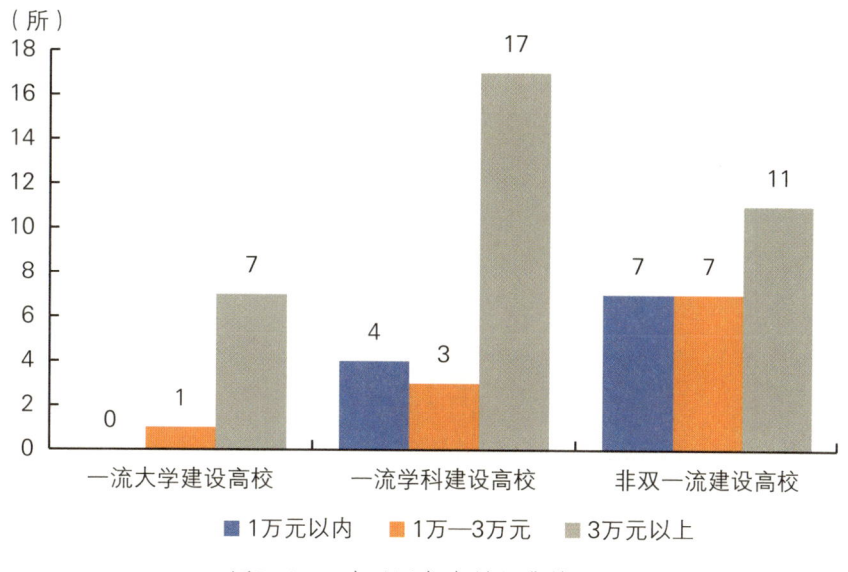

图7-17 购买图书资料经费情况1

调查显示，参加调研的57所高校中，购买图书资料经费3万元以上的居多，共35所高校，占61.40%。其次是1万—3万元的，共11所，占19.30%。

一流大学建设高校8所，购买图书资料经费1万—3万元的1所，占

12.50%；3万元以上的7所，占比87.50%。

一流学科建设高校24所，其中购买图书资料经费1万元以内的4所，占16.67%；1万—3万元的3所，占12.50%；3万元以上的17所，占70.83%。

非双一流建设高校25所，其中购买图书资料经费1万元以内的7所，占28.00%；1万—3万元的7所，占28.00%；3万元以上的11所，占44.00%。

如图7-18所示，从学科点来看，一级学科博士点16所高校，其中购买图书资料经费1万元以内的0所；1万—3万元的1所，占6.25%；3万元以上的15所，占93.75%。一级学科硕士点20所高校，其中购买图书资料经费1万元以内的4所，占20.00%；1万—3万元的2所，占10.00%；3万元以上的14所，占比70.00%。二级学科硕士点购买图书资料经费3万元以上的1所，占100%。无学科点20所高校，其中购买图书资料经费1万元以内的7所，占35.00%；1万—3万元的8所，占比40.00%；3万元以上的5所，占25.00%。

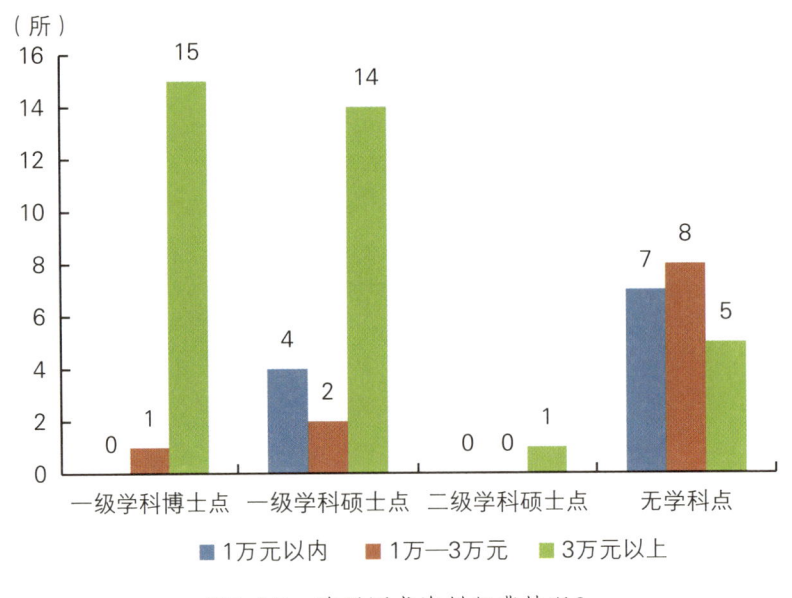

图7-18　购买图书资料经费情况2

5.教师办公室条件

参加调研高校教授办公室条件情况如图7-19所示。

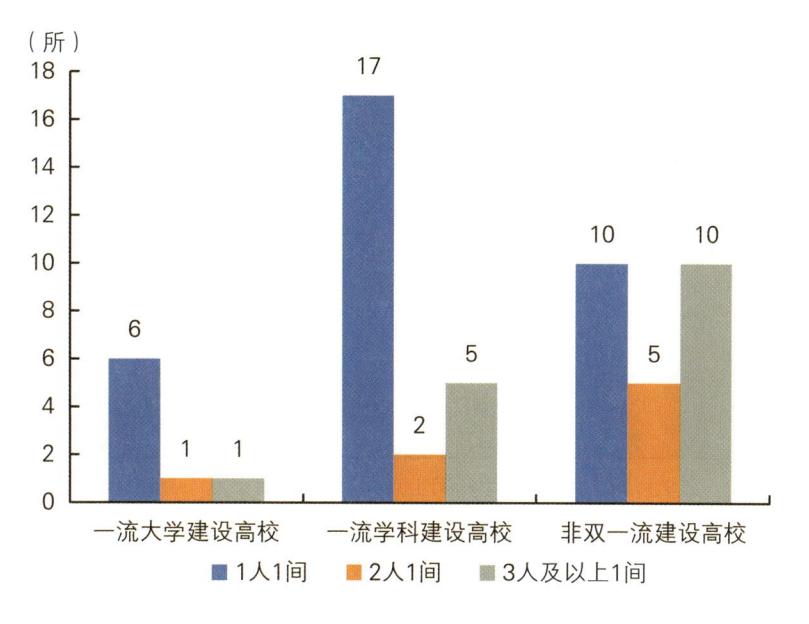

图7-19　教授办公室条件1

调查显示，参加调研的57所高校中33所高校教授办公室为1人1间，占比57.89%；2人1间的8所，占14.04%；3人及以上1间的16所，占28.07%。

一流大学建设高校8所，其中教授办公室1人1间的6所，占75.00%；2人1间的1所，占12.50%；3人及以上1间的1所，占12.50%。

一流学科建设高校24所，其中教授办公室1人1间的17所，占70.83%；2人1间的2所，占8.33%；3人及以上1间的5所，占20.83%。

非双一流建设高校25所，其中教授办公室1人1间的10所，占40.00%；2人1间的5所，占20.00%；3人及以上1间的10所，占40.00%。

如图7-20所示，从学科点来看，一级学科博士点16所高校，其中教授办公室1人1间的15所，占93.75%；2人1间的1所，占6.25%；3人及以上1间的0所。一级学科硕士点20所高校，其中教授办公室1人1间的12所，占60.00%；2人1间的3所，占15.00%；3人及以上1间的5所，占25.00%。二级学科硕士点教授办公室2人1间的1所，占100%。无学科点20所高校，其中教授办公室1人1间的6所，占30.00%；2人1间的3所，占15.00%；3人及以上1间的11所，占55.00%。

图7-20 教授办公室条件2

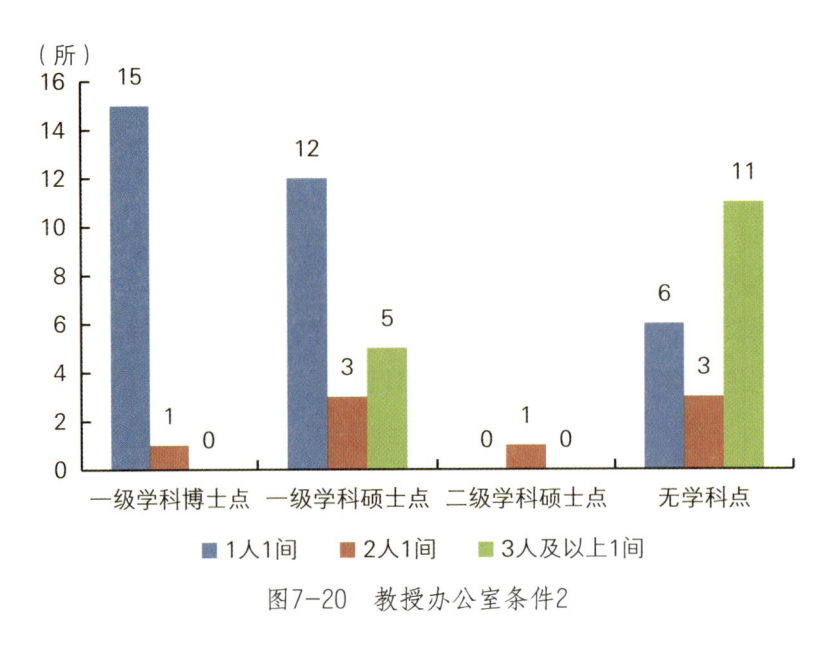

参加调研高校副教授办公室条件情况如图7-21所示。

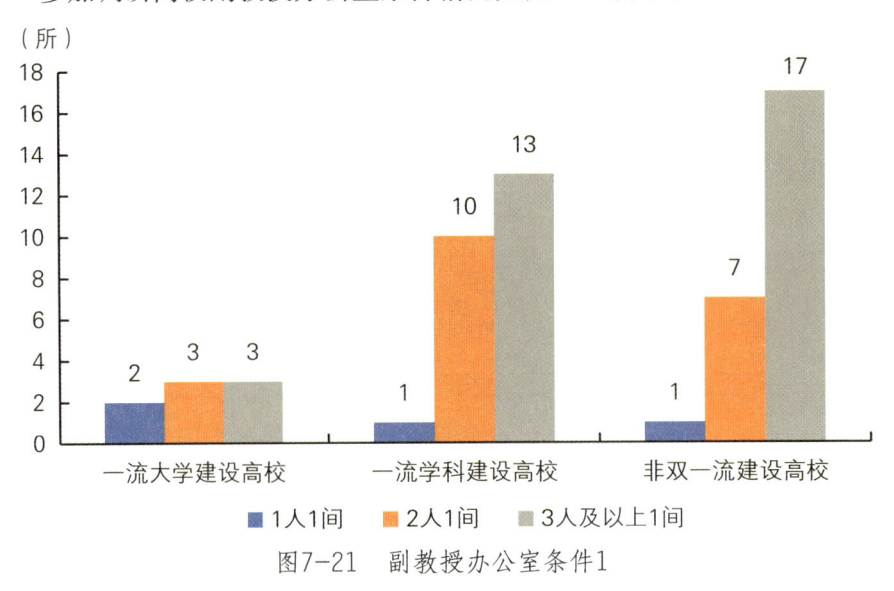

图7-21 副教授办公室条件1

调查显示，参加调研的57所高校中副教授办公室1人1间的4所，占7.02%；2人1间的20所，占35.09%；3人及以上1间的33所，占57.89%。

一流大学建设高校8所，其中副教授办公室1人1间的2所，占25.00%；2人1间的3所，占37.50%；3人及以上1间的3所，占37.50%。

一流学科建设高校24所，其中副教授办公室1人1间的1所，占4.17%；

2人1间的10所，占41.67%；3人及以上1间的13所，占54.17%。

非双一流建设高校25所，其中副教授办公室1人1间的1所，占4.00%；2人1间的7所，占28.00%；3人及以上1间的17所，占68.00%。

如图7-22所示，从学科点来看，一级学科博士点16所高校，其中副教授办公室1人1间的2所，占12.50%；2人1间的9所，占56.25%；3人及以上1间的5所，占31.25%。一级学科硕士点20所高校，其中副教授办公室1人1间的1所，占5.00%；2人1间的7所，占35.00%；3人及以上1间的12所，占60.00%。二级学科硕士点副教授办公室3人及以上1间的1所，占100%。无学科点20所高校，其中副教授办公室1人1间的1所，占5.00%；2人1间的4所，占20.00%；3人及以上1间的15所，占75.00%。

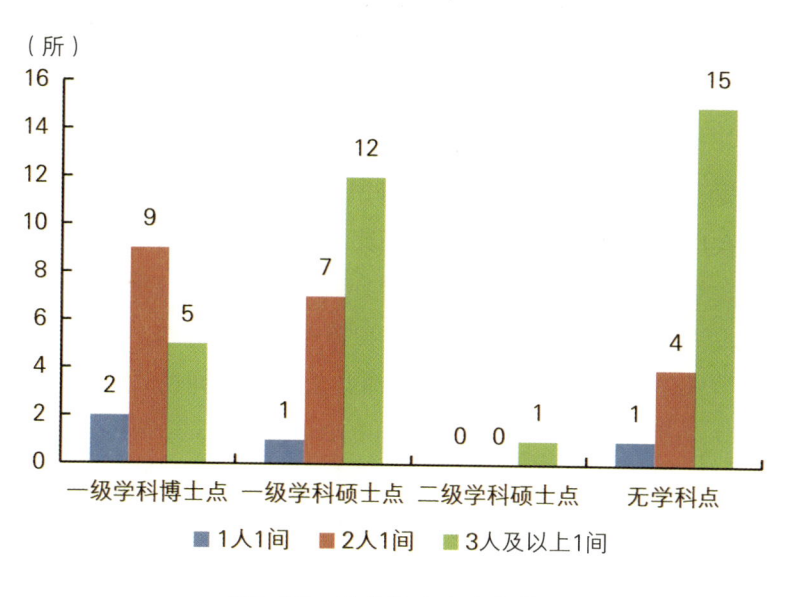

图7-22　副教授办公室条件2

参加调研高校讲师办公室条件情况如图7-23所示。

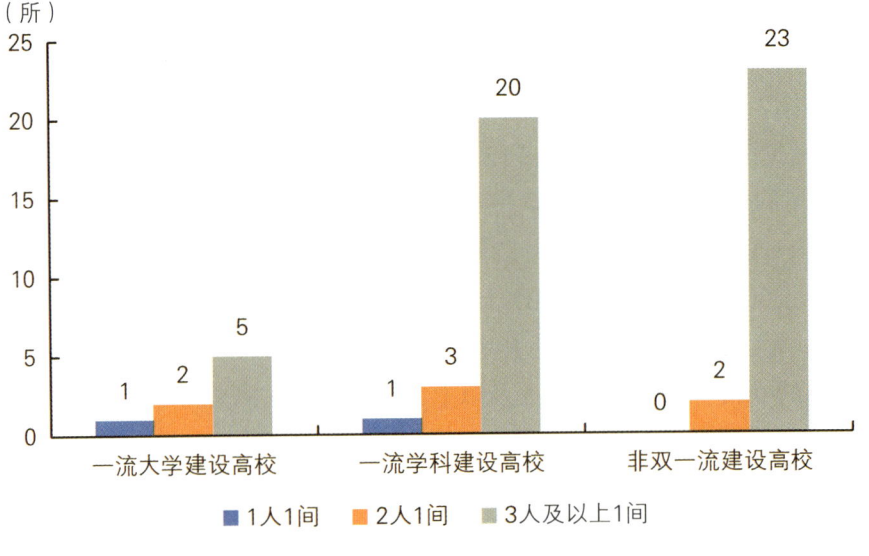

图7-23 讲师办公室条件1

调查显示，参加调研的57所高校中，讲师办公室1人1间的2所，占3.51%；2人1间的7所，占12.28%；3人及以上1间的48所，占84.21%。

一流大学建设高校8所，其中讲师办公室1人1间的1所，占12.50%；2人1间的2所，占25.00%；3人及以上1间的5所，占62.50%。

一流学科建设高校24所，其中讲师办公室1人1间的1所，占4.17%；2人1间的3所，占12.50%；3人及以上1间的20所，占83.33%。

非双一流建设高校25所，其中讲师办公室1人1间的0所，2人1间的2所，占8.00%；3人及以上1间的23所，占92.00%。

如图7-24，从学科点来看，一级学科博士点16所高校，其中讲师办公室1人1间的1所，占6.25%；2人1间的4所，占25.00%；3人及以上1间的11所，占68.75%。一级学科硕士点20所高校，其中讲师办公室1人1间的0所；2人1间的2所，占10.00%；3人及以上1间的18所，占90.00%。二级学科硕士点讲师办公室3人及以上1间的1所，占100%。无学科点20所高校，其中讲师办公室1人1间的1所，占5.00%；2人1间的1所，占5.00%；3人及以上1间的18所，占90.00%。

图7-24 讲师办公室条件2

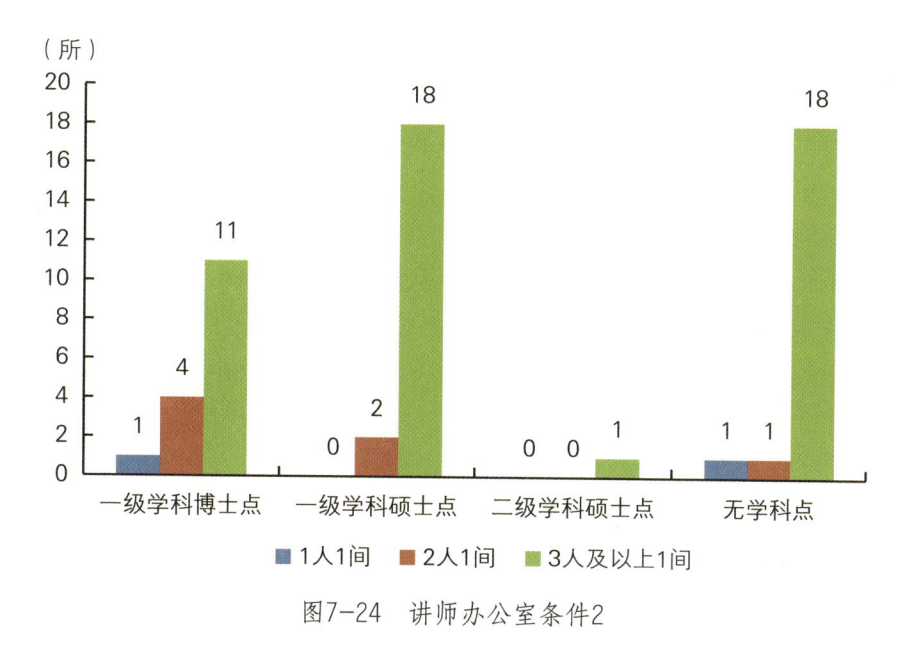

(三) 专项经费落实

参加调研高校思想政治理论课专项经费落实情况如图7-25所示。

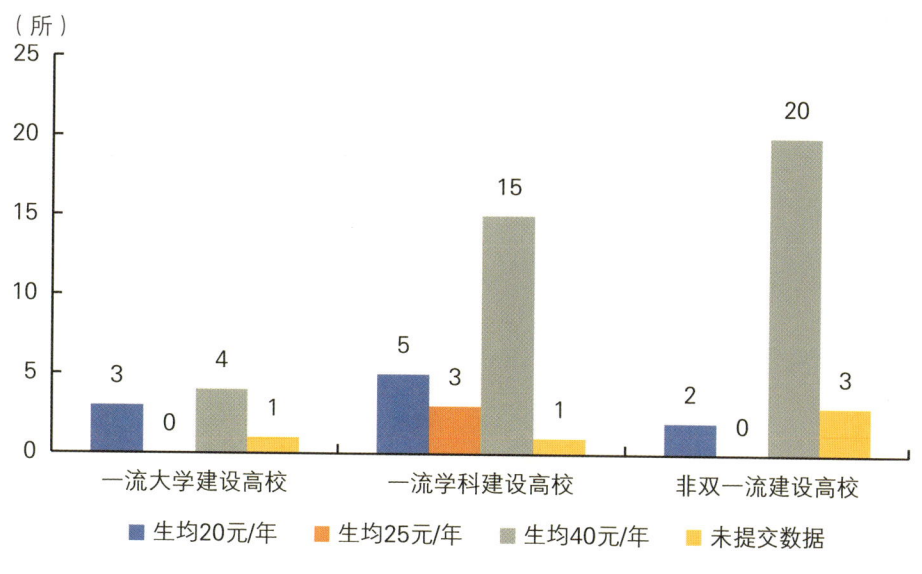

图7-25 思想政治理论课专项经费落实情况1

调查显示，参加调研的57所高校中，10所高校的思想政治理论课专项经费按生均20元/年标准落实，占17.54%；按生均25元/年标准落实的3

所，占5.26%；按生均40元/年标准落实的39所，占68.42%。其他5所，占8.77%。

一流大学建设高校8所，其中思想政治理论课专项经费按生均20元/年标准落实的3所，占37.50%；按生均25元/年标准落实的0所；按生均40元/年标准落实的4所，占50.00%；其他1所，占12.5%。

一流学科建设高校24所，其中思想政治理论课专项经费按生均20元/年标准落实的5所，占20.83%；按生均25元/年标准落实的3所，占12.50%；按生均40元/年标准落实的15所，占62.50%；其他1所，占4.17%。

非双一流建设高校25所，其中思想政治理论课专项经费按生均20元/年标准落实的2所，占8.00%；按生均25元/年标准落实的0所；按生均40元/年标准落实的20所，占80.00%；其他3所，占12.00%。

如图7-26所示，从学科点来看，一级学科博士点16所高校，其中思想政治理论课专项经费按生均20元/年标准落实的2所，占12.50%；按生均25元/年标准落实的2所，占12.50%；按生均40元/年标准落实的10所，占62.50%。一级学科硕士点20所高校，其中思想政治理论课专项经费按生均20元/年标准落实的6所，占30.00%；按生均25元/年标准落实的1所，占

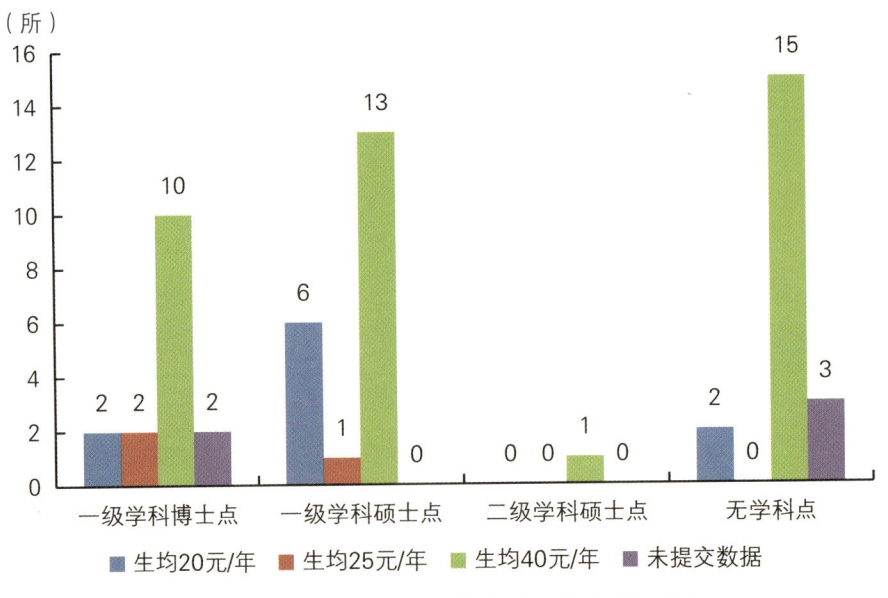

图7-26 思想政治理论课专项经费落实情况2

5.00%；按生均40元/年标准落实的13所，占65.00%；其他0所。二级学科硕士点思想政治理论课专项经费按生均40元/年标准落实的1所，占100%。无学科点20所高校，其中思想政治理论课专项经费按生均20元/年标准落实的2所，占10.00%；按生均25元/年标准落实的0所；按生均40元/年标准落实的15所，占75.00%。

（四）教学管理

教学管理主要包括思想政治理论课学分学时、编写使用教辅资料、课堂教学规模、教学督导。

1.思想政治理论课学分学时

根据教学对象的层次性，思想政治理论课学分学时的统计，按照本专科生课程和研究生课程两类进行。

（1）本专科生课程

参加调研高校的"习近平新时代中国特色社会主义思想概论"课学分、学时情况如图7-27、图7-28所示。

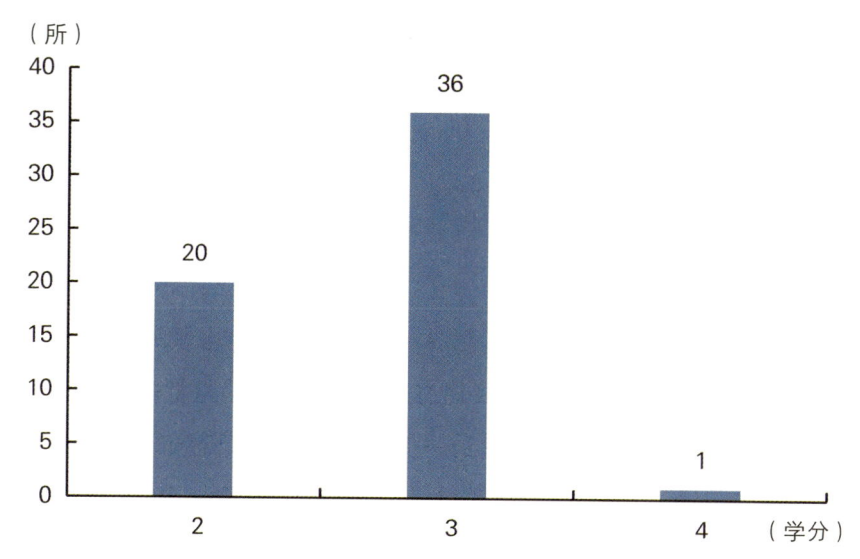

图7-27 "习近平新时代中国特色社会主义思想概论"课学分分布

图7-28 "习近平新时代中国特色社会主义思想概论"课学时分布

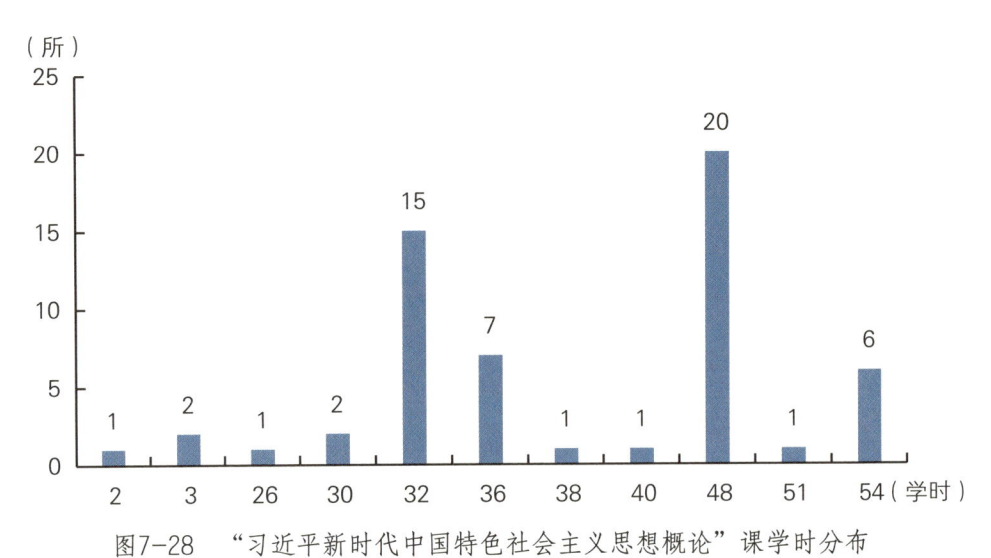

调查显示,参加调研高校的"习近平新时代中国特色社会主义思想概论"课的学分绝大部分是3学分,学时以32学时和48学时为主。

参加调研高校的"思想道德修养与法律基础"课学分、学时情况如图7-29、图7-30所示。

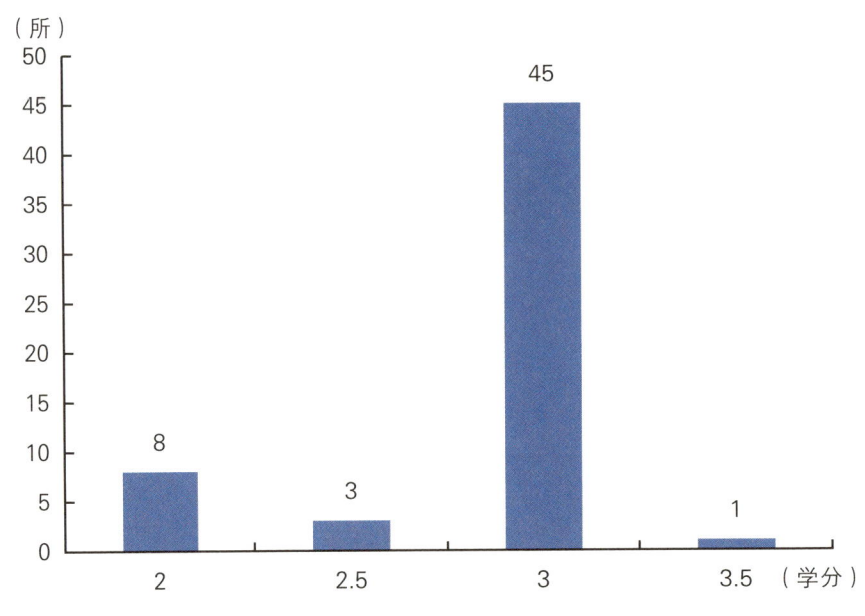

图7-29 "思想道德修养与法律基础"课学分分布

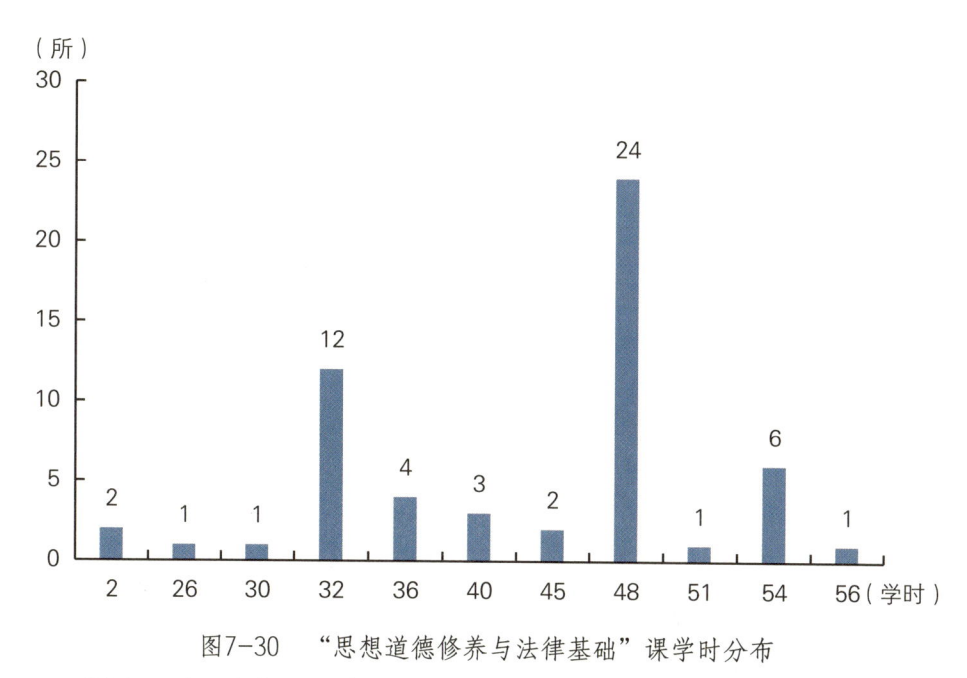

图7-30 "思想道德修养与法律基础"课学时分布

调查显示，参加调研高校的"思想道德修养与法律基础"课的学分绝大部分是3学分，学时以32学时和48学时为主。

参加调研高校的"中国近现代史纲要"课学分、学时情况如图7-31、图7-32所示。

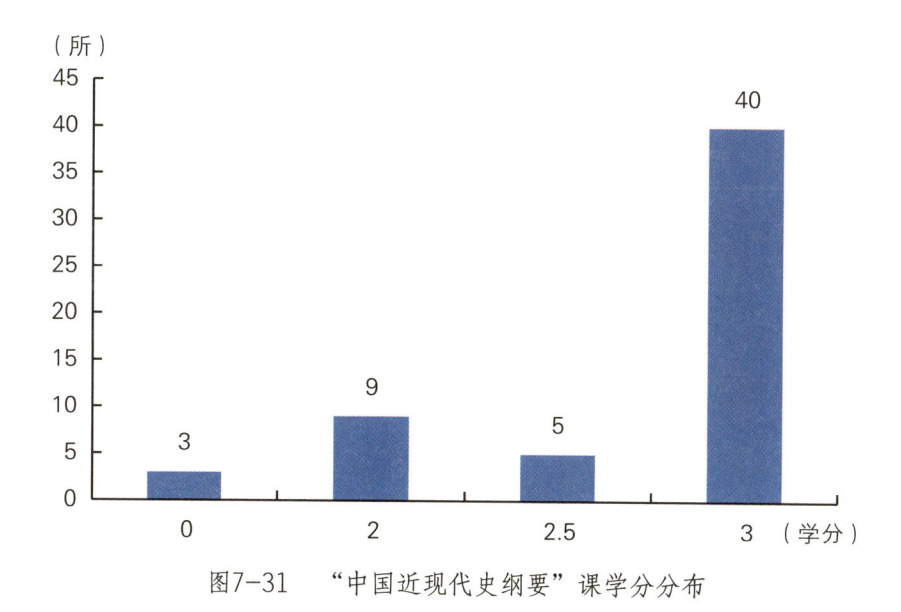

图7-31 "中国近现代史纲要"课学分分布

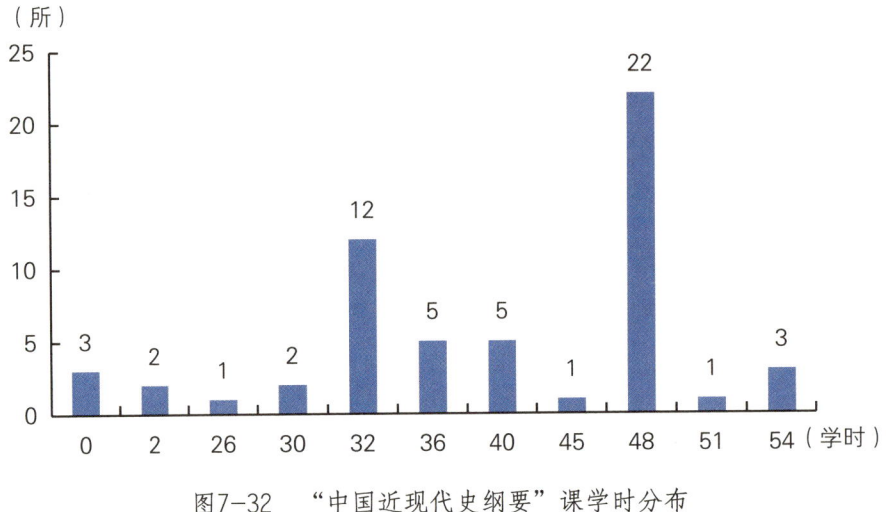

图7-32 "中国近现代史纲要"课学时分布

调查显示，参加调研高校的"中国近现代史纲要"课的学分，大部分是3学分，其次是2学分，学时以32学时和48学时为主。

参加调研高校的"马克思主义基本原理概论"课学分、学时情况如图7-33、图7-34所示。

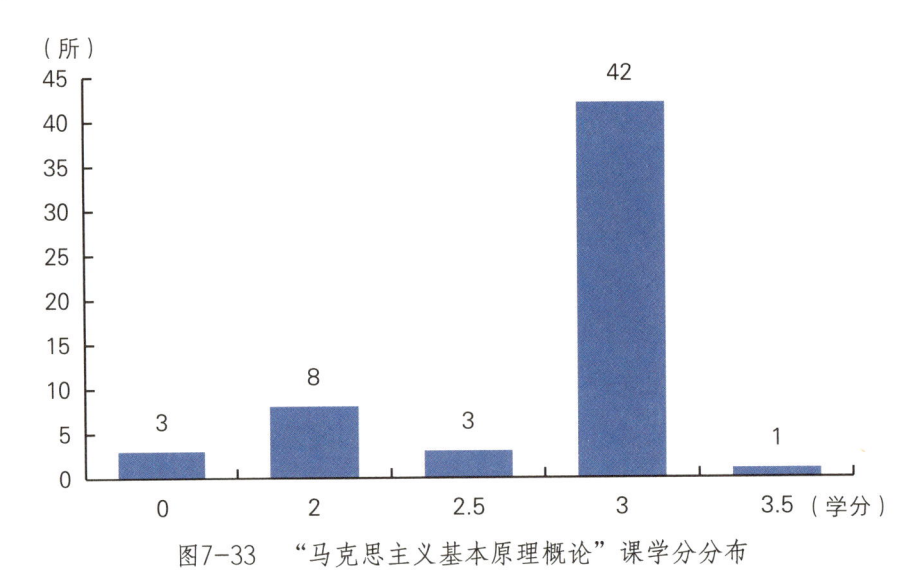

图7-33 "马克思主义基本原理概论"课学分分布

图7-34 "马克思主义基本原理概论"课学时分布

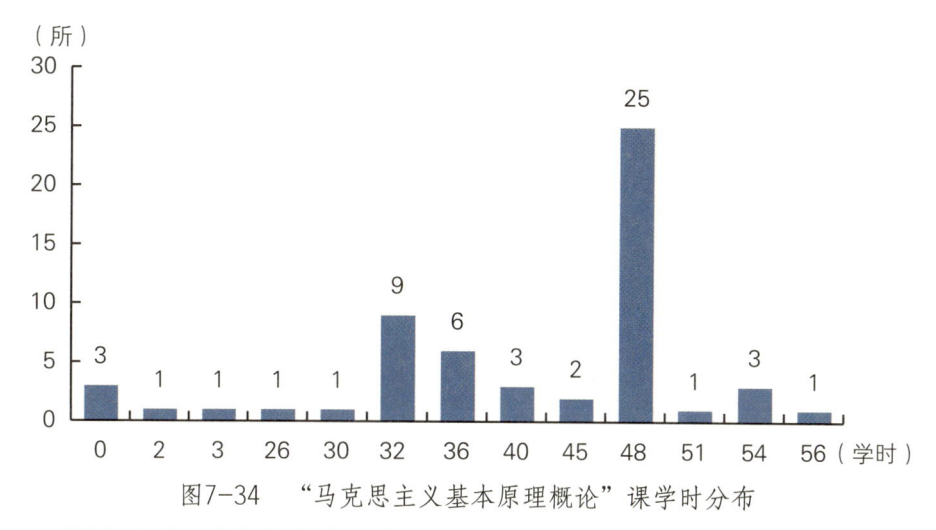

调查显示，参加调研高校的"马克思主义基本原理概论"课的学分以3学分为主，学时以32学时和48学时为主。（注：0学分、0学时是因为没有开设此课程。下同）

参加调研高校的"毛泽东思想和中国特色社会主义理论体系概论"课学分、学时情况如图7-35、图7-36所示。

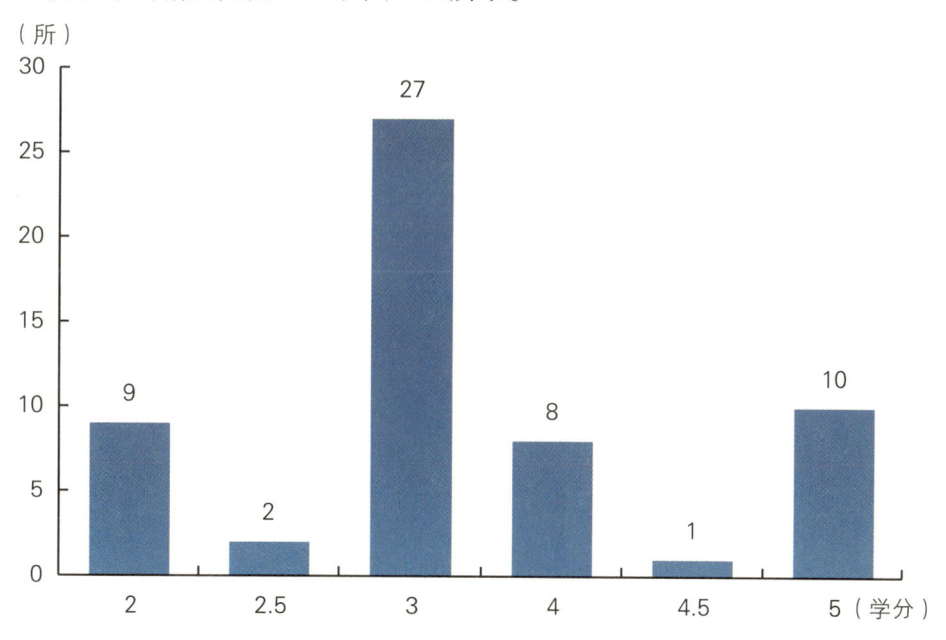

图7-35 "毛泽东思想和中国特色社会主义理论体系概论"课学分分布

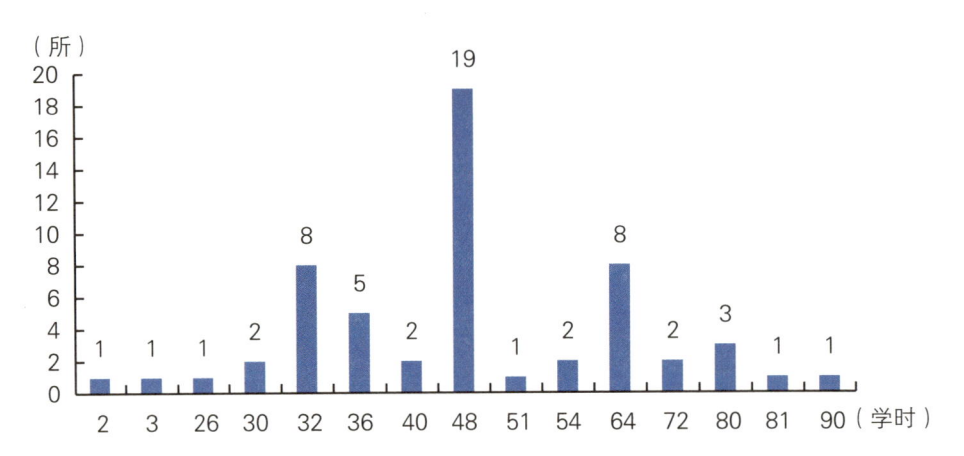

图7-36 "毛泽东思想和中国特色社会主义理论体系概论"课学时分布

调查显示，参加调研高校的"毛泽东思想和中国特色社会主义理论体系概论"课的学分以3学分居多，其次是5学分和2学分。学时以48学时最多，其次是32学时和64学时。

参加调研高校的"形势与政策"课的学分、学时情况如图7-37、图7-38所示。

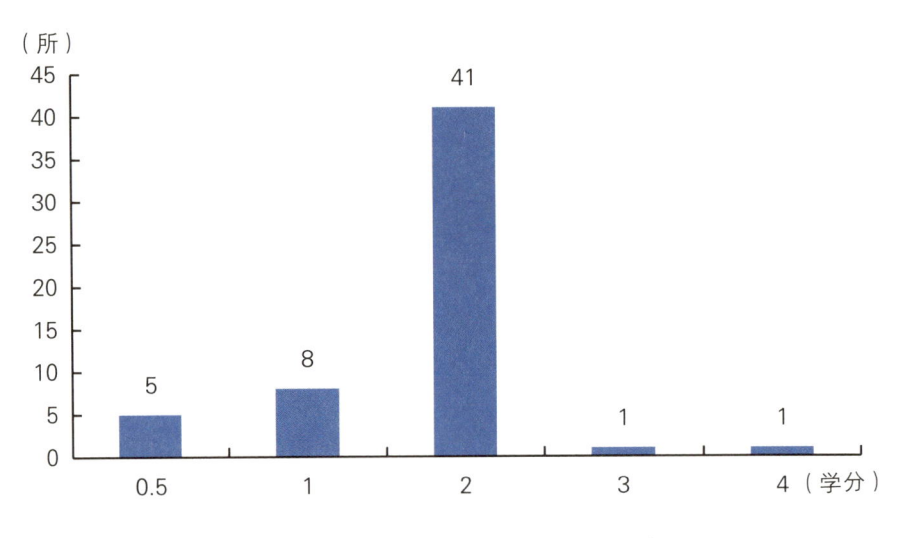

图7-37 "形势与政策"课学分分布

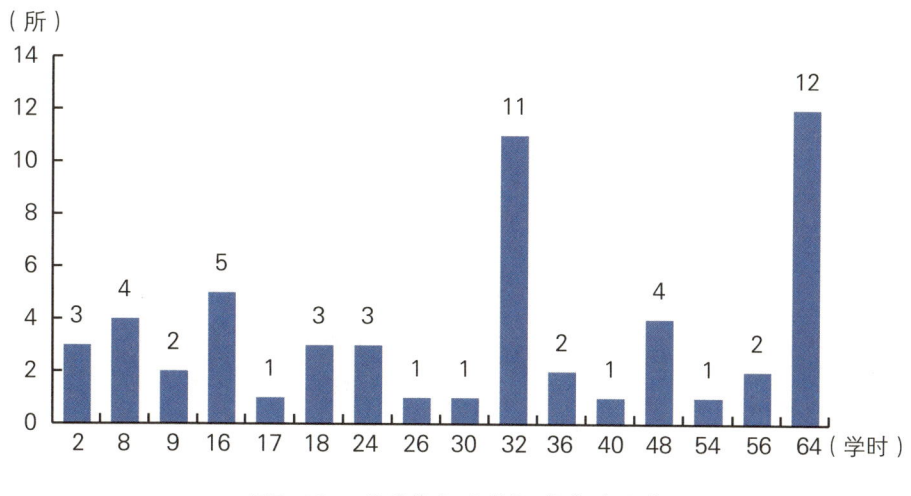

图7-38 "形势与政策"课学时分布

调查显示，参加调研高校的"形势与政策"课的学分以2学分居多，其次是1学分，学时主要是64学时，其次是32学时和16学时。

（2）研究生课程

参加调研高校的"中国特色社会主义理论与实践研究"课程的学分、学时情况如图7-39、图7-40所示。

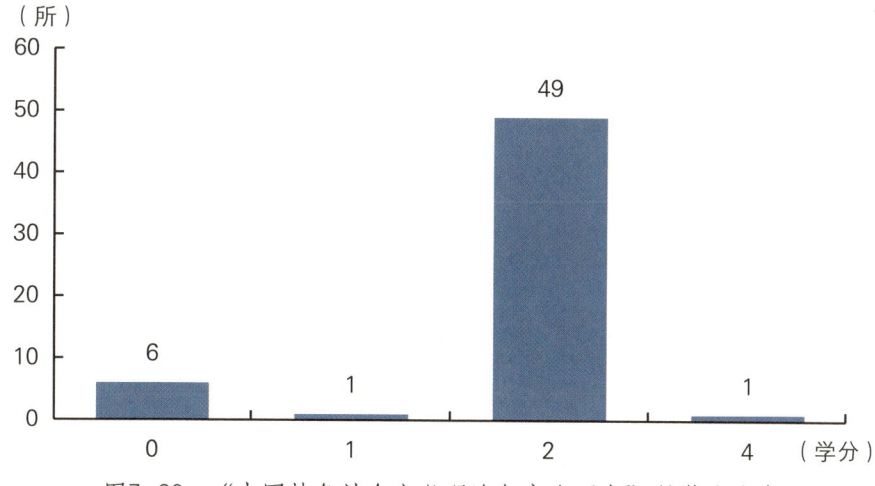

图7-39 "中国特色社会主义理论与实践研究"课学分分布

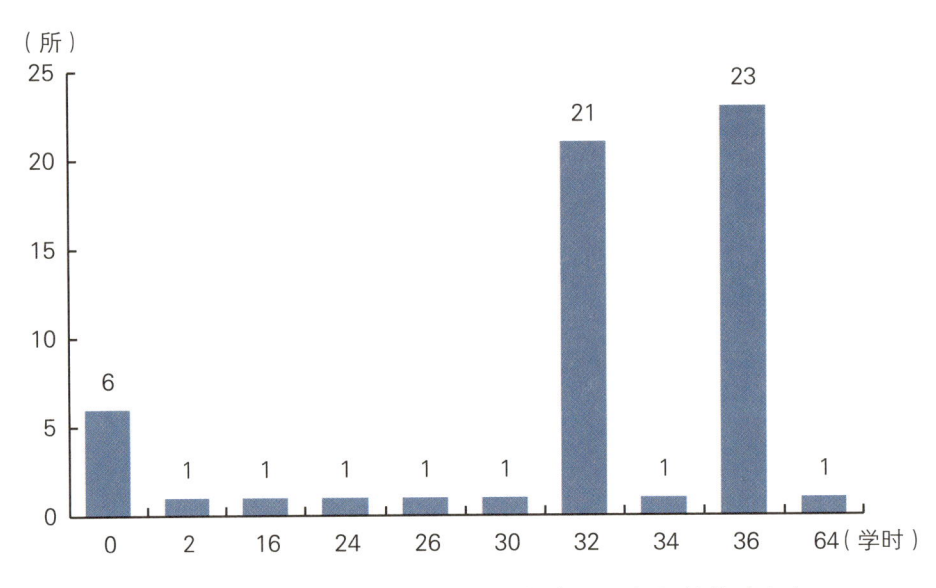

图7-40 "中国特色社会主义理论与实践研究"课学时分布

调查显示,参加调研高校的"中国特色社会主义理论与实践研究"课的学分大部分是2学分,学时主要是36学时,其次是32学时。

参加调研高校的"自然辩证法概论"课的学分、学时情况如图7-41、图7-42所示。

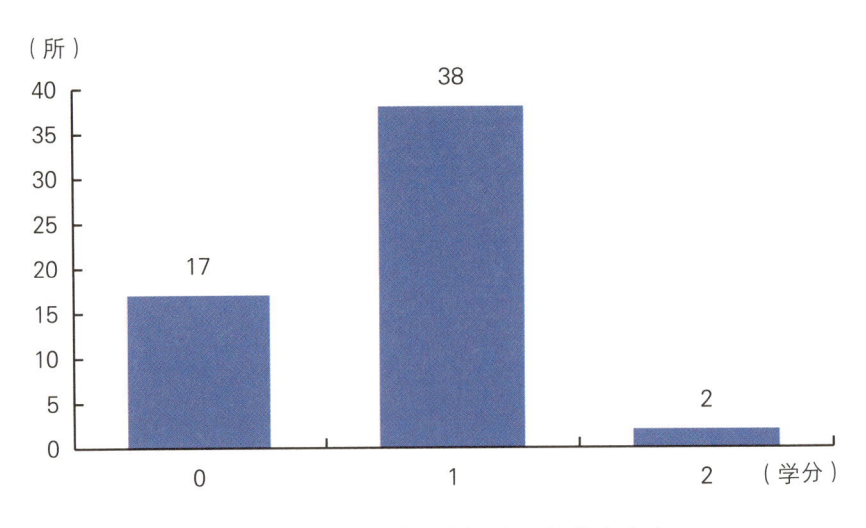

图7-41 "自然辩证法概论"课学分分布

图7-42 "自然辩证法概论"课学时分布

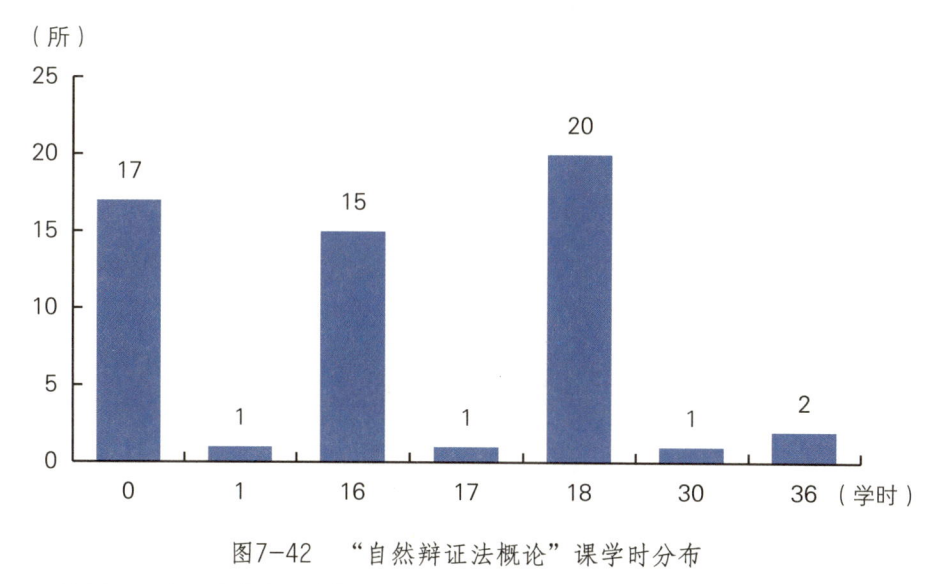

调查显示,参加调研高校的"自然辩证法概论"课的学分以1学分为主,学时主要是18学时,其次是0学时。

参加调研高校的"马克思主义与社会科学方法论"课的学分、学时情况如图7-43、图7-44所示。

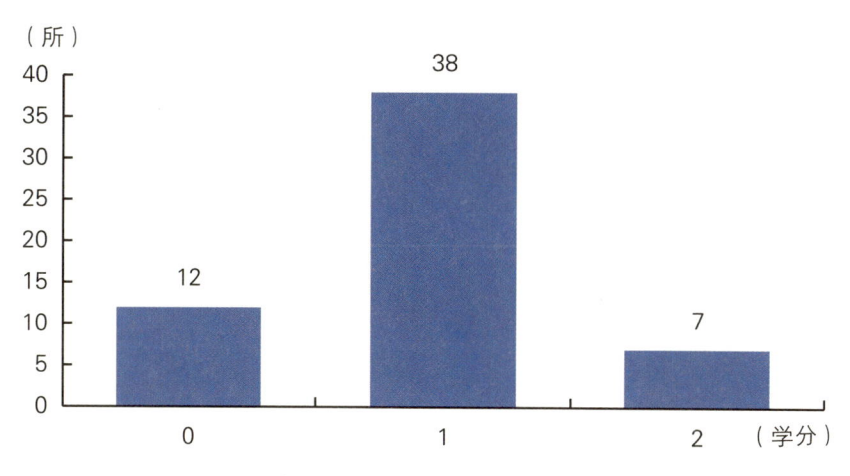

图7-43 "马克思主义与社会科学方法论"课学分分布

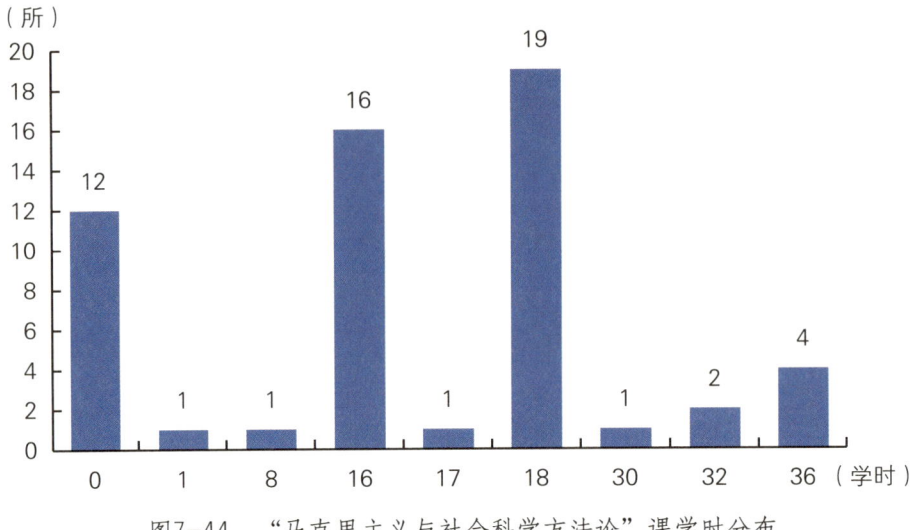

图7-44 "马克思主义与社会科学方法论"课学时分布

调查显示，参加调研高校的"马克思主义与社会科学方法论"课的学分以1学分为主，学时主要是18学时，其次是16学时。

参加调研高校的"中国马克思主义与当代"课的学分、学时情况如图7-45、图7-46所示。

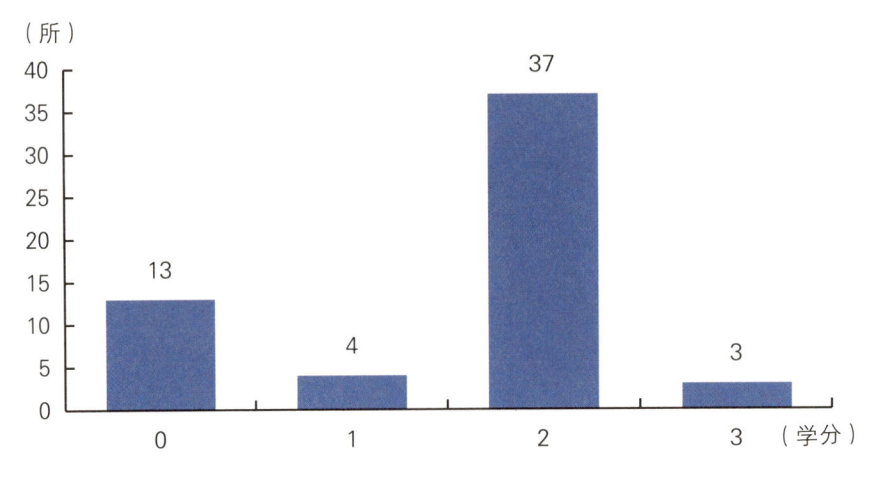

图7-45 "中国马克思主义与当代"课学分分布

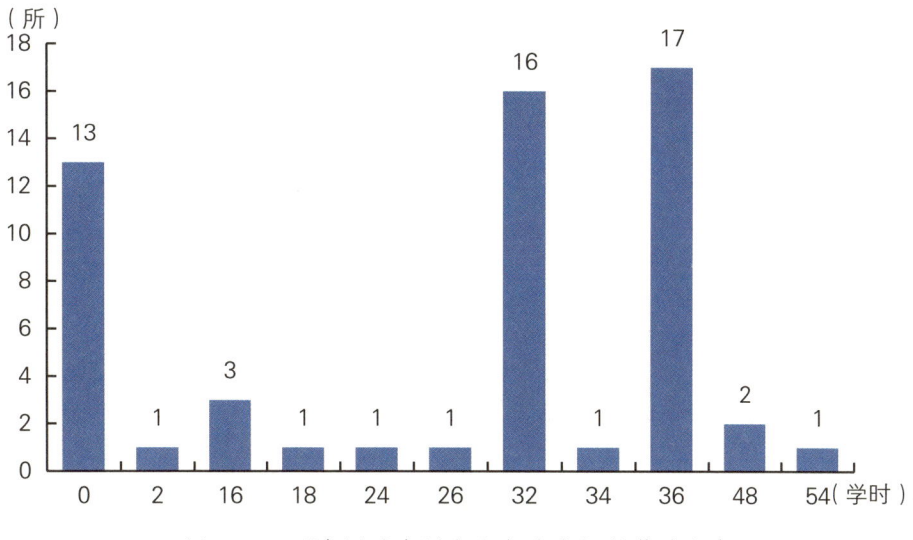

图7-46 "中国马克思主义与当代"课学时分布

调查显示，参加调研高校的"中国马克思主义与当代"课的学分以2学分为主，学时主要是36学时，其次是32学时。

参加调研高校的"马克思恩格斯列宁经典著作选读"课的学分、学时情况如图7-47、图7-48所示。

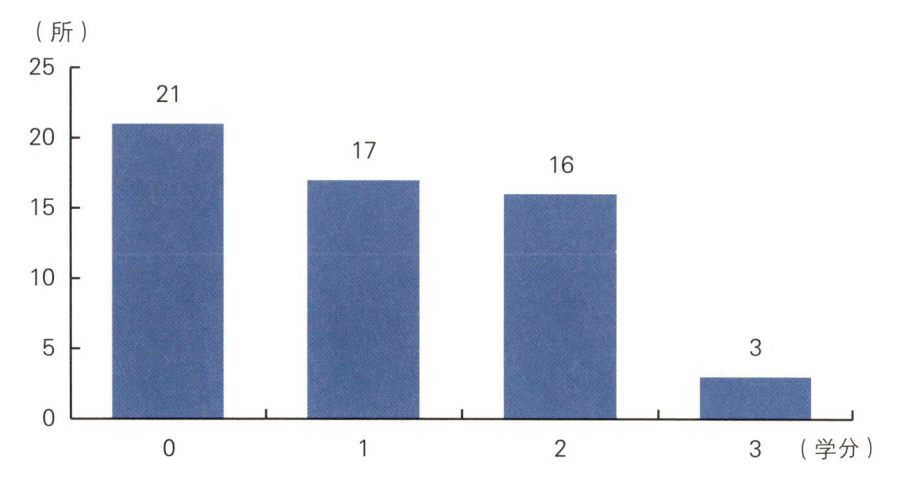

图7-47 "马克思恩格斯列宁经典著作选读"课学分分布

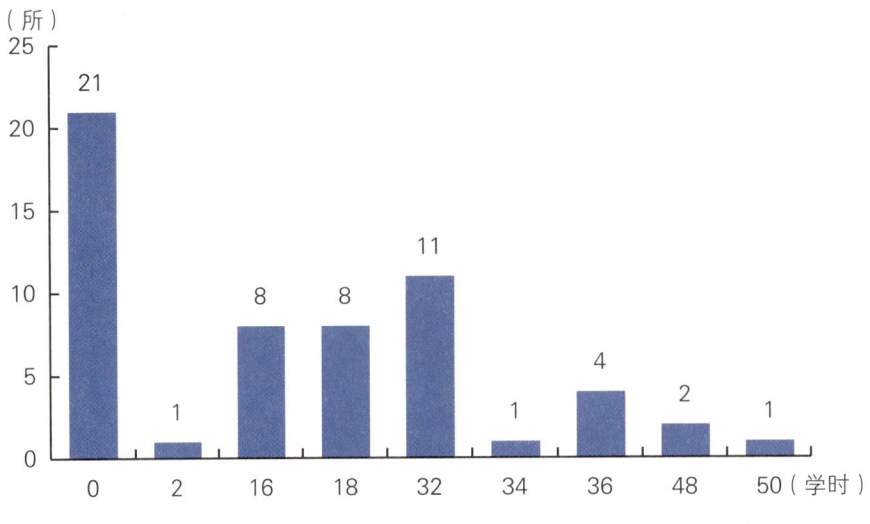

图7-48 "马克思恩格斯列宁经典著作选读"课学时分布

调查显示，参加调研高校的"马克思恩格斯列宁经典著作选读"课的学分以1学分和0学分为主，学时以0学时为主，其次是32学时。

2. 编写使用教辅资料

（1）本科生课程

参加调研高校编写使用"思想道德修养与法律基础"课教辅资料情况如图7-49所示。

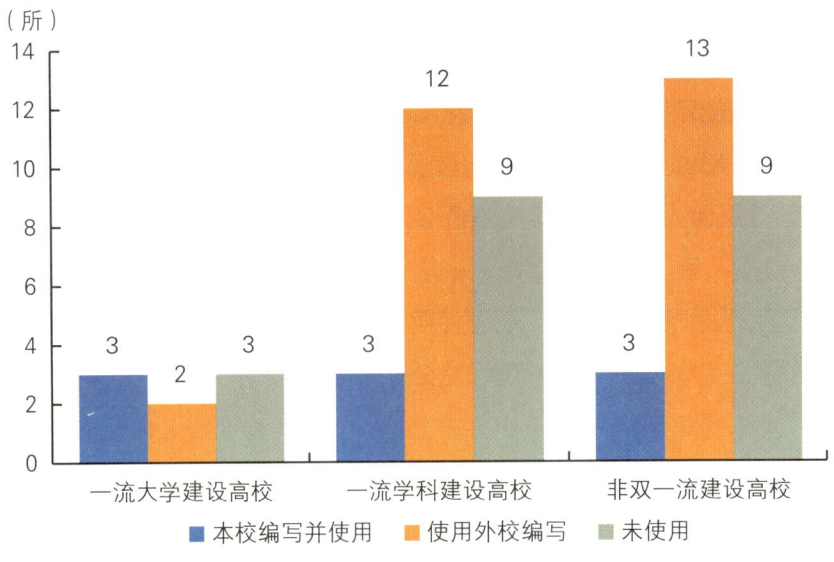

图7-49 "思想道德修养与法律基础"课教辅资料的编写和使用情况1

调查显示，参加调研的57所高校，以使用外校编写的教辅资料为主的共27所高校，占47.37%。

一流大学建设高校8所，其中本校编写并使用教辅资料的3所，占37.50%；使用外校编写教辅资料的2所，占25.00%；未使用教辅资料的3所，占37.50%。

一流学科建设高校24所，其中本校编写并使用教辅资料的3所，占12.50%；使用外校编写教辅资料的12所，占50.00%；未使用教辅资料的9所，占37.50%。

非双一流建设高校25所，其中本校编写并使用教辅资料的3所，占12.00%；使用外校编写教辅资料的13所，占52.00%；未使用教辅资料的9所，占36.00%。

如图7-50所示，从学科点来看，一级学科博士点16所高校，其中本校编写并使用教辅资料的3所，占18.75%；使用外校编写教辅资料的6所，占37.50%；未使用教辅资料的7所，占43.75%。一级学科硕士点20所高校，其中本校编写并使用教辅资料的2所，占10.00%；使用外校编写教辅资料的10所，占50.00%；未使用教辅资料的8所，占40.00%。二级学科硕士点使用外校编写教辅资料的1所，占100%。无学科点20所高校，其中本校编写并使用教辅资料的4所，占20.00%；使用外校编写教辅资料的10所，占50.00%；未使用教辅资料的6所，占30.00%。

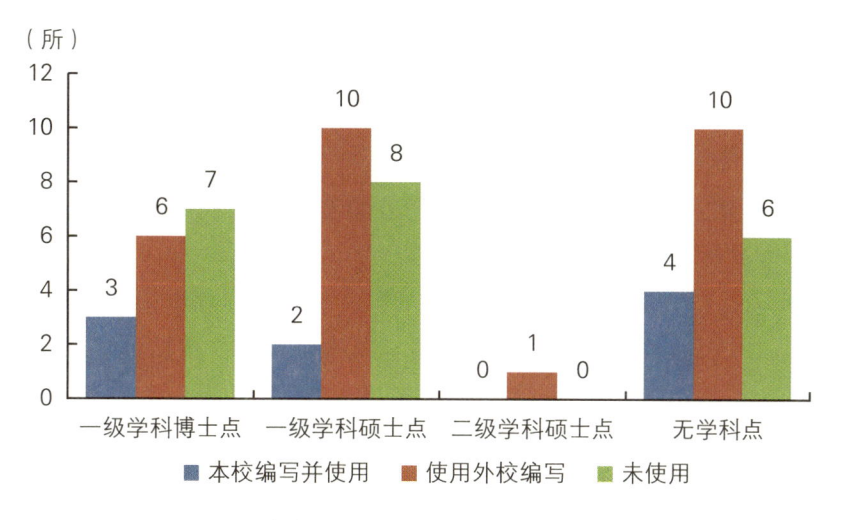

图7-50 "思想道德修养与法律基础"课教辅资料的编写和使用情况2

参加调研高校编写使用"中国近现代史纲要"课教辅资料情况如图7-51所示。

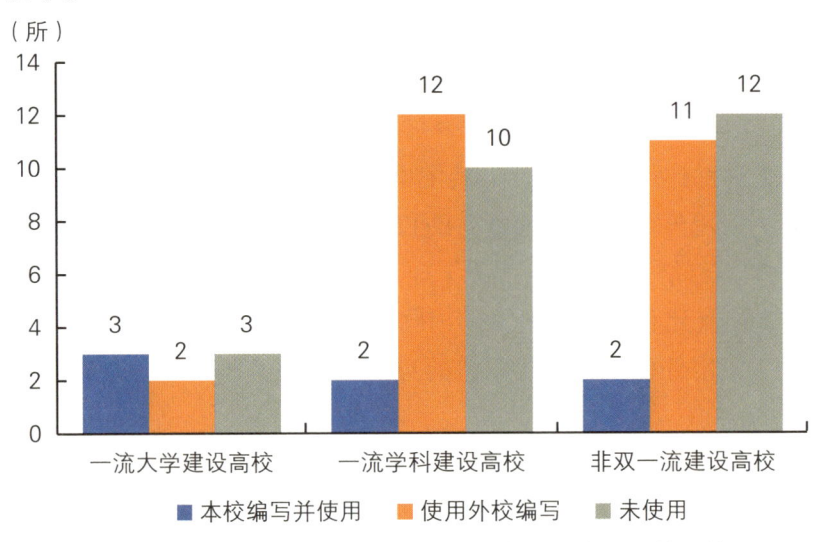

图7-51 "中国近现代史纲要"课教辅资料的编写和使用情况1

调查显示,参加调研的57所高校,以使用外校编写的教辅资料为主的共25所高校,占比43.86%。

一流大学建设高校8所,其中本校编写并使用教辅资料的3所,占37.50%;使用外校编写教辅资料的2所,占25.00%;未使用教辅资料的3所,占37.50%。

一流学科建设高校24所,其中本校编写并使用教辅资料的2所,占8.33%;使用外校编写教辅资料的12所,占50.00%;未使用教辅资料的10所,占41.67%。

非双一流建设高校25所,其中本校编写并使用教辅资料的2所,占8.00%;使用外校编写教辅资料的11所,占44.00%;未使用教辅资料的12所,占48.00%。

如图7-52所示,从学科点来看,一级学科博士点16所高校,其中本校编写并使用教辅资料的3所,占18.75%;使用外校编写教辅资料的6所,占37.50%;未使用教辅资料的7所,占43.75%。一级学科硕士点20所高校,其中本校编写并使用教辅资料的1所,占5.00%;使用外校编写教辅资料的10所,占50.00%;未使用教辅资料的9所,占45.00%。二级学科硕士点使用外校编写教辅资料的1所,占100%。无学科点20所高校,其中本校编写并使用教辅资料的3所,占15.00%;使用外校编写教辅资料的8所,占40.00%;未使用教辅资料的9所,占45.00%。

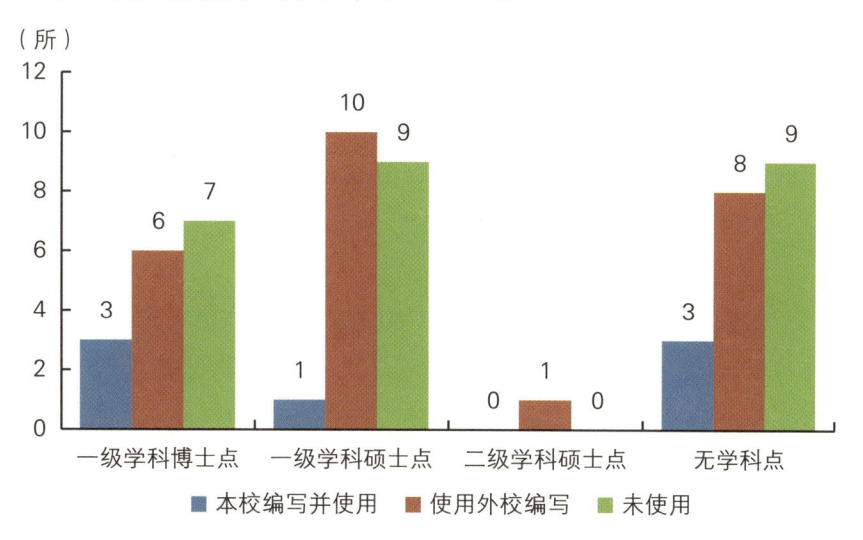

图7-52 "中国近现代史纲要"课教辅资料的编写和使用情况2

参加调研高校编写使用"马克思主义基本原理概论"课教辅资料情况如图7-53所示。

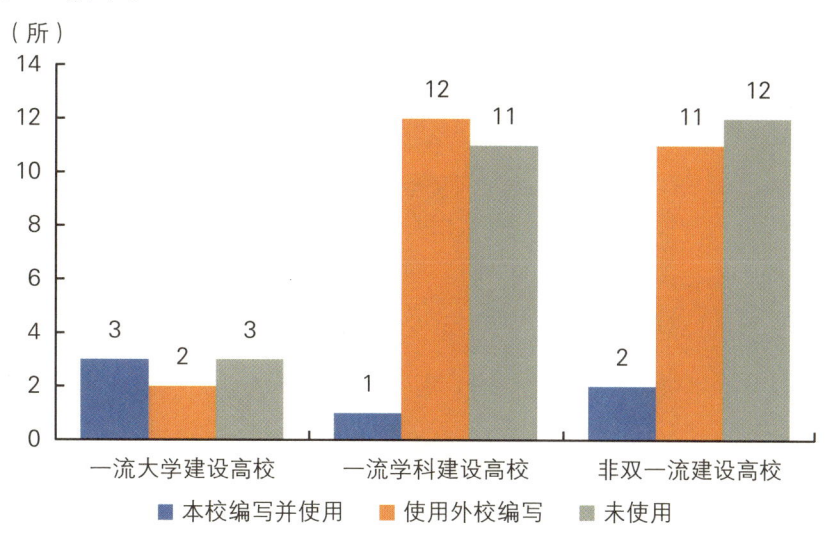

图7-53 "马克思主义基本原理概论"课教辅资料的编写和使用情况1

调查显示,参加调研的57所高校,以使用外校编写的教辅资料为主,共25所高校,占比43.86%。

一流大学建设高校8所,其中本校编写并使用教辅资料的3所,占

37.50%；使用外校编写教辅资料的2所，占25.00%；未使用教辅资料的3所，占37.50%。

一流学科建设高校24所，其中本校编写并使用教辅资料的1所，占4.17%；使用外校编写教辅资料的12所，占50.00%；未使用教辅资料的11所，占45.83%。

非双一流建设高校25所，其中本校编写并使用教辅资料的2所，占8.00%；使用外校编写教辅资料的11所，占44.00%；未使用教辅资料的12所，占48.00%。

如图7-54所示，从学科点来看，一级学科博士点16所高校，其中本校编写并使用教辅资料的2所，占12.50%；使用外校编写教辅资料的6所，占37.50%；未使用教辅资料的8所，占50.00%。一级学科硕士点20所高校，其中本校编写并使用教辅资料的1所，占5.00%；使用外校编写教辅资料的10所，占50.00%；未使用教辅资料的9所，占45.00%。二级学科硕士点使用外校编写教辅资料的1所，占100%。无学科点20所高校，其中本校编写并使用教辅资料的3所，占15.00%；使用外校编写教辅资料的8所，占40.00%；未使用教辅资料的9所，占45.00%。

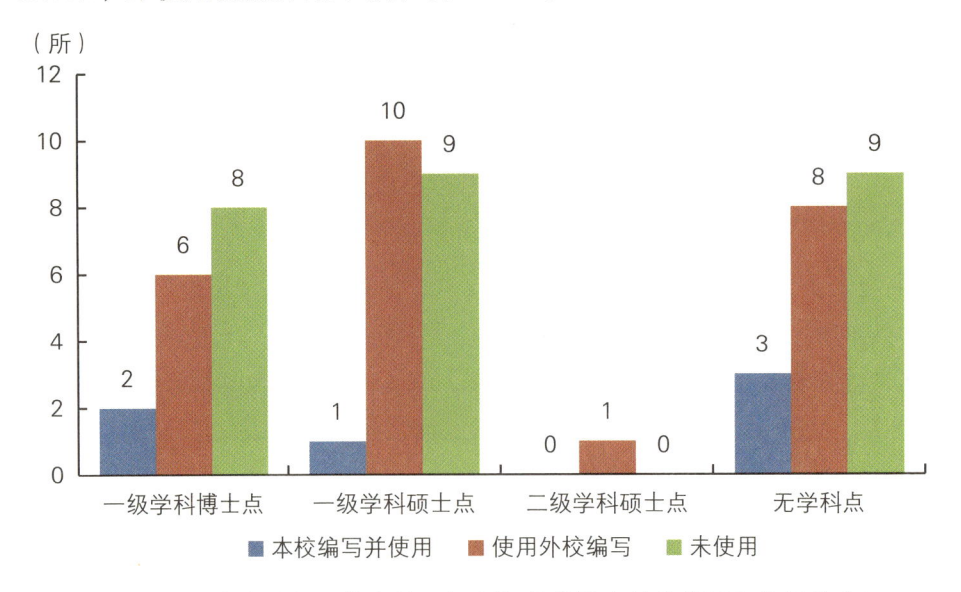

图7-54 "马克思主义基本原理概论"课教辅资料的编写和使用情况2

参加调研高校编写使用"毛泽东思想和中国特色社会主义理论体系概论"课教辅资料情况如图7-55所示。

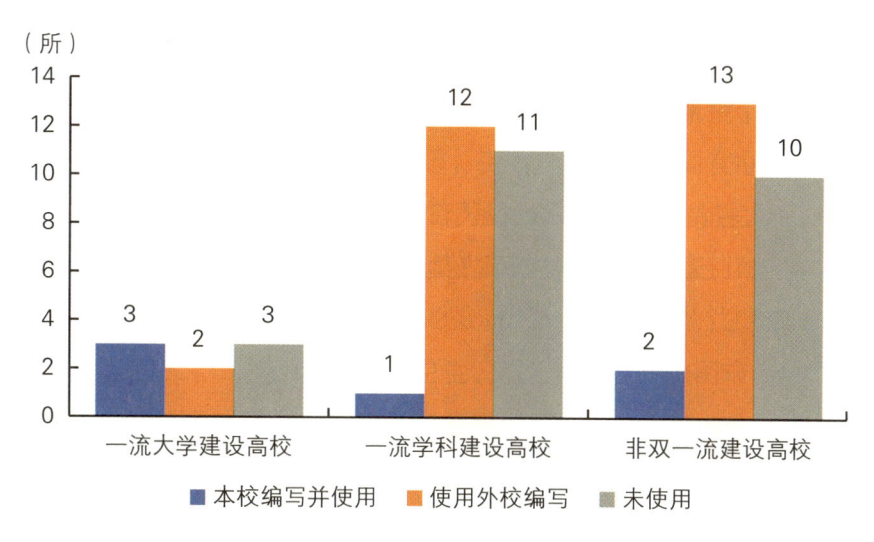

图7-55 "毛泽东思想和中国特色社会主义理论体系概论"
课教辅资料编写和使用情况1

调查显示，参加调研的57所高校中，以使用外校编写教辅资料为主的共27所，占比47.37%。

一流大学建设高校8所，其中本校编写并使用教辅资料的3所，占37.50%；使用外校编写教辅资料的2所，占25.00%；未使用教辅资料的3所，占37.50%。

一流学科建设高校24所，其中本校编写并使用教辅资料的1所，占4.17%；使用外校编写教辅资料的12所，占50.00%；未使用教辅资料的11所，占45.83%。

非双一流建设高校25所，其中本校编写并使用教辅资料的2所，占8.00%；使用外校编写教辅资料的13所，占52.00%；未使用教辅资料的10所，占40.00%。

如图7-56所示，从学科点来看，一级学科博士点16所高校，其中本校编写并使用教辅资料的2所，占12.50%；使用外校编写教辅资料的6所，占37.50%；未使用教辅资料的8所，占50.00%。一级学科硕士点20所高校，其中本校编写并使用教辅资料的1所，占5.00%；使用外校编写教辅资料的10所，占50.00%；未使用教辅资料的9所，占45.00%。二级学科硕士点使用外校编写教辅资料的1所，占100%。无学科点20所高校，其中本校编写并使用教辅资料的3所，占15.00%；使用外校编写教辅资料的10所，占

50.00%；未使用教辅资料的7所，占35.00%。

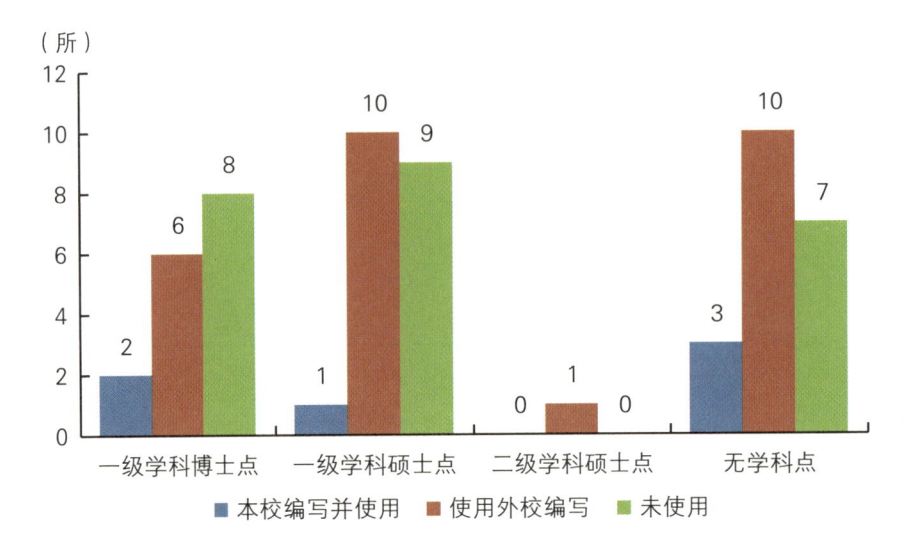

图7-56 "毛泽东思想和中国特色社会主义理论体系概论"课教辅资料编写和使用情况2

参加调研高校编写使用"形势与政策"课教辅资料情况如图7-57所示。

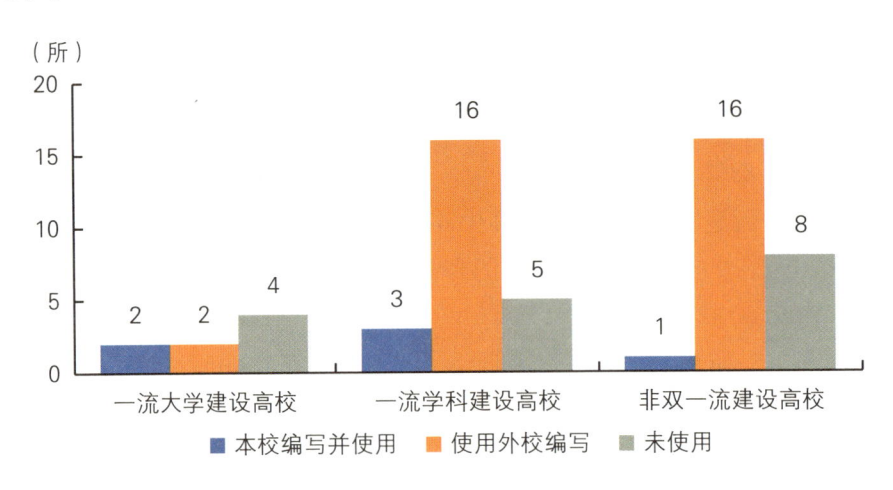

图7-57 "形势与政策"课教辅资料的编写和使用情况1

调查显示，参加调研的57所高校中，以使用外校编写教辅资料为主，共34所，占比59.65%。

一流大学建设高校8所，其中本校编写并使用教辅资料的2所，占

25.00%；使用外校编写教辅资料的2所，占25.00%；未使用教辅资料的4所，占50.00%。

一流学科建设高校24所，其中本校编写并使用教辅资料的3所，占12.50%；使用外校编写教辅资料的16所，占66.67%；未使用教辅资料的5所，占20.83%。

非双一流建设高校25所，其中本校编写并使用教辅资料的1所，占4.00%；使用外校编写教辅资料的16所，占64.00%；未使用教辅资料的8所，占32.00%。

如图7-58所示，从学科点来看，一级学科博士点16所高校，其中本校编写并使用教辅资料的3所，占18.75%；使用外校编写教辅资料的6所，占37.50%；未使用教辅资料的7所，占43.75%。一级学科硕士点20所高校，其中本校编写并使用教辅资料的2所，占10.00%；使用外校编写教辅资料的13所，占65.00%；未使用教辅资料的5所，占25.00%。二级学科硕士点使用外校编写教辅资料的1所，占100.00%。无学科点20所高校，其中本校编写并使用教辅资料的1所，占5.00%；使用外校编写教辅资料的14所，占70.00%；未使用教辅资料的5所，占25.00%。

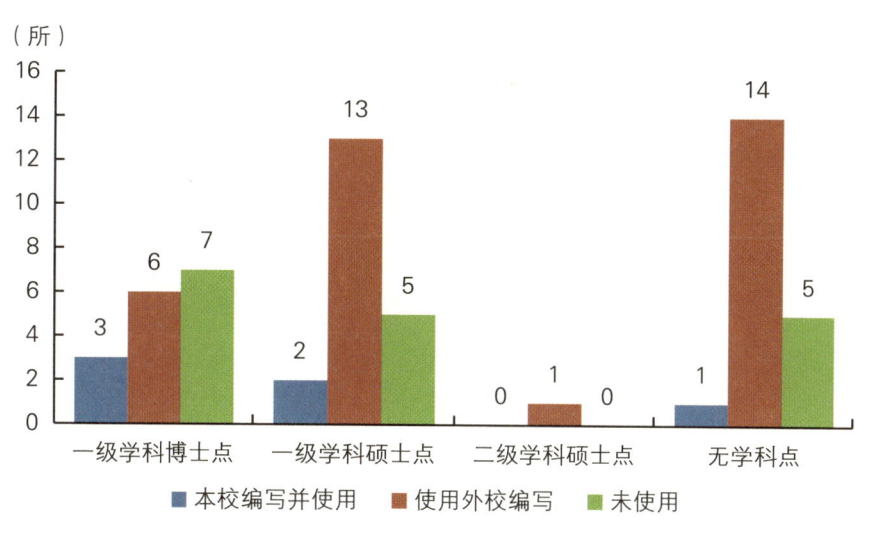

图7-58 "形势与政策"课教辅资料的编写和使用情况2

（2）研究生课程

参加调研高校编写使用"中国特色社会主义理论与实践研究"课教辅

资料情况如图7-59所示。

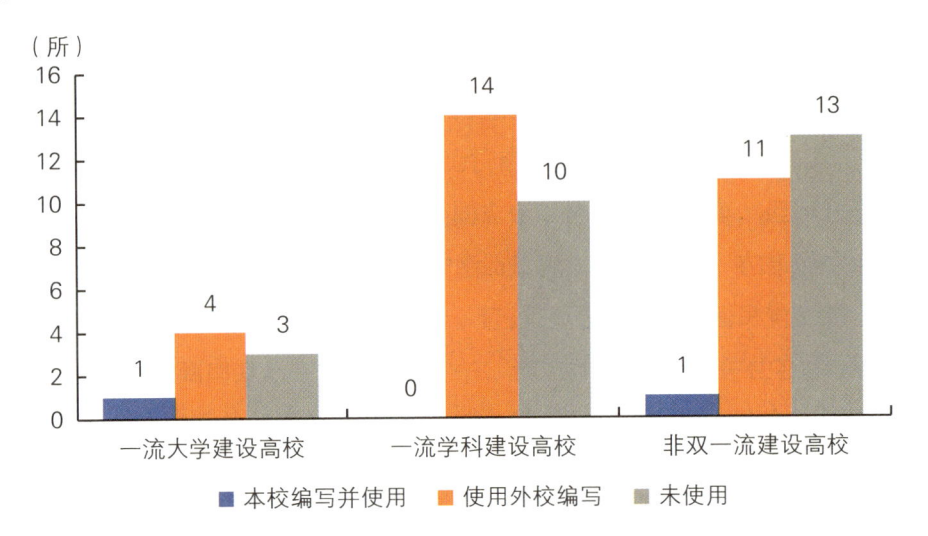

图7-59 "中国特色社会主义理论与实践研究"课教辅资料的编写和使用情况1

调查显示，参加调研的57所高校中，以使用外校编写教辅资料为主，共29所，占比50.88%。

一流大学建设高校8所，其中本校编写并使用教辅资料的1所，占12.50%；使用外校编写教辅资料的4所，占50.00%；未使用教辅资料的3所，占37.50%。

一流学科建设高校24所，其中本校编写并使用教辅资料的0所；使用外校编写教辅资料的14所，占58.33%；未使用教辅资料的10所，占41.67%。

非双一流建设高校25所，其中本校编写并使用教辅资料的1所，占4.00%；使用外校编写教辅资料的11所，占44.00%；未使用教辅资料的13所，占52.00%。

如图7-60所示，从学科点来看，一级学科博士点16所高校，其中本校编写并使用教辅资料的1所，占6.25%；使用外校编写教辅资料的8所，占50.00%；未使用教辅资料的7所，占43.75%。一级学科硕士点20所高校，其中本校编写并使用教辅资料的0所；使用外校编写教辅资料的12所，占60.00%；未使用教辅资料的8所，占40.00%。二级学科硕士点使用外校编写教辅资料的1所，占100%。无学科点20所高校，其中本校编写并使用教辅资料的1所，占5.00%；使用外校编写教辅资料的8所，占40.00%；未使用教辅资料的11所，占55.00%。

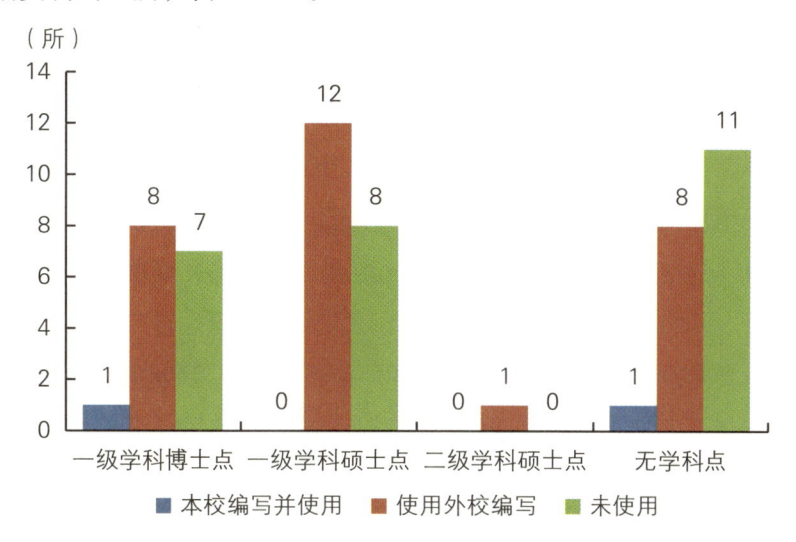

图7-60 "中国特色社会主义理论与实践研究"课教辅资料的编写和使用情况2

参加调研高校编写使用"自然辩证法概论"课教辅资料情况如图7-61所示。

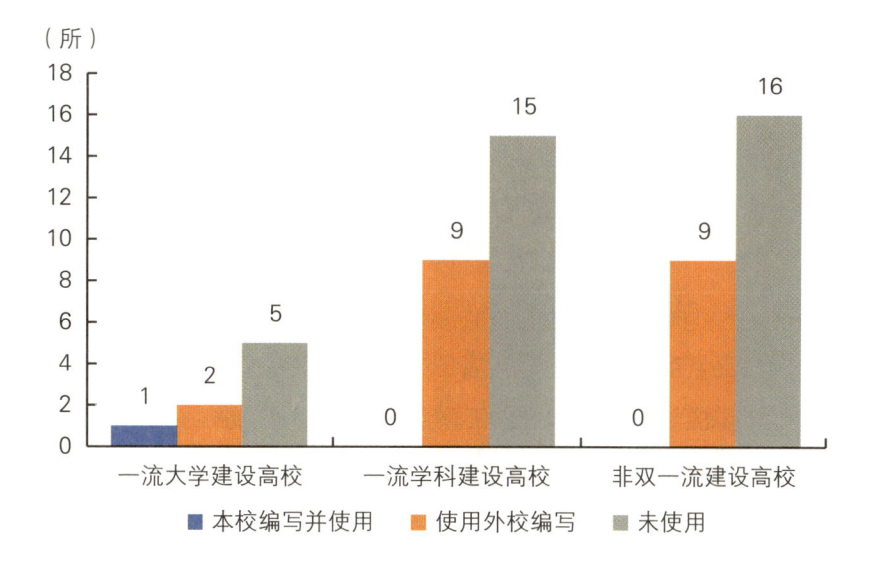

图7-61 "自然辩证法概论"课教辅资料的编写和使用情况1

调查显示，参加调研的57所高校中，以未使用教辅资料为主，共36所，占比63.16%。

一流大学建设高校8所，其中本校编写并使用教辅资料的1所，占

12.50%；使用外校编写教辅资料的2所，占25.00%；未使用教辅资料的5所，占62.50%。

一流学科建设高校24所，其中本校编写并使用教辅资料的0所；使用外校编写教辅资料的9所，占37.50%；未使用教辅资料的15所，占62.50%。

非双一流建设高校25所，其中本校编写并使用教辅资料的0所；使用外校编写教辅资料的9所，占36.00%；未使用教辅资料的16所，占64.00%。

如图7-62所示，从学科点来看，一级学科博士点16所高校，其中本校编写并使用教辅资料的1所，占6.25%；使用外校编写教辅资料的5所，占31.25%；未使用教辅资料的10所，占62.50%。一级学科硕士点20所高校，其中本校编写并使用教辅资料的0所；使用外校编写教辅资料的9所，占45.00%；未使用教辅资料的11所，占55.00%。二级学科硕士点使用外校编写教辅资料的1所，占100%。无学科点20所高校，其中本校编写并使用教辅资料的0所；使用外校编写教辅资料的5所，占25.00%；未使用教辅资料的15所，占75.00%。

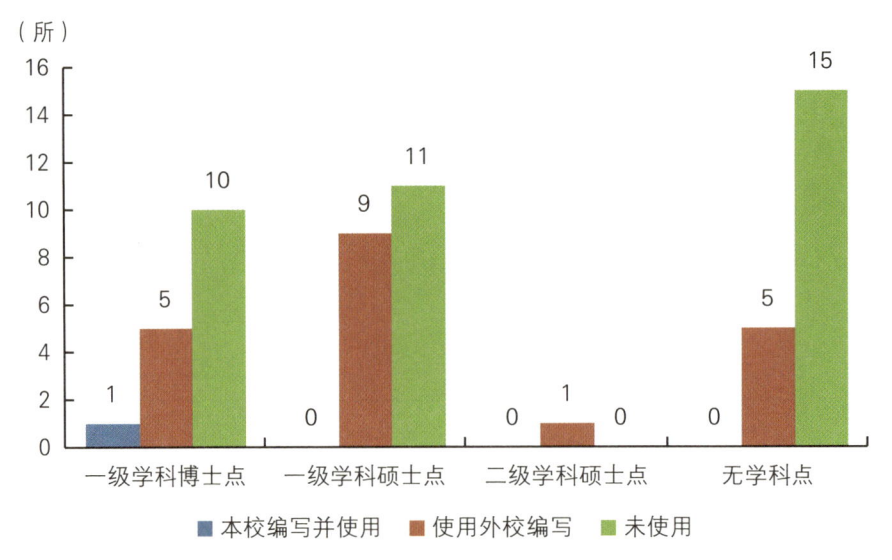

图7-62 "自然辩证法概论"课教辅资料的编写和使用情况2

参加调研高校编写使用"中国马克思主义与当代"课教辅资料情况如图7-63所示。

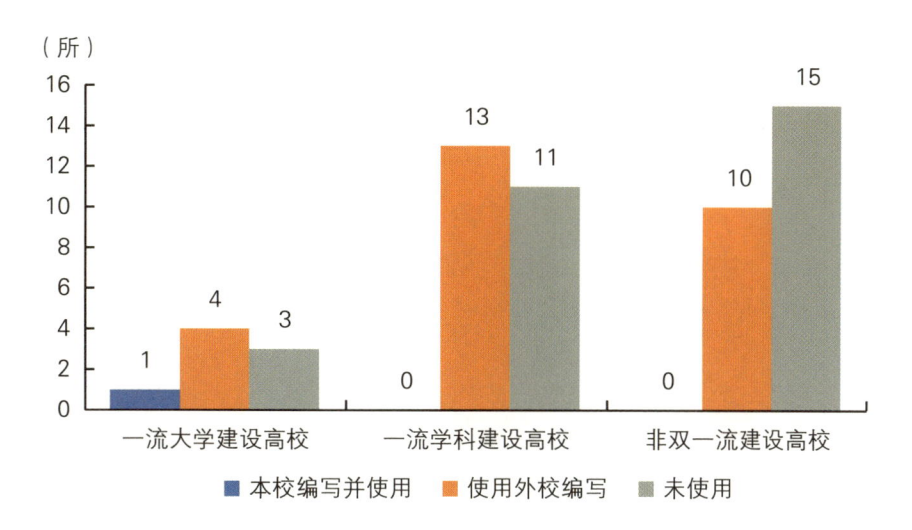

图7-63 "中国马克思主义与当代"课教辅资料的编写和使用情况1

调查显示,参加调研的57所高校中,以未使用教辅资料为主,共29所,占比50.9%。

一流大学建设高校8所,其中本校编写并使用教辅资料的1所,占12.50%;使用外校编写教辅资料的4所,占50.00%;未使用教辅资料的3所,占37.50%。

一流学科建设高校24所,其中本校编写并使用教辅资料的0所;使用外校编写教辅资料的13所,占54.17%;未使用教辅资料的11所,占45.83%。

非双一流建设高校25所,其中本校编写并使用教辅资料的0所;使用外校编写教辅资料的10所,占40.00%;未使用教辅资料的15所,占60.00%。

如图7-64所示,从学科点来看,一级学科博士点16所高校,其中本校编写并使用教辅资料的1所,占6.25%;使用外校编写教辅资料的7所,占43.75%;未使用教辅资料的8所,占50.00%。一级学科硕士点20所高校,其中本校编写并使用教辅资料的0所;使用外校编写教辅资料的11所,占55.00%;未使用教辅资料的9所,占45.00%。二级学科硕士点使用外校编写教辅资料的1所,占100%。无学科点20所高校,其中本校编写并使用教辅资料的0所;使用外校编写教辅资料的8所,占40.00%;未使用教辅资料的12所,占60.00%。

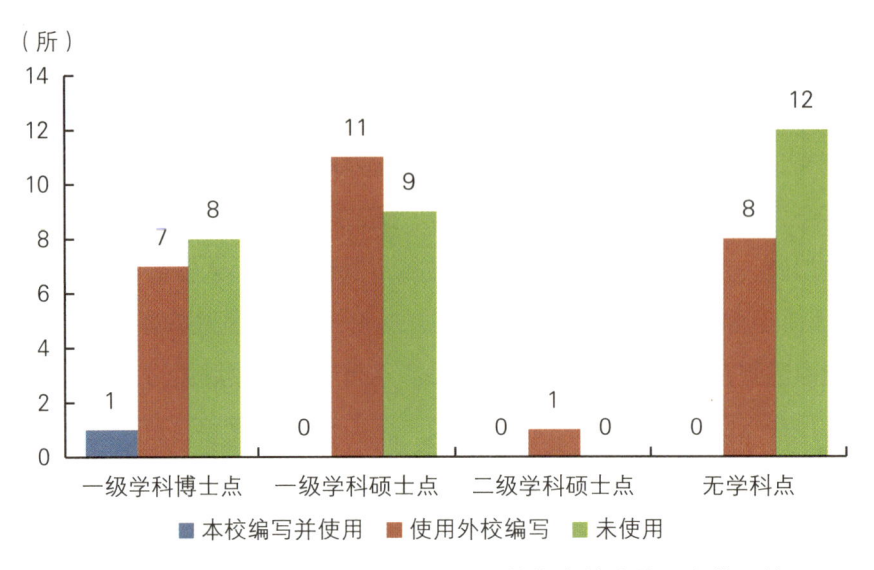

图7-64 "中国马克思主义与当代"课教辅资料的编写和使用情况2

参加调研高校编写使用"马克思恩格斯列宁经典著作选读"课教辅资料情况如图7-65所示。

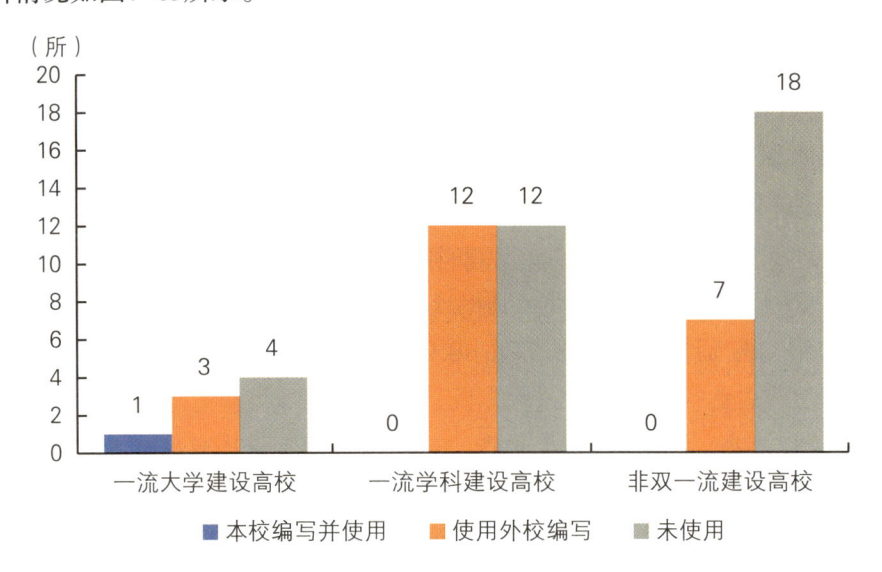

图7-65 "马克思恩格斯列宁经典著作选读"课教辅资料的编写和使用情况1

调查显示，参加调研的57所高校中，以未使用教辅资料为主，共34所，占比59.65%。

一流大学建设高校8所，其中本校编写并使用教辅资料的1所，占12.50%；使用外校编写教辅资料的3所，占37.50%；未使用教辅资料的

4所，占50.00%。

一流学科建设高校24所，其中本校编写并使用教辅资料的0所；使用外校编写教辅资料的12所，占50.00%；未使用教辅资料的12所，占50.00%。

非双一流建设高校25所，其中本校编写并使用教辅资料的0所；使用外校编写教辅资料的7所，占28.00%；未使用教辅资料的18所，占72.00%。

如图7-66所示，从学科点来看，一级学科博士点16所高校，其中本校编写并使用教辅资料的1所，占6.25%；使用外校编写教辅资料的7所，占43.75%；未使用教辅资料的8所，占50.00%。一级学科硕士点20所高校，其中本校编写并使用教辅资料的0所；使用外校编写教辅资料的9所，占45.00%；未使用教辅资料的11所，占55.00%。二级学科硕士点使用外校编写教辅资料的1所，占100%。无学科点20所高校，其中本校编写并使用教辅资料的0所；使用外校编写教辅资料的5所，占25.00%；未使用教辅资料的15所，占75.00%。

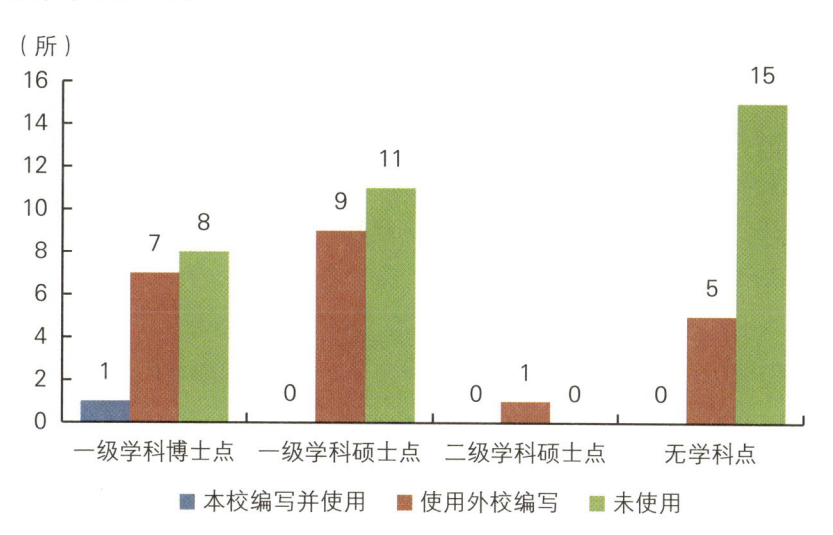

图7-66 "马克思恩格斯列宁经典著作选读"课教辅资料的编写和使用情况2

3.课堂教学规模

参加调研高校本专科生课堂教学规模情况如图7-67所示。

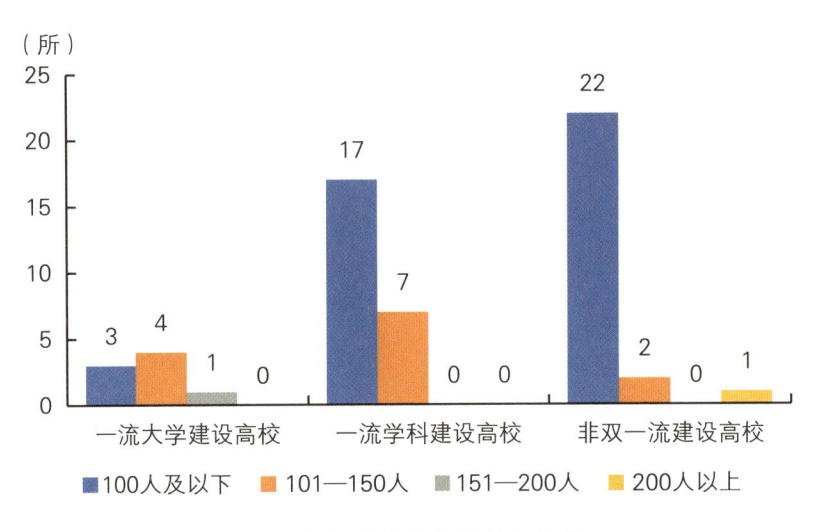

图7-67 本专科生课堂教学规模情况1

调查显示，参加调研的57所高校中，课堂教学规模以100人及以下为主，共42所，占73.68%；其次是101—150人，共13所，占22.81%；151—200人1所，占比1.75%；200人以上仅有1所，占1.75%。

一流大学建设高校8所，其中课堂教学规模100人及以下的3所，占37.50%；101—150人的4所，占50.00%；151—200人的1所，占12.50%；200人以上的0所。

一流学科建设高校24所，其中课堂教学规模100人及以下的17所，占70.83%；101—150人的7所，占29.17%；151—200人的、200人以上的均为0所。

非双一流建设高校25所，其中课堂教学规模100人及以下的22所，占88.00%；101—150人的2所，占8%；151—200人的0所；200人以上的1所，占4.00%。

如图7-68所示，从学科点来看，一级学科博士点16所高校，其中课堂教学规模100人及以下的8所，占50.00%；101—150人的7所，占43.75%；151—200人的1所，占6.25%；200人以上的0所。一级学科硕士点20所高校，其中课堂教学规模100人及以下的16所，占80.00%；101—150人的4所，占20.00%；151—200人的0所；200人以上的0所。二级学科硕士点课堂教学规模101—150人的1所，占100%。无学科点20所高校，其中课堂教学规模100人及以下的18所，占90.00%；101—150人的1所，占5.00%；

151—200人的0所；200人以上的1所，占5.00%。

图7-68　本专科生课堂教学规模情况2

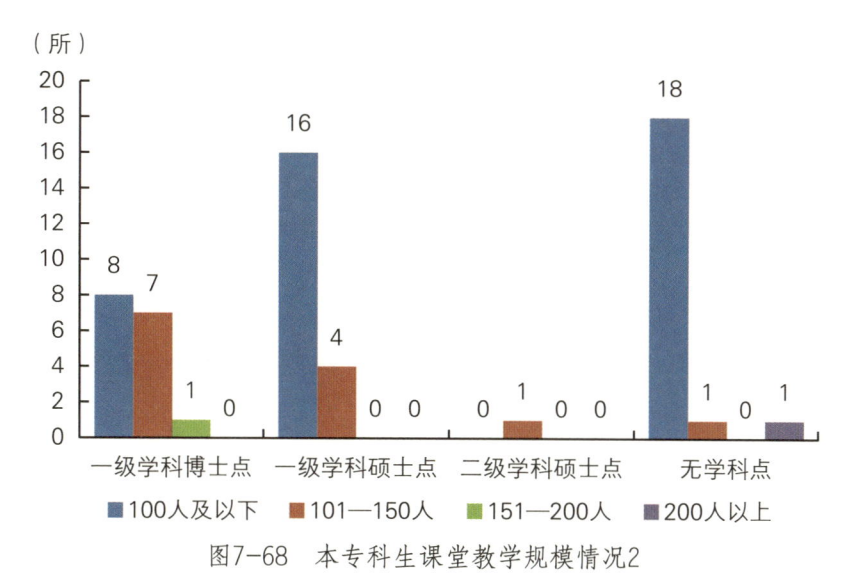

参加调研高校硕士研究生课堂教学规模情况如图7-69所示。

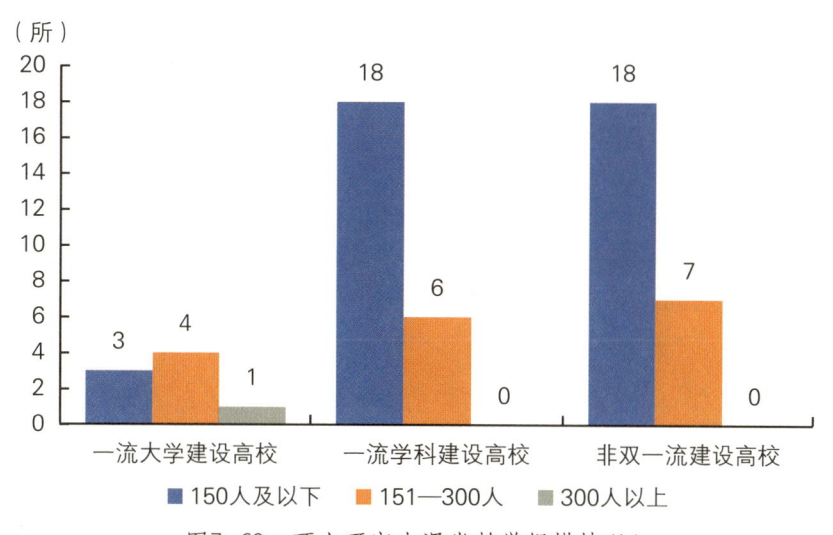

图7-69　硕士研究生课堂教学规模情况1

调查显示，参加调研的57所高校中，课堂教学规模以150人及以下为主，共39所，占68.42%；其次是151—300人，共17所，占29.82%；300人以上的1所，占1.75%。

一流大学建设高校8所，其中课堂教学规模150人及以下的3所，占37.50%；151—300人的4所，占50.00%；300人以上的1所，占12.50%。

一流学科建设高校24所，其中课堂教学规模150人及以下的18所，占75.00%；151—300人的6所，占25.00%；300人以上的0所。

非双一流建设高校25所，其中课堂教学规模150人及以下的18所，占72.00%；151—300人的7所，占28.00%；300人以上的0所。

如图7-70所示，从学科点来看，一级学科博士点16所高校，其中课堂教学规模150人及以下的9所，占56.25%；151—300人的6所，占37.50%；300人以上的1所，占6.25%。一级学科硕士点20所高校，其中课堂教学规模150人及以下的14所，占70.00%；151—300人的6所，占30.00%；300人以上的0所。二级学科硕士点课堂教学规模151—300人的1所，占100%。无学科点20所高校，其中课堂教学规模150人及以下的16所，占80.00%；151—300人的4所，占20.00%；300人以上的0所。

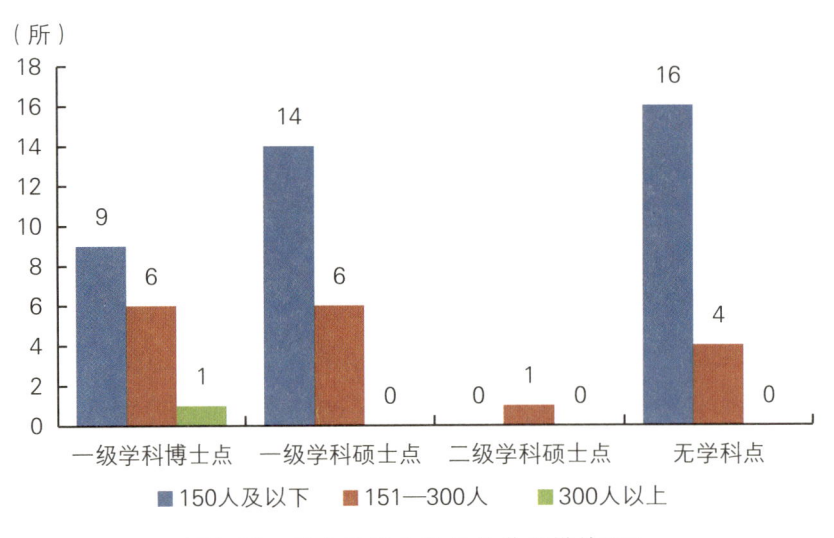

图7-70 硕士研究生课堂教学规模情况2

参加调研高校的博士研究生课堂教学规模情况如图7-71所示。

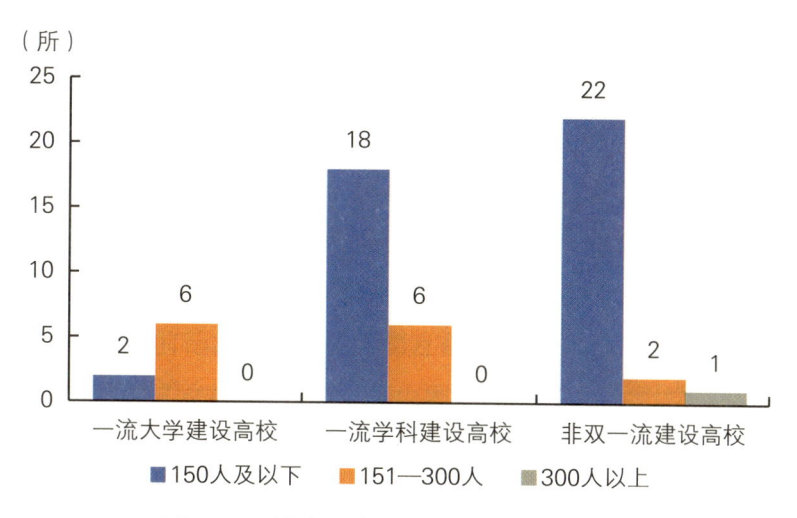

图7-71　博士研究生课堂教学规模情况1

调查显示，参加调研的57所高校中，课堂教学规模以150人及以下为主，共42所，占比73.68%；其次是151—300人，共14所，占比24.56%；300人以上共1所，占比1.75%。

一流大学建设高校8所，其中课堂教学规模150人及以下的2所，占25.00%；151—300人的6所，占75.00%；300人以上的0所。

一流学科建设高校24所，其中课堂教学规模150人及以下的18所，占75.00%；151—300人的6所，占25.00%；300人以上的0所。

非双一流建设高校25所，其中课堂教学规模150人及以下的22所，占88.00%；151—300人的2所，占8.00%；300人以上的1所，占4.00%。

如图7-72所示，从学科点来看，一级学科博士点16所高校，其中课堂教学规模150人及以下的9所，占56.25%；151—300人的7所，占43.75%；300人以上的0所。一级学科硕士点20所高校，其中课堂教学规模150人及以下的13所，占65.00%；151—300人的7所，占35.00%；300人以上的0所。二级学科硕士点课堂教学规模300人以上的1所，占100%。无学科点20所高校，其中课堂教学规模150人及以下的20所，占100%。

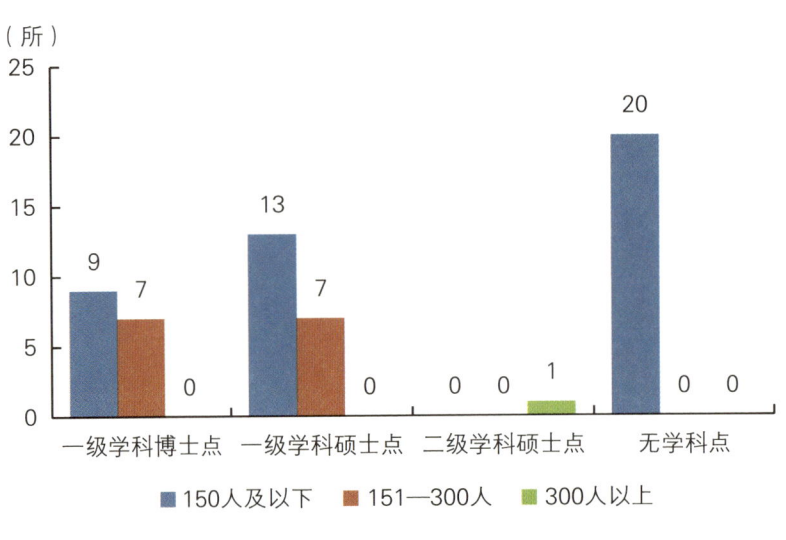

图7-72　博士研究生课堂教学规模情况2

4.教学督导

参加调研高校教学督导年龄结构如图7-73所示。

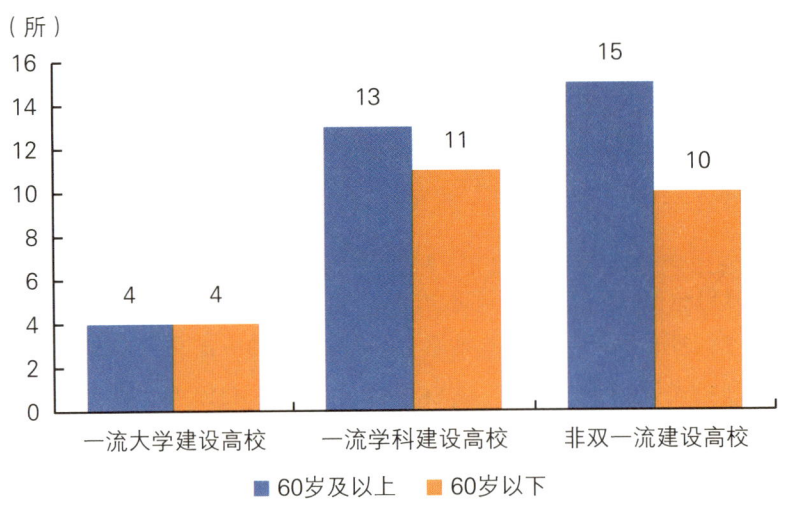

图7-73　教学督导年龄构成分布1

调查显示，参加调研的57所高校中，教学督导以60岁及以上为主，共32所，占比56.14%。

一流大学建设高校8所，其中教学督导年龄在60岁及以上的4所，占50.00%；60岁以下的4所，占50.00%。一流学科建设高校24所，其中教学督导年龄在60岁及以上的13所，占54.17%；60岁以下的11所，占45.83%。

非双一流建设高校25所，其中教学督导年龄在60岁及以上的15所，占60.00%；60岁以下的10所，占40.00%。

如图7-74所示，从学科点来看，一级学科博士点16所高校，其中教学督导年龄在60岁及以上的7所，占43.75%；60岁以下的9所，占56.25%。一级学科硕士点20所高校，其中教学督导年龄在60岁及以上的14所，占70.00%；60岁以下的6所，占30.00%。二级学科硕士点教学督导年龄在60岁及以上的1所，占100%。无学科点20所高校，其中教学督导年龄在60岁及以上的10所，占50.00%；60岁以下的10所，占50.00%。

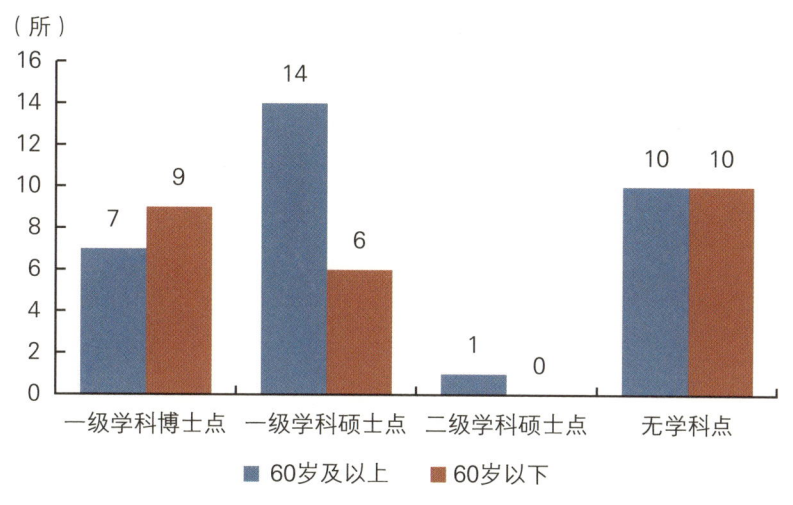

图7-74 教学督导年龄构成分布2

参加调研高校教学督导人数情况如图7-75所示。

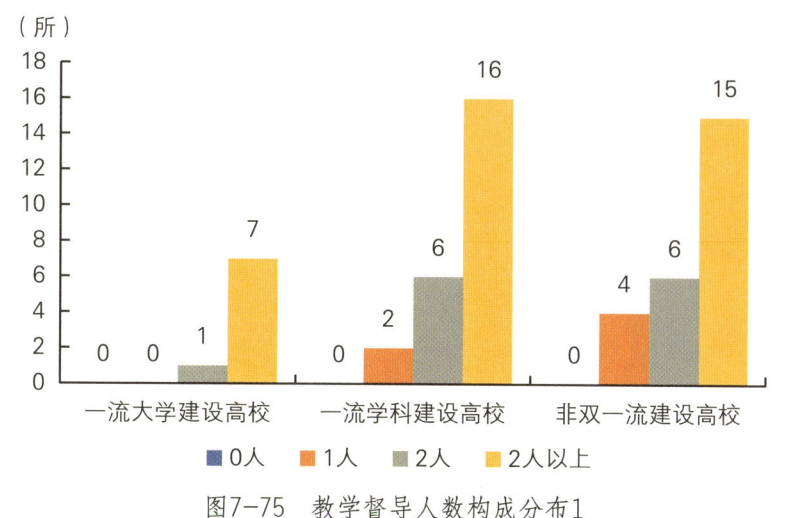

图7-75 教学督导人数构成分布1

调查显示，参加调研的57所高校中，教学督导人数主要是2人以上，共38所，占比66.67%。

一流大学建设高校8所，其中教学督导0人、1人的均为0所；2人的1所，占12.50%；2人以上的7所，占87.50%。一流学科建设高校24所，其中教学督导0人的0所；1人的2所，占8.33%；2人的6所，占25.00%；2人以上的16所，占66.67%。非双一流建设高校25所，教学督导0人的0所；1人的4所，占16.00%；2人的6所，占24.00%；2人以上的15所，占60.00%。

如图7-76所示，从学科点来看，一级学科博士点16所高校，其中教学督导0人、1人的均为0所；2人的2所，占12.50%；2人以上的14所，占87.50%。一级学科硕士点20所高校，其中教学督导0人、1人的均为0所；2人的5所，占25.00%；2人以上的15所，占75.00%。二级学科硕士点教学督导2人的1所，占100%。无学科点20所高校，其中教学督导0人的0所；1人的6所，占30.00%；2人的5所，占25.00%；2人以上的9所，占45.00%。

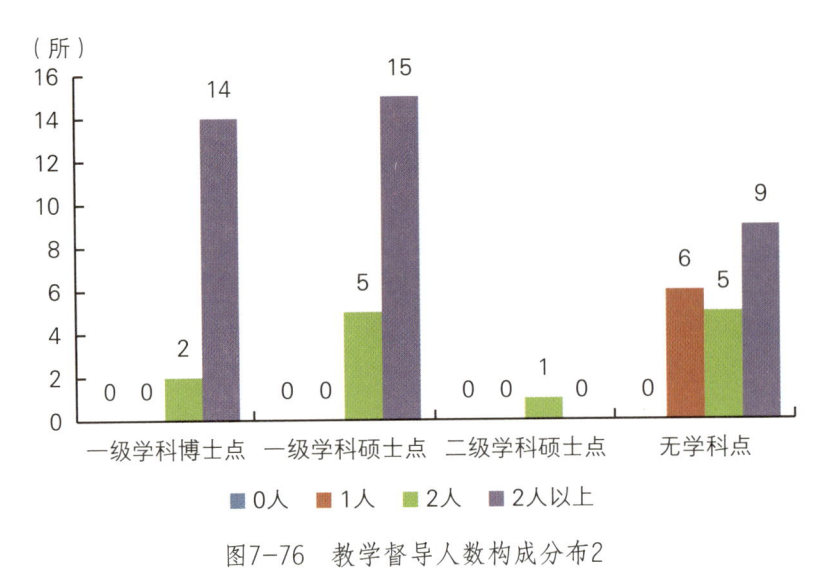

图7-76 教学督导人数构成分布2

参加调研高校教学督导的专业背景情况如图7-77所示。

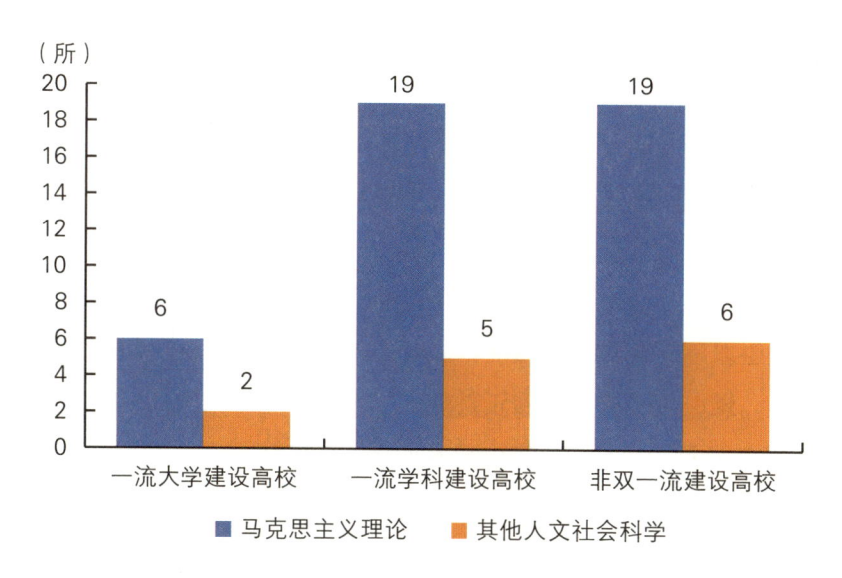

图7-77　教学督导专业背景分布1

调查显示，参加调研的57所高校中，教学督导的专业背景以马克思主义理论为主，共44所，占比77.19%。

一流大学建设高校8所，其中教学督导专业背景为马克思主义理论的6所，占75.00%；其他人文社会科学的2所，占25.00%。一流学科建设高校24所，其中教学督导专业背景为马克思主义理论的19所，占79.17%；其他人文社会科学的5所，占20.83%。非双一流建设高校25所，其中教学督导专业背景为马克思主义理论的19所，占76.00%；其他人文社会科学的6所，占24.00%。

如图7-78所示，从学科点来看，一级学科博士点16所高校，其中教学督导专业背景为马克思主义理论的12所，占75.00%；其他人文社会科学的4所，占25.00%。一级学科硕士点20所高校，其中教学督导专业背景为马克思主义理论的17所，占85.00%；其他人文社会科学的3所，占15.00%。二级学科硕士点教学督导专业背景为马克思主义理论的1所，占100%。无学科点20所高校，其中教学督导专业背景为马克思主义理论的14所，占70.00%；其他人文社会科学的6所，占30.00%。

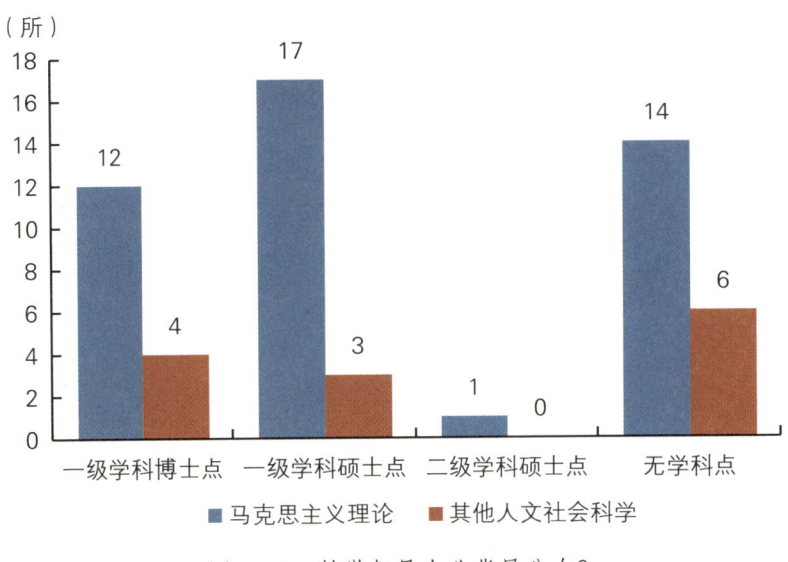

图7-78　教学督导专业背景分布2

二、主要成绩

围绕立德树人这个根本任务，北京市坚持以首善标准办好学校思政课，将思政课建设作为党建和意识形态工作的标志性工程。坚持以习近平新时代中国特色社会主义思想铸魂育人，落实立德树人根本任务，以首善标准持续深化思政课改革创新，为培养造就大批堪当时代重任的可靠接班人不懈奋斗。

（一）高校领导发挥"领头雁"作用，为思政课建设提供领导保障

北京各高校非常重视思政课建设。从2019年到2022年，各高校已经连续4年全部设立学校思想政治理论课建设领导小组；90%以上的高校都把思想政治理论课纳入了学校重点建设课程，全面深入地为思政课建设提供各方面的支持。

高校领导听思政课、讲思政课的活动持续开展。近年来，90%以上的高校党政领导听课次数都在4次以上，充分了解思政课的课堂、教师和学生现状，发现问题解决问题。近年来高校党政领导讲授思政课已成常态化，将近90%的党政领导每年讲授思政课达到4次及以上。校领导深入课堂讲授思政课是校党委旗帜鲜明加强思想引领的实际行动，也是落实高校

立德树人根本任务的重要举措，为新时代学校思政课高质量发展提供了重要保障。高校领导为师生讲授有深度又有温度的专题"大思政课"，比如面对复杂疫情形势，北京市高校领导认真学习贯彻习近平总书记重要讲话精神，正确认识国内外疫情严峻复杂形势，坚持因势利导，进一步教育引导广大师生充分理解和支持各项防控政策，维护校园疫情防控大局。再比如，高校领导讲授"北京冬奥精神"专题中《同上一堂"冰雪"思政大课》，北京体育大学、中国农业大学、清华大学的教授进行专门讲授，邀请杨扬、徐梦桃、苏翊鸣、武大靖、杨洪琼等13名冰雪名将以及志愿者、制冰师等共同讲述，制作了一堂鲜活、生动的思政"金课"。

（二）开门办思政，保障高校思政课提质增效

北京市坚持将思政课建设作为党建和意识形态工作的标志性工程，以首善标准持续深化思政课改革创新。开门办思政，将思政小课堂与社会大课堂相结合，不断拓展思政课途径和载体，用好实践教育基地营地、爱国主义教育基地、文化场馆、科技场馆、博物馆等校外教育资源，以及各地特色教育资源，加强思政课实践教学。开门办思政，让教师"看北京、看变化、看成就"，是北京高校思政课转型的创新之举。北京市教委引导教师走进市国资委、冬奥组委、市人大、市政协等单位现场备课，观摩学习，通过旁听观摩人大、政协会议机制，思政课教师将亲身感受的制度自信在课堂上传递给学生。联合国家大剧院、中国电影博物馆等，打造"剧院里的思政课""电影中的党史课"等特色课程，将首都"四个中心"资源优势转化为育人动能，汇聚起"三全育人"的强大合力。同时带领思政课教师走进京郊农村，深刻理解乡村振兴战略的重大意义，积极为思政课教师现场备课和学习实践创造条件。举全市之力办好学校思政课的大格局基本形成，建设具有鲜明北京气质的思政课，比如中国人民大学依托"千人百村""街巷中国"和"中华人民共和国脱贫攻坚史"系列调研项目等各类体验式实践课堂，组织学生走进社会、深入基层，了解国情、感悟担当，提升思想政治课实效。

（三）多所高校入选第三批重点建设马克思主义学院，深化思政课改革创新

建设北京市重点马克思主义学院是北京市委贯彻落实习近平新时代中国特色社会主义思想特别是习近平总书记关于教育的重要论述、深化新时代思政课改革创新的战略举措，也是新时代深化拓展马克思主义理论研究和宣传教育的重要抓手，为马克思主义学院高质量发展、深化思政课改革创新提供了有力保障。2022年6月13日，《中共北京市委宣传部、中共北京市委教育工作委员会关于印发第三批北京市重点建设马克思主义学院名单的通知》（京宣发〔2022〕21号）公布，中央民族大学、中国人民公安大学、中国地质大学（北京）、中国石油大学（北京）、北京化工大学、华北电力大学、中国科学院大学、北方工业大学、北京工商大学和北京建筑大学，共10所高校的马克思主义学院入选第三批北京市重点建设马克思主义学院。

（四）北京高校思政课网络示范教学活动打造思政金课

北京高校紧紧围绕学习贯彻十九届六中全会精神、迎接和宣传贯彻党的二十大精神，聚焦思政课教材中的重难点问题，开展北京高校思想政治理论课网络示范教学活动。2022年3月，北京市委教育工委联合全国高校思政课"手拉手"集体备课中心、北京高校思想政治理论课高精尖创新中心、各教学研究会共同打造"金课开讲啦"活动。中央财经大学、中国人民公安大学、北京化工大学和北京大学名师围绕"思想道德与法治"课程中的重难点问题进行示范教学。北京交通大学、北京科技大学、中国人民大学、首都师范大学、北京体育大学等高校的思政课教师围绕不同的思政课程的重点和难点问题进行示范教学。"金课开讲啦"活动与北京市委教育工委、市教委创设的高校思政课教师"同备一堂课"活动切实发挥优秀思政课教师的示范引领和"传帮带"作用，持续提升思政课教师教学水平，共同为北京高校的思政课建设提供有力保障。

（五）多所高校入选首批教育部虚拟教研室建设名单，助力北京高校思政课建设

北京高校积极贯彻落实《教育部高等教育司关于开展虚拟教研室试点建设工作的通知》（教高司函〔2021〕10号）等文件精神，探索推进新型基层教学组织建设，推动虚拟教研室建设。虚拟教研室充分运用信息技术，探索突破时空限制、高效便捷、形式多样、"线上+线下"结合的教师教研模式，形成基层教学组织建设管理的新思路、新方法、新范式。中国人民大学马克思主义学院、北京大学马克思主义学院、北京理工大学马克思主义学院和北京化工大学马克思主义学院先后入选教育部虚拟教室建设名单。

北京市高校依托虚拟教研室，推动教师加强对专业建设、课程实施、教学内容、教学方法、教学手段、教学评价等方面的研究探索，提升教学研究意识，凝练和推广研究成果。比如，2022年8月25日，北京理工大学通过线上线下相结合的形式举办智慧思政高峰论坛暨思想政治理论课程群虚拟教研室建设工作启动会。2022年10月9日，北京化工大学思政课程引领课程思政协同育人改革虚拟教研室线上召开"提升在线教学亲和力和实效性"教学研讨会，这些都为进一步提升思政课教学质量提供了有力保障。

（六）服务保障重大活动，讲好冬奥"大思政课"

北京市高校深入贯彻落实习近平总书记在北京冬奥会、冬残奥会总结表彰大会上的重要讲话精神，挖掘冬奥所蕴含的丰富教育资源及教育价值，并以此为契机，将冬奥与思政课结合，凝聚育人合力，激发广大高校学生自觉传承弘扬冬奥精神，促使大学生将"一起向未来"的口号落实在实践之中，奋力践行"请党放心，强国有我"的历史使命，不负党和人民的期待，在青春的赛道上跑出当代青年的最好成绩。

在2022年北京冬奥会和冬残奥会期间，1.4万名首都高校师生参与志愿服务。2022年北京冬奥会圆满落幕，首都高校纷纷利用冬奥资源讲起"冰雪思政课"，让奥运精神在双奥之城久久回响。清华大学博士生讲师团充分利用冬奥重大时间契机，遴选20余名优秀讲师组建成立"冬奥志愿宣讲队"，以"小切口""小故事"讲述办奥历程与青年担当，围绕"冬

奥与中国之制""冬奥与生态文明"等主题筹备10万余字的宣讲备课资料库，形成14门冬奥主题精品课程。中国人民大学成立师生宣讲团，全面开展"我和我的冬奥故事"系列宣讲活动，通过讲述服务保障冬奥盛会的亲身经历，用心用情把志愿服务精神传递到校园中。北京师范大学通过党团引领、深度辅导、宣传激励等方式方法，鼓励大家把理想信念教育、爱国主义教育、党史学习教育融入志愿服务全过程，积极上好冬奥"大思政课"。中国石油大学（北京）制作原创歌曲《冬日焰火》，传达努力突破自己、绽放冬日里最美焰火的美好祝愿。北京中医药大学在冬奥村承建"10秒"中医药体验馆，为各个国家的运动员及随行人员展示中医药的独特魅力。

（七）北京大中小学思政课一体化建设持续发力

北京市高校全面贯彻党的教育方针，认真贯彻落实习近平总书记在中国人民大学考察时的重要讲话精神，落实教育部和北京市委关于思政课改革创新的有关部署，统筹推进大中小学思政课一体化建设，切实发挥思政课立德树人关键课程作用，全面增强思政育人效果，让思政课更好地入脑入心。为深入推进2022年北京市重点调研课题《北京市大中小学思政课一体化建设研究》工作，2022年8月15日，北京工业大学马克思主义学院联合北京市第十一中学、北工大实验学校、北京市第十一中学实验学校、北京市第十一中附属定安里小学召开"大中小学思政课一体化教学设计"集体备课会。2022年9月1日，中国人民大学在人大附中设立"大中小学思政课一体化建设教育基地"，进一步推动学校大中小学思政课一体化的发展。2022年10月13日，北京市委教育工委、市教委，中国人民大学等单位组成的联合调研课题组以线上形式召开北京市大中小学思政课一体化建设研讨会，共同交流探讨北京市大中小学思政课一体化建设情况。

（八）北京高校马克思主义学院建设扎实，为思政课建设提供有力保障

马克思主义学院是思政课建设的重要基础。在北京市的领导下，从2019年到2022年，北京高校全部设立了马克思主义学院或者思政部。按照《高等学校思想政治理论课建设标准（2021年本）》，从领导机制和体

制、课程、教材、学分、教师、教学管理、办公场所等方面全面建设马克思主义学院。比如全部设立图书资料室；国内外社科期刊的订阅保持适当规模；购买图书资料经费稳步增加；教师办公条件稳步改善；专项经费落实比较到位（落实生均40元的高校占比68.42%）；课程的设置、学分学时的落实、课堂规模的设置、教学督导制度的实施，等等，都较好地符合了《高等学校思想政治理论课建设标准（2021年本）》的要求，有力地保障了思政课教育教学的开展。

课程建设方面：北京高校贯彻落实教育部《深化新时代学校思想政治理论课改革创新先行试点工作方案》工作部署，聚焦"习近平新时代中国特色社会主义思想概论"课程建设，部分高校试点开设"习近平新时代中国特色社会主义思想在京华大地的生动实践"思政选修课。科学构建"必修课+选修课"、本硕博阶段性递进的思政课课程体系。中国人民大学严格落实相关文件精神，开齐办好思政课，在全国率先形成较为齐全、完整的思政课课程体系。增设"习近平法治思想""习近平经济思想"等思政选修课，新设"中国共产党历史100年""社会主义发展史500年""中华优秀传统文化5000年"等充分体现人大历史传统和红色基因、学科特色和专业优势的思政选修课。

教材建设方面：坚持用习近平新时代中国特色社会主义思想铸魂育人，将学习贯彻习近平新时代中国特色社会主义思想体现在课程目标、课程设置和课程教材内容中，实现全覆盖、贯穿全过程。2022年10月29日，思想道德修养与法律基础国家教材建设重点研究基地（清华大学）、毛泽东思想和中国特色社会主义理论体系概论国家教材建设重点研究基地（北京大学）和马克思主义基本原理概论国家教材建设重点研究基地（南开大学）联合主办，南开大学马克思主义学院、《马克思主义理论教学与研究》期刊承办的"学习贯彻党的二十大精神 推进高校思政课教材建设"高端学术研讨会顺利举行，20余位马克思主义理论学科著名专家学者围绕学习宣传贯彻党的二十大精神，推动党的二十大精神进教材、进课堂、进头脑，推进高校思政课教材建设高质量发展等问题展开深入研讨。

三、对策建议

（一）压实主体责任，为思政课建设提供综合保障

北京市各高校深入贯彻2022年全国教育工作会议精神和《教育部2022年工作要点》文件精神，认真落实中共中央、国务院《关于新时代加强和改进思想政治工作的意见》，中共中央办公厅、国务院办公厅印发《关于深化新时代学校思想政治理论课改革创新的若干意见》，聚焦思政课教学守正创新，加强政治引领、深化理论研究、提升育人质量。

一是进一步坚持问题导向和目标导向，大兴围绕教学难点、重点的调查研究之风，深入实际、深入课堂、深入师生，切实了解掌握思政课教学真实情况和学生真实反馈。引导教师把根源研究透彻、把措施提准提实，努力做到"有目标""有组织""有效果"。二是促进思政课建设常态化长效化制度化，建立健全思政课建设工作领导机制，全面完善思政课顶层设计、制定路线图，努力推动新时代思政课建设和改革纵深发展。三是北京市各高校始终保持政治定力，坚决维护马克思主义在意识形态领域的主导权，坚持用习近平新时代中国特色社会主义思想铸魂育人，着力打造马克思主义理论教育教学、研究宣传和人才培养的坚强阵地。

（二）数字化赋能思政课，提升思政课的实效性

一是实施教育数字化战略行动，推进现代信息技术与教育教学深度融合。遵循"应用为王、服务至上、示范引领、安全运行"要求，坚持在改进中加强，在创新中提高，建设线上线下联动的高校思政课教研系统，推进优质教学资源供给侧改革。二是组织开发科学权威实用的课件、讲义，打造案例库、重难点问题库、素材库、在线示范课程库等优质教学资源库，不断推出一批思政"金课"。三是会同中央网信办打造"大思政课"网络教育宣传云平台。加强协同联动，组织开展"同上一堂思政大课"活动。比如北京高校思想政治理论课高精尖创新中心已经汇聚文献资源300余万条、电子图书4万余册、索引数据50余万条、微视频5000余个，涵盖教学管理、师生互动、教学评价等多项功能。应该鼓励和支持高校教师充分学习和利用各个平台的资源，增强思政课的实效性。

（三）强化价值引领，增强思政课程的北京味道

一方面，思政课程要坚定"为党育人、为国育才"，引领学生树立理想信念，用习近平新时代中国特色社会主义思想铸魂育人。另一方面，思政课程要凸显北京味道。一是思政课要坚持弘扬北京红色文化，传承北京红色基因，凸显首都特点。充分利用体现北京革命历史精神、红色文化底蕴、"四个中心"城市建设成果，深入挖掘体现首都特色的课程思政元素，推动党的创新理论在京华大地扎根实践。二是构建具有鲜明首都气度、北京气质的思政课改革创新模式。在思政元素挖掘、思政内容融入、思政情境创设、思政载体选取等方面彰显"北京味道"。

第八章

教学评价

2022年，北京市委教育工委深入贯彻落实习近平新时代中国特色社会主义思想和学习宣传党的二十大精神，多措并举助力北京高校思政课建设，北京高校思政课建设质量稳步提升。那么，2022年度北京高校思政课教学评价呈现出什么样的整体特点？取得哪些新进展？还存在哪些需要进一步思考的问题？接下来依据实证调研数据和检索文献结果，从数据展示与解读、主要成绩、主要问题与对策建议三方面对2022年度北京高校思政课教学评价情况进行解析。

一、数据展示与解读

2022年，参与问卷调研的北京高校共有57所。从高校类型来看，一流大学建设高校8所，一流学科建设高校24所，非双一流建设高校25所。接下来主要依据调研数据和文献检索，从思政课教学评价体系结构、思政课评教、思政课教学相关获奖、新闻媒介相关报道等方面进行数据展示与解读。

（一）思政课教学评价体系结构概况

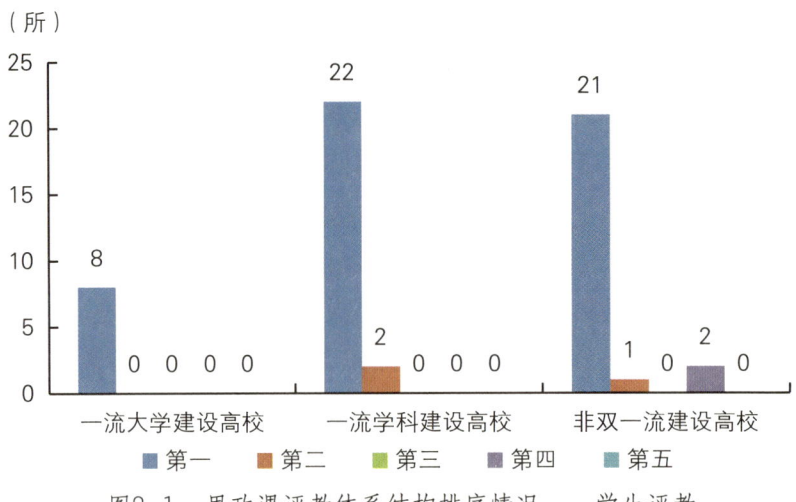

1.参加调研高校2022年度"学生评教"排序情况（见图8-1）

图8-1 思政课评教体系结构排序情况——学生评教

调研显示，参与调研的57所高校都回答了"学生评教"问题。从实证调研数据来看，在参与调研的57所高校中，有51所高校将"学生评教"排在思政课评教体系"第一位"，占参与调研高校总数的89.47%；有3所高校将"学生评教"排在思政课评教体系"第二位"，占参与调研高校总数的5.26%；有2所高校将"学生评教"排在思政课评教体系"第四位"，占参与调研高校总数的3.51%。

选择将"学生评教"排在思政课评教体系"第一位"的51所高校中，8所一流大学建设高校全部选择将"学生评教"排在思政课评教体系"第一位"，占参与调研高校总数的14.04%，占参与调研的一流大学建设高校的100.00%。有22所一流学科建设高校选择将"学生评教"排在思政课评教体系"第一位"，占参与调研高校总数的38.60%，占参与调研的一流学科建设高校的91.67%。有21所非双一流建设高校选择将"学生评教"排在思政课评教体系"第一位"，占参与调研高校总数的36.84%，占参与调研的非双一流建设高校的84.00%。选择将"学生评教"排在思政课评教体系"第二位"的3所高校，有2所一流学科建设高校选择将"学生评教"排在思政课评教体系"第二位"，占参与调研高校总数的3.51%，占参与调研的一流学科建设高校的8.33%。1所非双一流建设高校选择将"学生评教"排在思政课评教体系"第二位"，占参与调研高校总数的1.75%，占参与调研的非双一流建设高校的4.00%。此外，调研数据还显示有2所非双一流建设高校选择将"学生评教"排在思政课评教体系"第四位"，占参与调研的非双一流建设高校的8.00%。

2.参加调研高校2022年度"教师评学"排序情况(见图8-2)

（所）

	第一	第二	第三	第四	第五
一流大学建设高校	0	3	1	0	0
一流学科建设高校	1	11	4	0	0
非双一流建设高校	0	9	8	4	0

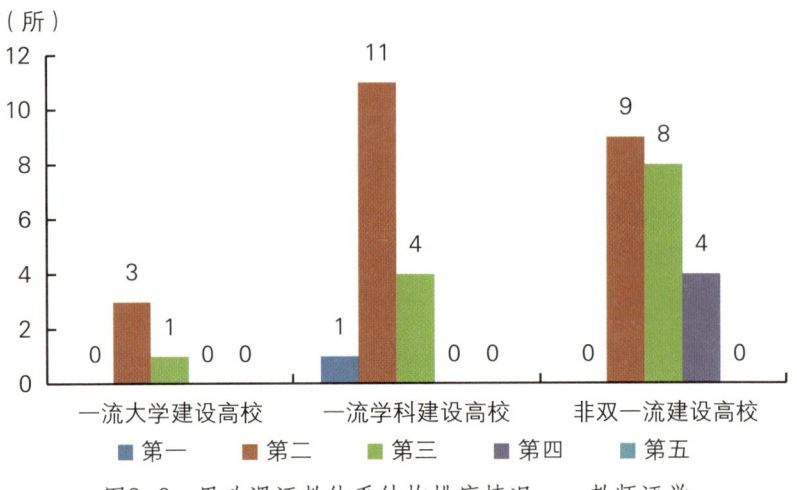

图8-2 思政课评教体系结构排序情况——教师评学

调研显示，在参与调研的57所高校中，有41所高校选择了"教师评学"情况，占参与调研高校总数的71.93%。在选择"教师评学"的41所高校中，有1所高校将"教师评学"排在思政课评教体系"第一位"，占参与调研高校总数的1.75%；有23所高校将"教师评学"排在思政课评教体系"第二位"，占参与调研高校总数的40.35%；有13所高校将"教师评学"排在思政课评教体系"第三位"，占参与调研高校总数的22.81%；有4所高校将"教师评学"排在思政课评教体系"第四位"，占参与调研高校总数的7.02%。

选择将"教师评学"排在思政课评教体系"第一位"的是1所一流学科建设高校，占参与调研一流学科建设高校的4.17%，占参与调研高校总数的1.75%。选择将"教师评学"排在思政课评教体系"第二位"的23所高校中，有3所一流大学建设高校，占参与调研高校总数的5.26%，占参与调研的一流大学建设高校的37.50%；有11所一流学科建设高校，占参与调研高校总数的19.30%，占参与调研的一流学科建设高校的45.83%；有9所非双一流建设高校，占参与调研高校总数的15.79%，占参与调研的非双一流建设高校的36%。选择将"教师评学"排在思政课评教体系"第三位"的13所高校中，有1所一流大学建设高校，占参与调研高校总数的1.75%，占参与调研的一流大学建设高校的12.50%；有4所一流学科建设高校，占参与调研高校总数的7.02%，占参与调研的一流学科建设高校的16.67%；有8所非双一流建设高校，占参与调研高校总数的14.04%，占参与调研的非双一流建设高校的32.00%。选择将"教师评学"排在思政课评教体系"第四位"的为4所非双一流建设高校，占参与调研高校总数的7.02%，占参与调研的非双一流建设高校的16.00%。

3.参与调研高校2022年度"督导评教"排序情况（见图8-3）

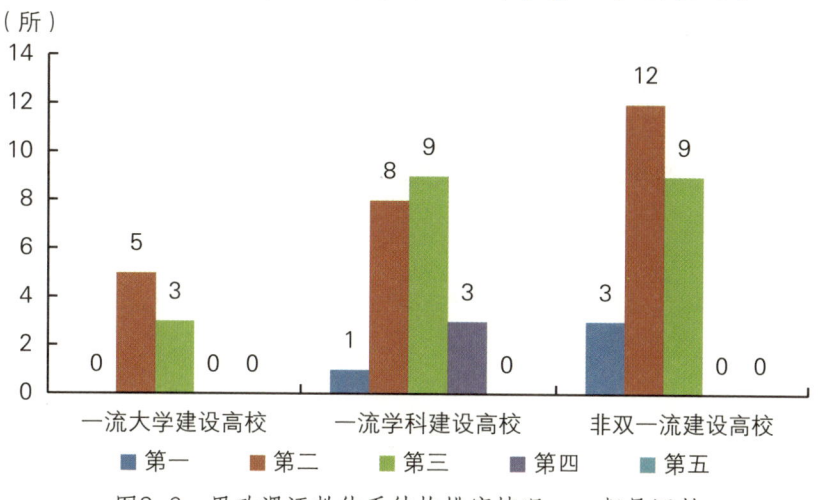

图8-3 思政课评教体系结构排序情况——督导评教

调研显示，在参与调研的57所高校中，有53所高校选择了"督导评教"，占参与调研高校总数的92.98%；有4所高校未选择"督导评教"，占参与调研高校总数的7.02%。选择"督导评教"的53所高校中，有4所高校将"督导评教"排在思政课评教体系"第一位"，占参与调研高校总数的7.02%；有25所高校将"督导评教"排在思政课评教体系"第二位"，占参与调研高校总数的43.86%；有21所高校将"督导评教"排在思政课评教体系"第三位"，占参与调研高校总数的36.84%；有3所高校将"督导评教"排在思政课评教体系"第四位"，占参与调研高校总数的5.26%。

将"督导评教"排在思政课评教体系"第一位"的4所高校中，有1所一流学科建设高校，占参与调研高校总数的1.75%，占参与调研的一流学科建设高校的4.17%；有3所非双一流建设高校，占参与调研高校总数的5.26%，占参与调研的非双一流建设高校的12.00%。将"督导评教"排在思政课评教体系"第二位"的25所高校中，有5所一流大学建设高校，占参与调研高校总数的8.77%，占参与调研一流大学建设高校的62.50%；有8所一流学科建设高校，占参与调研高校总数的14.04%，占参与调研一流学科建设高校的33.33%；有12所非双一流建设高校，占参与调研高校总数的21.05%，占参与调研非双一流建设高校的48.00%。将"督导评教"排在思政课评教体系"第三位"的21所高校中，有3所一流大学建设高校，占参与调研高校总数的5.26%，占参与调研一流大学建设高校的37.50%；有9所一流学科建设高校，占参与调研高校总数的15.79%，占参与调研一流学科建设高校的37.50%；有9所非双一流建设高校，占参与调研高校总数的15.79%，占参与调研非双一流建设高校的36.00%。将"督导评教"排在思政课评教体系"第四位"的为3所一流学科建设高校，占参与调研高校总数的5.26%，占参与调研一流学科建设高校的12.50%。

4.参与调研高校2022年度"校领导评教"排序情况（见图8-4）

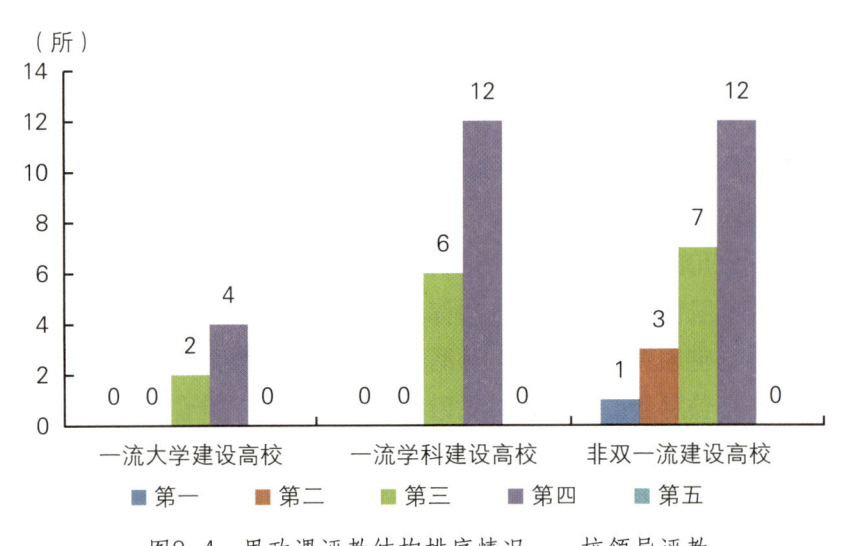

图8-4 思政课评教结构排序情况——校领导评教

调研显示，在参与调研的57所高校中，有47所高校选择了"校领导评教"，占参与调研高校总数的82.46%，有10所高校未选择"校领导评教"，占参与调研高校总数的17.54%。选择"校领导评教"的47所高校中，有1所高校将"校领导评教"排在思政课评教体系"第一位"，占参与调研高校总数的1.75%；有3所高校将"校领导评教"排在思政课评教体系"第二位"，占参与调研高校总数的5.26%；有15所高校将"校领导评教"排在思政课评教体系"第三位"，占参与调研高校总数的26.32%；有28所高校将"校领导评教"排在思政课评教体系"第四位"，占参与调研高校总数的49.12%。

将"校领导评教"排在思政课评教体系"第一位"的为1所非双一流建设高校,占参与调研的非双一流建设高校的4.00%。将"校领导评教"排在思政课评教体系"第二位"的为3所非双一流建设高校,占参与调研的非双一流建设高校的12.00%。将"校领导评教"排在思政课评教体系"第三位"的15所高校中,有2所一流大学建设高校,占参与调研高校总数的3.51%,占参与调研的一流大学建设高校的25.00%;有6所一流学科建设高校,占参与调研高校总数的10.53%,占参与调研的一流学科建设高校的25.00%;有7所非双一流建设高校,占参与调研高校总数的12.28%,占参与调研的非双一流建设高校的28.00%。将"校领导评教"排在思政课评教体系"第四位"的28所高校中,有4所一流大学建设高校,占参与调研高校总数的7.02%,占参与调研的一流大学建设高校的50.00%;有12所一流学科建设高校,占参与调研高校总数的21.05%,占参与调研的一流学科建设高校的50.00%;有12所非双一流建设高校,占参与调研高校总数的21.05%,占参与调研的非双一流建设高校的48.00%。

5.参与调研高校2022年度"校外同行评教"排序情况(见图8-5)

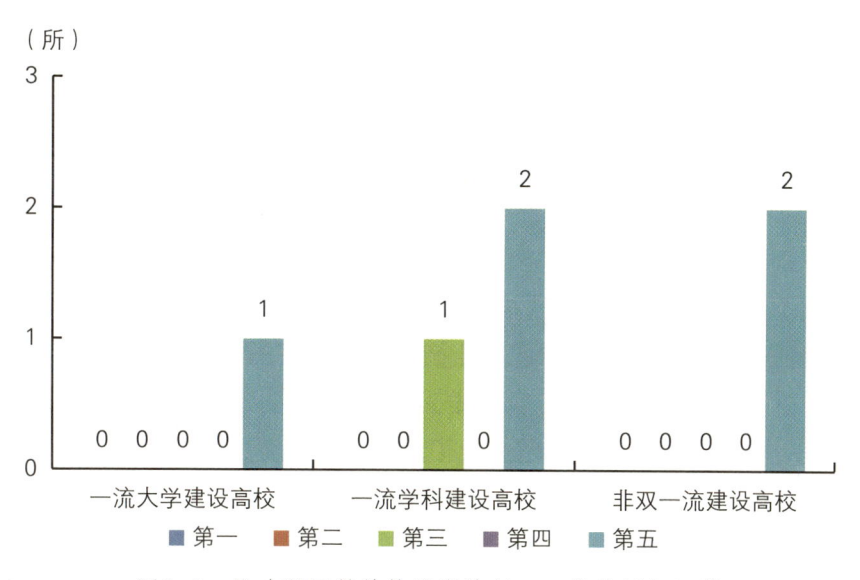

图8-5 思政课评教结构排序情况——校外同行评教

调研显示,在参与调研的57所高校中,有6所高校选择了"校外同行评教",占参与调研高校总数的10.53%,有51所高校未选择"校外同行评教",占参与调研高校总数的89.47%。在参与选择"校外同行评教"的6

所高校中，没有高校选择将"校外同行评教"排在思政课评教体系"第一位""第二位"和"第四位"，有1所一流学科建设高校将"校外同行评教"排在思政课评教体系的"第三位"，占参与调研高校总数的1.75%，占参与调研的一流学科建设高校的4.17%。将"校外同行评教"排在思政课评教体系"第五位"的5所高校中，有1所一流大学建设高校，占参与调研高校总数的1.75%，占参与调研的一流大学建设高校的12.50%；有2所一流学科建设高校，占参与调研高校总数的3.51%，占参与调研的一流学科建设高校的8.33%；有2所非双一流建设高校，占参与调研高校的3.51%，占参与调研的非双一流建设高校的8.00%。

综上所述，在2022年度调研过程中，有56所高校选择了"学生评教"，在思政课评教体系中排在第一位；有53所高校选择了"督导评教"，在思政课评教体系中排在第二位；有47所高校选择了"校领导评教"，在思政课评教体系中排在第三位；有41所高校选择了"教师评学"，在思政课评教体系中排在第四位；有6所高校选择了"校外同行评教"，在思政课评教体系中排在第五位。具体调研数据如图8-6所示。

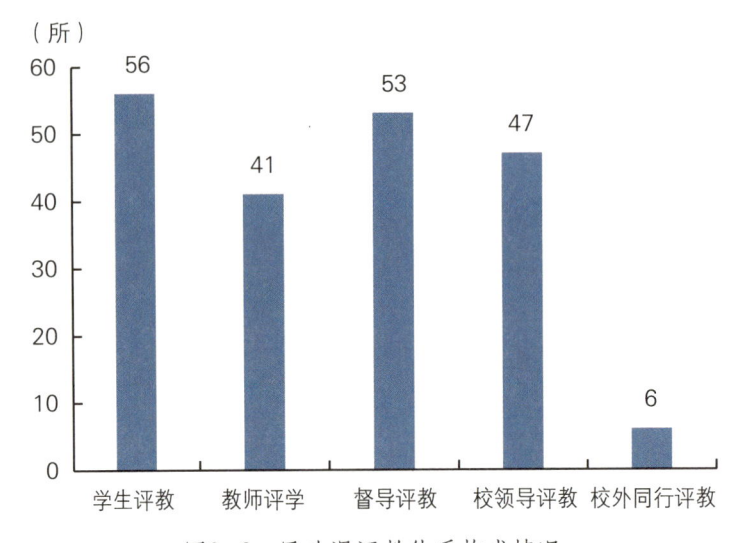

图8-6 思政课评教体系构成情况

从图8-6可以看出，当前北京高校思政课评教过程中，主要是通过学生评教、教师评学、督导评教、校领导评教、校外同行评教等方式进行。其中，"学生评教"和"督导评教"的方式排在最前面，"校领导评教"与"教师评学"的方式紧随其后。这四种方式成为当前北京高校思政课教学评教的主体方式。与这四种评教方式相比,"校外同行评教"的方式还不占优势。

(二)思政课评教的相关情况

1.思政课评教时间的安排情况(见图8-7)

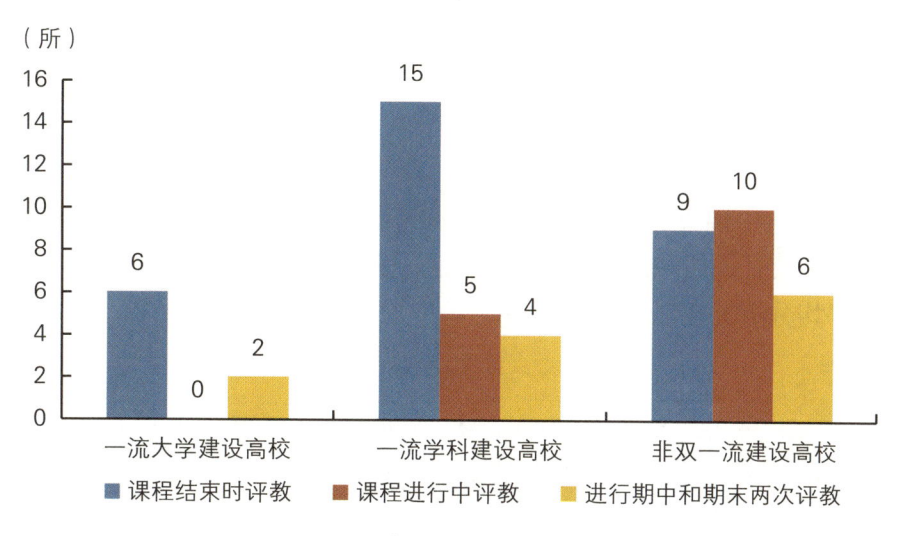

图8-7 思政课评教时间安排情况

调研显示,参与调研的57所高校均对"思政课评教时间安排"进行了回答。在回答"思政课评教时间安排"问题时,有30所高校选择了"课程结束时评教",占参与调研高校总数的52.63%,在"思政课评教时间安排"中排在第一位;有15所高校选择"课程进行中评教",占参与调研高校总数的26.32%,在"思政课评教时间安排"中排在第二位;有12所高校选择"进行期中和期末两次评教",占参与调研高校总数的21.05%,在"思政课评教时间安排"中排在第三位。

选择"课程结束时评教"的30所高校中,有6所一流大学建设高校,占参与调研高校总数的10.53%,占参与调研的一流大学建设高校的75.00%;有15所一流学科建设高校,占参与调研高校总数的26.32%,占参与调研的一流学科建设高校的62.50%;有9所非双一流建设高校,占参与调研高校总数的15.79%,占参与调研的非双一流建设高校总数的36.00%。选择"课程进行中评教"的15所高校中,有5所一流学科建设高校,占参与调研高校总数的8.77%,占参与调研的一流学科建设高校的20.83%;有10所非双一流建设高校,占参与调研高校总数的17.54%,占参与调研的非双一流建设高校的40.00%。选择"进行期中和期末两次评教"的12所高校中，有2所一流大学建设高校，占参与调研高校总数的3.51%，占参与调研的一流大学建设高校的25.00%；有4所一流学科建设高校，占参与调研高校总数的7.02%，占参与调研的一流学科建设高校的16.67%；有6所非双一流建设高校，占参与调研高校的10.53%，占参与调研的非双一流建设高校的24.00%。

2.学生对思政课的评教平均分情况

2022年度，在评教课程上，除了之前评价的思政课课程外，新增加了对党史、新中国史、改革开放史、社会主义发展史等课程的评教。根据2022年的实证调研数据，经过加和计算，制成2022年北京高校思政课学生评教平均分情况表，如表8-1所示。

表8-1　2022年北京高校思政课学生评教平均分情况

单位：分

课程名称	一流大学建设高校评教平均分	一流学科建设高校评教平均分	非双一流建设高校评教平均分	北京高校评教平均分
思想道德与法治	92.09	93.92	94.82	94.10
中国近现代史纲要	92.58	94.48	94.81	94.36
马克思主义基本原理	91.66	93.74	94.80	93.91
毛泽东思想和中国特色社会主义理论体系概论	91.36	93.86	94.70	93.92
新时代中国特色社会主义理论与实践	92.73	94.95	95.17	94.77
自然辩证法概论	91.84	95.16	93.98	94.09
马克思主义与社会科学方法论	92.63	94.52	94.53	94.30
中国马克思主义与当代	91.80	94.91	95.44	94.60
马克思恩格斯列宁经典著作选读	93.87	95.26	94.93	94.98
习近平新时代中国特色社会主义思想概论	90.88	94.20	95.06	94.11
党史	93.30	94.21	95.03	94.40
新中国史	90.40	94.34	94.62	93.64
改革开放史	90.55	93.70	95.28	93.78
社会主义发展史	93.35	94.07	94.66	94.15

从表8-1可以看出，2022年度一流大学建设高校的思政课平均分均未超过2022年度北京高校思政课评教平均分。2022年度一流学科建设高校、

非双一流建设高校的思政课评教平均分与2022年度北京高校思政课评教平均分相比，"中国近现代史纲要""新时代中国特色社会主义理论与实践""马克思主义与社会科学方法论""习近平新时代中国特色社会主义思想概论"课的评教平均分均超过北京高校思政课评教平均分。具体课程评教平均分的数据情况解析如下：

就"思想道德与法治"课程而言，一流大学建设高校课程的评教平均分为92.09分，比北京高校评教平均分94.10分低了2.01分；一流学科建设高校课程的评教平均分为93.92分，比北京高校评教平均分94.10分低了0.18分；非双一流建设高校的评教平均分为94.82分，比北京高校评教平均分94.10分高了0.72分。非双一流建设高校的评教平均分高于一流大学建设高校和一流学科建设高校。

就"中国近现代史纲要"课程而言，一流大学建设高校课程的评教平均分为92.58分，比北京高校评教平均分94.36分低了1.78分；一流学科建设高校课程的评教平均分为94.48分，比北京高校评教平均分94.36分高了0.12分；非双一流建设高校的评教平均分为94.81分，比北京高校评教平均分94.36分高了0.45分。非双一流建设高校的评教平均分高于一流大学建设高校和一流学科建设高校。

就"马克思主义基本原理"课程而言，一流大学建设高校课程的评教平均分为91.66分，比北京高校评教平均分93.91分低了2.25分；一流学科建设高校课程的评教平均分为93.74分，比北京高校评教平均分93.91分低了0.17分；非双一流建设高校的评教平均分为94.80分，比北京高校评教平均分93.91分高了0.89分。非双一流建设高校的评教平均分高于一流大学建设高校和一流学科建设高校。

就"毛泽东思想和中国特色社会主义理论体系概论"课程而言，一流大学建设高校课程的评教平均分为91.36分，比北京高校评教平均分93.92分低了2.56分；一流学科建设高校课程的评教平均分为93.86分，比北京高校评教平均分93.92分低了0.06分；非双一流建设高校的评教平均分为94.70分，比北京高校评教平均分93.92分高了0.78分。非双一流建设高校的评教平均分高于一流大学建设高校和一流学科建设高校。

就"习近平新时代中国特色社会主义思想概论"而言，一流大学建设高校课程的评教平均分为90.88分，比北京高校评教平均分94.11分低了3.23

分；一流学科建设高校课程的评教平均分为94.20分，比北京高校评教平均分94.11分高了0.09分；非双一流建设高校的评教平均分为95.06分，比北京高校评教平均分94.11分高了0.95分。非双一流建设高校的评教平均分高于一流大学建设高校和一流学科建设高校的评教平均分。

就"新时代中国特色社会主义理论与实践"课程而言，一流大学建设高校课程的评教平均分为92.73分，比北京高校评教平均分94.77分低了2.04分；一流学科建设高校课程的评教平均分为94.95分，比北京高校评教平均分94.77分高了0.18分；非双一流建设高校的评教平均分为95.17分，比北京高校评教平均分94.77分高了0.40分。非双一流建设高校的评教平均分高于一流大学建设高校和一流学科建设高校的评教平均分。

就"自然辩证法概论"课程而言，一流大学建设高校课程的评教平均分为91.84分，比北京高校评教平均分94.09分低了2.25分；一流学科建设高校课程的评教平均分为95.16分，比北京高校评教平均分94.09分高了1.07分；非双一流建设高校的评教平均分为93.98分，比北京高校评教平均分94.09分低了0.11分。一流学科建设高校的评教平均分高于一流大学建设高校和非双一流建设高校的评教平均分。

就"马克思主义与社会科学方法论"课程而言，一流大学建设高校课程的评教平均分为92.63分，比北京高校评教平均分94.30分低了1.67分；一流学科建设高校课程的评教平均分为94.52分，比北京高校评教平均分94.30分高了0.22分；非双一流建设高校的评教平均分为94.52分，比北京高校评教平均分94.30分高了0.22分。一流大学建设高校的评教平均分低于一流学科建设高校和非双一流建设高校的评教平均分。

就"中国马克思主义与当代"课程而言，一流大学建设高校课程的评教平均分为91.80分，比北京高校评教平均分94.60分低了2.80分；一流学科建设高校课程的评教平均分为94.91分，比北京高校评教平均分94.60分高了0.31分；非双一流建设高校的评教平均分为95.44分，比北京高校评教平均分94.60分高了0.84分。非双一流建设高校的评教平均分高于一流大学建设高校和一流学科建设高校的评教平均分。

就"马克思恩格斯列宁经典著作选读"课程而言，一流大学建设高校课程的评教平均分为93.87分，比北京高校评教平均分94.98分低了1.11分；一流学科建设高校课程的评教平均分为95.26分，比北京高校评教平均分

94.98分高了0.28分；非双一流建设高校的评教平均分为94.93分，比北京高校评教平均分94.98分低了0.05分。一流学科建设高校的评教平均分高于一流大学建设高校和非双一流建设高校的评教平均分。

就"党史"课程而言，一流大学建设高校课程的评教平均分为93.30分，比北京高校评教平均分94.40分低了1.10分；一流学科建设高校课程的评教平均分为94.21分，比北京高校评教平均分94.40分低了0.19分；非双一流建设高校的评教平均分为95.03分，比北京高校评教平均分94.40分高了0.63分。一流大学建设高校和一流学科建设高校的评教平均分低于非双一流建设高校的评教平均分。

就"新中国史"课程而言，一流大学建设高校课程的评教平均分为90.40分，比北京高校评教平均分93.64分低了3.24分；一流学科建设高校课程的评教平均分为94.34分，比北京高校评教平均分93.64分高了0.70分；非双一流建设高校的评教平均分为94.62分，比北京高校评教平均分93.64分高了0.98分。一流大学建设高校的评教平均分低于一流学科建设高校和非双一流建设高校的评教平均分。

就"改革开放史"课程而言，一流大学建设高校课程的评教平均分为90.55分，比北京高校评教平均分93.78分低了3.23分；一流学科建设高校课程的评教平均分为93.70分，比北京高校评教平均分93.78分低了0.08分；非双一流建设高校的评教平均分为95.28分，比北京高校评教平均分93.78分高了1.50分。一流大学建设高校的评教平均分低于一流学科建设高校和非双一流建设高校的评教平均分。

就"社会主义发展史"课程而言，一流大学建设高校课程的评教平均分为93.35分，比北京高校评教平均分94.15分低了0.80分；一流学科建设高校课程的评教平均分为94.07分，比北京高校评教平均分94.15分低了0.08分；非双一流建设高校的评教平均分为94.66分，比北京高校评教平均分94.15分高了0.51分。一流大学建设高校的评教平均分低于一流学科建设高校和非双一流建设高校的评教平均分。

综上所述，在2022年度北京高校思政课教学评教分数中，一流大学建设高校的评教平均分均低于北京高校思政课评教平均分。一流学科建设高校的中国近现代史纲要、新时代中国特色社会主义理论与实践、自然辩证法概论、马克思主义与社会科学方法论、中国马克思主义与当代、马克思恩格斯列宁经典著作选读、习近平新时代中国特色社会主义思想概论、新中国史等8门课程的评教平均分高于北京高校思政课评教平均分。非双一流建设高校的思想道德与法治、马克思主义基本原理、中国近现代史纲要、毛泽东思想和中国特色社会主义理论体系概论、新时代中国特色社会主义理论与实践、马克思主义与社会科学方法论、中国马克思主义与当代、习近平新时代中国特色社会主义思想概论、党史、新中国史、改革开放史、社会主义发展史等12门课程的评教平均分高于北京高校思政课评教平均分。

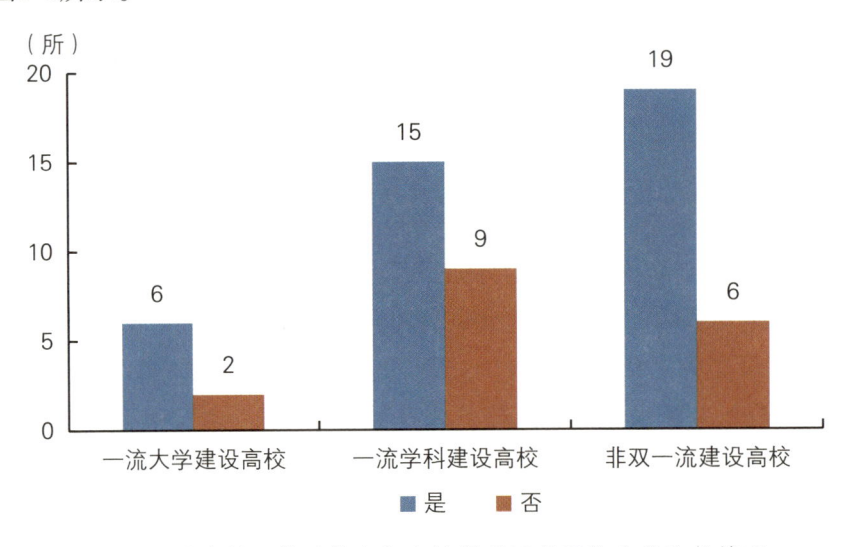

3.思政课评教平均分与全校课程评教平均分的比较情况

2022年北京高校思政课评教平均分与全校课程评教平均分的比较情况如图8-8所示。

图8-8　思政课评教平均分与全校课程评教平均分的比较情况

调研显示，在参与调研的57所高校中，选择"思政课评教平均分高于全校课程评教平均分"的共有40所高校，占参与调研高校的70.18%；选择"思政课评教平均分低于全校课程评教平均分"的共有17所高校，占参与调研高校的29.82%。

在选择"思政课评教平均分高于全校课程评教平均分"的40所高校中，有6所一流大学建设高校，占参与调研高校的10.53%，占参与调研的一流大学建设高校的75.00%；有15所一流学科建设高校，占参与调研高校的26.32%，占参与调研的一流学科建设高校的62.50%；有19所非双一流建设高校，占参与调研高校的33.33%，占参与调研的非双一流建设高校的76.00%。在选择"思政课评教平均分低于全校课程评教平均分"的17所高校中，有2所一流大学建设高校，占参与调研高校的3.51%，占参与调研的一流大学建设高校的25.00%；有9所一流学科建设高校，占参与调研高校的15.79%，占参与调研的一流学科建设高校的37.50%；有6所非双一流建设高校，占参与调研高校的10.53%，占参与调研的非双一流建设高校的24.00%。

综上所述，2022年北京高校思政课评教平均分高于全校课程评教平均分的是40所高校，思政课评教平均分低于全校课程评教平均分的是17所高校。这说明2022年有70.18%的高校思政课评教平均分高于全校课程评教平均分。

4.思政课教师对课堂教学的主观评价情况

首先，思政课教师对学生出勤状况的评价，调研数据如图8-9所示。

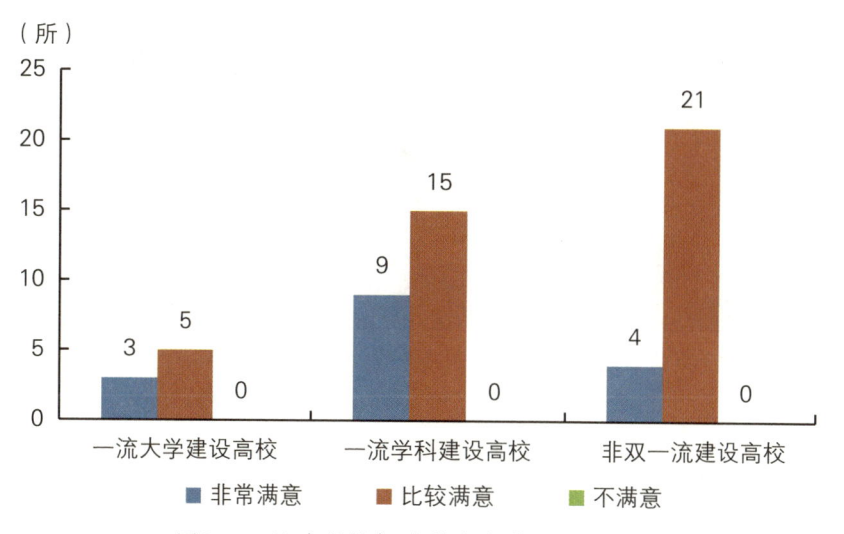

图8-9 思政课教师对学生出勤状况的评价

调研显示，参与调研的57所高校均对"思政课教师对学生出勤状况"进行评价，有16所高校选择了"非常满意"，占参与调研高校的28.07%；有41所高校选择了"比较满意"，占参与调研高校的71.93%。对"思政课教师对学生出勤状况"进行评价中选择"非常满意"的16所高校中，有3所一流大学建设高校，占参与调研高校的5.26%，占参与调研的一流大学建设高校的37.50%；有9所一流学科建设高校，占参与调研高校的

15.79%，占参与调研的一流学科建设高校的37.50%；有4所非双一流建设高校，占参与调研高校的7.02%，占参与调研的非双一流建设高校的16.00%。对"思政课教师对学生出勤状况"进行评价中选择"比较满意"的41所高校中，有5所一流大学建设高校，占参与调研高校的8.77%，占参与调研的一流大学建设高校的62.50%；有15所一流学科建设高校，占参与调研高校的26.32%，占参与调研的一流学科建设高校的62.50%；有21所非双一流建设高校，占参与调研高校的36.84%，占参与调研的非双一流建设高校的84.00%。

其次，思政课教师对学生上课注意力集中状况的评价情况，如图8-10所示。

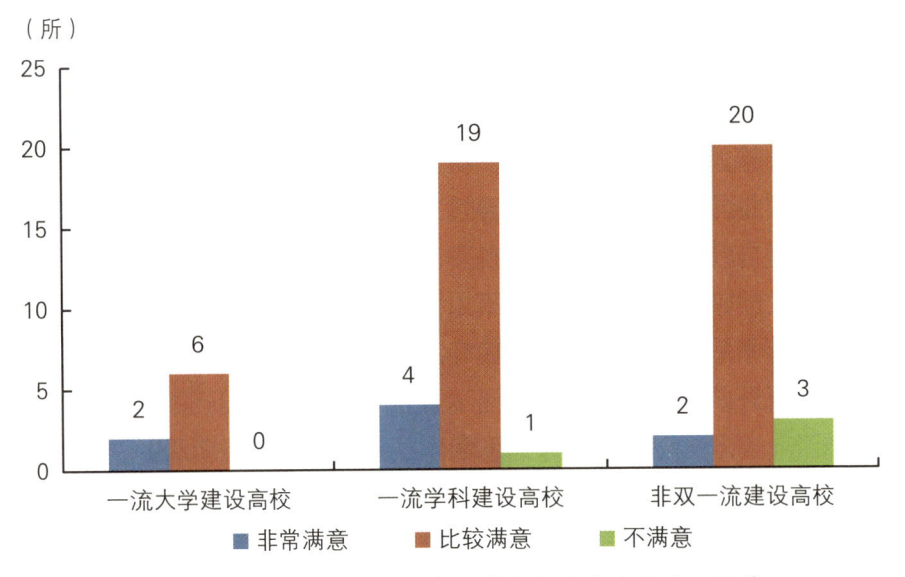

图8-10 思政课教师对学生上课注意力集中状况的评价

调研显示，参与调研的57所高校均对"思政课教师对学生上课注意力集中状况"进行了评价，有8所高校选择了"非常满意"，占参与调研高校的14.04%；有45所高校选择了"比较满意"，占参与调研高校的78.95%；有4所高校选择了"不满意"，占参与调研高校的7.02%。

选择"非常满意"的8所高校中，有2所一流大学建设高校，占参与调研高校的3.51%，占参与调研的一流大学建设高校的25.00%；有4所一流学科建设高校，占参与调研高校的7.02%，占参与调研的一流学科建设高校的16.67%；有2所非双一流建设高校，占参与调研高校的3.51%，占参与调研的非双一流建设高校的8.00%。对"思政课教师对学生上课注意力集中状况"进行评价,选择"比较满意"的45所高校中,有6所一流大学建设高校,占参与调研高校的10.53%,占参与调研的一流大学建设高校的75.00%;有19所一流学科建设高校,占参与调研高校的33.33%,占参与调研的一流学科建设高校的79.17%;有20所非双一流建设高校,占参与调研高校的35.09%,占参与调研的非双一流建设高校的80.00%。对"思政课教师对学生上课注意力集中状况"进行评价,选择"不满意"的4所高校中,有1所一流学科建设高校,占参与调研高校的1.75%,占参与调研的一流学科建设高校的4.17%;有3所非双一流建设高校,占参与调研高校的5.26%,占参与调研的非双一流建设高校的12.00%。

再次,思政课教师对学生课堂互动状况的评价,调研数据如图8-11所示。

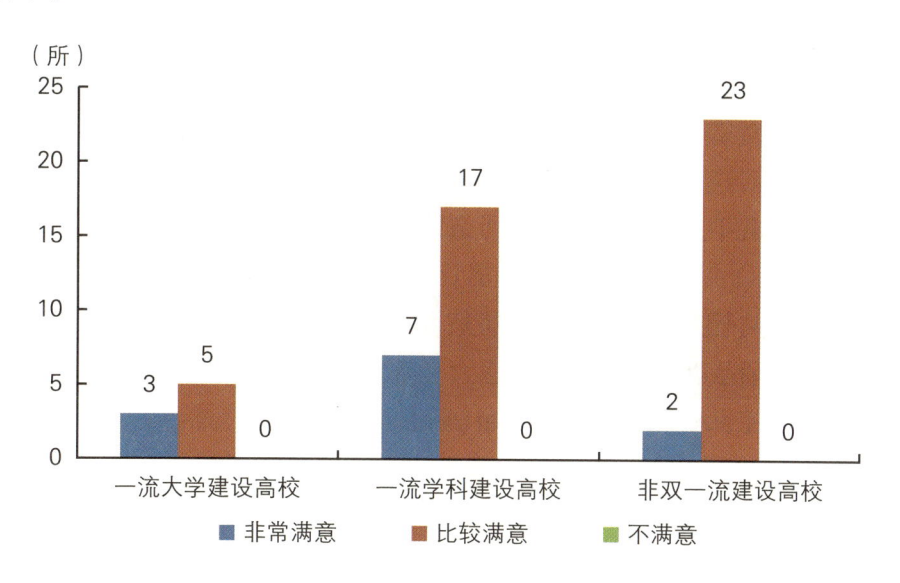

图8-11 思政课教师对学生课堂互动状况的评价

调研显示,参与调研的57所高校均对"思政课教师对学生课堂互动状况"进行了评价,没有高校选择"不满意"。有12所高校选择了"非常满意",占参与调研高校的21.05%;有45所高校选择了"比较满意",占参与调研高校的78.95%。对"思政课教师对学生课堂互动状况"进行评价中选择"非常满意"的12所高校中,有3所一流大学建设高校,占参与调研高校的5.26%,占参与调研的一流大学建设高校的37.50%;有7所一流学科建设高校，占参与调研高校的12.28%，占参与调研的一流学科建设高校的29.17%；有2所非双一流建设高校，占参与调研高校的3.51%，占参与调研的非双一流建设高校的8.00%。

对"思政课教师对学生课堂互动状况"进行评价中选择"比较满意"的45所高校中，有5所一流大学建设高校，占参与调研高校的8.77%，占参与调研的一流大学建设高校的62.50%；有17所一流学科建设高校，占参与调研高校的29.82%，占参与调研的一流学科建设高校的70.83%；有23所非双一流建设高校，占参与调研高校的40.35%，占参与调研的非双一流建设高校的92.00%。

最后，思政课教师对学生运用思政课原理分析现实问题的评价，调研数据如图8-12所示。

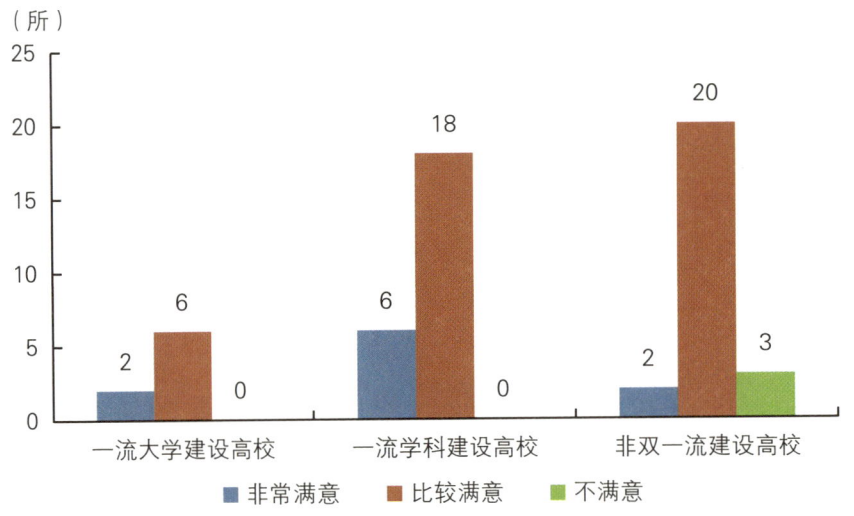

图8-12 思政课教师对学生运用思政课原理分析现实问题的评价

调研显示，参与调研的57所高校均对"思政课教师对学生运用思政课原理分析现实问题状况"进行了评价，有10所高校选择了"非常满意"，占参与调研高校的17.54%；有44所高校选择了"比较满意"，占参与调研高校的77.19%；有3所高校选择了"不满意"，占参与调研高校的5.26%。

选择"非常满意"的10所高校中，有2所一流大学建设高校，占参与调研高校的3.51%，占参与调研的一流大学建设高校的25.00%；有6所一流学科建设高校，占参与调研高校的10.53%，占参与调研的一流学科建设高校的25.00%；有2所非双一流建设高校，占参与调研高校的3.51%，占参与调研的非双一流建设高校的8.00%。对"思政课教师对学生运用思政课原理分析现实问题状况"进行评价中选择"比较满意"的44所高校中，有6所一流大学建设高校，占参与调研高校的10.53%，占参与调研的一流大学建设高校的75.00%；有18所一流学科建设高校，占参与调研高校的31.58%，占参与调研的一流学科建设高校的75.00%；有20所非双一流建设高校，占参与调研高校的35.09%，占参与调研的非双一流建设高校的80.00%。对"思政课教师对学生运用思政课原理分析现实问题状况"进行评价中选择"不满意"的3所高校均为非双一流建设高校，占参与调研高校的5.26%，占参与调研的非双一流建设高校的12.00%。

（三）思政课教学相关获奖情况

1.教学比赛获奖情况

2022年度北京高校思政课教师教学比赛获奖情况调研数据如图8-13所示。

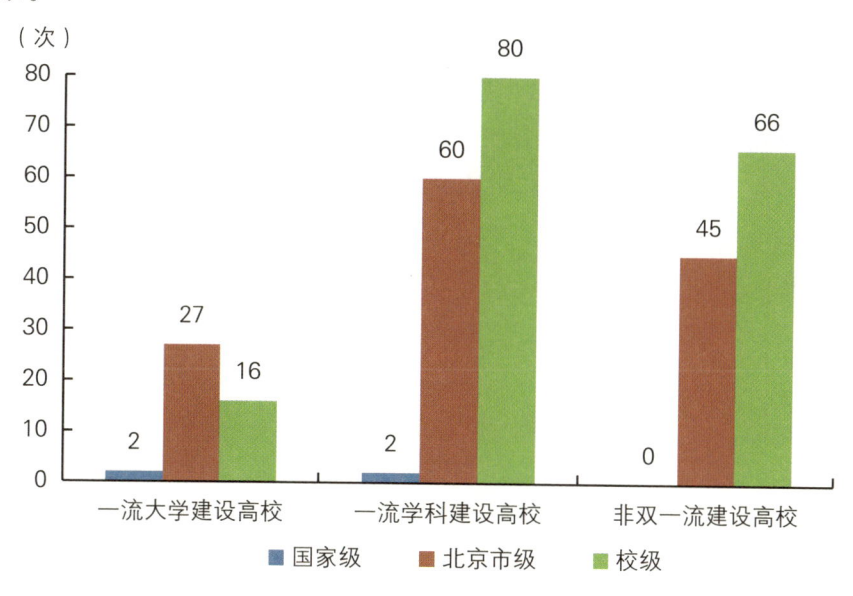

图8-13　2022年度北京高校思政课教师教学比赛获奖情况

调研显示，2022年度北京高校思政课教师教学比赛累计获奖298次，其中国家级获奖4次，占教学比赛获奖总数的1.34%；北京市级别（省部级）获奖132次，占教学比赛获奖总数的44.30%；校级获奖162次，占教学比赛获奖总数的54.36%。

国家级教学比赛获奖4次，其中一流大学建设高校获奖2次（均为北京理工大学，获三等奖1项和优秀组织奖1项），占国家级教学比赛获奖总数的50.00%，一流学科建设高校获国家级教学比赛奖项2次（中央财经大学获一等奖1项，北京化工大学获二等奖1项）。

北京市级教学比赛获奖132次，其中一流大学建设高校获奖27次，占北京市级教学比赛获奖总数的20.45%；一流学科建设高校获奖60次，占北京市级教学比赛获奖总数的45.45%；非双一流建设高校获奖45次，占北京市级教学比赛获奖总数的30.30%。

校级教学比赛获奖162次，其中一流大学建设高校获奖16次，占校级教学比赛获奖总数的9.88%；一流学科建设高校获奖80次，占校级教学比赛获奖总数的49.38%；非双一流建设高校获奖66次，占校级教学比赛获奖总数的40.74%。

2.教学成果奖情况

按照教育部教学成果奖评选的规则，2022年度进行了国家级教学成果奖的评选，但评审结果在2022年度尚未公示。2021年12月，北京市教委启动了北京市级教学成果奖的评选工作，获奖结果于2022年公布。因此2022年度北京高校教学成果奖的统计情况没有国家级教学成果奖，统计的数据皆为北京市级教学成果奖和校级教学成果奖的情况，调研数据如图8-14所示：

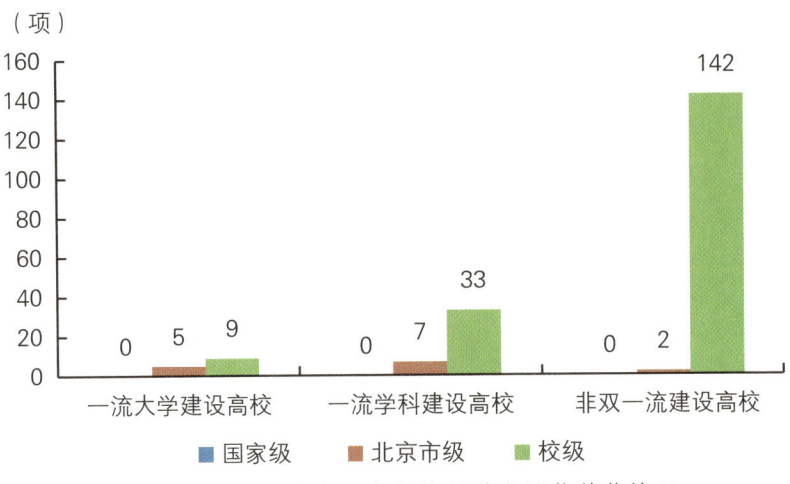

图8-14 2022年度北京高校教学成果奖获奖情况

调研显示，2022年度，北京高校思政课方面共计获得教学成果奖198项，其中获得北京市级教学成果奖14项，占教学成果奖获奖总数的

7.07%；获得校级教学成果奖184项，占教学成果奖获奖总数的92.93%。

在14项北京市级教学成果奖中，一流大学建设高校共计获奖5项，占北京市级教学成果奖的35.71%；一流学科建设高校共计获奖7项，占北京市级教学成果奖的50.00%；非双一流建设高校共计获奖2项，占北京市级教学成果奖的14.29%。通过文献检索，查到获奖信息统计如下表8-2所示：

表8-2　2022年度北京市级教学成果奖获奖情况

获奖等级	项目名称	获奖高校（牵头单位）
特等奖1项	孵化和打造"高精尖"水平"思政金课"——思想政治理论课课程资源平台建设	中国人民大学
一等奖4项	"立体化、专题式、多样态"高校思政课铸魂育人教学体系的改革创新	北京大学
	造就国家急需后备人才导向的马克思主义理论学科本硕博一体化培养体系建设	中国人民大学
	"四力提升、五微提质、六维提效"高校思政课"立体课堂"综合改革与实践	北京化工大学
	基于新媒体新技术的高校思政课全员互动教学模式改革	北京工业大学
二等奖9项	清华大学马克思主义理论研究学生因材施教计划（"林枫计划"）的探索与实践	清华大学
	以问题为导向的"三三制"协同育人思政课教学改革与实践	中国农业大学
	高校"双师思政课"协同育人模式创新与实践	中国传媒大学
	MOOC+在线翻转+主体交互：思政课深度学习法的探索与运用	中国政法大学
	"五个创优"集成创新提升思想政治理论课教学质量的模式探索与实践	华北电力大学
	"思政课共同体"理念下"双维协同 三轮驱动"育人模式创新与实践	首都师范大学
	"本硕博贯通·大中小一体"的卓越思政课教师培养模式改革实践	首都师范大学
	具有艺术特色的"思政+戏曲"三位一体教学模式	中国戏曲学院
	新时代高职思政课"三双"教学体系的创新与实践	北京经济管理职业学院

（四）新闻媒介报道情况

2022年度，新闻媒介关于北京高校思政课报道情况的调研数据如图8-15所示。

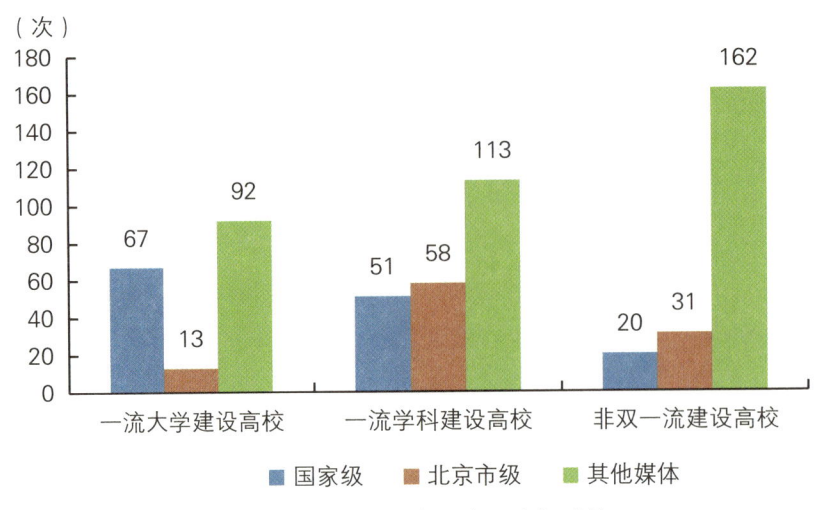

图8-15 新闻媒介对思政课的报道情况

调研显示，2022年度，一流大学建设高校获得国家级新闻媒介报道67次，获得北京市级新闻媒介报道13次，获得其他媒体报道92次，共计172次。一流学科建设高校获得国家级新闻媒介报道51次，获得北京市级新闻媒介报道58次，获得其他媒体报道113次，共计222次。非双一流建设高校获得国家级新闻媒介报道20次，获得北京市级新闻媒介报道31次，获得其他媒体报道162次，共计213次。对这些数据进行加和计算，可以得知2022年度北京高校思政课共计获得各级各类媒体报道607次，其中获得国家级新闻媒体报道累计138次，获得北京市级新闻媒介报道累计102次，获得其他新闻媒介报道累计367次。

在获得国家级新闻媒介报道138次中，一流大学建设高校获得67次，占国家级新闻媒介报道总数的48.55%；一流学科建设高校获得51次，占国家级新闻媒介报道总数的36.96%；非双一流建设高校获得国家级新闻媒介报道20次，占国家级新闻媒介报道总数的14.49%。在获得北京市级新闻媒介报道102次中，一流大学建设高校获得13次，占北京市级新闻媒介报道总数的12.75%；一流学科建设高校获得58次，占北京市级新闻媒介报道总数的56.86%；非双一流建设高校获得北京市级新闻媒介报道31次，占北京市级新闻媒介报道总数的30.39%。在获得其他新闻媒介报道367次中，一流大学建设高校获得92次，占其他新闻媒介报道总数的25.07%；一流学科建设高校获得113次，占其他新闻媒介报道总数的30.79%；非双一流建设高校获得其他新闻媒介报道162次，占其他新闻媒介报道总数的44.14%。

  在国家级新闻媒介的报道中，2022年3月18日中央电视台新闻联播素材画面镜头报道了2022年3月16日清华大学马克思主义学院与北京市东城区教育系统师生举办"同备一堂课"冬奥精神专题备课会的情况。人民网对2022年马克思主义学院寒、暑假积极组织开展研究生社会实践工作进行了报道，据悉清华大学马克思主义学院组织48人次分赴9个省（区、市）开展社会实践活动，展现了新时代青年学子风貌。2022年6月6日，新华网在线报道了清华大学2022年启动马克思主义理论专业本科首届招生的情况。据报道显示，为了全面贯彻习近平总书记在学校思想政治理论课教师座谈会的重要讲话精神，落实中办、国办《关于深化新时代学校思想政治理论课改革创新的若干意见》的重要举措，也是为了满足国家和社会对于马克思主义理论人才的强烈需求，经过多次讨论，综合考虑多方面因素之后，清华大学启动了马克思主义理论专业的本科招生。首届预计招收20人，放在提前批招生，初步计划在19个省市投放名额。首届招生具有3个特点，其一，文理工融合。马克思主义专业要学习马克思主义基本原理，包括马克思主义哲学、马克思主义政治经济学和科学社会主义，也包括中国化马克思主义，毛泽东思想、中国特色社会主义理论体系和习近平新时代中国特色社会主义思想，还包括国外马克思主义、马克思主义发展史、中共党史等内容。为了能够理解和掌握这些理论，必须打下坚实的文史哲基础，清华大学的培养方案中纳入了许多相关课程。同时，清华大学要求学生们还要具备基本的科学和技术素养。为此，清华大学不仅在培养方案中纳入了相关的科学和技术课程，而且设置若干的培养环节，努力使学生们从科学、技术到产业、经济和金融，再到政治、社会和文化有一个系统性的理解。其二，世界视野。除了学校的国际交流项目外，清华大学还专门为马克思主义理论专业的学生准备了"看世界"项目，利用寒暑假的机会组织学生们开展考察调研。清华大学策划了国外马克思主义学者的系列讲座，介绍他们所在国家的现状以及马克思主义的前沿研究。其三，本研贯通。清华大学将进行本研贯通的培养，符合条件的均可免试推荐攻读本院的硕士或博士学位。

  2022年4月25日，中央电视台《新闻联播》报道了习近平总书记观摩中国人民大学马克思主义学院王易教授思政课的情况。据报道，王易教授讲授的主题是"传承中国共产党人精神谱系 做堪当民族复兴重任的时代新人"。王易教授在授课中结合中国人民大学的校史以及原创话剧《陕北公学》等内容，带领同学们对中国共产党人精神谱系中的延安精神进行深入学习，师生围绕延安精神在新时代的重要意义展开了热烈的讨论。习近平总书记同青年学生一起就座，认真倾听并参与讨论。他对学校立足自身优势，不断推进思政课教学改革创新，打造高精尖水平思政课的做法表示肯定。习近平总书记指出，思想政治理论课能否在立德树人中发挥应有作用，关键看重视不重视、适应不适应、做得好不好。思政课的本质是讲道理，要注重方式方法，把道理讲深、讲透、讲活，老师要用心教，学生要用心悟，达到沟通心灵、启智润心、激扬斗志。青少年思想政治教育是一个接续的过程，要针对青少年成长的不同阶段，有针对性地开展思想政治教育。希望人民大学绵绵用力，久久为功，止于至善，为全国大中小学思政课教学提供更多"金课"。也鼓励各地高校积极开展与中小学思政课共建，共同推动大中小学思政课一体化建设。习近平总书记勉励同学们坚定中国特色社会主义道路自信、理论自信、制度自信、文化自信，在全面建设社会主义现代化国家新征程中勇当开路先锋、争当事业闯将。王易教授表示，能够得到习近平总书记的亲自指导，聆听习近平总书记的教诲，令人倍感振奋。习近平总书记指出，真正好的思政课应该是思政课老师用心来传，而学生用心来悟，双向的心灵沟通才会收到一个很好的效果。同时，习近平总书记对人民大学、对人大马院近年来在深化思政课改革创新、打造思政"金课"方面的努力表示肯定，更加激发了中国人民大学马克思主义学院开好思政课、上好思政课的信心和决心。中国人民大学马克思主义学院要发挥好思政课的育人作用，为培养堪当民族复兴大任的时代新人，作出新的更大的贡献。

2022年3月21日，人民网教育频道以"中央财经大学：构建思政课协同育人新格局 为一流财经人才培根铸魂"为题进行了报道。据报道，自2019年以来，中央财经大学党委坚守"为党育人 为国育才"初心，坚守财经报国使命担当，明确接续创新大思路，构建协同育人新格局，全面推动思政课建设。学校党委书记、校长带头走进课堂，带头推动思政课建设，带头联系思政课教师，为思政课建设提供有力保障。学校党委严格落实思政课建设主体责任，把思政课建设作为党的建设和意识形态工作的标志性工程摆上重要议程。学校党委常委会每学期至少召开1次专题会议研究思政课建设，抓住制约思政课建设的突出问题，在工作格局、队伍建设、支持保障等方面多措并举，为思政课建设提供组织保障。

学科建设对思政课建设支撑扎实，课程体系建设进一步完善。中央财经大学始终重视马克思主义理论学科建设，以积极有为的学科建设支撑思政课教育教学。近年来，学校马克思主义理论学科建设取得了突破性进展，2018年获批马克思主义理论一级学科博士点。2019年，马克思主义学院入选北京市首批重点建设马克思主义学院。马克思主义学院将思政课教学与研究纳入学科建设整体规划，以提升思政课教师教研水平为抓手，将教学研究与学术研究相结合，研究成果转化与教学质量提升相结合，思政课教学与马克思主义理论专业人才培养相结合，为推进思政课教学提供了坚实的学科支撑。学校也进一步在完善思政课课程体系上重点发力。在博士阶段开设"中国马克思主义与当代"，硕士阶段开设"新时代中国特色社会主义理论与实践"，本科阶段开设"马克思主义基本原理""毛泽东思想和中国特色社会主义理论体系概论""中国近现代史纲要""思想道德与法治""形势与政策"等课程，并按相关文件要求严格落实学分。自2019级本科生开始，学校将"形势与政策"课作为贯穿学生在校学习期间开课不断线的必修课程。2022年春季学期开始"形势与政策"课新一轮的改革，坚持"开门办思政课"的原则，由思政课教师、专业学院教师、行政干部和辅导员组成50余人的授课团队，针对不同年级学生的特点和需求，结合教育部下发的教学要点开展以线下为主的专题授课。

积极推广"问题链教学"改革经验，多措并举推进思政课教师队伍建设。近年来，学校秉持立德树人理念，坚持问题导向，首创"问题链教学法"，持续推进基于"问题链教学"的思政课综合改革。基于"问题链教学"创新的高校思想政治理论课综合改革获2018年国家级教学成果一等奖。"问题链教学"改革经验入选2019年、2020年教育部"深化新时代学校思想政治理论课改革创新现场推进会"典型经验，得到大会深度推介，在全国引起了热烈反响。办好思政课关键在教师。学校高度重视思政课教师队伍建设，在队伍建设中实施了一系列有力举措：一是分别实施学科骨干支持计划和年度教学项目支持计划，促进教师科研和教学能力的提升；二是新老教师结对子，为每名思政课青年教师安排老教师进行专门指导，实现老教师对青年教师的"传帮带",助力青年教师成长;三是以重大教学项目为平台,组建和打造优秀教学团队,促使教师在团队中成长。此外,学校建立多样态集体备课、青年教师工作坊等教研机制,通过多形式教学研讨促进教学能力提升;组织主题微课录制,在系列微课制作中促进教师教学成长,策划和推进录制中财思政战"疫"微课20讲、建党百年思政主题微课26讲,有效促进教师教育教学能力提升。同时,积极发挥名师引领作用,名师效应日益凸显。

二、主要成绩

2022年,北京高校在思政课教学评价方面,在继承以往教学评价优势的基础上,在思政课教学评价主体结构优化、拓展教学评价课程范围、突出"以学生为中心"评价理念、关切优质教学方法等方面,取得新进展。具体解析如下:

(一)"教师评学"和"校领导评教"受到重视

在思政课教学评价主体构成中,长期以来,人们把"学生评教""督导评教"作为思政课教学评价的主要方式。在"学生评教""督导评教"方面,北京高校基本上形成共识,认为"学生评教""督导评教"是思政课教学评价主体构成中的重要组成部分。2014年,在参与调研高校总数为60的时候,选择"学生评教"的高校有60所,占2014年参与调研高校的100.00%;选择"督导评教"的高校有53所,占2014年参与调研高校的88.33%。这两个选项分别占据思政课教学评价主体的第一位和第二位。2022年调研数据显示,"学生评教""督导评教"依然占据思政课教学评价主体的第一位和第二位。参与调研高校的总数为57,选择"学生评教"的高校有56所,占参与调研高校总数的98.24%;选择"督导评教"的高校有53所,占参与调研高校总数的92.98%。可以说,人们对"学生评教""督导评教"在思政课教学评价主体构成中的地位认识没有发生变化。

伴随着人们对思政课教学评价主体认识的不断深化,思政课教学评价的主体结构得到了不断优化,"教师评学"和"校领导评教"受到重视。2014年以来"教师评学"和"校领导评教"的调研数据如图8-16所示。

图8-16　2014年以来"教师评学"与"校领导评教"情况

从图8-16可以看出，在2014年参与调研高校总数为60的时候，选择"教师评学"的高校有29所，占参与调研高校的48.33%；选择"校领导评教"的高校有20所，占参与调研高校的33.33%。可是到了2022年，这两个数据发生了明显的变化。2022年，参与调研高校总数为57，选择"教师评学"的高校有41所，占参与调研高校总数的71.93%。2022年选择"教师评学"的高校数比2014年选择"教师评学"的高校数多了12所，这意味着2014年以来的9年间，选择"教师评学"的高校增加了41.38%。2022年，参与调研高校总数为57，选择"校领导评教"的高校有47所，占参与调研高校总数的82.46%。2022年选择"校领导评教"的高校数比2014年选择"校领导评教"的高校数多了27所，这意味着2014年以来的9年间，选择"校领导评教"的高校增加了135.00%。以上数据表明在思政课评价主体结构中，"教师评学"和"校领导评教"日益受到重视。这与近年来北京高校的校领导对高校思政课建设的重视是一致的。

（二）进一步健全了思政课教学评价课程的范围

思政课是立德树人的关键课程。与时俱进健全思政课教学评价课程范围是思政课教学评价的应有之义。2014年以来，北京高校根据思政课的课程安排，实现了对思想道德与法治、中国近现代史纲要、马克思主义基本原理、毛泽东思想和中国特色社会主义理论体系概论、新时代中国特色社会主义理论与实践、自然辩证法概论、马克思主义与社会科学方法论、中国马克思主义与当代、马克思恩格斯列宁经典著作选读、习近平新时代中国特色社会主义思想概论等课程的评教工作。2022年，增加了对党史、新中国史、改革开放史、社会主义发展史等课程的评教工作。学生评教数据如表8-3所示。

表8-3 2022年学生对"四史"课程的评教情况

单位：分

课程名称	一流大学建设高校评教平均分	一流学科建设高校评教平均分	非双一流建设高校评教平均分	北京高校评教平均分
党史	93.30	94.21	95.03	94.40
新中国史	90.40	94.34	94.62	93.64
改革开放史	90.55	93.70	95.28	93.78
社会主义发展史	93.35	94.07	94.66	94.15

从表8-3可以看出，2022年，北京高校学生对"党史"课的评教平均分（94.40分）排在北京高校"四史"课程的第一位。其中，一流大学建设高校"党史"课评教平均分为93.30分，比北京高校"党史"课评教平均分低了1.10分；一流学科建设高校"党史"课评教平均分为94.21分，比北京高校"党史"课评教平均分低了0.19分；非双一流建设高校"党史"课评教平均分为95.03分，比北京高校"党史"课评教平均分高了0.63分。

2022年，北京高校学生对"社会主义发展史"课的评教平均分（94.15分）排在北京高校"四史"课程的第二位。其中，一流大学建设高校"社会主义发展史"课评教平均分为93.35分，比北京高校"社会主义发展史"课评教平均分低了0.80分；一流学科建设高校"社会主义发展史"课评教平均分为94.07分，比北京高校"社会主义发展史"课评教平均分低了0.08分；非双一流建设高校"社会主义发展史"课评教平均分为94.66分，比北京高校"社会主义发展史"课评教平均分高了0.51分。

2022年，北京高校学生对"改革开放史"课的评教平均分（93.78分）排在北京高校"四史"课程的第三位。其中，一流大学建设高校"改革开放史"课评教平均分为90.55分，比北京高校"改革开放史"课评教平均分低了3.23分；一流学科建设高校"改革开放史"课评教平均分为93.70分，比北京高校"改革开放史"课评教平均分低了0.08分；非双一流建设高校"改革开放史"课评教平均分为95.28分，比北京高校"改革开放史"课评教平均分高了1.50分。

2022年，北京高校学生对"新中国史"课的评教平均分（93.64分）排在北京高校"四史"课程的第四位。其中，一流大学建设高校"新中国史"课评教平均分为90.40分，比北京高校"新中国史"课评教平均分低了3.24分；一流学科建设高校"新中国史"课评教平均分为94.34分，比北京高校"新中国史"课评教平均分高了0.70分；非双一流建设高校"新中国史"课评教平均分为94.62分，比北京高校"新中国史"课评教平均分高了0.98分。

综上所述，在2022年北京高校对"四史"课程的学生评教中，一流大学建设高校的评教平均分均低于北京高校的评教平均分。一流学科建设高校除"新中国史"课程评教平均分高于北京高校的评教平均分外，其他3门课评教平均分均低于北京高校的评教平均分。非双一流建设高校的评教平均分均高于北京高校的评教平均分。需要指出的是，这只是学生的评教分数，由于学校类别、学生群体特征均存在差异，如何建构分类别的学生评教标准应该成为接下来教学评价思考的问题。

（三）增强了"以学生为中心"的教学评价思路

在思政课教学评价过程中，学生是教学评价的重要主体之一。如何增强"以学生为中心"的教学评价思路，一直是北京高校思政课教学评价中比较关心的问题。2022年，北京高校思政课评价中"以学生为中心"教学评价思路得到进一步增强。北京高校思政课评价中"以学生为中心"教学评价思路主要包括两个层面的意蕴：其一是教学评价离不开学生的参与，其二是教学评价是为了增强学生的发展。有关学生参与教学评价的内容在学生评教中得到最直接的体现，因此这里不再赘述。接下来主要围绕"教学评价为了学生"这个层面展开。在思政课教学评价过程中，"教学评价为了学生"突出体现在思政课教学评价的目标方面。思政课是增强学生思想政治素养的关键课程，学生通过掌握思政课的立场观点方法进行分析和解决现实问题是思政课教学的重要目标。在2022年的实证调研中，当问及思政课教师对学生运用思政课原理分析现实问题的评价时，选择"非常满意"的高校为10所，占2022年参与调研高校的17.54%；选择"比较满意"

的高校44所，占2022年参与调研高校的77.19%；选择"不满意"的高校3所，占2022年参与调研高校的5.26%。回溯2014年的数据，可以知道在2014年当问及思政课教师对学生运用思政课原理分析现实问题的评价时，除了2所高校未做选择之外，选择"非常满意"的高校为2所，占2014年参与调研高校的3.33%；选择"比较满意"的高校48所，占2014年参与调研高校的80.00%；选择"不满意"的高校8所，占2014年参与调研高校的13.33%。2014年以来对学生运用思政课原理分析现实问题评价情况数据如图8-17所示。

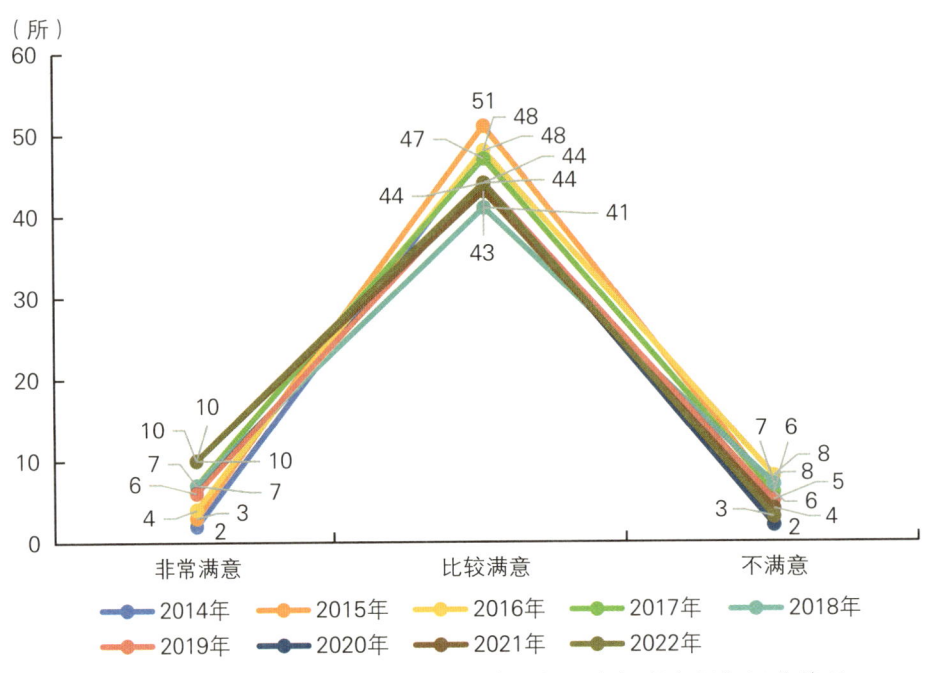

图8-17　2014年以来对学生运用思政课原理分析现实问题评价情况

从图8-17可以看出，2022年北京高校对学生运用思政课原理分析现实问题评价方面，选择"非常满意"的高校数量从2014年的2所增加到2022年的10所，增长率为400.00%；选择"比较满意"的高校数量从2014年的48所变为2022年的44所，数量减少了8.33%；选择"不满意"的高校数量从2014年的8所增加到2022年的3所，数量减少了62.50%。

（四）进一步强化了对思政课优质教学方法评价

在思政课教学评价过程中，对教学方法的评价始终是思政课教学评价的重要组成部分。在2022年北京高校思政课调研过程中,当问及"影响思政课教学效果的最重要因素"时,具体调研数据如图8-18所示。

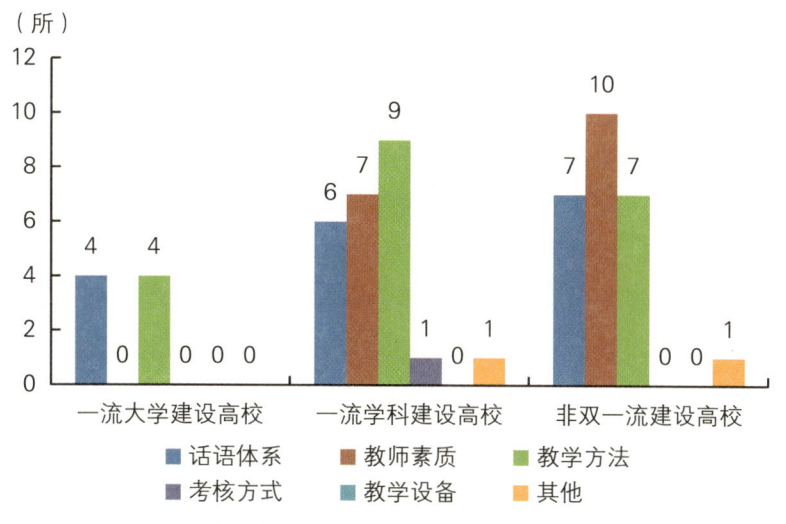

图8-18 对影响思政课教学效果的最重要因素的认识

从图8-18可以看出,当前北京高校认为影响思政课教学效果的因素有"教学方法""话语体系""教师素质"等。就"教学方法"来说,在参与调研的57所高校中,有20所高校选择了"教学方法",占参与调研高校的35.09%,"教学方法"排在了影响思政课教学效果的第一位。各有17所高校选择"话语体系""教师素质",均占参与调研高校的29.82%。同时在2022年的调研过程中,当问及"提高思想政治理论课教学效果的最主要的举措"时,有55所高校选择了"不断丰富教学方法",占参与调研高校的96.49%,排在了提高思想政治理论课教学效果举措的第一位。这些数据说明在北京高校思政课教学评价过程中,对教学方法的评价成为北京高校思政课教学评价的重要组成部分。

三、主要问题与对策建议

2022年北京高校思政课教学评价取得了新进展,但是在增强教学评价主体的协同性、增进教学评价标准的规范性、增加对教学保障体系的评价、完善教学评价反馈体系等方面还需要进一步发力。

（一）增强教学评价主体的协同性，提升教学评价主体合力

2014年以来，北京高校思政课教学评价的主体构成在不断完善，从最开始的"学生评教""督导评教"为主的评教主体构成变成了目前"学生评教""督导评教""教师评学""校领导评教""校外同行评教"等多元化的评价主体结构，从而构成了思政课评价主体系统。在这个系统中，每一种评价方式在教学评价过程中都有着重要的功能和作用。因此，要想使整个思政课评教系统发挥出最佳整体效应，就需要每个子系统之间的相互作用。然而在现实中，我们会发现，"学生评教""督导评教""教师评学""校领导评教""校外同行评教"之间尚未形成强大的协同机制。思政课各教学评价主体参与评价的及时性和客观性仍有待提高，"自娱自乐式"评价和现象性评价的问题仍然存在。[1]因此建议北京高校依据自身情况，建立健全教学评价主体的协同机制，切实提升教学评价主体合力。

（二）增进教学评价标准的规范性，增强教学评价效果权威性

从2022年北京高校思政课调研情况来看，增进教学评价标准的规范性应该成为新时代北京高校思政课教学评价过程中重点思考的问题。具体来说，需要关注以下几个方面的思考：

第一，关于建立不同于专业课的思政课教学评价标准问题。不管是课程属性还是课程内容，思政课都不同于专业课。因此理论上说，高校教学评价过程中，应该考虑建立不同于专业课的评价标准。现行的高校思想政治理论课教学效果评价项目指标一般是全校统一的，这样虽然方便于计算机操作和管理，但是忽略了基础课与专业课的差异、理论课与实验课或实践课的不同，专业针对性不强，存在一定的片面性。[2]

第二，关于建立大中小学思政课一体化的评价标准。当前，党和政府高度重视大中小学思政课一体化建设，希望能够建构起"螺旋式上升"思政课教学体系。习近平总书记2019年3月18日在学校思想政治理论课教师

---

[1] 陈大文、姜彦杨：《大中小学思政课教学评价一体化路径初探》，《思想理论教育导刊》2021年第12期。
[2] 舒永久：《对构建高校思想政治理论课教学评价体系的思考》，《国家教育行政学院学报》2011年第11期。

座谈会上讲话时强调，要把统筹推进大中小学思政课一体化建设作为一项重要工程，抓好教学目标设计、课程设置、教材编写、教学改革、教师培养、考核评价等环节。近年来，全国各地都开始了推进大中小学思政课一体化建设工作。需要指出的是，尽管国家出台了相关文件，对大中小学每个阶段思政课教学目标进行了明确界定，但由于大中小学一体化评价标准的缺乏，使得当前大中小学思政课一体化评价效果不佳。因此希望能够尽快建立大中小学思政课一体化的评价标准，有序推进大中小学思政课一体化建设。

第三，关于建立同类型院校思政课评价标准的问题。一切从实际出发是马克思主义基本的方法论。在北京高校思政课教学评价过程中，也应该考虑北京高校的实际。从目前参与北京高校思政课的调研情况来看，共有8所一流大学建设高校、24所一流学科建设高校、25所非双一流建设高校。从北京高校填报的"学生评教"实证数据来看，近两年在许多课程上，一流大学建设高校、一流学科建设高校的学生评教分数低于非双一流建设高校。这并不是一流大学建设高校、一流学科建设高校的思政课教学效果弱于非双一流建设高校。经过与一些一流大学建设高校、一流学科建设高校的思政课教师的交流，认识到一个问题，即由于高校本身的差异性与学生群体本身的差异性，应该考虑建立三种类型高校的思政课教学评价标准。

（三）增加对教学保障体系的评价，丰富思政课教学评价内容

教学保障体系是思政课教学得以顺利开展的重要支撑，离开了强有力教学保障体系的支撑，思政课教学难以维系。但是长期以来，人们谈到思政课教学评价时，往往会想到对教学评价理念、教学评价主体、教学评价客体、教学评价方法等方面的教学评价，忽视了对教学保障体系的评价。由于思政课程受到许多方面的影响，其课程效果总体上是内外部环境相互作用的综合化结果，所以对其评价应该是全方位、立体化的，但是现在的思政课教学评价中很多时候只是重视了逻辑性的评价表达，针对的是对无法量化的评价内容进行的浅层次评价。[1]特别是随着习近平总书记提出

---

[1] 白双翎：《高校思政课教学评价指标体系构建研究》，《现代教育管理》2021年第9期。

"大思政课"的理念以来，强化对思政课教学保障体系评价的意义更加突出。因此在思政课教学评价过程中，应该考虑加强对思政课保障体系的评价。就思政课教学评价而言，建议加强对思政课组织保障、基地保障和经费保障等三个方面的教学评价。在这个方面，特别提醒需要加强对思政课实践教学保障体系的评价。实践教学保障包括组织保障、基地保障和经费保障三个方面。"组织保障是关键。完善的教学组织是开展实践教学的关键环节。很多高校成立了以校领导为组长的思政课领导小组，下设思政课实践教学领导小组。有些高校还成立了实践教学监察委员会，做到经常性地跟踪实践教学过程。这些探索都是值得学习和推广的。基地保障是前提。实践教学的开展必须有配套的实践基地。要根据教学需求，确保基地的数量与学生数相对应。实践基地可以采取多种方式建立，要争取社会各界对实践教学的支持。经费保障是基础。任何教学活动的开展都需要相应的经费保障，实践教学也不例外。"①

（四）完善教学评价反馈体系，增进教学评价成果应用的及时性

在教学评价过程中，及时反馈教学评价结果，不仅能够及时把脉思政课教师的教学问题、及时解答当代大学生的学习困惑，而且能够推进思政课教学保障体系的不断优化，切实发挥教学评价的应有功能。可以说，"科学完备的监督反馈体系是高校思政课教学评价体系维持自身生命力的必然要求。高校思政课教学评价体系只有接受监督并依据反馈意见及时改进自身在操作过程中显现出的问题，才能保证评价工作的有效开展"②。然而在现实的教学评价过程中，往往存在教学评价结果反馈滞后的问题。尽管这些年"过程评教"和"终点评教"相结合的理念得到了一些高校的实践应用，但依然有不少高校采用期末结束的评教。从2022年的调研数据来看，选择"课程结束时评教"的高校有30所，占参与调研高校的52.63%；选择"课程进行中评教"的高校有15所，占参与调研高校的26.32%；选择"进行期中和期末两次评教"的高校有12所，占参与调研高校的21.05%。"课程结束时评教"的做法，往往无法直接及时反馈给本学

---

① 戴志国：《高校思想政治理论课实践教学评价体系建构》，《教学与职业》2015年第25期。
② 赵志业、赵延安：《新时代高校思政课教学评价体系构建的三维探究》，《中国大学教学》2023年第4期。

期任课教师，即使任课教师在教学过程中存在一些问题，也只能到下学期的教学实践中进行改正。"课程结束时评教"的做法对本学期上课的学生实际上既不公平也不负责。因此建议完善教学评价反馈体系，增进教学评价结果应用的及时性，切实发挥思政课教学评价的激励、引导和规约作用。

附 录

北京高校马克思主义理论学科与思想政治理论课建设大事记（2022）

（一）北京市委及相关部门关于马克思主义理论学科与思想政治理论课建设的部署和举措

1月18日—3月23日 2022年北京冬奥会期间，首都高校有1.4万名师生作为赛会志愿者，为2022年北京冬奥会、冬残奥会的各国运动员、教练员等提供保障服务。为积极丰富志愿者精神文化生活，北京市委教育工委主办了4场首都冬奥志愿者同上一堂"冰雪上的思政课"活动。

3月24日 由北京市委教育工委联合全国思政课手拉手集体备课中心、北京高校思政课高精尖创新中心、北京高校思政课各教学研究会共同打造的集体备课品牌"'金课开讲啦'——北京高校思想政治理论课网络示范教学活动"在北京高校思想政治理论课高精尖创新中心正式启动。"金课开讲啦"全年共举办9期，来自北京高校的37位青年思政课教师分别围绕"思想道德与法治""中国近现代史纲要""马克思主义基本原理""毛泽东思想与中国特色社会主义理论体系概论""形势与政策"等课程及研究生思政课的重难点进行示范教学，直播总浏览量超14万人次，覆盖全国31个省市自治区。

5月27日 北京市委教育工委公布了第三批"北京市重点建设马克思主义学院"名单。据悉经过书面评审和实地考察，最终确定中央民族大学马克思主义学院等10所马克思主义学院为第三批"北京市重点建设马克思主义学院"。

5月27日 北京市委教育工委主办了北京高校思政课教师"同备一

堂课"活动。活动旨在指导高校思政课教师讲好校园疫情防控"大思政课",深度解答学生关于校园疫情防控的思想困惑,引导学生理解支持防控政策,自觉落实好个人防控责任,推动形成守望相助、相互关心的良好校园氛围,充分发挥思政课在这一特殊时期沟通心灵、启智润心、激扬斗志的关键作用。

7月5日 北京市委教育工委公布了"永远跟党走"大中小学思政课优秀教学课例征集展示活动的评审结果。据悉,经单位推荐、专家评审等环节,共评选出一等奖12项、二等奖48项、三等奖71项以及优秀组织奖6项。

7月22日 北京市委教育工委主办了北京高校思政课教师暑期备课会。此次备课会围绕"推动习近平新时代中国特色社会主义思想在京华大地的生动实践融入思政课教学"这一主题,设计专题报告、工作交流、事迹宣讲、分课程备课等多个环节。北京高校相关领导及全体专兼职思政课教师线上参会。

9月8日 北京市委教育工委打造的北京高校思政课导论课"你好,思政课!"在北京卫视开播。作为全体新生的"第一堂思政课",该课程旨在引导新生群体深刻认识思政课的重要意义,打牢学好思政课的共同思想基础,营造"老师用心教""学生用心悟"的良好氛围。

9月26日 由北京市委宣传部、北京市习近平新时代中国特色社会主义思想研究中心、北京市中国特色社会主义理论体系研究中心、市社会科学界联合会、北京日报社、北京大学、清华大学、中国人民大学、北京师范大学共同主办的"首都当代中国马克思主义论坛·2022"在市社科联成功举办,论坛主题为"习近平新时代中国特色社会主义思想的科学体系"。

9月26日 由北京市委教育工委、北京科技大学主办的以实践教学为主题的"大思政课"综合改革研讨会在北京科技大学举办。活动现场,首都博物馆、北京中轴线遗产保护中心、北京艺术博物馆、北京古代建筑博物馆正式成为北京市学校"大思政课"实践教学基地。

9月29日 由北京市委教育工委、北京日报社联合举办的"非凡十年——大学生眼中的家乡巨变"主题文化作品展示活动正式启动。此次活动全程历时4个月,征集作品超过千件,最终遴选出20个优秀视频,进行全网展映，为迎接党的二十大营造浓厚氛围。

10月9日—12月4日 由北京市委教育工委主办、"熊晓琳新上岗教师培训研修工作室"承办的"2022年北京高校思想政治理论课新上岗教师研修班"（思政十期），第十期培训围绕"规范化"核心目标，进一步优化培训内容，不断提升思政课教师教学能力和育人水平。来自首都高校40余名思想政治理论课新入职教师经过培训，顺利通过考核，取得北京高校思想政治理论课教师上岗资格证书。

10月13日 由北京市委教育工委、市教委，中国人民大学等单位组成的联合调研课题组以线上形式召开北京市大中小学思政课一体化建设研讨会，来自北京大学、中国人民大学、首都师范大学、北京城市学院等高校马克思主义学院负责思政课的领导和来自中国人民大学附属中学、北京师范大学附属实验中学、北京市广渠门中学、首都师范大学附属中学（通州分校）、北京市第二中学分校、北京市第五十四中学、北京市第一四二中学及北京市东城区史家胡同小学、北京市朝阳区芳草地国际学校远洋小学、北京市昌平第二实验小学等负责中小学思政课的领导参会，共15所学校参加了会议，共同交流探讨北京市大中小学思政课一体化建设情况。

11月9日 由北京市委教育工委主办的北京高校学习宣传党的二十大精神师生宣讲团宣讲会在北京航空航天大学举行。活动旨在深入学习宣传党的二十大精神，坚决以中国化时代化的马克思主义武装头脑，不断增进捍卫"两个确立"的思想自觉和行动自觉。市委教育工委分管日常工作的副书记张革出席活动并为宣讲团成员颁发聘书，市委教育工委副书记沈千帆主持宣讲会。北京高校分管校领导、专兼职思政课教师、学生党员线上参加活动，累计收看近10万人次。

11月14日—12月18日 由北京市委教育工委主办的"推动党的二十大精神融入思政课教学"第十二届北京高校思想政治理论课教学基本功大赛线上举办。本届比赛以"推动党的二十大精神融入思政课教学"为主题，分预赛、决赛两个环节，重点考察思政课教师学深悟透党的二十大精神，推动党的二十大精神融入课堂教学的能力水平，特别是立足京华大地生动实践讲好"大思政课"的能力。最终，有65名优秀思政课教师脱颖而出，获得决赛奖项。

11月28日起 北京高校开展"同上一堂校园疫情防控'大思政课'"活动，北京市委教育工委邀请公共卫生领域知名专家和思政课教学名师，共同研制示范课件《校园疫情防控：怎么看？怎么办？》，举办线上集体备课会，教育引导北京高校师生员工深刻认识当前我市疫情防控形势，准确掌握新冠疫情相关知识，理解支持防控政策，进一步坚定打赢疫情防控歼灭战的决心信心。

12月29日 在北京市委教育工委的领导下，全国首家"习近平新时代中国特色社会主义思想概论"教学研究会在北京成立。教育部社科司副司长宋凌云以线上方式出席活动并讲话，北京市委教育工委副书记沈千帆，北京市高教学会会长线联平，中国人民大学党委书记张东刚、党委副书记齐鹏飞为教学研究会揭牌。

（二）北京高教学会及北京高校关于马克思主义理论学科与思想政治理论课建设的部署和举措

1月10—12日 北京大学第十二届未名论坛暨全国马克思主义理论及相关学科博士研究生高级研讨班隆重举行。本届未名论坛的主题是"百年中国共产党与21世纪马克思主义"。论坛全程以线上方式举行并对外开放。线上报名听众超过3000人，累计参会达1万多人次。

1月19日 由全国高等中医药院校思想政治理论课教学协作会牵头、北京中医药大学承办的全国高等中医药院校思想政治理论课建设经验交流暨第七届教学协作会议在北京召开。为响应国家疫情防控号召，会议采取线上线下同步直播的方式进行。来自全国24所高等中医药院校的马克思主义学院负责人和教师代表参加会议，参会人数达500余人。

3月6日 由北京邮电大学主办、北京邮电大学马克思主义学院承办的第三届全国"青马鸿儒"高端论坛暨"深化学习党的十九届六中全会精神"学术研讨会在北京邮电大学召开。来自北京大学、清华大学、中国人民大学、复旦大学、北京师范大学、中央党校等近20所全国知名学府的马克思主义理论专家学者参会研讨。

3月15日 中国农业大学举行深入学习习近平总书记"3·18"重要讲话发表三周年推进高等农林院校"大思政课"建设研讨会。来自全国15所农林院校马克思主义学院的负责人在线上线下参会研讨。

4月24日 北京大学马克思主义学院建院三十周年大会暨第九届全国高校马克思主义学院院长论坛在北京大学举办。

4月28日 北京高教学会中国近现代史研究分会承担了由北京市委教育工委主办的"金课开讲啦"——北京高校思想政治理论课网络示范教学活动。来自全国高校思政课教师、马克思主义理论及相关学科研究生、学生党员近2万人次观看了此次示范教学活动，得到了广泛好评。

5月14日 中国人民大学马克思主义学院主办的第四届"五四杯"全国高校马克思主义理论类本科生学术论文竞赛优秀论文交流会通过线上会议举办。来自全国百余所高校的100余名获奖论文作者和参赛选手代表参会。

5月15日 由北京外国语大学主办、北外马克思主义学院承办，延河高校人才培养联盟和全国涉外院校思政课负责人协作会协办的"我们从延安走来——全球视野下的中国共产党百年历程与马克思主义中国化"学术研讨会在线上举行。来自国内高校、科研院所的100余名专家学者、青年学生共聚云端开展学术交流研讨。

6月11日 中国社会科学院大学科研处、马克思主义学院、教育部高校思想政治工作创新发展中心（中国社会科学院大学）联合主办了"喜迎二十大 奋进新时代"第二届全国青年马克思主义者本硕博论坛。来自清华大学、北京大学、中国人民大学、北京师范大学、武汉大学、南开大学、复旦大学、兰州大学等225所高校及科研院所的400余名青年马克思主义者通过云端会议的方式线上参会。

6月12日 由中国人民大学马克思主义学院主办了第23届"人北清师"四校马克思主义学院博士生论坛。论坛的主题为"马克思主义与中国式现代化道路"。来自中国人民大学、北京大学、清华大学和北京师范大学等高校的200余名研究生参加论坛。

6月25日 由中国教育发展战略学会思想道德建设专业委员会、北京师范大学思想政治工作研究院、重庆交通大学马克思主义学院、广西科技大学马克思主义学院主办，《思想教育研究》《学校党建与思想教育》杂志社协办的"思想政治教育研究热点（2021）年度发布会暨第三届思想政治教育学术前沿论坛"在广西科技大学举办。来自北京师范大学、武汉大学、浙江大学、吉林大学、东北大学、中山大学、西南大学等全国70多所高校、科研院所、学术期刊的160多位思想政治教育领域专家学者和青年教师代表通过线上线下相结合的方式参会。

7月1日 首届北大红楼与伟大建党精神学术研讨会在北大红楼成功举办。研讨会在中央党史和文献研究院、国家文物局的指导下，由中共北京市委宣传部、中共北京市委党史研究室、中国李大钊研究会、北京市社会科学界联合会主办，中国共产党早期北京革命活动纪念馆、北京新文化运动纪念馆、北京大学马克思主义学院、清华大学马克思主义学院、中国人民大学马克思主义学院、北京师范大学马克思主义学院、北京大钊学社承办。

7月2日 由北京交通大学马克思主义学院、首都大学生思想政治教育研究基地、《思想教育研究》编辑部、《北京教育（德育）》编辑部联合主办的"新时代思想政治教育理论与实践创新"学术研讨会，以线上线下相结合的方式举行。来自北京大学、北京师范大学、武汉大学、浙江大学、大连理工大学、北京科技大学、中央财经大学、天津师范大学、内蒙古科技大学、海南师范大学等高校的数百名学者，以及《思想教育研究》《北京教育（德育）》《学校党建与思想教育》《思想政治教育研究》等多家期刊代表参加了会议。

7月3日 北京师范大学马克思主义学院、中共党史党建研究院举办了"伟大建党精神及其同中国共产党精神谱系关系研究"学术研讨会。来自教育部高等学校科学研究发展中心、清华大学、北京大学、中国人民大学、武汉大学、华东师范大学、北京交通大学、华南师范大学、北京师范大学等专家学者，子课题负责人及课题组成员，来自《人民日报》《光明日报》《中国教育报》《中国社会科学报》等媒体单位的80多名专家学者参加了研讨会。

7月15日 北京市青年马克思主义者培养工程市级班2021级结业式暨2022级开班式在清华大学举行。来自2021级社区农村班、企业班、社会组织班、少先队辅导员班、2022级高校班的5名学员代表进行分享交流，表示要充分珍视青马学员的身份，认真聚焦肩负的学习任务，努力成为坚定的、自觉的青年马克思主义者。

7月22日 北京市高等教育学会中国化马克思主义研究分会2022年暑期教学研讨会在北京举行。来自北京各大高校的300余名专家学者线上

"云相聚"，围绕如何"立足京华大地，打造思政课'金课'"这一主题进行了深入探讨。

7月24日 北京高教学会中国近现代史研究分会2022年暑期备课会召开。来自北京大学、清华大学、中国人民大学、北京航空航天大学等高校的194名教师参加了会议，会议产生了良好的反响。

8月13日 中国矿业大学（北京）马克思主义学院联合北京信息科技大学、北京林业大学、北京工业大学、北方工业大学、北京联合大学的马克思主义学院举办的"新时代中国共产党的创新理论与实践研究"研究生学术研讨会在线上顺利召开，来自全国各高校的师生共1500余人次参加研讨会。

8月15—19日 第一届全国马克思主义理论学科"新生第一课"公益暑期学校在线上成功举办。本次暑期学校由中国高等教育学会马克思主义研究分会、北京大学马克思主义学院、吉林大学马克思主义学院、全国思政课"手拉手"集体备课中心（北京大学、吉林大学）联合主办，《毛泽东邓小平理论研究》编辑部协办。活动主题为"推动马克思主义理论学科发展与培养堪当民族复兴重任的时代新人"。活动全程以线上形式进行。来自全国31个省、市、自治区的近400所院校的3000余名学员参加学习。

8月23—31日 在教育部社科司的指导下，全国高校思政课教师研修基地（中国人民大学）"习近平新时代中国特色社会主义思想专题研究"研修班在北京举办。来自北京高校的150多名教师参加了此次研修，同时开通网络直播供全国高校思政课教师学习。

8月25日 北京理工大学通过线上线下相结合的形式举办智慧思政高峰论坛暨思想政治理论课程群虚拟教研室建设工作启动会。来自教育部、北京市委教育工委、房山高教园区管委会等部门，北京理工大学、中国农业大学、中央民族大学、西北工业大学、北京工业大学、内蒙古财经大学等虚拟教研室联合申报高校，校外师生代表以及北京理工大学相关职能部门负责人、马克思主义学院全体师生近千人通过线上线下相结合的方式参加会议。

9月16—19日 在教育部社科司指导下，全国高校思想政治理论课教师研修基地（北京师范大学）在北京举办"中国近现代史纲要"课程研修班（专题二：进入近代后中华民族的磨难与抗争）。来自北京31所高校的近40名思政课骨干教师学员参加了此次研修，并通过网络直播供全国高校思政课教师学习。

9月17日　北京交通大学马克思主义学院主办了"喜迎二十大·共同富裕与中华民族伟大复兴"学术研讨会。来自清华大学、北京大学、中国人民大学、北京师范大学、中国社会科学院大学、首都师范大学、北京交通大学等高校和研究机构的百余名专家学者、研究生，以及《马克思主义与现实》《光明日报》《中国社会科学报》等国内知名期刊媒体代表参加了会议。

9月21日　全国高校思政课教师研修基地（清华大学）"资本主义论"专题研修班正式开课。来自北京36所高校的60余名思政课骨干教师代表参加研修班。

9月24日　北京交通大学举办了"新时代全面推进'大思政课'建设"学术研讨会。来自北京高校思想政治工作研究中心、中国人民大学、北京师范大学、中央财经大学、北京邮电大学、北京科技大学、北京工业大学、北京交通大学等高校和单位的专家学者、研究生100余人参加了会议。

10月27日　党的二十大精神进课堂学习研讨暨大中小学思政课教师集体备课会在中国传媒大学成功举办。朝阳区大中小学思政课教师通过线下线上相结合的形式汇聚一堂，认真学习研讨党的二十大精神，开展集体备课，更好地把党的二十大精神融入思政课，用习近平新时代中国特色社会主义思想铸魂育人，教育引导广大学生听党话、跟党走。

10月27日　由北京高校思想政治理论课高精尖创新中心举办的"金课开讲啦"——北京高校思想政治理论课网络示范教学活动 第七期：《思想道德与法治》《中国近现代史纲要》举行。来自全国其他30多个省、市、自治区的思政课教师同步收看直播，累计达2万余人次。

10月29日　由北京大学马克思主义学院主办、中国高等教育学会马克思主义研究分会、云南大学马克思主义学院联合主办，《毛泽东邓小平理论研究》编辑部、《世界社会主义研究》编辑部、《思想战线》编辑部协办的"马克思主义与全面建设社会主义现代化国家新征程——学习宣传党的二十大精神学术研讨会"在线上成功举办。活动全程以线上形式进行。来自全国各地的近7000名师生参会学习。

10月29日 由高校思想政治理论课思想道德修养与法律基础国家教材建设重点研究基地（清华大学）、高校思想政治理论课毛泽东思想和中国特色社会主义理论体系概论国家教材建设重点研究基地（北京大学）和高校思想政治理论课马克思主义基本原理概论国家教材建设重点研究基地（南开大学）联合主办，南开大学马克思主义学院、《马克思主义理论教学与研究》期刊承办的"学习贯彻党的二十大精神 推进高校思政课教材建设"高端学术研讨会顺利举行，20余位马克思主义理论学科著名专家学者围绕学习宣传贯彻党的二十大精神，推动党的二十大精神进教材、进课堂、进头脑，推进高校思政课教材建设高质量发展等问题展开深入研讨。

11月6日 北京大学举办了"开辟马克思主义中国化时代化新境界——学习贯彻党的二十大精神理论研讨会"。北京大学党委书记郝平，教育部社会科学司副司长宋凌云与来自中共中央文献研究室、中共中央党校、中国社会科学院、全国首批重点马克思主义学院以及北京大学马克思主义学院的部分师生代表参加会议。

11月6日 由北京邮电大学马克思主义学院、北京化工大学马克思主义学院、中国石油大学（北京）马克思主义学院三院主办，《马克思主义理论学科研究》《北京化工大学学报（社会科学版）》《北京邮电大学学报（社会科学版）》三刊协办的"党的二十大精神进思政课学术论坛"在北京化工大学召开。论坛采用现场出席和网络视频出席相结合的方式举行。来自全国各地的马克思主义学院院长、专家、师生等200余人参加了论坛。

11月9日 中国人民大学当代政党研究平台、中国人民大学马克思主义学院、教育部人文社会科学重点研究基地中国人民大学中国特色社会主义理论体系研究中心主办的"马克思现代性思想与中国式现代化的学理探索"学术研讨会以线上方式成功举行。来自中国人民大学、北京大学、清华大学、南京大学和知名期刊编辑部的专家围绕马克思现代性思想、世界现代化进程、中国式现代化理论与实践等议题进行深入研讨。

11月12—13日 第五届全国"新时代中国特色社会主义生态文明理论与实践"学术研讨会以线上会议方式在北京邮电大学成功举办。来自北京大学、中南财经政法大学、东南大学、南开大学、中山大学、同济大学、北京林业大学、福州大学、河海大学、福建师范大学、北京科技大学、华南理工大学、上海师范大学、华南师范大学、北京邮电大学等40余所高校和来自《光明日报》《探索》《社会科学研究》《北京行政学院学报》《学习论坛》《大连理工大学学报（社科版）》《学习与实践》《天津市委党校学报》《江淮论坛》等9家核心学术期刊编辑部共计200多位专家学者参与了学术交流。

11月12日　北京工业大学举办了"中国共产党与中国式现代化"为主题的学习贯彻党的二十大精神学术研讨会。此次研讨会采取线上方式，来自全国高校的500余名师生通过虚拟教研室和腾讯会议平台参加了会议。

11月18日　"千马廿行"全国高校马克思主义学院青年学子联学联讲党的二十大精神系列活动启动仪式暨首场示范宣讲活动在清华大学举行。教育部社科司副司长宋凌云为学生代表授旗并作动员讲话。据悉，在教育部社科司的指导和部署下，清华大学马克思主义学院发起、37家全国重点马克思主义学院联合主办"千马廿行"全国高校马克思主义学院青年学子联学联讲党的二十大精神系列活动。

11月25日　中国农业大学举办了"中国共产党与中国式现代化"学术研讨会，来自全国高校马克思主义学院师生共计4000余人观看了直播。

11月26日　第三届"中国共产党与世界"国际学术会议闭幕式在线上会场举行，本次会议的主题是"中国式现代化与人类文明新形态"。来自14个国家的26名外国政要及政治组织领导人，高校、科研院所的专家学者，以及关注中国式现代化问题的广大师生、学术机构等参加闭幕式。

11月26日　北京市高等教育学会中国化马克思主义研究分会在程美东会长的带领下，以线上方式举办了第十二届北京高校思想政治理论课教学基本功比赛"概论"课预赛，经专家评委对教案和教学展示打分、学生评委对教学展示打分，最终评出研究会一等奖3名、二等奖6名、三等奖9名、优秀奖12名。一等奖和二等奖获得者将参加第十二届北京高校思政课教学基本功比赛决赛。

11月28日　由北京高教学会中国近现代史研究会主办、北京外国语大学马克思主义学院承办的第十二届北京高校思想政治理论课教学基本功比赛"中国近现代史纲要"课预赛在线上举行。来自北京大学、清华大学、中国人民大学、北京航空航天大学、北京林业大学、北京语言大学等高校的33名青年思政课教师参加了比赛。

12月4日　由北京邮电大学主办、北京邮电大学马克思主义学院承办的第四届全国"青马鸿儒"高端论坛暨深化学习党的二十大精神学术研讨会在北京邮电大学举办。来自北京大学、清华大学、北京师范大学、武汉大学、中国政法大学、中国社会科学院大学等10余所全国知名高校的青年马克思主义理论专家学者参会研讨。

12月4日　中国传媒大学马克思主义学院与北京工业大学、北京第二外国语学院、北京物资学院、北京财贸职业学院和北京工商大学嘉华学院等五所高校的马克思主义学院共同主办了"京东六校党的二十大精神进课堂交流展示暨集体备课会"，中国传媒大学党委副书记、纪委书记王达品出席并作总结点评。交流展示会由中国传媒大学马克思主义学院院长刘东建教授主持。六校马院全体专兼职思政课教师线上观摩了教学展示，共同完成了此次六校思政课教师集体备课。

12月10日　由北京高校研究生思想政治理论课研究会、中国自然辩证法研究会、北京自然辩证法研究会联合主办、北京邮电大学马克思主义学院协办的"党的'二十大'精神融入高校'思政课'暨第五届北京高校博士生'思政课'教学研讨会"顺利召开。来自北京市委教育工委、中国自然辩证法研究会、北京自然辩证法研究会、中国社会科学院、北京邮电大学、西安交通大学、北京师范大学、中国农业大学、北京化工大学、北京航空航天大学、中国科学技术大学、北京理工大学、兰州大学、山东大学、浙江大学等机构的领导、专家学者100余人参加研讨。开幕式由北京邮电大学马克思主义学院副院长李全喜教授主持。

12月10日　由中央党史和文献研究院马克思主义传播研究基地、北京市习近平新时代中国特色社会主义思想研究中心中国传媒大学研究基地、中国传媒大学马克思主义学院共同主办的"党的二十大精神与马克思主义传播"研讨会以线上方式成功举办。中国传媒大学党委副书记、纪委书记王达品出席研讨会并致辞。来自中央党史和文献研究院、北京市习近平新时代中国特色社会主义思想研究中心、中国人民大学、中国社会科学出版社等单位的专家学者和马克思主义学院师生共同参加研讨交流。

12月13日　"北京自然辩证法研究会科技文化与科技伦理治理专业

委员会成立大会暨第一届科技文化与科技伦理治理高端论坛"成功举办。活动由北京科技大学马克思主义学院、北京自然辩证法研究会主办,北京市科协科技社团与公共政策专业智库基地、北京市科协前沿科技伦理与公共政策专业智库基地提供学术支持,活动采取腾讯会议线上形式进行。来自高校、科研院所、重要学术期刊、媒体等不同单位的专家学者近200人通过云端参与了本次论坛。

12月18日 由清华大学主办,清华大学马克思主义学院、清华大学习近平新时代中国特色社会主义思想研究院、清华大学高校思想政治工作创新发展中心共同承办的"学习贯彻党的二十大精神,推动高校思想政治理论课高质量发展"学术研讨会以线上方式成功举办。中央宣传部理论局副局长陈启清,教育部社会科学司副司长宋凌云,北京市委教育工委副书记沈千帆,清华大学党委副书记、马克思主义学院党委书记向波涛出席会议并在开幕式上致辞。开幕式由清华大学习近平新时代中国特色社会主义思想研究院院长艾四林主持。

12月18日 由北京邮电大学主办,北京邮电大学马克思主义学院、哈尔滨工程大学马克思主义学院、湖南工业大学马克思主义学院承办,《思想教育研究》《北京邮电大学学报(社会科学版)》协办的"第六届全国行业特色型大学马克思主义学院建设与学科发展研讨会暨第五届联盟大会"在线上举办。来自全国各地50多所行业特色型高校的马克思主义学院书记、院长、学者等百余人参加了盛会。

12月21日 华北电力大学联合北京师范大学中共党史党建研究院、中共中央党校(国家行政学院)专家工作室举办的第二届21世纪马克思主义研究峰会开幕。本次峰会的主题为"党的二十大精神和习近平新时代中国特色社会主义思想是中华文化和中国精神的时代精华"。来自全国部分高校的马克思主义学院院长、思政课教师和研究生,来自《马克思主义研究》等权威杂志的编审人员和《人民日报》、人民网等媒体的记者千余人线上参加了峰会。

12月24日 "第二届全国马克思主义理论学科学生《资本论》论坛"成功举办。论坛由中国高等教育学会马克思主义研究分会、北京大学马克思主义学院、南开大学马克思主义学院、中国《资本论》研究会、首都经济学家论坛联合主办,《当代经济研究》编辑部、《政治经济学评论》编辑部、《马克思主义理论教学与研究》编辑部联合协办。论坛主题为"《资本论》与中国式现代化"。来自全国各地的师生以极大的热情高度关注、齐聚云端参加会议，累计参会听众近4000人次。

12月24日 由中国人民大学马克思主义学院主办的"党的二十大精神与马克思主义中国化时代化——第五届全国高校马克思主义理论及相关学科研究生学术论坛"在线上顺利举行。来自全国300余名研究生参加论坛。

12月30日 全国高校思政课名师工作室（西南大学）、北京"熊晓琳新上岗教师培训研修工作室"、北京师范大学马克思主义学院联合举办了"'疫'路相伴，温暖前行"名师圆桌会。

12月31日 "中国高等教育学会马克思主义研究分会2022年年会"成功举办。年会由中国高等教育学会马克思主义研究分会、北京大学马克思主义学院、新疆师范大学马克思主义学院联合主办，《毛泽东邓小平理论研究》编辑部、《当代经济研究》编辑部、《新疆师范大学学报（哲学社会科学版）》编辑部联合协办。年会主题为"世界变局与21世纪马克思主义"。论坛以线上会议的形式举行并对外开放，累计参会听众近3000人次。

后 记

2015年初，北京市委教育工委委托清华大学马克思主义学院艾四林教授、吴潜涛教授牵头，抽调各高校思想政治理论课中青年骨干教师成立课题组，负责编写北京高校马克思主义理论学科与思想政治理论课建设年度发展报告。时间飞逝，转眼间我们已9次完成了对北京高校马克思主义理论学科与思想政治理论课建设发展的大型数据采集与分析，呈现在大家面前的《北京高校马克思主义理论学科与思想政治理论课建设发展报告（2022）》是第九本较为全面系统深入反映我国高校马克思主义理论学科年度发展状况的报告。

在北京市委教育工委领导的关心和指导下，课题组成员通力合作，经过方案设计、文献调研、问卷调查、实地考察、个别访谈、数据分析等环节，并召开多次专题研讨会，最终形成了《北京高校马克思主义理论学科与思想政治理论课建设发展报告（2022）》。

本书各章撰写人员如下：

第一章，艾四林（清华大学高校德育研究中心主任、习近平新时代中国特色社会主义思想研究院院长、教授、博士生导师），刘武根（中国农业大学马克思主义学院副院长、教授、博士生导师），李全喜（北京邮电大学马克思主义学院副院长、教授、硕士生导师）。

第二章，赵甲明（清华大学马克思主义学院教授、博士生导师），陈洪玲（北京理工大学马克思主义学院副院长、教授、博士生导师）。

第三章，吴潜涛（清华大学马克思主义学院教授、博士生导师），杨增岽（北京师范大学马克思主义学院副院长、教授、博士生导师），张晖（中国农业大学马克思主义学院院长、教授、博士生导师），黄刚（中央财经大学马克思主义学院院长、教授、博士生导师），秦彪生（北京体育大学马克思主义学院副教授、硕士生导师），周阳（北京师范大学马克思主义学院讲师、博士），周思睿（北京师范大学马克思主义学院讲师、清华大学博士），马君俊［中央团校（中国青年政治学院）马克思主义学院讲师、博士］。

第四章，肖贵清（清华大学习近平新时代中国特色社会主义思想研究院常务副院长、教授、博士生导师），吴新宇（北京理工大学马克思主义学院讲师、博士）。

第五章，蔡乐苏（清华大学马克思主义学院教授、博士生导师），李红霞（北京体育大学马克思主义学院副院长、教授、博士）。

第六章，王宪明（清华大学马克思主义学院教授、博士生导师），李江静（清华大学马克思主义学院副教授、博士生导师）。

第七章，艾四林，胡飒（北京信息科技大学马克思主义学院教授、博士）。

第八章，舒文（清华大学马克思主义学院副教授），李全喜。

"北京高校马克思主义理论学科与思想政治理论课建设大事记（2022）"由北京邮电大学马克思主义学院李全喜教授收集整理。

北京市委教育工委宣教处于海处长全程指导工作开展并审阅了报告，艾四林教授负责报告全文的统稿。

在报告的问卷设计、调查和撰写过程中，我们得到了兄弟院校的密切配合和无私的帮助。清华大学马克思主义学院吴丹博士和中国农业大学马克思主义学院副院长刘武根教授承担了网上数据采集的咨询和报告编务工作。清华大学计算机中心的王见文同志为本报告的问卷调查提供了技术支持。在此一并表示感谢！

为了全面把握2022年北京高校马克思主义理论学科与思想政治理论课建设取得的成绩，深入剖析问题、提出精准化建议，我们尽了很大的努力，但由于种种原因，报告中仍存在一些不足和有待改进与完善的地方，真诚欢迎专家学者和广大读者批评指正。

本书课题组